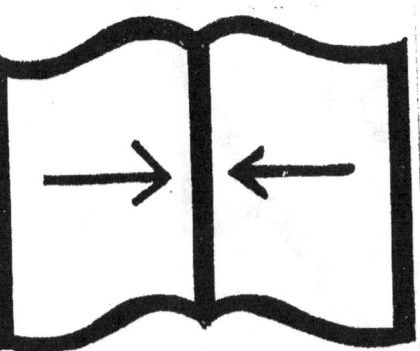

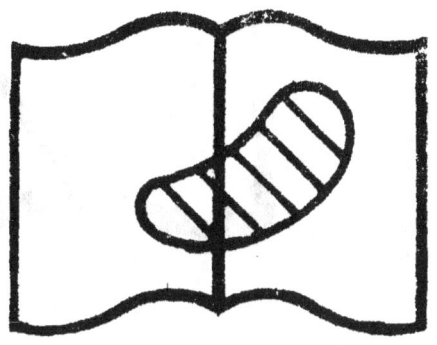

RELIURE SERREE
Absence de marges
intérieures

Illisibilité partielle

VALABLE POUR TOUT OU PARTIE
DU DOCUMENT REPRODUIT

Couvertures supérieure et inférieure manquantes

סי' 16728

LA GUERRE ET LA PAIX

COULOMMIERS. — TYPOGRAPHIE PAUL BRODARD ET Cie

COMTE LÉON TOLSTOÏ

LA GUERRE ET LA PAIX

ROMAN HISTORIQUE

TRADUIT AVEC L'AUTORISATION DE L'AUTEUR

PAR

UNE RUSSE

TOME TROISIÈME

BORODINO
LES FRANÇAIS A MOSCOU
ÉPILOGUE
1812 — 1820

PARIS
LIBRAIRIE HACHETTE ET Cie
79, BOULEVARD SAINT-GERMAIN, 79

1884

Droits de propriété et de traduction réservés

LA GUERRE ET LA PAIX

TROISIÈME PARTIE

**BORODINO — LES FRANÇAIS A MOSCOU
ÉPILOGUE**

1812 — 1820

CHAPITRE PREMIER

I

Le 5 septembre eut lieu le combat de Schevardino; le 6, pas un coup de fusil ne fut tiré de part ni d'autre, et le 7 vit la sanglante bataille de Borodino! Pourquoi et comment ces batailles furent-elles livrées? On se le demande avec stupeur, car elles ne pouvaient offrir d'avantages sérieux ni aux Russes ni aux Français. Pour les premiers, c'était évidemment un pas en avant vers la perte de Moscou, catastrophe qu'ils redoutaient par-dessus tout, et, pour les seconds, un pas en avant vers la perte de leur armée, ce qui devait sans nul doute leur causer la même appréhension. Cependant, quoiqu'il fût facile de prévoir ces conséquences, Napoléon offrit la bataille et Koutouzow l'accepta. Si des raisons véritablement sérieuses eussent dirigé les combinaisons stratégiques des deux commandants en chef, ni l'un ni l'autre n'aurait dû dans ce cas s'y décider, car évidemment Napoléon, en courant le risque de perdre le quart de ses soldats à deux mille verstes de la frontière, marchait à sa ruine, et Koutouzow, en s'exposant à la même chance, perdait fatalement Moscou.

Jusqu'à la bataille de Borodino, nos forces se trouvaient, relativement aux forces ennemies, dans la proportion de 5 à 6, et après la bataille, de 1 à 2, soit : de 100 à 120 000 avant, et de 50 à 100 000 après ; et cependant l'expérimenté et intelligent Koutouzow accepta le combat, qui coûta à Napoléon, reconnu pour un génie militaire, le quart de son armée ! A ceux qui voudraient démontrer qu'en prenant Moscou, comme il avait pris Vienne, il croyait terminer la campagne, on pourrait opposer bien des preuves du contraire. Les historiens contemporains eux-mêmes racontent qu'il cherchait depuis Smolensk l'occasion de s'arrêter, car si d'un côté il se rendait parfaitement compte du danger de l'extension de sa ligne d'opération, de l'autre il prévoyait que l'occupation de Moscou ne serait pas pour lui une issue favorable. Il en pouvait juger par l'état où on lui abandonnait les villes, et par l'absence de toute réponse à ses tentatives réitérées de renouer les négociations de paix. Ainsi donc, tous deux, l'un en offrant la bataille, l'autre en l'acceptant, agirent d'une façon absurde et sans dessein arrêté. Mais les historiens, en raisonnant après coup sur le fait accompli, en tirèrent des conclusions spécieuses en faveur du génie et de la prévoyance des deux capitaines, qui, de tous les instruments employés par Dieu dans les événements de ce monde, en furent certainement les moteurs les plus aveugles.

Quant à savoir comment furent livrées les batailles de Schevardino et de Borodino, l'explication des mêmes historiens est complètement fausse, bien qu'ils affectent d'y mettre la plus grande précision. Voici en effet comment, d'après eux, cette double bataille aurait eu lieu : « L'armée russe, en se repliant après le combat de Smolensk, aurait cherché la meilleure position possible pour livrer une grande bataille, et elle aurait trouvé cette position sur le terrain de Borodino ; les Russes l'auraient fortifiée sur la gauche de la grand'route de Moscou à Smolensk, à angle droit entre Borodino et Outitza, et, pour surveiller les mouvements de l'ennemi, ils auraient élevé en avant un retranchement sur le mamelon de Schevardino. Le 5, Napoléon aurait attaqué, et se serait emparé de cette position ; le 7, il serait tombé sur l'armée russe, qui occupait la plaine de Borodino. » C'est ainsi que parle l'histoire, et pourtant, si l'on étudie l'affaire avec soin, on peut, si l'on veut, se convaincre de l'inexactitude de ce récit. Il n'est pas vrai de dire que les Russes aient cherché une meilleure position : tout au contraire, dans leur retraite, ils en ont laissé de côté plusieurs qui étaient supérieures à celle de Borodino ; mais Koutouzow refusait d'en accepter une qu'il n'eût pas choisie lui-même ; mais le patriotique désir d'une bataille décisive ne s'était pas encore exprimé avec assez d'énergie ; mais Miloradovitch n'avait pas encore opéré sa jonction. Il y a bien d'autres raisons encore, qu'il serait trop long d'énumérer. Le fait est que les autres positions étaient préférables, et que celle de Borodino n'était pas plus forte que toute autre, prise au hasard, sur la carte de l'empire de Russie. Non seulement les Russes n'avaient pas fortifié la gauche de Borodino, c'est-à-dire l'endroit où la bataille a été précisément livrée, mais, le matin même du 6, personne ne songeait encore à la possibilité d'un engagement sur ce point. Comme preuves à l'appui, nous dirons ceci :

1° La fortification en question n'y existait pas le 6 ; commencée seulement à cette date, elle était encore inachevée le lendemain.

2° L'emplacement même de la redoute de Schevardino, en avant de la position où fut livrée la bataille, n'avait aucun sens. Pourquoi en effet l'avait-on fortifié plutôt que les autres points ? et pourquoi avait-on, dans la nuit du 5, compromis les forces disponibles et perdu 6 000 hommes, lorsqu'une patrouille de cosaques eût été suffisante pour surveiller les mouvements de l'ennemi ?

3° Ne savons-nous pas enfin que le 6, la veille de la bataille, Barclay de Tolly et Bagration considéraient la redoute de Schevardino, non pas comme un ouvrage avancé, mais comme le flanc gauche de la position, et Koutouzow lui-même, dans son premier rapport, rédigé sous l'impression de la bataille, ne donne-t-il pas également à cette redoute la même position ! N'est-ce donc pas là une preuve qu'elle n'avait été ni étudiée ni choisie à l'avance ? Plus tard, lorsque arrivèrent les rapports détaillés de l'affaire, pour justifier les fautes du général en chef, qui devait à tout prix rester infaillible, on émit l'inconcevable assertion que la redoute de Schevardino servait d'avant-poste, tandis qu'elle n'était, par le fait, qu'un point extrême du flanc gauche, et l'on ne manqua pas d'insister sur ce que la bataille avait été acceptée par nous dans une position fortifiée et préalablement déterminée, tandis qu'au contraire la bataille avait eu lieu à l'improviste, dans un endroit découvert et presque dépourvu de fortifications.

En réalité, voici comment l'affaire s'était passée : l'armée russe s'appuyait sur la rivière Kolotcha, qui coupait la grand' route à angle aigu, de façon à avoir son flanc gauche à Schevardino, le flanc droit au village de Novoïé, et le centre à Borodino, au confluent des deux rivières Kolotcha et Voïna. Quiconque étudierait le terrain de Borodino, en oubliant dans quelles conditions s'y est livrée la bataille, verrait clairement que cette position sur la rivière Kolotcha ne pouvait avoir d'autre but que d'arrêter l'ennemi qui s'avançait sur Moscou par la grand'route de Smolensk. D'après les historiens, Napoléon, en se dirigeant le 5 vers Valouïew, ne vit pas la position occupée par les Russes entre Outitza et Borodino, ni leur avant-poste. C'est en poursuivant leur arrière-garde qu'il se heurta, à l'improviste, contre le flanc gauche, où se trouvait la redoute de Schevardino, et fit traverser à ses troupes la rivière Kolotcha, à la grande surprise des Russes. Aussi, avant même que l'engagement fût commencé, ils furent forcés de faire quitter à l'aile gauche le point qu'elle devait défendre, et de se replier sur une position qui n'avait été ni prévue ni fortifiée. Napoléon, en passant sur la rive gauche de la Kolotcha, à gauche du grand chemin, avait transporté la bataille de droite à gauche du côté des Russes dans la plaine entre Outitza, Séménovski et Borodino, et c'est dans cette plaine que fut livrée la bataille du 7. Voici du reste un plan sommaire de la bataille, telle qu'on l'a décrite, et telle qu'elle a été réellement livrée.

Si Napoléon n'avait pas traversé la Kolotcha le 24 au soir, et s'il avait commencé l'attaque immédiatement, au lieu de donner l'ordre d'emporter la redoute, personne n'aurait pu dire que cette redoute n'était pas le flanc gauche de cette position, et tout se serait passé comme on s'y attendait. Dans ce cas, nous aurions évidemment opposé une résistance encore plus opiniâtre pour la défense de notre flanc gauche; le centre et l'aile droite de Napoléon auraient été attaqués, et c'est le 24 qu'aurait eu lieu la grande bataille, à l'endroit même qui avait été fortifié et choisi. Mais, l'attaque de notre flanc gauche ayant eu lieu le soir, comme conséquence de la retraite de notre arrière-garde, et les généraux russes ne pouvant et ne voulant pas s'engager à une heure aussi avancée, la première et la principale partie de la bataille de Borodino se trouva par cela même perdue le 5, et eut pour résultat inévitable la défaite du 7. Les armées russes n'avaient donc pu se couvrir le 7 que de faibles retranchements non terminés. Leurs généraux aggravèrent encore leur situation en ne tenant pas assez compte de la perte du flanc gauche, qui entraînait nécessairement un changement dans le champ de bataille, et en laissant

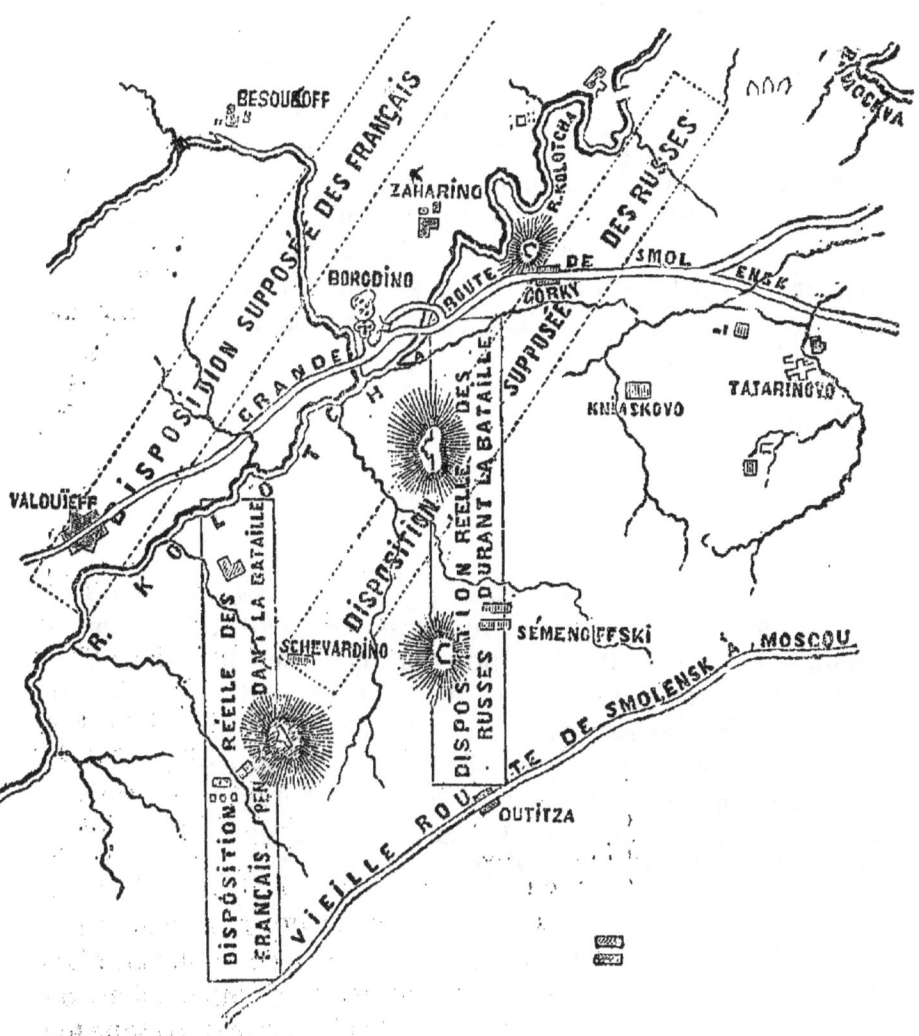

leurs lignes continuer à s'étendre entre le village de Novoïé et Outitza, ce qui les obligea à ne faire avancer leurs troupes de droite à gauche que lorsque la bataille était déjà engagée! De cette façon, les forces françaises furent dirigées tout le temps contre l'aile gauche des Russes, deux fois plus faible qu'elles.

Quant à l'attaque de Poniatowsky sur le flanc droit des Français sur Outitza et Ouvarova, ce ne fut là qu'un incident complètement en dehors de la marche générale des opérations. La bataille de Borodino eut donc lieu tout autrement qu'on ne l'a décrite, afin de cacher les fautes de nos généraux, et cette description imaginaire n'a fait qu'amoindrir la gloire de l'armée et de la nation russes. Cette bataille ne fut livrée ni sur un terrain choisi à l'avance et convenablement fortifié, ni avec un léger désavantage de forces du côté des Russes, mais elle fut acceptée par eux dans une plaine ouverte, à la suite de la perte de la redoute, et contre des forces françaises doubles des leurs, et cela dans des conditions où il était non seulement impossible de se battre dix heures de suite pour en arriver à un résultat incertain, mais où il était même à prévoir que l'armée ne pourrait tenir trois heures sans subir une déroute complète.

II

Pierre quitta Mojaïsk le matin du 6. Arrivé au bas de la rue abrupte qui mène aux faubourgs de la ville, il laissa sa voiture en face de l'église, située à droite sur la hauteur, et dans laquelle on officiait en ce moment. Un régiment de cavalerie, précédé de ses chanteurs, le suivait de près ; en sens opposé montait une longue file de charrettes emmenant les blessés de la veille ; les paysans qui les conduisaient s'emportant contre leurs chevaux, et, faisant claquer leurs fouets, couraient d'un côté à l'autre de la route ; les télègues, qui contenaient chacune trois ou quatre blessés, étaient violemment secouées sur les pierres jetées çà et là qui représentaient le pavé. Les blessés, les membres entourés de chiffons, pâles, les lèvres serrées, les sourcils froncés, se cramponnaient aux barreaux en se heurtant les uns contre les autres ; presque tous fixèrent leurs regards, avec une curiosité naïve, sur le grand chapeau blanc et l'habit vert de Pierre.

Son cocher commandait avec colère aux paysans de ne tenir qu'un côté du chemin ; le régiment, qui descendait en s'étendant sur toute sa largeur, accula la voiture jusqu'au bord du versant ; Pierre lui-même fut obligé de se ranger et de s'arrêter. La montagne formait à cet endroit, au-dessus d'un coude de la route, un avancement à l'abri du soleil. Il y faisait froid et humide, bien que ce fût une belle et claire matinée du mois d'août. Une des charrettes qui contenaient les blessés s'arrêta à deux pas de Pierre. Le conducteur, en chaussures de tille, accourut essoufflé, ramassa une pierre qu'il glissa sous les roues de derrière et arrangea le harnais de son cheval; un vieux soldat, le bras en écharpe, qui suivait à pied, le maintint d'une main vigoureuse, et, se retournant vers Pierre :

« Dis donc, pays, va-t-on nous laisser tous crever ici, ou nous traînera-t-on jusqu'à Moscou? »

Pierre, absorbé dans ses réflexions, n'entendit pas la question; ses regards se portaient tantôt sur le régiment de cavalerie arrêté par le convoi, tantôt sur la charrette qui stationnait à côté de lui; il y avait dans cette charrette trois soldats, dont l'un était blessé au visage : sa tête, enveloppée de linges, laissait voir une joue dont le volume atteignait la grosseur d'une tête d'enfant; les yeux tournés vers l'église, il faisait de grands signes de croix. L'autre, un conscrit blond et pâle, semblait n'avoir plus une goutte de sang dans sa figure amaigrie, et regardait Pierre avec un bon et doux sourire. La figure du troisième, à demi couché, était invisible. Des chanteurs du régiment de cavalerie frôlèrent en ce moment la charrette, en fredonnant leurs joyeuses chansons, auxquelles répondait le bruyant carillon des cloches. Les chauds rayons du soleil, en éclairant le plateau de la montagne, égayaient le paysage, mais à côté de la télègue des blessés et du cheval essoufflé, à côté de Pierre, il faisait sombre, humide et triste dans le renfoncement! Le soldat à la joue enflée regardait de travers les chanteurs.

« Oh! oh! les élégants! murmura-t-il d'un ton de reproche.

— J'ai vu autre chose que des soldats aujourd'hui... j'ai vu des paysans qu'on poussait en avant, dit celui qui était appuyé à la charrette, en s'adressant à Pierre avec un triste sourire :.... On n'y regarde plus de si près à présent.... c'est avec le peuple tout entier qu'on veut les refouler.... Il faut en finir! »

Malgré le peu de clarté de ces paroles, Pierre en comprit le sens, et y répondit par un signe affirmatif.

La route se débarra. Pierre put descendre la montagne et se remettre en voiture. Chemin faisant, il jetait les yeux des deux côtés, en cherchant à qui parler, mais il ne rencontrait que des figures inconnues ; des militaires de toute arme regardaient avec étonnement son chapeau blanc et son habit vert. Après avoir fait quatre verstes, il aperçut enfin un visage de connaissance, qu'il s'empressa d'interpeller : c'était un des médecins en chef de l'armée, accompagné d'un aide ; sa britchka venait à la rencontre de Pierre ; il le reconnut aussitôt, et fit un signe au cosaque assis sur le siège à côté du cocher, pour lui dire de s'arrêter.

« Monsieur le comte ? Comment vous trouvez-vous ici, Excellence ?

— Mais le désir de voir, voilà tout !

— Oui, oui !... Oh ! il y aura certainement de quoi satisfaire votre curiosité ! »

Pierre descendit pour causer plus à l'aise avec le docteur, et lui parler de son intention de prendre part à la bataille ; le docteur lui conseilla de s'adresser directement à Son Altesse le commandant en chef.

« Autrement vous resterez ignoré et perdu, Dieu sait dans quel coin.... Son Altesse vous connaît et vous recevra affectueusement. Suivez mon conseil, vous vous en trouverez bien. »

Le docteur avait l'air fatigué et pressé.

« Vous croyez ? demanda Pierre ; indiquez-moi donc notre position.

— Notre position ? Oh ! ce n'est pas ma partie ; quand vous aurez dépassé Tatarinovo, vous verrez : on y remue des masses de terre ; montez sur la colline, et d'un seul coup d'œil vous embrasserez toute la plaine.

— Vraiment ! mais alors si vous... »

Le docteur l'interrompit en se rapprochant de sa britchka.

« Je vous y aurais conduit avec plaisir, je vous le jure, mais, continua-t-il en faisant un geste énergique, je ne sais plus où donner de la tête : je cours chez le chef de corps, car savez-vous où nous en sommes ? Demain on livre bataille ; or sur cent mille hommes on doit compter vingt mille blessés, n'est-ce pas ? Eh bien, nous n'avons ni brancards, ni hamacs, ni officiers de santé, ni médecins, même pour six mille ; nous avons bien dix mille télègues, mais vous comprenez qu'il nous faut autre chose, et l'on nous répond : « faites comme vous « pourrez !.... »

En ce moment, Pierre pensa que sur ces cent mille hommes

bien portants, jeunes et vieux, dont quelques-uns examinaient curieusement son chapeau, vingt mille étaient fatalement destinés aux souffrances et à la mort, et son esprit en fut douloureusement frappé : « Ils mourront peut-être demain, comment alors peuvent-ils penser à autre chose? » se disait-il, et, par une association d'idées involontaire mais naturelle, son imagination lui retraça vivement la descente de Mojaïsk, les télègues avec les blessés, le bruit des cloches, les rayons brillants du soleil et les chansons des soldats!

« Et ce régiment de cavalerie qui rencontre des blessés en allant au feu? Il les salue en passant, et pas un de ses hommes ne fait un retour sur lui-même et ne pense à ce qui l'attend demain?... C'est étrange! » se dit Pierre en continuant sa route vers Tatarinovo. A gauche s'élevait une maison seigneuriale, devant laquelle se promenaient des sentinelles, et stationnaient une foule de voitures, de fourgons et de domestiques militaires. C'était la demeure du commandant en chef; absent en ce moment, il n'y avait laissé personne, et assistait au *Te Deum* avec tout son état-major. Pierre continua sur Gorky; arrivé sur la hauteur et traversant la rue étroite du village, il aperçut, pour la première fois, des miliciens en chemise blanche avec le bonnet décoré de la croix, qui, ruisselants de sueur, travaillaient, en riant et en causant bruyamment, sur un large monticule situé à droite de la route et couvert de hautes herbes. Les uns creusaient la terre, les autres la brouettaient sur des planches posées à terre, et quelques-uns restaient les bras croisés. Deux officiers les dirigeaient du haut de la colline. Ces paysans, qui s'amusaient évidemment de la nouveauté de leurs occupations militaires, rappelèrent à Pierre ces paroles du soldat : « Que c'était avec le peuple entier qu'on voulait repousser l'ennemi! » Ces travailleurs barbus, chaussés de grandes bottes dont ils n'avaient pas l'habitude, avec leurs cous bronzés, leurs chemises entr'ouvertes sur la poitrine, laissant voir leurs clavicules hâlées, firent sur Pierre une impression plus forte que tout ce qu'il avait vu et entendu jusque-là, et lui firent comprendre la solennité et l'importance de ce qui se passait en ce moment.

III

Pierre gravit la colline dont le docteur lui avait parlé. Il était onze heures du matin : le soleil éclairait presque d'aplomb, à travers l'air pur et serein, l'immense panorama du terrain accidenté qui se déroulait en amphithéâtre sous ses yeux. Sur sa gauche montait en serpentant la grand'route de Smolensk, qui traversait un village avec son église blanche, couché à cinq cents pas en avant au pied du mamelon : c'était Borodino ! Un peu plus loin, la route franchissait un pont, et continuait à s'élever jusqu'au village de Valouïew, à cinq ou six verstes de distance ; au delà de ce village, occupé en ce moment par Napoléon, elle disparaissait dans un bois épais qui se dessinait à l'horizon : au milieu de ce massif de bouleaux et de sapins brillaient au soleil une croix dorée et le clocher du couvent de Kolotski. Dans ce lointain bleuâtre, à gauche et à droite de la forêt et du chemin, on distinguait la fumée des feux de bivouacs et les masses confuses de nos troupes et des troupes ennemies. A droite, le long des rivières Kolotcha et Moskva, le pays accidenté offrait à l'œil une succession de collines et de replis de terrain, au fond desquels on apercevait au loin les villages de Besoukhow et de Zakharino, à gauche d'immenses champs de blé, et les restes fumants du village de Séménovski.

Tout ce que Pierre voyait sur sa gauche aussi bien que sur sa droite était tellement vague, que rien des deux côtés ne répondait à son attente : point de champ de bataille comme il se l'imaginait, mais de vrais champs, des clairières, des troupes, des bois, la fumée des bivouacs, des villages, des collines, des ruisseaux, de sorte que malgré tous ses efforts il ne pouvait parvenir à découvrir, dans ces sites riants, où était exactement notre position, ni même à discerner nos troupes de celles de l'ennemi : « Il faut que je m'en informe, » se dit-il, et, se tournant vers un officier qui regardait avec curiosité sa colossale personne, aux allures si peu militaires :

« Auriez-vous l'obligeance, lui demanda Pierre, de me dire quel est ce village qui est là devant nous ?

— C'est Bourdino, n'est-ce pas ? demanda l'officier en s'adressant à son tour à un camarade.

— Borodino, » répondit l'autre en le reprenant.

L'officier, enchanté de trouver l'occasion de causer, se rapprocha de Pierre.

« Et où sont les nôtres?

— Mais là plus loin, et les Français aussi; les voyez-vous là-bas?

— Où, où donc? demanda Pierre.

— Mais on les voit à l'œil nu..., et l'officier lui indiqua de la main la fumée qui s'élevait à gauche de la rivière, pendant que son visage prenait cette expression sérieuse que Pierre avait déjà remarquée chez plusieurs autres.

— Ah! ce sont les Français?... mais là-bas? ajouta-t-il en indiquant la gauche de la colline.

— Eh bien, ce sont les nôtres.

— Les nôtres? mais alors là-bas?... »

Et Pierre désignait de la main une hauteur plus éloignée, sur laquelle se dessinait un grand arbre, à côté d'un village enfoncé dans un repli de terrain, où s'agitaient des taches noires et d'épais nuages de fumée.

« C'est encore « lui! » répondit l'officier (c'était précisément la redoute de Schevardino). Nous y étions hier, mais « il » y est aujourd'hui.

— Mais alors où donc est notre position?

— Notre position? dit l'officier avec un sourire de complaisance. Je puis vous l'indiquer clairement, car c'est moi qui ai construit tous les retranchements... suivez-moi bien : notre centre est à Borodino, ici même, — il indiqua le village avec l'église blanche; — là, le passage de la Kolotcha... Voyez-vous un pont dans cette petite prairie avec ses meules de foin éparpillées?... Eh bien, c'est notre centre. Notre flanc droit? le voici, — continua-t-il en indiquant par un geste le vallon à droite; — là est la Moskva, et c'est là que nous avons élevé trois fortes redoutes. Quant à notre flanc gauche,... ici l'officier s'embarrassa.... c'est assez malaisé de vous l'expliquer : notre flanc gauche était hier à Schevardino, où vous apercevez ce grand chêne, et maintenant nous avons reporté notre aile gauche là-bas, près de ce village brûlé et ici, — ajouta-t-il en montrant la colline de Raïevsky. — Seulement, Dieu sait si on livrera bataille sur ce point. Quant à « lui », il a, il est vrai, amené ses troupes jusqu'ici, mais c'est une ruse : il tournera sûrement la Moskva sur la droite... Quoi qu'il arrive, il en manquera beaucoup demain à l'appel! »

Un vieux sergent qui venait de s'approcher attendait en

silence la fin de la péroraison de son chef, et, mécontent de ces dernières paroles, il l'interrompit vivement :

« Il faut aller chercher des gabions, » dit-il gravement.

L'officier eut l'air confus, ayant compris sans doute que si l'on pouvait penser à ceux qui ne seraient plus là le lendemain, on ne devait pas du moins en parler :

« Eh bien! alors envoie la troisième compagnie, répondit-il vivement... A propos, qui êtes-vous, vous? Etes-vous un docteur?

— Moi, non, je suis venu par curiosité.... »

Et Pierre descendit la colline, et repassa devant les miliciens.

« La voilà! on l'apporte, on l'apporte!... la voilà, ils viennent! » s'écrièrent plusieurs voix.

Officiers, soldats et miliciens s'élancèrent sur la grand'route. Une procession sortait de Borodino et s'avançait sur la hauteur.

« C'est notre sainte mère qui vient, notre protectrice, notre sainte mère Iverskaïa!

— Non pas, c'est notre sainte mère de Smolensk, » reprit un autre.

Les miliciens, les habitants du village, les terrassiers de la batterie, jetant là leurs bêches, coururent à la rencontre de la procession. En avant du cortège, sur la route poudreuse, l'infanterie marchait tête nue et tenant ses fusils la crosse en l'air : derrière elle on entendait les chants religieux. Puis venaient le clergé dans ses habits sacerdotaux, représenté par un vieux prêtre, les diacres, des sacristains et des chantres. Soldats et officiers portaient une grande image, à visage noirci, enchâssée dans l'argent : c'était la sainte image qu'on avait emportée de Smolensk, et qui, depuis lors, suivait l'armée. A gauche, à droite, en avant, en arrière, marchait, courait, et s'inclinait jusqu'à terre la foule des militaires. La procession atteignit enfin le plateau de la colline. Les porteurs de l'image se relayèrent : les sacristains agitèrent leurs encensoirs, et le *Te Deum* commença. Les rayons du soleil dardaient d'aplomb, une fraîche et légère brise se jouait dans les cheveux de toutes ces têtes découvertes et dans les rubans qui ornaient l'image, et les chants s'élevaient vers le ciel avec un sourd murmure. Dans un espace laissé libre derrière le prêtre et les diacres, se tenaient en avant des autres les officiers supérieurs. Un général chauve, la croix de Saint-Georges au cou, immobile et raide, touchait presque le prêtre : c'était évidemment un Allemand, car il ne faisait pas le signe de la croix, et semblait attendre patiemment la fin des prières, qu'il trouvait indispensables pour ranimer l'élan patriotique du peuple ; un autre général, à la tournure martiale, se signait sans relâche en regardant autour de lui. Pierre avait aperçu quelques figures de connaissance, mais il n'y prenait pas garde : toute son attention était attirée par l'expression recueillie répandue sur les traits des soldats et des miliciens, qui contemplaient l'image avec une fiévreuse exaltation. Lorsque les chantres, fatigués, entonnèrent paresseusement, car c'était au moins le vingtième *Te Deum* qu'ils chantaient, l'invocation à la Vierge, et que le prêtre et le diacre reprirent en chœur : « Très sainte Vierge, muraille invisible et médiatrice divine, délivre du malheur Tes esclaves qui accoururent vers Toi, » toutes les figures reflétèrent le sentiment profond que Pierre avait déjà remarqué à la descente de Mojaïsk et chez la plupart de ceux qu'il avait rencontrés. Les fronts s'inclinaient plus souvent, les cheveux se rejetaient en arrière, les soupirs et les coups dans la poitrine se multipliaient. Tout à coup la foule eut un mouvement de recul et retomba sur Pierre. Un personnage, très important sans doute, à en juger par l'empressement avec lequel on s'écartait pour le laisser passer, s'approcha de l'image : c'était Koutouzow, qui revenait vers Tatarinovo, après être allé examiner le terrain. Pierre le reconnut aussitôt. Vêtu d'une longue capote, le dos voûté, son œil blanc sans regard ressortant sur sa figure aux joues pleines, il entra, en se balançant, dans le cercle, s'arrêta derrière le prêtre, fit machinalement un signe de croix, abaissa la main jusqu'à terre, soupira profondément et inclina sa tête grise. Il était suivi de Bennigsen et de son état-major. Malgré la présence du commandant en chef, qui avait détourné l'attention des généraux, les soldats et les miliciens continuèrent à prier sans se laisser distraire. Les prières achevées, Koutouzow s'avança, s'agenouilla lourdement, toucha la terre du front, et fit ensuite, à cause de son poids et de sa faiblesse, d'inutiles efforts pour se relever ; ces efforts imprimèrent à sa tête des mouvements saccadés. Quand il eut enfin réussi, il avança les lèvres comme font les enfants, et baisa l'image. Les généraux l'imitèrent, puis les officiers, et, après eux, les soldats et les miliciens, se poussant et se bousculant les uns les autres.

IV

Soulevé par la foule, Pierre regardait vaguement autour de lui.

« Comte Pierre Kirilovitch, comment êtes-vous là ? » demanda une voix.

Pierre se retourna. C'était Boris Droubetzkoï, qui s'approchait de lui en souriant, et en époussetant la poussière qu'il avait attrapée aux genoux en faisant ses génuflexions. Sa tenue, celle du militaire en campagne, était néanmoins élégante ; il portait comme Koutouzow une longue capote, et comme lui un fouet en bandoulière. Pendant ce temps, le général en chef, qui avait atteint le village, s'était assis, dans l'ombre projetée par une isba, sur un banc apporté en toute hâte par un cosaque, et qu'un autre avait recouvert d'un petit tapis. Une suite nombreuse et brillante l'entoura ; la procession poursuivit son chemin, accompagnée par la foule, tandis que Pierre, causant avec Boris, s'arrêtait à une trentaine de pas de Koutouzow.

« Croyez-moi, dit Boris à Pierre, qui lui exprimait son désir de prendre part à la bataille, je vous ferai les honneurs du camp, et le mieux, à mon avis, serait de rester auprès du général Bennigsen, dont je suis officier d'ordonnance et que je préviendrai. Si vous voulez avoir une idée de la position, venez avec nous, nous allons au flanc gauche, et, quand nous en reviendrons, faites-moi le plaisir d'accepter mon hospitalité pour la nuit : nous pourrons même organiser une petite partie. Vous connaissez sans doute Dmitri Serguéïévitch ? il campe là, — ajouta-t-il en indiquant la troisième maison de Gorky.

— Mais j'aurais désiré voir le flanc droit. On le dit très fort, et ensuite je voudrais bien longer la Moskva et toute la position ?

— Vous le pourrez facilement, mais c'est le flanc gauche qui est le plus important.

— Pourriez-vous me dire où se trouve le régiment du prince Bolkonsky ?

— Nous passerons devant, je vous conduirai au prince.

— Qu'alliez-vous dire du flanc gauche ? demanda Pierre.

— Entre nous soit dit, répondit Boris en baissant la voix d'un air de confidence, le flanc gauche est dans une détestable position; le comte Bennigsen avait un tout autre plan : il tenait à fortifier ce mamelon là-bas, mais Son Altesse ne l'a pas voulu, car.... »

Boris n'acheva pas, il venait d'apercevoir l'aide de camp de Koutouzow, Kaïssarow, qui se dirigeait de leur côté.

« Païssi Serguéïévitch, dit Boris d'un air dégagé, je tâche d'expliquer au comte notre position, et j'admire Son Altesse d'avoir si bien deviné les intentions de l'ennemi.

— Vous parliez du flanc gauche? demanda Kaïssarow.

— Oui, justement, le flanc gauche est maintenant formidable! »

Quoique Koutouzow eût renvoyé de son état-major tous les gens inutiles, Boris avait su y conserver sa position en se faisant attacher au comte Bennigsen. Celui-ci, comme tous ceux sous les ordres desquels Boris avait servi, faisait de lui le plus grand cas.

L'armée était partagée en deux partis très distincts : celui de Koutouzow et celui de Bennigsen chef de l'état-major; et Boris savait, avec beaucoup d'habileté, tout en témoignant un respect servile à Koutouzow, donner à entendre que ce vieillard était incapable de diriger les opérations, et que, de fait, c'était Bennigsen qui avait la haute main. On était maintenant à la veille de l'instant décisif qui devait accabler Koutouzow et faire passer le pouvoir entre les mains de Bennigsen, ou bien, si Koutouzow gagnait la bataille, on ne manquerait pas de faire comprendre que tout l'honneur en revenait à Bennigsen. Dans tous les cas, de nombreuses et importantes récompenses seraient distribuées après la journée du lendemain, et donneraient de l'avancement à une fournée d'inconnus. Cette prévision causait à Boris une agitation fébrile.

Pierre fut bientôt entouré par plusieurs officiers de sa connaissance, arrivés à la suite de Kaïssarow; il avait peine à répondre à toutes les questions qu'on lui adressait sur Moscou, et à suivre les récits de toute sorte qu'on lui faisait. Les physionomies avaient une expression d'inquiétude et de surexcitation, mais il crut remarquer que cette surexcitation était causée par des questions d'intérêt purement personnel, et il se rappelait involontairement cette autre expression, profonde et recueillie, qui l'avait si vivement frappé sur d'autres visages : ces gens-là, en s'associant de cœur à l'intérêt général, comprenaient qu'il s'agissait d'une question de vie ou de mort pour chacun! Koutouzow, apercevant Pierre dans le groupe, le fit appeler par son aide de camp; Pierre se dirigea aussitôt vers lui, mais au même moment un milicien, le devançant, s'approcha également du commandant en chef : c'était Dologhow.

« Et celui-là, comment est-il ici? demanda Pierre.

— Cet animal-là se faufile partout, lui répondit-on; il a été dégradé, il faut bien qu'il revienne sur l'eau.... Il a présenté différents projets, et il s'est glissé jusqu'aux avant-postes ennemis.... Il n'y a pas à dire, il est courageux. » Pierre se découvrit avec respect devant Koutouzow, que Dologhow avait accaparé.

« J'avais pensé, disait ce dernier, que si je prévenais Votre Altesse, elle me chasserait, ou me dirait que la chose lui était connue?

— Oui, c'est vrai, dit Koutouzow....

— Mais aussi que, si je réussissais, je rendrais service à ma patrie, pour laquelle je suis prêt à donner ma vie! Si Votre Altesse a besoin d'un homme qui ne ménage pas sa peau, je la prie de penser à moi, je pourrais peut-être lui être utile.

— Oui, oui, » répondit Koutouzow, dont l'œil se reporta en souriant sur Pierre.

En ce moment Boris, avec son habileté de courtisan, s'avança pour se placer à côté de Pierre, avec qui il eut l'air de continuer une conversation commencée.

« Vous le voyez, comte, les miliciens ont mis des chemises blanches pour se préparer à la mort!... N'est-ce pas de l'héroïsme? »

Boris n'avait évidemment prononcé ces paroles qu'avec l'intention d'être entendu; il avait deviné juste, car Koutouzow, s'adressant à lui, lui demanda ce qu'il disait de la milice. Il répéta sa réflexion :

« Oui, c'est un peuple incomparable! — dit Koutouzow, et, fermant les yeux, il hocha la tête : — Incomparable! — murmura-t-il une seconde fois : — Vous voulez donc sentir la poudre, dit-il à Pierre, une odeur agréable, je ne dis pas!... J'ai l'honneur de compter parmi les adorateurs de madame votre femme; comment va-t-elle?... Mon bivouac est à vos ordres! »

Comme il arrive souvent aux vieilles gens, Koutouzow détourna la tête d'un air distrait; il semblait avoir oublié tout ce qu'il avait à dire, et tout ce qu'il avait à faire. Tout à coup, se souvenant d'un ordre à donner, il fit signe du doigt à André Kaïssarow, le frère de son aide de camp.

« Comment donc sont ces vers de Marine, les vers sur Ghérakow!... Dis-les un peu? »

Kaïssarow les récita, et Koutouzow balançait la tête en mesure, en les écoutant.

Lorsque Pierre s'éloigna, Dologhow s'approcha de lui et lui tendit la main.

« Je suis charmé de vous rencontrer ici, comte, dit-il tout haut, sans paraître embarrassé le moins du monde par la présence d'étrangers.

— A la veille d'un pareil jour, reprit-il avec solennité et décision, à la veille d'un jour où Dieu seul sait ce qui nous attend, je suis heureux de trouver l'occasion de vous dire que je regrette les malentendus qui se sont élevés entre nous, et je désire que vous n'ayez plus de haine contre moi... Accordez-moi, je vous prie, votre pardon. »

Pierre regardait Dologhow en souriant, ne sachant que lui répondre. Celui-ci, les larmes aux yeux, l'entoura de ses bras et l'embrassa. Sur ces entrefaites, le comte Bennigsen, auquel Boris avait glissé quelques mots, proposa à Pierre de le suivre le long de la ligne des troupes.

« Cela vous intéressera, ajouta-t-il.

— Bien certainement, » répondit Pierre.

Une demi-heure plus tard, Koutouzow partit pour Tatarinovo, tandis que Bennigsen, accompagné de sa suite et de Pierre, allait faire son inspection.

V

Bennigsen descendit la grand'route vers le pont que l'officier avait indiqué à Pierre comme étant le centre de notre position, et dont le foin, fauché des deux côtés de la rivière, embaumait les abords. Après le pont, ils traversèrent le village de Borodino; de là, prenant sur la gauche, ils dépassèrent une masse énorme de soldats et de fourgons d'artillerie, et se trouvèrent en vue d'un haut mamelon sur lequel les miliciens exécutaient des travaux de terrassement : c'était la redoute qui devait recevoir plus tard le nom de « Raïevsky » ou « la batterie du mamelon ». Pierre n'y fit que peu d'attention : il ne pouvait se douter que cet endroit deviendrait le point le plus mémorable du champ de bataille de Borodino. Ils franchirent ensuite le ravin qui les séparait de Séménovsky : les soldats emportaient les dernières poutres des isbas et des granges. Puis, montant et descendant tour à tour, ils traversèrent un champ de seigle, foulé et roulé comme par la grêle, et suivirent la nouvelle route frayée par l'artillerie au milieu des sillons d'un champ labouré, pour atteindre les ouvrages avancés auxquels on travaillait encore. Bennigsen s'y arrêta et jeta les yeux sur la redoute de Schevardino, qui hier encore était à nous, et sur laquelle on voyait se dessiner quelques cavaliers, que les officiers prétendaient être Napoléon ou Murat, avec leur suite. Pierre cherchait, comme eux, à deviner lequel pouvait être Napoléon. Quelques instants plus tard, ce groupe descendit de la hauteur et disparut dans le lointain. Bennigsen, s'adressant à un des généraux présents, lui expliqua à haute voix quelle était la position de nos troupes. Pierre faisait son possible pour se rendre compte des combinaisons qui motivaient cette bataille, mais il sentit, à son grand chagrin, que son intelligence n'allait pas jusque-là et qu'il n'y comprenait rien. Bennigsen, remarquant son attention, lui dit tout à coup :

« Cela ne peut, il me semble, vous intéresser?

— Au contraire, » reprit Pierre.

Laissant les ouvrages avancés derrière eux, ils s'engagèrent sur la route, qui, en s'éloignant vers la gauche, traversait, en formant des courbes, un bois de bouleaux serrés mais peu élevés. Au milieu de la forêt, un lièvre, au pelage brun et aux pattes blanches, sauta tout à coup sur le chemin et se mit à courir longtemps devant eux, en excitant une hilarité générale, jusqu'au moment où, effrayé par le bruit des chevaux et des voix, il se jeta dans un fourré voisin. Deux verstes plus loin, ils débouchèrent dans une clairière : là se trouvaient des soldats du corps de Toutchkow, qui était chargé de défendre le flanc gauche. Arrivé à son extrême limite, Pierre vit Bennigsen parler avec chaleur, et supposa qu'il venait de prendre une disposition des plus importantes. En avant des troupes de Toutchkow, il y avait une éminence, qui n'était pas occupée par nos troupes, et Bennigsen critiqua hautement cette faute, en disant qu'il était absurde de laisser ainsi, sans le garnir, un point aussi élevé, et de se contenter de mettre des troupes dans le bas. Quelques généraux partagèrent son avis. L'un d'eux, entre autres, soutint, avec une énergie toute militaire, qu'on les exposait par là à une mort certaine. Bennigsen ordonna en son nom de faire placer des forces sur la hauteur. Cette disposition, qu'on venait de prendre au flanc gauche fit encore mieux sentir à Pierre son incapacité à comprendre les questions stratégiques ; en écoutant Bennigsen et les généraux qui discutaient la question, il leur donnait raison, et s'étonnait d'autant plus de la faute grossière qui avait été commise. Bennigsen, ignorant que ces troupes avaient été placées là, non, comme il le croyait, pour défendre la position, mais pour y rester cachées et tomber à l'improviste sur l'ennemi à un moment donné, changea ces dispositions, sans en prévenir le commandant en chef.

VI

Le prince André, pendant cette même soirée, était couché dans un hangar délabré du village de Kniaskovo, à l'extrême limite du campement de son régiment. Appuyé sur son coude, il fixait machinalement les yeux, à travers une fente des planches disjointes, sur la ligne de jeunes bouleaux ébranchés plantés le long de la clôture, et sur le champ aux gerbes d'avoine éparpillées, au-dessus duquel s'élevait la fumée des feux où cuisait le souper des soldats. Quelque triste, pesante et inutile que lui parût sa vie, il se sentait, comme sept ans auparavant, à la veille d'Austerlitz, ému et surexcité. Il avait donné des ordres pour le lendemain, et il ne lui restait plus rien à faire ; aussi se sentait-il agité par les pressentiments les plus nets, et par conséquent les plus sinistres. Il prévoyait que cette bataille serait la plus effroyable entre toutes celles auxquelles il avait assisté jusqu'à ce jour, et la possibilité de mourir se présenta à lui pour la première fois dans toute sa cruelle nudité, dépouillée de tout lien avec sa vie présente, et de toute conjecture quant à l'effet qu'elle produirait sur les autres. Tout son passé se déroula devant lui comme dans une lanterne magique, en une longue suite de tableaux qui auraient été éclairés jusque-là par un faux jour, et qui en ce moment lui apparaissaient inondés de la vraie lumière. « Oui, les voilà, ces décevants mirages, ces mirages trompeurs qui m'exaltaient! se disait-il en les examinant à la clarté froide et inexorable de la pensée de la mort. Les voilà, ces grossières illusions qui me paraissaient si belles et si mystérieuses... Et la gloire, et le bien public, et l'amour pour la femme et la patrie elle-même! Comme tout alors me paraissait grandiose et profond!... Mais en réalité tout est pâle, mesquin, misérable, comparé à l'aube naissante de ce jour nouveau, qui, je le sens, s'éveille en moi! » Sa pensée s'arrêtait surtout sur les trois grandes douleurs de sa vie : son amour pour une femme, la mort de son père et l'invasion française! L'amour?... Cette petite fille avec son auréole d'attraits!... « Comme je l'ai aimée, et quels rêves poétiques n'ai-je pas faits en songeant à un bonheur que je partagerais avec elle? Je croyais à un amour idéal, qui devait me la conserver fidèle pendant l'année de mon absence, comme la colombe de la fable! Mon père, lui aussi, travaillait et bâtissait à Lissy-Gory, croyant que tout était à lui, les paysans, la terre, et même l'air qu'il respirait. Napoléon est venu, et, sans se douter même de son existence, il l'a balayé de sa route comme un fétu de paille, et Lissy-Gory s'est effrondé, l'entraînant dans sa ruine, tandis que Marie continue à dire que c'est une épreuve envoyée d'en haut! Pourquoi une épreuve, puisqu'il n'est plus! Pour qui est donc l'épreuve?... Et la patrie, et la perte de Moscou! qui sait? Demain peut-être je serai tué par un des nôtres, comme hier au soir j'aurais pu l'être par ce soldat qui a déchargé son fusil à mon oreille par inadvertance. Les Français viendront, qui me prendront par les pieds et par la tête, et me jetteront dans la fosse, pour que l'odeur de mon cadavre ne les écœure pas; puis la vie universelle continuera dans de nouvelles conditions, tout aussi naturelles que les anciennes, et je ne serai plus là pour en jouir! » Il regarda la rangée de bouleaux dont l'écorce blanche, se détachant sur leur teinte uniforme, brillait au soleil : « Eh bien, qu'on me tue demain! Que ce soit fini, et qu'il ne soit plus question de moi! » Il se représenta vivement la vie sans lui; ces bouleaux pleins d'ombre et de lumière, ces nuages moutonnant, les feux des bivouacs, tout prit soudain un aspect effrayant et menaçant. Un frisson le saisit, il se leva vivement et sortit du hangar pour marcher. Il entendit des voix.

« Qui est-là? » dit-il.

Timokhine, le capitaine au nez rouge, l'ancien chef de compagnie de Dologhow, devenu chef de bataillon par suite du manque d'officiers, s'approcha timidement, suivi de l'aide de camp et du caissier du régiment. Le prince André écouta leur rapport, leur donna ses instructions, et allait les congédier lorsqu'il entendit une voix connue.

« Que diable! » disait cette voix.

Le prince André se retourna, et aperçut Pierre, qui s'était heurté à une auge. Il éprouvait toujours un sentiment pénible à se retrouver avec les personnes qui lui rappelaient son passé; aussi la vue de Pierre, qui avait été si intimement mêlé au douloureux dénoûment de son dernier séjour à Moscou, en augmenta la violence.

« Ah! vous voilà! dit-il, par quel hasard? Je ne vous attendais certes pas! »

En prononçant ces paroles, ses yeux et sa figure prirent un air plus que sec, c'était comme de l'inimitié; Pierre le remarqua aussitôt, et l'empressement qu'il mettait à s'approcher du prince André se changea en embarras.

« Je suis venu.... vous savez.... enfin.... je suis venu parce que c'est fort intéressant, répondit-il en répétant pour la centième fois de la journée la même phrase : — Je tenais à assister à une bataille!

— Ah! vraiment!... Et vos frères les francs-maçons, qu'en diront-ils? ajouta le prince André d'un air railleur... Que fait-on à Moscou? Que font les miens? Y sont-ils enfin arrivés? ajouta-t-il plus sérieusement.

— Ils y sont, Julie Droubetzkoï me l'a dit; je suis allé aussitôt les voir, mais je les ai manqués, ils étaient partis pour votre terre. »

VII

Les officiers firent un mouvement pour se retirer, mais le prince André, ne désirant pas rester en tête-à-tête avec son ami, les retint en leur offrant un verre de thé. Ils examinaient curieusement la massive personne de Pierre, et écoutaient, sans broncher, ses récits sur Moscou et sur les positions de nos troupes, qu'il venait de visiter. Le prince André gardait le silence, et l'expression désagréable de sa physionomie portait

Pierre à s'adresser de préférence au chef de bataillon Timokhine; celui-là l'écoutait avec bonhomie.

« Tu as donc compris la disposition de nos troupes? demanda le prince André, en l'interrompant tout à coup.

— Oui... c'est-à-dire autant qu'un civil peut comprendre ces choses-là... J'en ai saisi le plan général.

— Eh bien, vous êtes plus avancé que qui que ce soit, dit en français le prince André.

— Ah! dit Pierre stupéfait en le regardant par-dessus ses lunettes. Mais alors que pensez-vous de la nomination de Koutouzow?

— Elle m'a fait plaisir, c'est tout ce que j'en puis dire.

— Et quelle est votre opinion sur Barclay de Tolly?... Dieu sait ce qu'on en dit à Moscou..., et ici, qu'en dit-on?

— Mais demandez-le à ces messieurs, » répondit le prince André.

Pierre se tourna vers Timokhine, de l'air souriant et interrogateur que chacun prenait involontairement en s'adressant au brave commandant.

« La lumière s'est faite, Excellence, lorsque Son Altesse a pris le commandement, répondit-il timidement en jetant des regards furtifs à son chef.

— Comment cela? demanda Pierre.

— Par exemple, le bois et le fourrage? Lorsque notre retraite a commencé après Svendziani, nous n'osions prendre nulle part ni foin ni fagots, et pourtant nous nous en allions... Cela lui restait donc, à « lui », n'est-ce pas, Excellence? ajouta-t-il en s'adressant à « Son » prince.... Et gare à nous si nous le faisions! Deux officiers de notre régiment ont passé en jugement pour des histoires de ce genre; mais lorsque Son Altesse a été nommée commandant en chef, tout est devenu clair comme le jour!

— Mais alors pourquoi l'avait-on défendu? »

Timokhine, confus, ne savait comment répondre à cette question, que Pierre renouvela en la posant au prince André:

« Pour ne pas ruiner le pays qu'on laissait à l'ennemi, répondit André toujours d'un ton de raillerie. C'était une mesure extrêmement sage, car on ne saurait tolérer la maraude, et à Smolensk il a jugé aussi sainement que les Français pouvaient nous tourner, que leurs forces étaient supérieures en nombre aux nôtres.... Mais ce qu'il n'a pu comprendre, s'écria-t-il avec un éclat de voix involontaire, c'est que nous défendions là pour la première fois le sol russe, et que les troupes s'y battaient avec un élan que je ne leur avais jamais vu ! Bien que nous eussions tenu vaillamment pendant deux jours, et que ce succès eût décuplé nos forces, il n'en a pas moins ordonné la retraite, et alors tous nos efforts et toutes nos pertes se sont trouvées inutiles!... Il ne pensait certes pas à trahir, il avait fait tout pour le mieux, il avait tout prévu : mais c'est justement pour cela qu'il ne vaut rien ! Il ne vaut rien parce qu'il pense trop, et qu'il est trop minutieux, comme le sont tous les Allemands. Comment te dirai-je?... Admettons que ton père ait auprès de lui un domestique allemand, un excellent serviteur qui, dans son état normal de santé, lui rend plus de services que tu ne pourrais le faire.... Mais que ton père tombe malade, tu le renverras, et, de tes mains maladroites, tu soigneras ton père, et tu sauras mieux calmer ses douleurs qu'un étranger, quelque habile qu'il soit. C'est la même histoire avec Barclay ; tant que la Russie se portait bien, un étranger pouvait la servir, mais, à l'heure du danger, il lui faut un homme de son sang ! Chez vous, au club, n'avait-on pas inventé qu'il avait trahi? Eh bien, que résultera-t-il de toutes ces calomnies? On tombera dans l'excès opposé, on aura honte de cette odieuse imputation, et, pour la réparer, on en fera un héros, ce qui sera tout aussi injuste. C'est un Allemand brave et pédant.... et rien de plus !

— Pourtant, dit Pierre, on le dit bon capitaine.

— Je ne sais pas ce que cela veut dire, reprit le prince André.

— Mais enfin, dit Pierre, un bon capitaine c'est celui qui ne laisse rien au hasard, c'est celui qui devine les projets de son adversaire....

— C'est impossible! — s'écria le prince André, comme si cette question était résolue pour lui depuis longtemps. Pierre le regarda étonné.

— Pourtant, répliqua-t-il, la guerre ne ressemble-t-elle pas, dit-on, à une partie d'échecs?

— Avec cette petite différence, reprit le prince André, qu'aux échecs rien ne te presse, et que tu prends ton temps, tout à l'aise.... Et puis, le cavalier n'est-il pas toujours plus fort que le pion, et deux pions plus forts qu'un, tandis qu'à la guerre un bataillon est parfois plus fort qu'une division, et parfois plus faible qu'une compagnie? Le rapport des forces de deux armées reste toujours inconnu. Crois-moi : si le résultat dépendait toujours des ordres donnés par les états-majors, j'y serais resté, et j'aurais donné des ordres tout comme les autres; mais, au lieu de cela, tu le vois, j'ai l'honneur de servir avec ces messieurs, de commander un régiment, et je suis persuadé que la journée de demain dépendra plutôt de nous que d'eux ! Le succès ne saurait être et n'a jamais été la conséquence, ni de la position, ni des armes, ni du nombre !

— De quoi donc alors ? fit Pierre.

— Du sentiment qui est en moi, qui est en lui, — et il montra Timokhine, — qui est dans chaque soldat. »

Timokhine regarda avec stupeur son chef dont l'excitation contrastait singulièrement à cette heure avec sa réserve et son calme habituels. On sentait qu'il ne pouvait s'empêcher d'exprimer les pensées qui lui venaient en foule.

« La bataille est toujours gagnée par celui qui est fermement décidé à la gagner. Pourquoi avons-nous perdu celle d'Austerlitz ? Nos pertes égalaient celles des Français, mais nous avons cru trop tôt à notre défaite, et nous y avons cru parce que nous ne tenions pas à nous battre là-bas, et que nous avions envie de quitter le champ de bataille. Nous avons perdu la partie; eh bien, fuyons, et nous avons fui ! Si nous ne nous l'étions pas dit, Dieu sait ce qui serait arrivé, et demain nous ne le dirons pas ! Tu m'assures que notre flanc gauche est faible, et que le flanc droit est trop étendu ? C'est absurde, car cela n'a aucune importance; pense donc à ce qui nous attend demain ! Des milliers de hasards imprévus, qui peuvent tout terminer en une seconde !... Parce que les nôtres ou les leurs auront fui ! Parce qu'on aura tué celui-ci ou celui-là !... Quant à ce qui se fait aujourd'hui, c'est un jeu, et ceux avec lesquels tu as visité la position n'aident en rien à la marche des opérations; ils l'entravent au contraire, car ils n'ont absolument en vue que leurs intérêts personnels !

— Comment, dans le moment actuel ? demanda Pierre.

— Le moment actuel, reprit le prince André, n'est pour eux que le moment où il sera plus facile de supplanter un rival et de recevoir une croix ou un nouveau cordon. Pour moi, je n'y vois qu'une chose : cent mille Russes et cent mille Français se rencontreront demain pour se battre : celui qui se battra le plus et se ménagera le moins sera vainqueur; je te dirai mieux : quoi qu'on fasse, quelque soit l'antagonisme de nos chefs, nous gagnerons la bataille demain !

— Voilà qui est la vérité, Excellence, la vraie vérité, murmura Timokhine, il n'y a pas à se ménager!... Croiriez-vous que les soldats de mon bataillon n'ont pas bu d'eau-de-vie...? » « Ce n'est pas un jour pour cela, » disent-ils.

Il se fit un silence.

Les officiers se levèrent et le prince André sortit avec eux pour donner à son aide de camp ses derniers ordres. Dans ce moment, on entendit à peu de distance le bruit de quelques chevaux qui arrivaient par le chemin. Le prince André, se tournant de ce côté, reconnut aussitôt Woltzogen et Klauzevitz, accompagnés d'un cosaque; ils passèrent si près d'eux, que Pierre et le prince André purent entendre qu'ils disaient en allemand :

« Il faut que la guerre s'étende, c'est la seule manière de faire!

— Oh oui! répondit l'autre, du moment que le but principal est d'affaiblir l'ennemi, que l'on perde plus ou moins d'hommes, cela ne signifie rien!

— Certainement, reprit la première voix.

— Ah oui! que la guerre s'étende! dit le prince André avec colère : c'est ainsi que mon père, ma sœur et mon fils ont été chassés par elle! Peu lui importe, à lui!... C'est bien ce que je te disais tout à l'heure : ce ne sont pas messieurs les Allemands qui gagneront la bataille, je te le jure; ils ne feront que brouiller les cartes autant que possible, parce que dans la tête de cet Allemand il n'y a qu'un tas de raisonnements, dont le meilleur ne vaut pas une coquille d'œuf, et que dans son cœur il n'a pas ce que possède Timokhine, et qui sera nécessaire demain. Ils lui ont livré toute l'Europe, à « lui », et ils sont venus nous donner des leçons!... Excellents professeurs, ma foi!

— Ainsi donc, vous croyez que nous gagnerons la bataille?

— Oui, répondit d'un air distrait le prince André. Il y a une chose seulement que je n'aurais pas permise, si j'avais pu l'empêcher : c'est de faire quartier. Pourquoi des prisonniers? C'est de la chevalerie! Les Français ont détruit ma maison, ils vont détruire Moscou : ce sont mes ennemis, ce sont des criminels! Timokhine et toute l'armée pensent de même; ils ne peuvent être nos amis, quoi qu'ils en aient dit, là-bas, à Tilsit!

— Oui, oui, s'écria Pierre, dont les yeux étincelaient, je suis tout à fait de votre avis! »

La question qui le troublait depuis la descente de Mojaïsk

venait en effet de trouver sa solution claire et nette. Il comprit le sens et l'importance de la guerre, et de la bataille qui allait se livrer : tout ce qu'il avait vu dans la journée, l'expression grave et recueillie répandue sur les visages des soldats, cette chaleur patriotique latente, comme on dit en terme de physique, qui perçait chez chacun d'eux, lui furent expliquées, et il ne s'étonna plus du calme, de l'insouciance même avec lesquels on se préparait à mourir.

« Si l'on ne faisait pas de prisonniers, la guerre changerait de caractère et deviendrait, crois-moi, moins cruelle... Mais nous n'avons fait que jouer à la guerre, voilà le tort : nous faisons les généreux, et cette générosité, cette sensiblerie sont celles d'une femmelette, qui se trouve mal à la vue d'un veau qu'on égorge : la vue du sang révolte sa bonté naturelle, mais que ce veau soit mis à une bonne sauce, et elle en mangera tout comme les autres. On nous parle des lois de la guerre, de chevalerie, de parlementaires, d'humanité envers les blessés... nous nous dupons mutuellement! On dévaste les foyers, on fait de faux assignats, on tue mon père, mes enfants : et l'on vient après ça nous parler des lois de la guerre, de la générosité envers l'ennemi? Pas de quartier aux blessés!... Les tuer sans merci et aller soi-même à la mort! Celui qui est arrivé comme moi à cette conviction, en passant par d'atroces souffrances... »

Le prince André, après avoir cru un moment qu'il lui serait indifférent de voir prendre Moscou, comme on avait pris Smolensk, s'arrêta tout à coup. Un spasme lui serra le gosier, il fit quelques pas en silence : ses yeux avaient un éclat fiévreux, et ses lèvres tremblaient lorsqu'il reprit la parole :

« S'il n'y avait pas de fausse générosité à la guerre, on ne la ferait que pour une raison sérieuse, et en sachant qu'on va à la mort; alors on ne se battrait pas sous prétexte que Paul Ivanovitch a offensé Michel Ivanovitch! Alors tous les Hessois et tous les Westphaliens que Napoléon traîne après lui ne seraient pas venus en Russie, et nous ne serions pas allés en Autriche et en Prusse sans savoir pourquoi. Il faut accepter l'effroyable nécessité de la guerre, sérieusement, avec austérité.... Assez de mensonges comme cela! Il faut la faire comme on doit la faire, ce n'est pas un jeu. Autrement elle n'est qu'un délassement à l'usage des oisifs et des frivoles. La classe des militaires est la plus honorable, et cependant à quelles extrémités n'en viennent-ils pas pour assurer leur triomphe? Quel est, en effet, le but de la guerre? l'assassinat! Ses moyens? l'espionnage, la trahison! Quel en est le mobile? le pillage et le vol pour l'approvisionnement des hommes!... C'est-à-dire le mensonge et la duplicité sous toutes les formes et sous le nom de ruses de guerre... Quelle est la règle à laquelle se soumettent les militaires? A l'absence de toute liberté, c'est-à-dire à la discipline, qui couvre l'oisiveté, l'ignorance, la cruauté, la dépravation, l'ivrognerie, et cependant ils sont universellement respectés. Tous les souverains, excepté l'empereur de la Chine, portent l'uniforme militaire, et celui qui a tué le plus d'hommes reçoit la plus haute récompense!... Qu'il s'en rencontre, comme demain par exemple, des milliers qui s'estropient et se massacrent.... Que verrons-nous après? Des *Te Deum* d'actions de grâces pour le grand nombre de tués, dont d'ailleurs on exagère toujours le chiffre; puis on fera sonner bien haut la victoire, car plus il y a de morts, plus elle est éclatante..... Et ces prières, comment seront-elles reçues par Dieu qui regarde ce spectacle? Ah! mon ami, la vie m'est devenue à charge dans ces derniers temps : je vois trop au fond des choses, et il ne sied pas à l'homme de goûter à l'arbre de la science du bien et du mal.... Enfin, ce ne sera plus pour longtemps!..... Mais pardon, mes divagations te fatiguent, et moi aussi... Il est temps... retourne à Gorky!

— Oh non! répondit Pierre en fixant sur son ami ses yeux effarés, mais pleins de sympathie.

— Va, va! Il faut dormir avant de se battre, — dit le prince André en s'approchant vivement de Pierre et en l'embrassant. — Adieu, s'écria-t-il, nous reverrons-nous? Dieu seul le sait! »

Et, se détournant, il le poussa dehors.

Il faisait sombre, et Pierre ne put distinguer l'expression de sa figure. Etait-elle tendre ou sévère? Il resta quelques secondes indécis : retournerait-il auprès de lui, ou se remettrait-il en route?

« Non, il n'a pas besoin de moi, et je sais que c'est notre dernière entrevue, » se dit-il en soupirant profondément et en se dirigeant vers Gorky.

Le prince André s'étendit sur un tapis, mais il ne put s'endormir. Au milieu de toutes les images qui se confondaient dans son esprit, sa pensée s'arrêta longuement sur une d'elles avec une douce émotion : il revoyait une soirée à Pétersbourg, pendant laquelle Natacha lui racontait avec entrain comment, l'été précédent, elle s'était égarée, à la recherche des champignons, dans une immense forêt. Elle lui décrivait, à bâtons rompus, la solitude de la forêt, ses sensations, ses conversations avec le vieux gardien des ruches, et elle s'interrompait à chaque instant pour lui dire : « Non, ce n'est pas ça... je ne puis pas m'exprimer.... vous ne me comprenez pas, j'en suis sûre !... » Et malgré les protestations réitérées du prince André elle se désolait de ne pouvoir rendre l'impression exaltée et poétique qu'elle avait ressentie ce jour-là.... « Ce vieillard était adorable.... et la forêt était si sombre et il avait de si bons yeux !... Non, non, je ne puis pas, je ne sais pas raconter, » ajoutait-elle en devenant toute rouge. Le prince André sourit à ce souvenir, comme il avait souri alors en la regardant : « Je la comprenais alors, pensait-il ; je comprenais sa franchise, l'ingénuité de son âme : oui, c'était son âme que j'aimais en elle, que j'aimais si profondément, si fortement, de cet amour qui me donnait tant de bonheur ! » Et subitement il tressaillit, en se rappelant le dénouement : « Il n'avait guère besoin de tout cela, « lui » ! Il n'a rien vu, rien compris, elle n'était pour « lui » qu'une fraîche et jolie fille qu'il n'a pas daigné lier à son sort, tandis que moi.... Et cependant « il » vit encore, et il s'amuse !... » A ce souvenir, il lui sembla qu'on le touchait avec un fer rouge : il se redressa brusquement, se leva et se remit à marcher.

VIII

Le 6 septembre, la veille de la bataille de Borodino, le préfet du palais de l'Empereur des Français, Monsieur de Beausset, et le colonel Fabvier arrivèrent, l'un de Paris, l'autre de Madrid, et trouvèrent Napoléon à son bivouac de Valouïew. Monsieur de Beausset, revêtu de son uniforme de cour, se fit précéder d'un paquet à l'adresse de l'Empereur, qu'il avait été chargé de lui remettre. Pénétrant dans le premier compartiment de la tente, il défit l'enveloppe, tout en s'entretenant avec les aides de camp qui l'entouraient. Fabvier s'était arrêté à l'entrée, et causait au dehors. L'Empereur Napoléon achevait sa toilette dans sa chambre à coucher, et présentait à la brosse du valet de chambre, tantôt ses larges épaules, tantôt sa forte poitrine, avec le frémissement de satisfaction d'un cheval qu'on étrille. Un autre valet de chambre, le doigt sur le goulot d'un flacon d'eau de Cologne, en aspergeait le corps bien nourri de son maître, persuadé que lui seul savait combien il fallait de gouttes et comment il fallait les répandre. Les cheveux courts de l'Empereur se plaquaient mouillés sur son front, et sa figure, quoique jaune et bouffie, exprimait un bien-être physique.

« Allez ferme, allez toujours ! » disait-il au valet de chambre, qui redoublait d'efforts.

L'aide de camp qui venait d'entrer pour faire son rapport sur l'engagement de la veille et le nombre des prisonniers, attendait à la porte l'autorisation de se retirer. Napoléon lui jeta un regard en dessous.

« Pas de prisonniers ? répéta-t-il : ils aiment donc mieux se faire écharper ?... Tant pis pour l'armée russe ! — et continuant à faire le gros dos et à présenter ses épaules aux frictions de son valet de chambre : — C'est bien, faites entrer Monsieur de Beausset, ainsi que Fabvier, dit-il à l'aide de camp.

— Oui, Sire, » répondit ce dernier en s'empressant de sortir.

Les deux valets de chambre habillèrent leur maître, en un tour de main, de l'uniforme gros-bleu de la garde, et il se dirigea vers le salon d'un pas ferme et précipité. Pendant ce temps, Beausset avait rapidement déballé le cadeau de l'Impératrice, et l'avait placé sur deux chaises, en face de la porte par laquelle l'Empereur devait entrer ; mais ce dernier avait mis une telle hâte à sa toilette, qu'il n'avait pas eu le temps de disposer convenablement la surprise destinée à Sa Majesté. Napoléon remarqua son embarras, et, feignant de ne pas s'en apercevoir, fit signe à Fabvier d'approcher. Il écouta, les sourcils froncés et sans dire un mot, les éloges que le colonel faisait de ses troupes qui se battaient à Salamanque, à l'autre bout du monde, et qui n'avaient, selon lui, qu'une seule et même pensée : se montrer dignes de leur Empereur, et une seule crainte : celle de lui déplaire ! Cependant le résultat de la bataille n'avait pas été heureux, et Napoléon se consolait en interrompant Fabvier par des questions ironiques, qui prouvaient qu'il ne s'était attendu à rien de mieux en son absence.

« Il faut que je répare cela à Moscou, dit Napoléon... A tantôt, au revoir !... » Et, se retournant vers Beausset, qui avait eu le temps de recouvrir l'envoi de l'Impératrice d'une draperie, il l'appela.

Beausset fit un profond salut à la française, comme seuls

savaient les faire les vieux serviteurs des Bourbons, et lui remit un pli cacheté. Napoléon lui tira gaiement l'oreille.

« Vous vous êtes dépêché, j'en suis bien aise..... Eh bien, que dit Paris? ajouta-t-il en prenant subitement un air sérieux.

— Sire, tout Paris regrette votre absence, » répondit le préfet.

Napoléon savait parfaitement que ce n'était là qu'une adroite flatterie : dans ses moments lucides, il comprenait aussi que c'était faux; mais cette phrase lui fut agréable, et il lui effleura de nouveau l'oreille.

« Je suis fâché, dit-il, de vous avoir fait faire tant de chemin.

— Sire, je ne m'attendais à rien moins qu'à vous trouver aux portes de Moscou. »

Napoléon sourit et jeta un regard distrait à sa droite. Un aide de camp, s'inclinant avec grâce, lui présenta aussitôt une tabatière en or.

« Oui, vous avez de la chance, dit-il en aspirant une prise : vous qui aimez les voyages, vous verrez Moscou dans trois jours; vous ne vous attendiez certes pas à visiter la capitale asiatique? »

Beausset s'inclina en signe de reconnaissance pour la délicate attention de son souverain, qui lui prêtait un goût dont il ne soupçonnait pas lui-même l'existence.

« Ah! qu'est-ce donc? » dit Napoléon en remarquant que l'attention de sa suite était concentrée sur la draperie.

Beausset, avec l'habileté d'un courtisan accompli, fit un demi-tour et souleva adroitement le voile, en disant :

« C'est un présent que l'Impératrice envoie à Votre Majesté. »

C'était le portrait de l'enfant né du mariage de Napoléon avec la fille de l'Empereur d'Autriche, peint par Gérard. Le ravissant petit garçon, avec ses cheveux bouclés, et un regard semblable à celui du Christ de la Madone Sixtine, était représenté jouant au bilboquet : la boule figurait le globe terrestre, et le manche qu'il tenait de l'autre main simulait un sceptre. Quoiqu'il fût difficile de s'expliquer pourquoi l'artiste avait peint le roi de Rome perçant le globe avec un bâton, cette allégorie avait été trouvée, par tous ceux qui l'avaient vue à Paris, aussi claire et aussi délicate qu'elle le parut à Napoléon en ce moment.

« Le roi de Rome! dit-il avec un geste gracieux... admirable!... » Et avec cette faculté tout italienne de changer instantanément l'expression de son visage, il s'approcha du portrait d'un air pensif et tendre.

Il savait qu'à cette heure chacune de ses paroles et chacun de ses gestes seraient burinés dans l'histoire. Aussi, comme contraste à cette grandeur qui lui permettait de faire représenter son fils jouant au bilboquet avec le globe du monde, crut-il avoir trouvé une heureuse inspiration en lui opposant le simple sentiment de la tendresse paternelle. Ses yeux se voilèrent, il fit un pas en avant, et sembla chercher une chaise; la chaise fut vivement avancée, et il s'assit en face du portrait. Il fit un geste, et tout le monde se retira sur la pointe du pied, en laissant le grand homme se livrer à son émotion. Après quelques instants de muette contemplation, il se leva et rappela Beausset et l'aide de camp; il ordonna de placer le tableau devant la tente, pour ne pas priver sa vieille garde du bonheur de voir le roi de Rome, le fils et l'héritier de leur Souverain adoré! Ce qu'il avait prévu arriva : pendant qu'il déjeunait avec Monsieur de Beausset, auquel il avait fait l'honneur de l'inviter, on entendit devant la tente une explosion de cris enthousiastes, poussés par les officiers et les soldats de la vieille garde.

« Vive l'Empereur! Vive le roi de Rome! »

Le déjeuner fini, Napoléon dicta devant Beausset son ordre du jour à l'armée.

« Courte et énergique, » dit-il après avoir lu cette proclamation qu'il avait dictée d'un jet.

« Soldats!

« Voilà la bataille que vous avez tant désirée! Désormais la victoire dépend de vous; elle nous est nécessaire, elle nous donnera l'abondance, de bons quartiers d'hiver et un prompt retour dans la patrie. Conduisez-vous comme à Austerlitz, à Friedland, à Vitebsk, à Smolensk, et que la postérité la plus reculée cite avec orgueil votre conduite dans cette journée; que l'on dise de chacun de vous : « Il était à cette grande ba-
« taille!

« Napoléon. »

Après avoir invité Monsieur de Beausset, qui aimait tant les voyages, à l'accompagner dans sa promenade, il sortit avec lui de sa tente, et se dirigea vers les chevaux qu'on venait de seller.

« Votre Majesté est trop bonne, » dit de Beausset, quoiqu'il eût fort envie de dormir et qu'il ne sût pas monter à cheval : mais, du moment que Napoléon avait incliné la tête, force fut à Beausset de le suivre.

A la vue de l'Empereur, les cris des vieux grognards qui entouraient le tableau devinrent frénétiques. Napoléon fronça les sourcils.

« Enlevez-le, dit-il en indiquant le portrait : il est encore trop jeune pour voir un champ de bataille ! »

Beausset ferma les yeux, baissa la tête, soupira profondément, et témoigna, par un geste plein de déférence, qu'il savait apprécier les paroles de l'Empereur.

IX

L'historien de Napoléon nous le représente ce jour-là, passant la matinée à cheval, inspectant le terrain, discutant les différents plans qui lui étaient soumis par ses maréchaux, et donnant ses ordres aux généraux. La ligne primitive des troupes russes le long de la Kolotcha avait été rompue, et une partie de cette ligne, notamment le flanc gauche, avait été reculée par suite de la prise de la redoute de Schevardino. Cette partie n'était plus ni fortifiée ni couverte par la rivière, et devant elle s'étendait une plaine ouverte et unie. Il était évident, aussi bien pour un civil que pour un militaire, que c'était là que devait commencer l'attaque. Cela n'exigeait pas, du moins à ce qu'il semblait, de grandes combinaisons, ni ces soins minutieux de l'Empereur et de ses maréchaux, ni cette faculté supérieure, appelée le génie, qu'on aime tant à prêter à Napoléon ; mais ceux qui l'entouraient ne furent pas de cet avis, et les historiens qui décrivirent après coup ces événements firent chorus avec eux. Tout en parcourant le terrain et en examinant d'un air méditatif et soucieux les moindres détails de la localité, il secouait la tête, tantôt d'un air défiant, tantôt d'un air approbateur, et, sans initier aucun des généraux aux pensées profondes qui motivaient ses décisions, il se bornait à leur en donner la conclusion sous forme d'ordres. Davout, le prince d'Eckmühl, ayant émis l'opinion qu'il fallait tourner le flanc gauche des Russes, il lui répondit, sans lui en expliquer la raison, que c'était inutile. En revanche, il approuva le projet du général Compans, qui consistait à attaquer les ouvrages avancés et à faire passer les divisions par le bois, quoique Ney, duc d'Elchingen, se permît de faire observer qu'un mouvement à travers la forêt pouvait être dangereux, et mettre le désordre dans les rangs. En examinant l'endroit qui faisait face à la redoute de Schevardino, il réfléchit quelques secondes en silence, et indiqua les places où devaient s'élever pour le lendemain deux batteries, destinées à contre-battre les redoutes des Russes, et aussi la position que devait occuper l'artillerie de campagne. Après avoir donné ses instructions, il retourna à son bivouac et dicta les dispositions pour l'ordre de bataille.

Ces dispositions, qui ont provoqué un enthousiasme sans bornes chez les historiens français et une approbation unanime chez les étrangers, étaient conçues en ces termes :

« Deux nouvelles batteries, élevées pendant la nuit dans la plaine occupée par le prince d'Eckmühl, ouvriront, au petit jour, le feu contre les deux batteries ennemies leur faisant face.

« Le chef de l'artillerie du 1er corps, général Pernetti, se portera alors en avant avec 30 canons de la division Compans et tous les obusiers des divisions Desaix et Friant; il ouvrira le feu, et lancera ses obus sur la batterie ennemie, attaquée par :

Canons de l'artillerie de la garde.............	24 pièces.
Canons de la division Compans..............	30
Canons des divisions Desaix et Friant.........	8
Total..........	62 pièces.

« Le chef de l'artillerie du 3e corps, général Fouché, placera tous les obusiers des 3e et 8e corps, 16 pièces en tout, sur les flancs de la batterie destinée à canonner la fortification gauche, ce qui réunira contre elle 40 bouches à feu.

« Le général Sorbier se tiendra prêt à se porter en avant au premier signal avec tous les obusiers de l'artillerie de la garde, contre l'une ou l'autre des fortifications.

« Pendant la canonnade, le prince Poniatowsky se dirigera vers le village dans la forêt et tournera la position ennemie.

« Le général Compans traversera la forêt pour s'emparer du premier retranchement.

« Une fois la bataille engagée sur ce plan, d'autres ordres seront donnés conformément aux mouvements de l'ennemi.

« La canonnade sur l'aile gauche commencera aussitôt que se fera entendre celle de l'aile droite. Les tirailleurs de la division Morand et de la division du vice-roi ouvriront un feu violent, lorsque commencera l'attaque de l'aile droite.

« Le vice-roi s'emparera du village [1], et en franchira les trois ponts, en avançant sur la même ligne que les divisions Morand et Gérard, qui, menées par lui, se dirigeront vers la redoute et rejoindront les autres troupes.

« Le tout se fera avec ordre et méthode, en gardant autant que possible des troupes en réserve.

« Au camp impérial près de Mojaïsk, 6 septembre 1812. »

S'il est permis de juger les combinaisons de Napoléon, en se dégageant de l'influence presque superstitieuse qu'exerçait son génie, il est évident, au contraire, que ces dispositions manquent de clarté et de netteté. Ce document, en effet, contient quatre dispositions, dont aucune ne pouvait être et ne fut exécutée. Il est dit en premier : que les batteries élevées sur la place choisie par Napoléon, renforcées par les bouches à feu de Pernetti et de Fouché, 102 pièces en tout, devaient ouvrir le feu et couvrir de projectiles les ouvrages avancés de l'ennemi. Or il était impossible d'exécuter cet ordre, parce que les projectiles ne pouvaient atteindre les retranchements ennemis, et que ces 102 bouches à feu les lancèrent dans le vide, jusqu'au moment où un général prit sur lui, contre l'ordre de l'Empereur, de les faire avancer.

La seconde disposition, qui enjoignait à Poniatowsky de se diriger sur le village par la forêt, pour aller tourner l'aile gauche des Russes, ne put également aboutir, car Poniatowsky rencontra, dans la forêt, Toutchkow, qui lui barra le passage et l'empêcha de tourner la position indiquée. La troisième ordonnait au général Compans de se porter sur la forêt et de s'emparer du premier retranchement : or la division Compans ne s'en empara pas, et fut repoussée, parce qu'en sortant de la forêt elle fut forcée, par une circonstance ignorée de Napoléon, de s'aligner sous le feu de la mitraille. Enfin, aux termes de la quatrième, le vice-roi devait s'emparer du village de Borodino, traverser la rivière sur ses trois ponts, sur la même ligne que les divisions Morand et Friant (divisions dont

---

1. Borodino.

les mouvements ne sont indiqués nulle part), lesquelles, sous sa direction, devaient se diriger vers la redoute et se placer sur la même ligne que les autres troupes. Autant qu'il est possible de se rendre compte de cet ordre, en se reportant aux tentatives faites par le vice-roi pour l'exécuter, on devine qu'il devait se porter à gauche sur la redoute, en traversant Borodino, tandis que les divisions Morand et Friant avançaient en même temps en deçà de la ligne. Rien de tout cela n'était exécutable. Le vice-roi, ayant traversé Borodino, fut battu sur la Kolotcha, et les divisions Morand et Friant, qui subirent le même sort, n'enlevèrent pas la redoute, dont la cavalerie ne s'empara qu'à la fin de la bataille. Ainsi aucune de ces dispositions ne fut effectuée. Il était dit encore que « des ordres ultérieurs seraient donnés conformément aux mouvements de l'ennemi ». Il était donc présumable que Napoléon prendrait les mesures nécessaires durant le cours de la bataille, mais il n'en fit rien, car, comme on le sut plus tard, il se trouva à une telle distance du centre des opérations, qu'il n'en eut pas connaissance et qu'aucun des ordres donnés par lui pendant ce temps ne put être exécuté.

X

Plusieurs historiens assurent que si les Français ont été battus à Borodino, c'est parce que Napoléon souffrait ce jour-là d'un gros rhume. Sans ce rhume, ses combinaisons eussent été marquées au sceau du génie pendant la bataille, la Russie eût été perdue, et la face du monde changée ! Cette conclusion est d'une logique incontestable pour les écrivains qui soutiennent que la Russie s'est transformée par la seule volonté de Pierre le Grand ; que la république française s'est métamorphosée en Empire, et que les armées françaises sont entrées en Russie, également par la seule volonté de Napoléon. S'il avait dépendu de lui de livrer ou de ne pas livrer la bataille de Borodino, de prendre ou de ne pas prendre telle décision, il serait évident en ce cas que le rhume, qui aurait paralysé son action, eût été la cause du salut de la Russie, et que le valet de chambre qui oublia, le 25, de lui donner une chaussure imperméable, eût été notre sauveur ! Dans cet ordre d'idées, cette conclusion est aussi plausible que celle qu'en manière de plaisanterie Voltaire tire de la Saint-Barthélemy, due, dit-il, à un dérangement d'estomac de Charles IX. Mais, pour ceux qui n'admettent pas cette manière de raisonner, cette réflexion est tout bonnement absurde, et contraire en tous points à toute logique humaine. A la question de savoir quelle est la raison d'être des faits historiques, il nous paraît bien plus simple de répondre que la marche des événements de ce monde est arrêtée d'avance, et dépend de la coïncidence de toutes les volontés de ceux qui participent aux événements, et que celle des Napoléons n'y a qu'une influence extérieure et apparente.

Quelque étrange que paraisse à première vue de supposer que la Saint-Barthélemy, voulue et commandée par Charles IX, n'ait pas été le fait de sa volonté, et que le carnage de Borodino, qui a coûté 80.000 hommes, n'ait pas été réellement ordonné par Napoléon, bien qu'il eût pris toutes les dispositions à cet effet, la dignité humaine, en me démontrant que chacun de nous est homme au même degré que Napoléon, autorise cette solution, confirmée à plusieurs reprises par les recherches des historiens. Le jour de la bataille de Borodino, Napoléon n'a ni visé ni tué personne : tout fut fait par ses soldats, qui tuèrent leurs ennemis, non en conséquence de ses ordres, mais en obéissant à leur propre impulsion. Toute l'armée, Français, Allemands, Italiens, Polonais, affamés, déguenillés, fatigués par les marches qu'ils venaient de faire, sentait, en face de cette autre armée qui lui barrait le passage, que le vin était tiré et qu'il fallait le boire ! Si Napoléon leur avait défendu de se battre contre les Russes, ils l'auraient égorgé, et se seraient battus quand même, parce que c'était devenu inévitable !

A la lecture de la proclamation de Napoléon, qui leur promettait, comme compensation aux souffrances et à la mort, que la postérité dirait d'eux : « qu'eux aussi avaient pris part à la grande bataille de la Moskwa », ils avaient répondu par le cri de : « Vive l'Empereur ! » comme ils l'avaient déjà fait devant le portrait de l'enfant qui jouait au bilboquet avec la boule du monde, comme ils l'avaient acclamé à chaque non-sens qu'il avait dit. Ils n'avaient donc plus qu'une chose à faire, répéter : « Vive l'Empereur ! » et aller se battre pour gagner la nourriture et le repos qui, une fois vainqueurs, les attendaient à Moscou. Ils ne tuaient donc pas leurs semblables en vertu des ordres de leur maître ; Napoléon lui-même n'était pour rien dans la direction de la bataille, puisque aucune de ses dispositions n'a été exécutée et qu'il ignorait ce qui se passait. Ainsi donc la question de savoir d'une manière précise si Napoléon avait ou non un rhume à ce moment-là, n'a pas plus d'importance dans l'histoire que le rhume du dernier soldat du train.

Les historiens attribuent encore à ce rhume légendaire la faiblesse de ses dispositions, qui, selon nous, étaient au contraire mieux prises que celles qui lui avaient fait gagner d'autres batailles; elles paraissent inférieures aujourd'hui, parce que la bataille de Borodino fut la première que perdit Napoléon. Les combinaisons les plus profondes et les plus ingénieuses semblent toujours mauvaises, et donnent prise aux critiques savantes des tacticiens, lorsqu'elles n'ont pas amené la victoire, et *vice versa*. Les dispositions de Weirother, à la bataille d'Austerlitz, étaient le modèle de la perfection en ce genre, et cependant on les a désapprouvées, à cause même de cette perfection et de leur minutie.

Napoléon à Borodino avait joué son rôle de représentant du pouvoir aussi bien et même mieux que dans ses autres batailles. Il s'en était tenu aux mesures les plus sages. Aucune confusion, aucune contradiction ne peut lui être imputée; il n'a pas perdu la tête, il n'a pas fui du champ de bataille, et son tact et sa grande expérience contribuèrent au contraire à lui faire remplir, avec calme et dignité, le personnage de chef suprême, qui semblait lui être attribué dans cette sanglante tragédie.

XI

Napoléon revint pensif de sa tournée d'inspection, en se disant : « Les pièces sont sur l'échiquier, à demain le jeu! » S'étant fait donner un verre de punch, il manda de Beausset pour lui parler des changements à introduire dans la maison de l'Impératrice, et étonna le préfet par la façon dont les moindres détails des choses de la cour étaient présents à sa mémoire.

S'intéressant à des niaiseries, il plaisantait Beausset sur son amour des voyages, et causait avec insouciance, comme aurait pu le faire un grand opérateur qui retrousse tranquillement ses manches et met son tablier, pendant qu'on attache le patient sur son lit de souffrance : « L'affaire est à moi, semblait-il se dire, et j'en tiens tous les fils entre mes mains : quand il faudra agir, je m'en tirerai mieux que personne... Quant à présent, je puis plaisanter : plus je plaisante, plus je suis calme, plus vous devez être rassurés et confiants, et plus vous devez être étonnés de mon génie! »

Après un second verre de punch, il alla prendre quelques instants de repos; il était trop préoccupé de la journée du lendemain pour pouvoir dormir, et, quoique l'humidité du soir eût augmenté son rhume, il passa, en se mouchant bruyamment, à trois heures du matin, dans la partie de la tente qui formait son salon, et demanda si les Russes étaient toujours là. On lui répondit que les feux ennemis apparaissaient toujours sur les mêmes points. L'aide de camp de service entra.

« Eh bien, Rapp, croyez-vous que nous ferons de la bonne besogne aujourd'hui?

— Sans aucun doute, Sire... »

L'Empereur le regarda.

« Rappelez-vous, Sire, ce que vous m'avez fait l'honneur de me dire à Smolensk : « Le vin est tiré, il faut le boire! »

Napoléon fronça le sourcil et garda longtemps le silence.

« Cette pauvre armée, dit-il tout à coup, elle est bien diminuée depuis Smolensk. La fortune est une franche courtisane, Rapp, je le disais toujours et je commence à l'éprouver; mais la garde, la garde est intacte? demanda-t-il.

— Oui, Sire. »

Napoléon glissa une pastille dans sa bouche, et regarda à sa montre; il n'avait pas envie de dormir, il y avait loin jusqu'au matin, et pour tuer le temps, il n'y avait plus d'ordres à donner. Tout était prêt.

« A-t-on distribué les biscuits aux régiments de la garde? demanda-t-il sévèrement.

— Oui, Sire.

— Et le riz? »

Rapp répondit qu'il avait pris lui-même les mesures nécessaires à cet effet, mais Napoléon secoua la tête d'un air mécontent : il semblait douter que ce dernier ordre eût été exécuté. Un valet de chambre apporta du punch, Napoléon en fit donner un verre à son aide de camp; tout en le dégustant à petites gorgées :

« Je n'ai ni goût ni odorat, dit-il ; ce rhume est insupportable, et l'on me vante la médecine et les médecins, lorsqu'ils ne peuvent pas même me guérir d'un rhume !... Corvisart m'a donné ces pastilles, et elles ne me font aucun bien ! Ils ne savent rien traiter et ne le sauront jamais.... Notre corps est une machine à vivre. Il est organisé pour cela, c'est sa nature ; laissez-y la vie à son aise, qu'elle s'y défende elle-même : elle fera plus que si vous la paralysez en l'encombrant de remèdes. Notre corps est comme une montre parfaite, qui doit aller un certain temps : l'horloger n'a pas la faculté de l'ouvrir ; il ne peut la manier qu'à tâtons et les yeux bandés... Notre corps est une machine à vivre, voilà tout ! » Une fois entré dans la voie des définitions qu'il aimait tant, il en émit tout à coup une autre [1] : « Savez-vous ce que c'est que l'art militaire ? C'est le talent, à un moment donné, d'être plus fort que son ennemi ! »

Rapp ne répondit rien.

« Demain nous aurons affaire à Koutouzow. C'est lui qui commandait à Braunau, vous en souvient-il ? et il n'est pas monté à cheval une seule fois pendant trois semaines pour examiner les fortifications..... Nous verrons bien ! »

Il regarda encore une fois à sa montre ; il n'était que quatre heures. Il se leva, fit quelques pas, passa une redingote sur son uniforme, et sortit de la tente. La nuit était sombre, et un léger brouillard flottait dans l'air. On distinguait à peine les feux de bivouac de la garde ; à travers la fumée, on entrevoyait dans le lointain ceux des avant-postes russes. Tout était calme ; on n'entendait que le bruit sourd et le piétinement des troupes françaises qui s'apprêtaient à aller occuper les positions désignées. Napoléon s'avança, examina les feux, prêta l'oreille au bruit toujours croissant, et, passant près d'un grenadier de haute taille, qui montait la garde devant sa tente et qui se tenait immobile et droit comme un pilier à l'apparition de l'Empereur, il s'arrêta devant lui.

« Combien d'années de service? lui demanda-t-il avec cette brusquerie affectueuse et militaire dont il faisait volontiers parade avec les soldats. — Ah ! un des vieux ! Et le riz ?... l'a-t-on reçu au régiment ?

— Oui, Sire. »

Napoléon fit un signe de tête et le quitta. A cinq heures et demie, il se dirigea à cheval vers le village de Schevardino ;

---

[1]. En français dans le texte. (*Note du trad.*)

l'aube blanchissait, le ciel s'éclaircissait de plus en plus, un seul nuage flottait à l'orient. Les feux abandonnés se mouraient à la pâle lumière du petit jour; à droite retentit un coup de canon, sourd et solitaire, dont le son franchit l'espace et s'éteignit dans le silence général. Un second, un troisième ébranlèrent bientôt l'air, puis un quatrième et un cinquième résonnèrent avec solennité, quelque part à droite dans le voisinage. Ils retentissaient encore, que d'autres coups leur succédèrent aussitôt, en se confondant. Napoléon atteignit, avec sa suite, Schevardino, et descendit de cheval : la partie était engagée.

XII

Pierre, revenu de chez le prince André, à Gorky, ordonna à son domestique de tenir ses chevaux prêts pour le lendemain matin, de le réveiller à la pointe du jour; puis il s'endormit aussitôt dans le coin que Boris lui avait obligeamment offert. A son réveil, l'isba était déserte, les petits carreaux des fenêtres tremblaient, et son domestique le secouait pour le réveiller.

« Excellence, Excellence! répétait-il avec insistance.

— Quoi?... Qu'y a-t-il?... Est-ce commencé?

— Ecoutez la canonnade, dit le domestique, qui était un ancien soldat; tous sont partis depuis longtemps, même Son Altesse. »

Pierre s'habilla à la hâte et sortit en courant. La matinée était belle, gaie, fraîche, la rosée brillait; le soleil, déchirant le rideau de nuages, lança par-dessus le toit, à travers les vapeurs qui l'entouraient, un faisceau de rayons qui vinrent tomber sur la poussière de la route, humide de rosée, sur les murs des maisons, sur les clôtures en planches et sur les chevaux de Pierre, sellés à la porte de l'isba. Le grondement de la canonnade devint plus distinct. Un aide de camp passa au galop.

« Dépêchez-vous, comte, il est temps! » lui cria-t-il en passant.

Se faisant suivre de son cheval, Pierre longea la route jusqu'au mamelon du haut duquel il avait examiné le champ de bataille. Cette colline était couverte de militaires : on y entendait le murmure des conversations en français des officiers de l'état-major, et l'on y voyait, se détachant de l'ensemble, la tête grise de Koutouzow, coiffée d'une casquette blanche avec une bande rouge; sa grosse nuque s'enfonçait dans ses larges épaules. Il regardait au loin à l'aide d'une lunette d'approche. En gravissant la colline, Pierre fut frappé du spectacle qui s'offrit à ses yeux. C'était le panorama de la veille, mais occupé aujourd'hui par une masse imposante de troupes, envahi par la fumée de la fusillade, et éclairé par les rayons obliques du soleil, qui montait à la gauche de Pierre, projetant, dans l'air pur du matin, des chatoiements d'un rose doré, et étalant de côté et d'autre de longues et noires bandes d'ombre. Les grands bois qui fermaient l'horizon semblaient avoir été taillés dans une pierre étincelante, d'un jaune verdâtre, et derrière leurs cimes, qui se découpaient sur le ciel en une mince ligne foncée, se dessinait dans le lointain la grande route de Smolensk, couverte de troupes. A côté de la colline, les champs dorés et les coteaux ruisselaient de lumière, mais partout, devant, à gauche et à droite, on ne voyait que des soldats. C'était animé, majestueux et imprévu; mais ce qui attira surtout l'attention de Pierre, ce fut l'aspect du champ de bataille lui-même, la vue de Borodino et de la vallée de la Kolotcha, qui s'étendait des deux côtés de la rivière.

Au-dessus de la Kolotcha, à Borodino même, à l'endroit où la Voïna se jette dans la Kolotcha, à travers de vastes marais, s'élevait un de ces brouillards qui, en se fondant et en se vaporisant sous les rayons du soleil, donnent une couleur et un contour magiques au paysage qu'ils laissent entrevoir. Sur ce brouillard, sur la fumée qui s'y mêlait à flocons épais, sur l'eau, sur la rosée, sur les baïonnettes, sur Borodino même, se jouaient les rayons étincelants de la lumière du matin. A travers ce rideau transparent, on apercevait la blanche église, les toits des isbas du village, et de tous côtés des masses compactes de soldats, des caissons verts et des bouches à feu. Dans la vallée, sur les hauteurs, à mi-côte, dans les bois, dans les champs, partaient des coups de canon, tantôt isolés, tantôt par volées, suivis de tourbillons de fumée, qui s'arrondissaient, se rencontraient, et se confondaient dans l'espace. Chose étrange à dire, cette fumée et ces détonations étaient ce qui prêtait le plus de charme à ce spectacle. Pierre mourait d'envie de se trouver là où il voyait surgir ces panaches de fumée, là où s'agitaient ces baïonnettes brillantes, là où était le mouvement, et d'où partaient ces détonations incessantes.

Il se retourna pour comparer son impression à celle que devaient éprouver dans ce moment Koutouzow et son entourage : il lui sembla voir rayonner sur tous les visages cette émotion latente qu'il avait déjà remarquée la veille, mais dont il n'avait compris la nature qu'après son entretien avec le prince André.

« Va, mon ami, va, que Dieu soit avec toi, » dit Koutouzow à un général qui était à ses côtés.

Le général qui venait de recevoir cet ordre passa devant Pierre pour descendre la colline.

« Au pont! » répondit-il à la question d'un des officiers.

« Et moi aussi! » se dit Pierre en le suivant. Le général monta le cheval que tenait un cosaque, pendant que Pierre s'approchait de son domestique et lui demandait laquelle de ses deux montures était la plus tranquille. L'empoignant alors par la crinière, penché en avant et serrant de ses talons le ventre de son cheval, il sentit tout à coup qu'il perdait ses lunettes ; mais, ne pouvant ni ne voulant lâcher la bride et la crinière, il partit sur les traces du général, au milieu des officiers qui le suivaient des yeux dans sa course aventureuse.

XIII

Le général galopa en avant, descendit la colline, tourna brusquement à gauche, et Pierre, l'ayant perdu de vue, se fourvoya dans les rangs d'un détachement d'infanterie ; il essaya en vain de se dégager des soldats qui l'entouraient de tous côtés, et qui jetaient des regards mécontents et interrogateurs sur ce gros homme en chapeau blanc, qui les bousculait sans nécessité dans un moment aussi grave et aussi critique pour eux tous.

« Pourquoi, diable, passer au milieu du bataillon? » dit l'un d'eux.

Un autre poussa le cheval avec la crosse de son fusil, et Pierre, se cramponnant au pommeau de la selle, et retenant à grand'peine sa monture effrayée, partit à fond de train et arriva enfin dans un espace libre. Il vit devant lui un pont où d'autres soldats tiraient des coups de fusil : sans s'en douter, il avait atteint le pont de la Kolotcha placé entre Gorky et Borodino, que les Français, après avoir occupé ce dernier village, venaient d'attaquer. Des deux côtés du pont et sur la prairie, couverte de foin, qu'il avait aperçue de loin la veille, des soldats s'agitaient d'un air affairé, mais, malgré la fusillade incessante, Pierre ne croyait guère être en plein premier acte de la bataille. N'entendant ni les balles qui sifflaient autour de lui, ni les projectiles qui passaient au-dessus de sa tête, il ne soupçonnait même pas que l'ennemi fût de l'autre côté de la rivière, et il fut longtemps avant de comprendre que c'étaient des tués et des blessés qui tombaient à quelques pas de lui.

« Que fait donc celui-là en avant de la ligne? cria une voix.

— A gauche, prenez à gauche! »

Pierre prit à droite, et se heurta tout à coup contre un aide de camp du général Raïevsky; l'aide de camp le regarda avec colère, et allait lui dire des injures, lorsqu'il le reconnut et le salua.

« Comment êtes-vous ici? » dit-il en s'éloignant.

Pierre, ayant une vague idée qu'il n'était pas à sa place, et craignant de gêner, se mit à galoper dans le même sens que l'aide de camp :

« Est-ce ici? Puis-je vous suivre? lui demanda-t-il.

— A l'instant, à l'instant! repartit l'aide de camp, qui se précipita dans la prairie à la rencontre d'un gros colonel à qui il avait à transmettre un ordre, puis, revenant vers Pierre :

— Expliquez-moi donc, comte, comment vous vous trouvez ici?... En curieux, sans doute?

— Oui, oui, dit Pierre, pendant que l'aide de camp faisait faire volte-face à son cheval et se préparait à s'éloigner de nouveau.

— Ici encore, il ne fait pas trop chaud, Dieu merci, mais au flanc gauche, chez Bagration, on cuit!

— Vraiment! répliqua Pierre. Où est-ce donc?

— Venez avec moi sur la colline, on le voit très bien de là, et c'est encore supportable... Venez-vous?

— Je vous suis, » répondit Pierre en cherchant des yeux son domestique, et en remarquant seulement alors des blessés qui se traînaient, ou que l'on portait sur des brancards : un pauvre petit soldat, dont le casque gisait à côté de lui, était couché, immobile sur la prairie, dont le foin fauché répandait au loin son odeur enivrante.

« Pourquoi n'a-t-on pas relevé celui-là? » allait dire Pierre, mais la figure soucieuse de l'aide de camp, qui venait de détourner la tête, arrêta sa question sur ses lèvres. Quant à son domestique, il ne le voyait nulle part, et il continua son chemin à travers le vallon, jusqu'à la batterie Raïevsky; son cheval restait en arrière de celui de l'aide de camp, et le secouait violemment.

« On voit que vous n'êtes pas habitué à monter à cheval, lui dit ce dernier.

— Oh! ce n'est rien, dit Pierre, il a le pas très inégal.

— Parbleu! s'écria l'aide de camp, il est blessé à la jambe droite au-dessus du genou, ce doit être une balle! Je vous en félicite, comte, c'est le baptême du feu! »

Ils dépassèrent le sixième corps, et arrivèrent, au milieu de la fumée, sur les derrières de l'artillerie, qui, placée en avant, tirait sans relâche et d'une manière assourdissante. Ils atteignirent enfin un petit bois où l'on respirait la fraîcheur, et où l'on sentait l'air tiède de l'automne. Les deux cavaliers mirent pied à terre et gravirent la colline.

« Le général est-il ici? demanda l'aide de camp.

— Il vient de partir, » lui répondit-on.

L'aide de camp se retourna vers Pierre, dont il ne savait plus que faire.

« Ne vous inquiétez pas de moi, dit Pierre, je vais aller jusqu'en haut.

— Oui, allez-y... De là on voit tout, et ce n'est pas aussi dangereux; j'irai vous y prendre. »

Ils se séparèrent, et ce ne fut que bien plus tard dans la journée, que Pierre apprit que son compagnon avait eu un bras emporté. Il parvint à la batterie située sur le fameux mamelon, connu chez les Russes sous le nom de « batterie du mamelon » ou de « Raïevsky », et chez les Français, qui le regardaient comme la clef de la position, sous celui de « la grande redoute », « fatale redoute », ou « redoute du centre ». A ses pieds furent tués des dizaines de milliers d'hommes. Cette redoute se composait d'un mamelon entouré de fossés de trois côtés. De ce point, dix bouches à feu vomissaient leurs projectiles par les embrasures du remblai; d'autres pièces, placées sur la même ligne, tiraient aussi sans trêve. Un peu en arrière se massait l'infanterie. Pierre ne se doutait guère de l'importance de ce mamelon, et croyait, au contraire, que c'était une position complètement secondaire. S'asseyant au bord du rempart de la batterie, il regarda autour de lui avec un sourire de satisfaction inconsciente; il se levait de temps à autre pour voir ce qui se passait, et cherchait à ne pas gêner les soldats, qui chargeaient et repoussaient les canons, et à ne pas se trouver sur le chemin de ceux qui allaient et venaient, apportant les gargousses. Par contraste avec le sentiment de malaise que ressentaient les soldats d'infanterie chargés de protéger cette redoute, les artilleurs éprouvaient plutôt, sur ce lopin de terrain abrité et séparé par des fossés du reste du champ de bataille, comme un sentiment de solidarité fraternelle, et l'apparition d'un pékin, dans la personne de Pierre, leur causa une impression désagréable. Ils le regardaient de travers, et semblaient même presque effrayés à sa vue ; un officier d'artillerie, de haute taille, s'approcha de lui, et le regarda curieusement, tandis qu'un tout jeune lieutenant, presque un enfant, aux joues fraîches et rebondies, chargé de la surveillance de deux pièces, se retourna de son côté, et lui dit sévèrement :

« Veuillez vous retirer, monsieur, on ne peut pas rester ici. »

Les artilleurs continuaient à hocher la tête d'un air mécontent, mais, lorsqu'ils se furent bien convaincus que cet homme en chapeau blanc ne les gênait en rien, qu'il restait tranquillement assis à les regarder ou se promenait dans la batterie, en s'exposant au feu avec autant de calme que s'il se promenait sur un boulevard, qu'il se rangeait poliment, à leur passage, avec un sourire timide, leur mécontentement se changea en une sympathie gaie et affectueuse, semblable à celle des soldats pour les chiens, les coqs et les autres animaux qui vivent d'habitude avec eux. Ils l'adoptèrent en pensée, et lui donnèrent même, en plaisantant entre eux sur son compte, le sobriquet de « Notre Bârine [1] ». Un boulet vint tomber à deux pas de Pierre, qui, secouant la terre dont il avait été saupoudré, sourit en regardant autour de lui.

« Vous n'avez donc vraiment pas peur, Bârine? » lui dit un soldat à la forte carrure et au visage enluminé, en montrant ses dents blanches.

— As-tu donc peur, toi? répondit Pierre.

— Eh mais, dit le soldat, il ne vous fera pas grâce... s'il vous jette à terre, il fera voler en l'air vos entrailles... Comment ne pas avoir peur? » ajouta-t-il en riant.

---

1. Mot à mot : « Notre Monsieur ». (*Note du trad.*)

Quelques-uns de ses camarades s'étaient arrêtés à côté de Pierre; avec leurs physionomies joyeusement amicales, ils semblaient étonnés et charmés de l'entendre parler comme tout le monde.

« C'est notre métier, Bârine!... Quant à vous, c'est autre chose, et c'est bien étonnant que....

— A vos pièces! » cria le jeune lieutenant, qui évidemment remplissait ses fonctions pour la première ou la seconde fois de sa vie, tant il y mettait de ponctualité exagérée envers les soldats et son chef.

Le grondement incessant du canon et de la fusillade augmentait sur tout le champ de bataille, à gauche surtout, où étaient les ouvrages avancés de Bagration; mais la fumée empêchait Pierre, dont l'attention était absorbée par ce qui se passait autour de lui, de se rendre compte de l'action. Sa première impression de satisfaction involontaire avait fait place à un sentiment de tout autre genre, provoqué par la vue du pauvre petit soldat couché dans la prairie. Il était à peine dix heures du matin : on avait emporté de la batterie une vingtaine d'hommes, deux pièces avaient été démontées! les projectiles arrivaient en nombre plus considérable, et les balles perdues tombaient en sifflant et en bourdonnant. Les artilleurs avaient l'air de ne pas s'en apercevoir : on n'entendait que plaisanteries et gais propos.

« Eh! la belle! criait un soldat à une grenade qui passait en l'air comme une flèche : pas ici! vers l'infanterie!

— A l'infanterie! ajoutait un autre en riant à la vue du projectile qui éclatait au milieu des soldats.

— Dis donc, est-ce une connaissance? » criait un troisième à un paysan qui se baissait devant un boulet.

Quelques soldats se groupèrent près du rempart, pour regarder quelque chose dans le lointain.

« Vois-tu, on a retiré les avant-postes, on s'est replié, dit l'un.

— Fais attention à tes propres affaires, lui cria un vieux sous-officier; s'ils se sont retirés, c'est qu'ils ont affaire plus loin, » et, saisissant l'un d'eux par l'épaule, il le poussa du genou.

Ils éclatèrent de rire.

« N° 5, en avant! criait-on d'un autre côté.

— Tous à la fois et bien ensemble, répondirent gaiement ceux qui poussaient le canon.

— Tiens, en voilà un qui a failli enlever le chapeau de « notre Bârine, » dit un loustic en s'adressant à Pierre. « Oh! l'animal! ajouta-t-il en voyant le boulet frapper une roue et la jambe d'un homme.

— Eh! vous autres, les renards! criait une voix aux miliciens qui, venus pour ramasser les blessés, se courbaient et allongeaient l'échine.... ce ragoût-là ne vous plaît pas?

— Voyez donc les corbeaux! » dit un autre en s'adressant à un groupe de miliciens qui s'étaient arrêtés, saisis de terreur à la vue du soldat qui venait de perdre une jambe.

Pierre remarquait qu'après chaque boulet tombé, après chaque homme jeté à bas, l'excitation générale augmentait. Ainsi qu'un défi jeté à la tempête déchaînée autour d'eux, les figures de ces soldats s'éclairaient de plus en plus, comme les éclairs qui jaillissent plus précipités d'une nuée d'orage. Pierre sentait que cette ardeur morale le gagnait à son tour. A dix heures, les fantassins, postés en avant de la batterie dans les broussailles et sur les bords de la petite rivière Kamenka, se replièrent; on les voyait courir emportant leurs blessés sur des fusils. Un général parut en ce moment sur le tertre, échangea quelques mots avec un colonel, lança à Pierre un regard de mauvaise humeur, et descendit après avoir donné l'ordre aux fantassins préposés à la garde de la batterie de se coucher à plat ventre pour être moins exposés. On entendit ensuite un roulement de tambour dans les rangs de l'infanterie, qui s'ébranla à l'instant et se porta en avant. Les regards de Pierre furent attirés par la figure d'un jeune officier tout pâle, qui marchait à reculons, tenant son épée abaissée et regardant autour de lui avec inquiétude; l'infanterie disparut dans la fumée, et l'on n'entendit plus que des cris prolongés et le crépitement d'une fusillade bien nourrie. Quelques minutes plus tard, des brancards chargés de blessés sortirent de la mêlée. Les projectiles tombaient dru comme grêle sur la batterie, et quelques hommes gisaient à terre. Les soldats redoublaient d'activité autour des canons, personne ne faisait plus attention à Pierre; une ou deux fois, on lui cria brusquement de se ranger, et le vieil officier, les sourcils froncés, marchait à grands pas entre les pièces. Le petit lieutenant, les joues enflammées, donnait ses ordres avec plus de précision encore; les artilleurs présentaient les gargousses, chargeaient, et faisaient leur devoir avec une crânerie de plus en plus surexcitée. Ils ne marchaient pas, ils sautaient comme lancés par des ressorts invisibles. La nuée d'orage s'était rapprochée. Sur toutes les figures brillait le feu, dont Pierre, debout à côté du vieil officier, attendait l'explosion; le plus jeune, portant la main à la visière de sa casquette, s'approcha vivement de ce dernier.

« J'ai l'honneur de vous prévenir qu'il n'y a plus que huit charges : faut-il continuer le feu?

— La mitraille! » cria sans lui répondre directement son chef, en regardant au-dessus du retranchement, et soudain le petit lieutenant poussa un cri, tourna sur lui-même, et s'abattit comme un oiseau tiré au vol.

Tout devint étrange, trouble et confus aux yeux de Pierre. Une pluie de boulets criblait le parapet, les soldats et les canons. Pierre, qui jusque-là n'y avait fait aucune attention, ne percevait plus d'autre bruit. A droite de la batterie, des soldats couraient en criant hourra! et il crut les voir reculer au lieu de s'élancer en avant. Un boulet frappa le bord du rempart devant lequel il se tenait, et fit jaillir la terre : une balle noire rebondit et tomba au même instant dans un corps mou. A cette vue, les miliciens redescendirent rapidement.

« A mitraille! » répéta le vieux commandant.

Un sous-officier, effrayé, se précipita vers lui et lui dit, avec un chuchotement sinistre, que les munitions manquaient. On aurait dit un maître d'hôtel venant prévenir son maître que le vin manque.

« Brigands! que font-ils? s'écria l'officier en tournant vers Pierre sa figure rouge, ruisselante de sueur, et ses yeux qui brillaient de l'éclat de la fièvre.

— Cours aux réserves, et amène un caisson! ajouta-t-il avec colère en s'adressant à un soldat.

— J'irai, moi! » dit Pierre.

L'officier, sans lui répondre, fit quelques pas de côté :

« Attendre.... ne pas tirer! »

Le soldat qui venait de recevoir l'ordre d'aller chercher des munitions se heurta contre Pierre :

« Eh! monsieur, ce n'est pas ta place, » dit-il en descendant au pas de course.

Pierre courut après lui, en évitant l'endroit où était couché le jeune lieutenant. Un boulet, un second, un troisième passèrent au-dessus de sa tête et tombèrent à ses côtés.

« Où vais-je? » se demanda-t-il tout à coup à deux pas des caissons.

Il s'arrêta indécis, ne sachant où aller. A cet instant un choc effroyable le rejeta en arrière la face contre terre, une flamme immense l'aveugla tout à coup, et un sifflement aigu, suivi d'une explosion et d'un fracas épouvantables, l'assourdit complètement. Lorsqu'il revint à lui, il se trouva couché à terre, et les bras étendus. Le caisson qu'il avait vu avait disparu : à sa place gisaient de tous côtés sur l'herbe roussie des planches vertes à demi brûlées et des lambeaux de vêtements ; un cheval, se débarrassant des débris de son brancard, passa au galop, tandis qu'un autre, blessé mortellement, hennissait de douleur.

XIV

Pierre, affolé de terreur, sauta sur ses pieds, retourna en courant à la batterie, le seul endroit où il pût trouver un refuge contre tous ces désastres. En y rentrant, il fut surpris de ne plus entendre tirer, et de voir la batterie occupée par une masse de nouveaux venus, qu'il ne parvenait pas à reconnaître. Le colonel était penché sur le rempart comme s'il regardait par-dessus le parapet, et un soldat, se débattant entre les mains de ceux qui le tenaient, appelait au secours. Il n'avait pas encore eu le temps de comprendre que le colonel était mort, et le soldat fait prisonnier, lorsqu'un autre fut tué, devant ses yeux, d'un coup de baïonnette qui lui traversa le dos. A peine était-il arrivé dans le retranchement, qu'un homme à figure maigre et brune, ruisselant de sueur, en uniforme gros-bleu, une épée nue à la main, se jeta sur lui en criant. Pierre se gara instinctivement, et saisit son agresseur par l'épaule et par la gorge. C'était un officier français ; laissant tomber son épée, il prit à son tour Pierre au collet ; ils se regardèrent ainsi quelques secondes, et sur leurs figures si étrangères l'une à l'autre se peignait l'étonnement de ce qu'ils venaient de faire.

« Est-ce moi qui suis son prisonnier, ou est-il le mien ? » pensait chacun d'eux.

L'officier inclinait vers la première supposition, car la main puissante de Pierre lui serrait la gorge de plus en plus. Le Français avait l'air de vouloir parler, quand un boulet passa en sifflant au-dessus de leurs têtes, et il sembla à Pierre que celle de son prisonnier avait été enlevée du coup, tant il la baissa rapidement. Il en fit autant de son côté et lâcha prise. Le Français, peu curieux de décider lequel des deux était le prisonnier de l'autre, courut à la batterie, tandis que Pierre descendait le mamelon, en trébuchant contre les morts et les blessés, et croyait, dans son épouvante, les sentir s'accrocher aux pans de son habit. A peine arrivé au bas, il vit venir à lui des masses compactes de Russes qui lui paraissaient fuir et qui couraient en se bousculant vers la batterie. C'était l'attaque dont Yermolow s'attribua le mérite en assurant à qui voulait l'entendre que son bonheur et sa bravoure l'avaient seuls rendue possible; il prétendait avoir jeté à pleines mains sur le mamelon les croix de Saint-Georges dont il avait rempli ses poches. Les Français qui s'étaient emparés de la batterie s'enfuirent à leur tour, et nos troupes les poursuivirent avec un tel acharnement qu'il fut impossible de les arrêter. Les prisonniers furent emmenés de la batterie; parmi eux se trouvait un général blessé, qui fut aussitôt entouré de nos officiers. Des masses de blessés, Français et Russes, les traits défigurés par la souffrance, se traînaient péniblement, ou étaient portés sur des brancards. Pierre remonta sur la hauteur, mais, au lieu de ceux qui l'y avaient reçu tout à l'heure, il n'y trouva que des tas de morts, inconnus pour la plupart; il y aperçut aussi le jeune lieutenant, toujours assis dans la même pose au bord du parapet, et replié sur lui-même dans une mare de sang; le soldat aux joues enluminées avait encore des mouvements convulsifs, mais on ne songeait pas à l'emporter. Pierre s'enfuit en courant : « Ils vont sûrement cesser, se dit-il, car ils doivent avoir horreur de ce qu'ils ont fait? » Et il suivit machinalement le défilé des brancards qui s'éloignaient du champ de bataille. Le soleil, caché par un rideau de fumée, brillait encore au haut de l'horizon. Là-bas, à gauche, et surtout près de Semenovsky, une masse confuse s'agitait dans le lointain, et le roulement incessant de la fusillade et de la canonnade, loin de diminuer, ne faisait qu'augmenter de violence : c'était comme la suprême expression du désespoir d'un homme qui réunit toutes ses forces pour pousser son dernier cri.

XV

L'action principale se passa sur une étendue de deux verstes[1] entre Borodino et les ouvrages avancés de Bagration. En dehors de ce rayon, la cavalerie d'Ouvarow fit une démonstration vers le milieu de la journée, et, de l'autre côté d'Outitza, Poniatowsky et Toutchkow en vinrent un moment aux mains ; mais ces deux incidents furent relativement sans importance. Ce fut donc sur la plaine, entre Borodino et les « flèches » de Bagration, sur un espace découvert près du bois, qu'eut lieu en réalité la bataille, de la façon la plus simple et la moins compliquée qu'on puisse imaginer. Le signal en fut donné des deux côtés par le feu de plus de cent pièces de canon. Puis, lorsque la fumée s'étendit comme un épais nuage, les deux divisions de Desaix et de Compans se dirigèrent sur les « flèches », pendant que le détachement du vice-roi se portait sur Borodino. Il y avait une verste de distance entre ces « flèches » et la redoute de Schevardino où se tenait Napoléon, et plus de deux verstes, à vol d'oiseau, entre ces ouvrages avancés et Borodino. Napoléon ne pouvait donc pas se rendre compte de ce qui se passait sur ce point, car la fumée couvrait tout le terrain. Les soldats de la division Desaix ne restèrent visibles que jusqu'à leur descente dans le ravin ; dès qu'ils y disparurent, la fumée, en redoublant d'épaisseur, déroba à la vue le versant opposé. De côté et d'autre se détachaient quelques points noirs, et brillaient quelques baïonnettes, mais, du haut de la redoute de Schevardino, il était impossible de préciser si les Russes et les Français étaient immobiles ou en mouvement. Les rayons obliques d'un soleil resplendissant éclairaient la figure de Napoléon, qui s'abritait derrière sa main pour examiner les ouvrages avancés. Quelques cris partaient du milieu de la fusillade, mais la fumée, toujours croissante, l'empêchait de rien distinguer. Il descendit du mamelon et se mit à marcher de long en large, en s'arrêtant de temps à autre, en prêtant l'oreille au bruit des détonations, et en jetant des regards sur le champ de bataille ; mais, ni de l'endroit où il se tenait dans ce moment, ni de la hauteur où étaient restés

---

1. Une verste vaut 1 kilomètre 066. (*Note du trad.*)

ses généraux, ni des retranchements eux-mêmes, pris et repris tour à tour par les Russes et par les Français, on ne pouvait comprendre ce qui s'y passait. Plusieurs heures durant, on apercevait, au milieu d'une fusillade incessante, tantôt les Russes, tantôt les Français, tantôt l'infanterie, tantôt la cavalerie : ils paraissaient, tombaient, tiraient, se bousculaient, et, ne sachant que faire les uns et les autres, criaient, couraient et revenaient sur leurs pas. Les aides de camp envoyés par Napoléon, et les officiers d'ordonnance de ses maréchaux venaient à tout instant lui faire leurs rapports; ces rapports étaient forcément mensongers, parce que, dans le feu de la mêlée, il était impossible de savoir au juste où en étaient les choses, parce que la plupart des aides de camp se bornaient à raconter ce qu'on leur disait, sans s'approcher du lieu même du combat, et enfin parce que, pendant les quelques instants qu'ils mettaient à franchir la distance, tout changeait de face, et, par suite, la nouvelle qu'ils apportaient devenait inexacte. C'est ainsi qu'un aide de camp du vice-roi accourut annoncer la prise de Borodino, celle du pont de la Kolotcha, et demander à Napoléon s'il fallait ou non le faire franchir aux troupes. Napoléon ordonna de s'aligner de l'autre côté et d'attendre, mais, pendant qu'il donnait cet ordre, et au même moment où l'aide de camp quittait Borodino, ce pont avait été repris et brûlé par les Russes, dans ce même engagement où nous avons vu figurer Pierre au commencement de la bataille. Un autre aide de camp vint annoncer, d'un air de terreur, que l'attaque des ouvrages avancés avait été repoussée, que Compans était blessé, Davout tué, tandis que, par le fait, ces retranchements avaient été repris par des troupes fraîches, et que Davout n'était que contusionné. A la suite de ces rapports, faux par la force même des circonstances, Napoléon faisait des dispositions qui, si elles n'avaient pas déjà été prises par d'autres d'une manière plus opportune, auraient été inexécutables. Les maréchaux et les généraux, plus rapprochés que lui du champ de bataille et ne s'exposant aux balles que de temps à autre, prenaient leurs mesures sans en référer à Napoléon, dirigeaient le feu, et faisaient avancer la cavalerie d'un côté et courir l'infanterie d'un autre. Mais leurs ordres n'étaient le plus souvent exécutés qu'à moitié, de travers ou pas du tout. Les soldats qui avaient ordre de marcher tournaient les talons dès qu'ils sentaient la mitraille; ceux qui devaient rester immobiles fuyaient ou se jetaient en avant, en voyant l'ennemi se dresser soudain devant eux, et la cavalerie s'élançait de son côté pour rattraper les fuyards russes. C'est ainsi que deux régiments de cavalerie franchirent le ravin de Séménovsky, se lancèrent sur la montée, tournèrent bride et repartirent à fond de train, tandis que l'infanterie faisait de même de son côté, en se laissant également entraîner. Ainsi donc toutes les dispositions nécessitées par le moment étaient prises par les chefs immédiats, sans attendre les ordres de Ney, de Davout ou de Murat, et à plus forte raison ceux de Napoléon. Ils craignaient d'autant moins d'en assumer la responsabilité, que, pendant la mêlée, l'homme n'a plus d'autre idée que de sauver sa propre vie, et qu'en cherchant le salut il se jette en avant, en arrière, et agit sous l'influence exclusive de sa surexcitation personnelle. En résumé, tous ces mouvements, produits par le hasard, ne facilitaient ni ne changeaient la position des troupes. Leurs chocs et leurs attaques ne leur faisaient que peu de mal : c'étaient les boulets et les balles qui, traversant l'immense espace, leur apportaient la mort et les blessures. Dès que ces hommes se trouvaient hors de la portée des projectiles, leurs chefs s'en emparaient, les alignaient, les soumettaient à la discipline, et, par la puissance de cette même discipline, les ramenaient dans ce cercle de fer et de feu, où ils perdaient de nouveau leur sang-froid, et couraient à l'aventure, en s'entraînant mutuellement.

XVI

Les généraux Davout, Ney et Murat avaient plus d'une fois mené au feu des masses énormes de troupes bien disciplinées, mais, au lieu de voir, comme il était toujours arrivé aux batailles précédentes, l'ennemi prendre la fuite, ces masses disciplinées revenaient de là-bas débandées et terrifiées ; ils avaient beau les reformer, le nombre en diminuait à vue d'œil. Vers midi, Murat envoya son aide de camp à Napoléon pour réclamer des renforts. Napoléon était assis au pied du mamelon et buvait du punch. Quand l'aide de camp arriva, assurant qu'ils mettraient les Russes en déroute si Sa Majesté voulait envoyer des renforts :

« Des renforts ? » s'écria Napoléon d'un air sévère et surpris, comme s'il ne comprenait pas le sens de la demande, et regardant le jeune et joli garçon, aux cheveux bouclés, qu'on lui avait envoyé : « Des renforts? se dit-il à part lui... Que peuvent-ils avoir encore à me demander lorsqu'ils disposent de la moitié de l'armée sur l'aile gauche des Russes, qui n'est même pas fortifiée? Dites au roi de Naples qu'il n'est pas midi, et que je ne vois pas clair sur mon échiquier; allez! [1] »

Le jeune et joli garçon soupira profondément, et, tenant toujours la main à la hauteur de son shako, retourna au feu. Napoléon se leva, et appela Caulaincourt et Berthier pour causer avec eux de choses qui n'avaient aucun rapport avec la bataille. Au milieu de la conversation, l'attention de Berthier fut attirée par la vue d'un général, monté sur un cheval couvert d'écume, qui se dirigeait vers le mamelon avec sa suite : c'était Belliard. Il descendit de cheval et s'approcha avec précipitation de l'Empereur, en lui démontrant, hardiment et à haute voix, la nécessité des renforts : il jurait sur l'honneur que les Russes étaient perdus si l'Empereur consentait à donner une division. Napoléon haussa les épaules, garda le silence et continua sa promenade, tandis que Belliard exposait avec véhémence son avis aux généraux qui l'entouraient.

« Vous êtes trop vif, Belliard, dit Napoléon ; on se trompe facilement dans la chaleur du combat. Allez, regardez et revenez! »

Belliard venait à peine de disparaître qu'un nouvel envoyé arriva du champ de bataille.

« Eh bien, qu'y a-t-il? demanda Napoléon du ton d'un homme agacé par des obstacles imprévus.

— Sire, le prince... commença à dire l'aide de camp...

— Demande des renforts, n'est-ce pas? » s'écria Napoléon avec impatience.

L'aide de camp inclina la tête affirmativement. Napoléon se détourna, fit deux pas en avant, revint et appela Berthier.

« Il faudra leur donner des réserves, qu'en pensez-vous? Qui enverrons-nous là-bas, à cet oison dont j'ai fait un aigle?

— Envoyons la division de Claparède, Sire, » répondit Berthier, qui connaissait par leur nom toutes les divisions, les régiments et les bataillons.

L'Empereur approuva d'un signe de tête; l'aide de camp

---

1. En français dans le texte. (*Note du trad.*)

partit au galop du côté de la division Claparède, et, quelques instants après, la jeune garde, postée derrière le mamelon, se mit en mouvement. Napoléon regardait silencieusement dans cette direction.

« Non, dit-il tout à coup, je ne puis y envoyer Claparède, envoyez-y Friant. »

Bien qu'il n'y eût aucun avantage à employer le second plutôt que le premier, et qu'il en résultât au contraire un grand retard dans l'exécution de cet ordre, il n'en fut pas moins rempli avec ponctualité. Napoléon en ce moment, sans s'en douter, jouait avec ses soldats le rôle du docteur qui entrave par ses remèdes la marche de la nature, ce rôle qu'il critiquait toujours si vivement chez autrui. La division Friant se perdit comme les autres dans la fumée, tandis que les aides de camp arrivaient de tous côtés, et paraissaient s'être donné le mot pour demander la même chose. Tous disaient que les Russes tenaient ferme dans leurs positions, et faisaient un feu d'enfer, sous lequel fondaient les troupes françaises. M. de Beausset, qui était encore à jeun, s'approcha de Napoléon, assis sur un pliant de campagne, et lui proposa respectueusement de déjeuner.

« Il me semble que je puis maintenant féliciter Votre Majesté d'une victoire? »

Napoléon secoua la tête négativement. M. de Beausset, pensant que ce geste se rapportait à la victoire présumée, se permit alors de faire observer en plaisantant qu'aucune raison humaine ne devait empêcher de déjeuner, du moment que c'était possible.

« Allez vous... » dit tout à coup Napoléon, en se détournant.

Un sourire de commisération et de déconvenue passa sur la figure de M. de Beausset, qui alla rejoindre les généraux. Napoléon éprouvait la sensation pénible du joueur qui, toujours heureux, jetant son argent à pleines mains, et ayant prévu toutes les chances, se sent, malgré tout, près d'être battu pour avoir trop savamment combiné ses coups. Les troupes et les généraux étaient les mêmes qu'autrefois; ses mesures étaient bien prises, sa proclamation courte et énergique; il était sûr de lui, de son expérience et de son génie, que les années n'avaient fait qu'accroître; l'ennemi qu'il combattait était le même qu'à Austerlitz et à Friedland; il comptait tomber sur lui à bras raccourcis... et voilà que ce coup de massue lui échappait comme par magie! Ses combinaisons passées avaient toujours été couronnées de succès : il avait, comme toujours, concentré ses batteries sur un seul point, lancé ses réserves et sa cavalerie — des hommes de fer — pour enfoncer les lignes, et cependant la victoire ne venait pas ! De tous côtés on lui demandait des renforts, on lui apprenait que des généraux étaient morts ou blessés, que les troupes étaient débandées, et qu'il était impossible de déloger les Russes. Jadis, après deux ou trois dispositions, deux ou trois mots jetés à la hâte, les aides de camp et les maréchaux arrivaient à lui, la figure rayonnante, lui annonçant avec force félicitations que des corps entiers avaient été faits prisonniers, apportant des faisceaux de drapeaux et d'aigles pris à l'ennemi, en traînant des canons à leur suite, et Murat venait lui demander l'autorisation de lancer la cavalerie sur les trains de bagages ! C'était ainsi que cela avait eu lieu à Lodi, à Marengo, à Arcole, à Iéna, à Austerlitz, à Wagram, etc. Aujourd'hui il se passait quelque chose d'étrange ; bien que les ouvrages avancés eussent été emportés d'assaut ; il le sentait d'instinct, et il comprenait que ce sentiment était partagé par son entourage militaire. Tous les visages étaient tristes, on évitait de se regarder, et Napoléon savait, mieux que personne, ce que voulait dire un combat qui se prolongeait huit heures, bien qu'il y eût engagé toutes ses forces, et qui n'avait pas encore abouti à une victoire. Il savait que c'était une bataille compromise ; que le moindre hasard pouvait, dans ce moment de tension extrême, le perdre, lui et son armée. Lorsqu'il repassait en pensée toute cette fantastique campagne de Russie, pendant laquelle, depuis deux mois, aucune bataille n'avait été gagnée, aucun drapeau, aucun canon, aucun corps de troupes n'avait été pris, les figures contristées de son entourage, les doléances sur la résistance opiniâtre des Russes, l'oppressaient comme un cauchemar. Les Russes pouvaient tomber sur son aile gauche d'un moment à l'autre, enfoncer son centre, un boulet perdu pouvait l'atteindre ! Tout cela était possible. Jadis il ne prévoyait que des hasards heureux ; aujourd'hui, au contraire, un nombre incalculable de hasards, tous défavorables, s'offrait à son imagination. En apprenant que les Russes venaient d'attaquer le flanc gauche, Napoléon fut terrifié. Berthier s'approcha de lui, et lui proposa de monter à cheval pour se rendre un compte exact de la situation.

« Quoi ? Que dites-vous ? Ah oui ! faites-moi amener un cheval !... » Et il partit pour le village de Séménovsky.

Sur toute la route qu'il parcourut, on ne rencontrait que des chevaux et des hommes couchés dans des mares de sang, isolément ou par groupes ; jamais ni Napoléon ni aucun de ses généraux n'avaient vu une aussi grande quantité de morts réunis sur un si étroit espace. La voix sourde du canon, qui, dix heures durant, n'avait cessé de se faire entendre et fatiguait le tympan, formait un accompagnement sinistre à ce tableau. Il arriva sur les hauteurs de Séménovsky, et aperçut dans le lointain, à travers la fumée, des rangs entiers d'uniformes dont les couleurs ne lui étaient pas familières : c'étaient des Russes. Leurs masses serrées étaient placées derrière le village et le mamelon, et leurs bouches à feu continuaient à tonner sans relâche sur toute la ligne; ce n'était plus une bataille, c'était une boucherie sans résultat pour les Russes comme pour les Français. Napoléon s'arrêta, et retomba dans la rêverie dont Berthier l'avait tiré. Arrêter ce qu'il voyait était impossible, et cependant c'était lui qui, aux yeux de tous, en était l'ordonnateur responsable, et ce premier insuccès lui faisait comprendre toute l'horreur et toute l'inutilité de ces massacres. Un des généraux qui le suivaient se permit de lui demander de faire avancer la vieille garde. Ney et Berthier échangèrent un coup d'œil et un sourire de mépris à cette absurde proposition. Napoléon baissa la tête et garda longtemps le silence.

« A huit cents lieues de France, je ne ferai pas démolir ma garde [1] ! » s'écria-t-il, et, faisant tourner bride à son cheval, il retourna à Schevardino.

XVII

Koutouzow, la tête inclinée et affaissé sur lui-même de tout le poids de son corps, était toujours assis sur le banc, recouvert d'un tapis, où Pierre l'avait vu le matin, ne prenant aucune disposition, mais approuvant ou désapprouvant ce qu'on venait lui proposer.

« C'est cela.... oui, oui, faites ! » disait-il ; ou bien : « Vas-y, va voir, mon ami ! » ou bien encore : « C'est inutile, attendons !.... »

---

1. En français dans le texte. (*Note du trad.*)

Il écoutait cependant les rapports qu'on lui faisait, donnait les ordres qu'on lui demandait, sans paraître s'intéresser au sens des paroles de ceux qui lui parlaient, mais épiant toutefois leur ton et l'expression de leur visage. Sa longue expérience et sa sagesse de vieillard lui disaient qu'il n'était pas possible à un seul homme d'en diriger cent mille luttant avec la mort. Il savait que ni les dispositions du commandant en chef, ni l'emplacement choisi pour les troupes, ni le nombre des canons et des gens tués, ne décident du sort de la bataille, mais bien cette force insaisissable qui s'appelle l'élan des troupes, qu'il tâchait de découvrir et de conduire autant qu'il était en son pouvoir. La figure de Koutouzow avait une expression calme et grave, qui formait avec la faiblesse de son corps, usé par l'âge, un contraste saisissant. A onze heures du matin, on vint lui dire que les ouvrages avancés dont les Français s'étaient emparés leur avaient été repris, mais que le prince Bagration était blessé. Koutouzow poussa un cri et secoua la tête.

« Va tout de suite trouver le prince Pierre Ivanovitch, — dit-il à un aide de camp, et, s'adressant ensuite au prince de Wurtemberg :

— Votre Altesse ne voudrait-elle pas prendre le commandement de la première armée? »

Le prince partit à l'instant, et il n'avait pas encore atteint le village de Séménovsky, qu'il envoya son aide de camp demander des renforts. Koutouzow fronça le sourcil, envoya Doctourow prendre le commandement de la première armée, et prier le prince, dont les conseils lui étaient indispensables dans ces graves circonstances, de revenir auprès de lui. Lorsqu'on lui apprit que Murat était prisonnier, il sourit, et son état-major s'empressa de le féliciter.

« Attendez, messieurs, dit-il, attendez! La bataille est certainement gagnée, et cette nouvelle de la prise de Murat n'a rien de bien extraordinaire, mais il ne faut pas se réjouir trop tôt! »

Cependant il envoya son aide de camp faire part de cette capture aux troupes. Un peu plus tard, à l'arrivée de Scherbinine, qui venait lui annoncer la reprise par les Français des ouvrages avancés du village de Séménovsky, Koutouzow devina, à l'expression de son visage et aux bruits qui arrivaient du champ de bataille, que les choses allaient mal. Se levant aussitôt, il le prit à l'écart.

« Mon ami, lui dit-il, va auprès d'Yermolow, et vois un peu ce qu'il y a à faire. »

Koutouzow se trouvait à Gorky, au centre même de notre position ; l'attaque dirigée par Napoléon sur notre flanc gauche avait été vaillamment et à plusieurs reprises repoussée par la cavalerie d'Ouvarow, mais au centre ses troupes n'avaient pas dépassé Borodino. A trois heures, les Français cessèrent l'attaque, et Koutouzow put constater, sur la physionomie de tous ceux qui arrivèrent du champ de bataille comme sur celles de son entourage, une surexcitation portée au dernier degré. Le succès dépassait ses espérances, mais ses forces lui faisaient défaut, sa tête s'inclinait et il sommeillait involontairement. On lui apporta à dîner ; pendant son repas, Woltzogen s'approcha de lui ; c'était celui-là même qui, au dire du prince André, affirmait que la guerre doit avoir l'espace libre devant elle, et qui détestait Bagration. Il venait rendre compte à Koutouzow, de la part de Barclay, de la marche des opérations militaires du flanc gauche. Le sage Barclay, en voyant la foule des fuyards blessés et les dernières lignes enfoncées, en avait conclu que la bataille était perdue, et avait chargé son aide de camp favori d'en prévenir Koutouzow. Celui-ci, mâchant avec peine un morceau de poule rôtie, regardait complaisamment venir Woltzogen ; Woltzogen s'approchait avec nonchalance, souriant du bout des lèvres, la main à la visière de sa casquette avec une affectation cavalière ; il avait l'air de dire, comme militaire savant et distingué, je laisse aux Russes le soin d'encenser ce vieillard inutile que j'apprécie à sa juste valeur. « Ce vieux Monsieur, » c'était le nom que les Allemands donnaient à Koutouzow, « ce vieux Monsieur » se donne ses aises ! pensa Woltzogen en jetant un regard sur son assiette, et il commença son rapport sur la situation du flanc gauche, telle qu'il avait mission de la faire connaître, et telle qu'il l'avait jugée par lui-même.

« Les principaux points de notre position sont au pouvoir de l'ennemi ; nous ne pouvons l'en déloger, faute de troupes ; elles fuient et il est impossible de les arrêter ! »

Koutouzow cessa de manger et le regarda avec surprise ; il semblait ne pas comprendre ce qu'il avait entendu. Woltzogen remarqua son émotion, et ajouta avec un sourire :

« Je ne me crois pas en droit de cacher à Votre Altesse ce que j'ai vu : les troupes sont en pleine déroute !

— Vous l'avez vu, vous l'avez vu ? s'écria Koutouzow en se levant vivement, les sourcils froncés, et faisant de ses mains tremblantes des gestes de menace ; tout près de suffoquer, il s'écria : « Comment osez-vous, monsieur, me dire cela, à moi? Vous ne savez rien! Dites à votre général que ses nouvelles sont fausses, que je connais mieux que lui le véritable état des choses. »

Woltzogen fit un mouvement pour l'interrompre, mais Koutouzow poursuivit :

« L'ennemi est repoussé du flanc gauche, et fortement entamé au flanc droit. Ce n'est pas une raison, parce que vous avez mal vu, pour dire ce qui n'est pas. Allez répéter au général Barclay que mon intention est d'attaquer l'ennemi demain! » Tous se taisaient, et l'on n'entendait que la respiration haletante du vieillard : « Il est repoussé de partout, reprit-il, j'en rends grâces à Dieu et à nos braves troupes! La victoire est à nous, et demain nous le chasserons du sol sacré de la Russie! » ajouta-t-il en se signant et en laissant échapper un sanglot.

Woltzogen haussa les épaules, un sourire ironique passa sur ses lèvres, et il s'éloigna sans chercher même à dissimuler la surprise que lui causait l'aveugle entêtement du « vieux Monsieur ». Un général d'un extérieur agréable parut en ce moment sur la colline.

« Ah! voilà mon héros! » dit Koutouzow en l'indiquant de la main.

C'était Raïevsky; il avait passé toute la journée sur le point le plus important du champ de Borodino. Il venait annoncer que les troupes tenaient toujours ferme, et que les Français n'osaient plus attaquer.

« Vous ne pensez donc pas, comme les autres, que nous sommes obligés de nous retirer? lui demanda Koutouzow en français.

— Au contraire, Votre Altesse : dans les affaires indécises, c'est toujours le plus opiniâtre qui reste victorieux, et mon opinion...

— Kaïssarow, s'écria Koutouzow, prépare-moi l'ordre du jour, et toi, dit-il à un autre aide de camp, parcours les lignes et annonce l'attaque pour demain! »

Pendant ce temps Woltzogen, revenu de chez Barclay, prévint le maréchal que son chef demandait la confirmation par écrit de l'ordre qu'il lui avait donné. Koutouzow, sans même le regarder, fit aussitôt libeller cet ordre, qui mettait à couvert la responsabilité de l'ex-commandant en chef. Grâce à l'intuition morale et mystérieuse de ce qu'on est convenu d'appeler l'esprit de corps, les paroles de l'ordre du jour de Koutouzow se transmirent instantanément jusqu'aux extrémités de l'armée. Ce n'étaient plus certainement les mêmes mots qui leur parvenaient, et il n'y avait même rien de vrai dans les expressions attribuées à Koutouzow, mais chacun en comprit le sens et la portée; en effet elles n'étaient pas le résultat de combinaisons plus ou moins habiles, mais elles traduisaient fidèlement le sentiment caché au fond du cœur du commandant en chef, et ce sentiment trouvait un écho dans le cœur de tous les Russes! Tous ces soldats épuisés et hésitants, apprenant qu'on attaquerait l'ennemi le lendemain, sentirent que ce qu'il leur répugnait de croire était faux; ils furent consolés, et leur courage se ranima.

XVIII

Le régiment du prince André était dans les réserves restées inactives jusqu'à deux heures, derrière Séménovsky, sous un feu violent d'artillerie. A ce moment, le régiment, qui avait déjà perdu plus de deux cents hommes, fut porté en avant sur le terrain situé entre le village de Séménovsky et la batterie du mamelon, où des milliers d'hommes avaient déjà été tués ce jour-là, et vers lequel venait d'être dirigé le feu convergent de plusieurs centaines de pièces ennemies.

Sans quitter sa place, sans avoir tiré un coup de fusil, le régiment perdit encore en cet endroit le tiers de son contingent. Devant lui, à sa droite surtout, les canons tonnaient au milieu d'une épaisse fumée et vomissaient une grêle de boulets et de grenades, qui s'abattaient sur lui sans trêve ni cesse. De temps à autre les grenades et les boulets, en passant, avec leur sifflement prolongé, au-dessus de leurs têtes, leur donnaient un moment de répit, mais parfois, en une seconde, plusieurs hommes étaient atteints : on mettait alors les morts de côté, et l'on emportait les blessés. A chaque nouvelle détonation, les chances de vie diminuaient pour les survivants. Le régiment était formé en colonnes de bataillons sur une longueur de trois cents pas, mais, malgré l'étendue de ces lignes, tous ces hommes subissaient la même impression. Tous étaient sombres et taciturnes; à peine échangeaient-ils quelques mots entrecoupés à voix basse, et ces mots mêmes expiraient sur leurs lèvres à la chute de chaque projectile, et aux cris qui appelaient les brancardiers. Par ordre des chefs, les soldats restaient assis par terre. L'un s'occupait avec soin de serrer et de desserrer la coulisse du fond de son casque; un autre, roulant de la terre glaise entre ses mains, s'en servait pour nettoyer sa baïonnette; celui-ci défaisait les courroies de son sac et les rebouclait; celui-là rabattait avec soin les revers de ses bottes, qu'il ôtait et remettait tour à tour; quelques-uns construisaient sous terre de petits abris, ou tressaient la paille du champ. Tous semblaient absorbés par leurs occupations, et lorsque leurs camarades tombaient à leurs côtés, tués ou blessés, lorsque les brancards les frôlaient, lorsque à travers la fumée on apercevait les masses compactes de l'ennemi, aucun d'eux n'y prenait garde; mais, dès qu'ils voyaient avancer notre artillerie ou notre cavalerie, ou qu'ils devinaient les mouvements de l'infanterie, une exclamation de joie s'échappait de toutes ces bouches, et immédiatement après ils reportaient toute leur attention sur les incidents étrangers à l'action qui se déroulait autour d'eux. On aurait dit qu'épuisés au moral ils se retrempaient dans ces détails de la vie habituelle. Une batterie d'artillerie passa devant eux; un des chevaux de l'attelage d'un caisson eut la jambe prise dans un des traits.

« Eh! gare au cheval de volée!... attention! il va tomber.... ne le voient-ils donc pas! » s'écria-t-on de tous côtés.

Une autre fois, à la vue d'un petit chien fauve, venu on ne sait d'où, qui s'élança, effaré, en avant des rangs et qui, au bruit d'un boulet tombé près de lui, se sauva en poussant un aboiement plaintif et en serrant la queue entre ses pattes, tout le régiment éclata de rire; mais ces distractions ne duraient qu'un instant, et ces hommes, dont les figures hâves et soucieuses blémissaient et se contractaient de plus en plus, se tenaient là depuis huit heures, sans nourriture, et exposés à toutes les terreurs de la mort.

Le prince André, pâle comme eux, marchait en long et en large d'un bout à l'autre de la prairie, les mains croisées derrière le dos, la tête inclinée; il n'avait rien à faire, aucun ordre à donner : tout se faisait sans qu'il eût à s'en mêler; on enlevait les morts, on emportait les blessés, et les rangs se reformaient de nouveau. Au début de l'action, il avait cru devoir encourager ses hommes, et passer dans leurs rangs, mais il reconnut bientôt qu'il n'avait rien à leur apprendre. Toutes les forces de son âme, comme celles de chaque soldat, ne tendaient qu'à écarter de sa pensée l'horreur de sa situation. Il traînait les pieds sur l'herbe foulée, en examinant machinalement la poussière qui recouvrait ses bottes : tantôt, faisant de grands pas, il essayait de suivre le sillon laissé par les faucheurs; tantôt, comptant les sillons, il se demandait combien il en faudrait pour faire une verste; tantôt il arrachait les tiges d'absinthe qui croissaient sur la lisière du champ, et en écrasait les fleurs entre ses doigts pour en aspirer l'odeur âcre et sauvage. Il ne restait plus trace dans son esprit de ses idées de la veille : il ne pensait à rien, et prêtait une oreille fatiguée aux mêmes bruits, au crépitement des grenades et de la fusillade. De temps à autre il jetait un regard sur le premier bataillon et attendait : « La voilà!... Elle vient sur nous! se dit-il en entendant un sifflement qui s'approchait à travers les nuages de fumée : En voici encore une autre! La voilà!... non, elle a passé par-dessus ma tête.... Ah! celle-ci est tombée cette fois!... » Et il recommençait à compter ses pas, qui le menaient en seize enjambées jusqu'à la lisière de la prairie.

Soudain, un boulet siffla et s'enfonça à cinq pas de lui dans la terre. Un frisson involontaire le saisit : il regarda dans les rangs; beaucoup d'hommes avaient été sans doute abattus, car il remarqua une grande agitation devant le second bataillon.

« Monsieur l'aide de camp, cria-t-il, empêchez les hommes de se grouper! »

L'aide de camp exécuta l'ordre, et se rapprocha du prince André, pendant que le chef de bataillon l'abordait d'un autre côté.

« Gare! » cria à ce moment un soldat épouvanté et, comme un oiseau au vol rapide se posant à terre, un obus tomba en sifflant aux pieds du cheval du chef de bataillon, à deux pas du prince André.

Le cheval, ne s'inquiétant pas de savoir si c'était bien ou mal de témoigner sa frayeur, se dressa sur ses pieds, en poussant un hennissement d'épouvante, et se jeta de côté en renversant presque son cavalier.

« A terre! » s'écria l'aide de camp.

Le prince André se tenait debout, hésitant; l'obus, semblable à une énorme toupie, tournait en fumant sur la lisière de la prairie, à côté d'une touffe d'absinthe, entre lui et l'aide de camp : « Est-ce vraiment la mort? » pensa-t-il en regardant avec un sentiment indéfinissable de regret la touffe d'absinthe et cet objet noir qui tourbillonnait : « Je ne veux pas mourir, j'aime la vie, j'aime la terre ! » Il se le disait, et cependant il ne comprenait que trop ce qu'il avait devant les yeux.

« Monsieur l'aide de camp, s'écria-t-il, c'est une honte de... »

Il n'acheva pas : une explosion formidable, suivie comme d'un fracas étrange de vitres brisées, retentit, lança en l'air une gerbe d'éclats qui retomba en pluie de fer, en répandant une forte odeur de poudre. Le prince André fut jeté de côté les bras en avant, et tomba lourdement sur la poitrine. Quelques officiers se précipitèrent vers lui : une mare de sang s'étendait à sa droite ; les miliciens, qu'on appela aussitôt, s'arrêtèrent derrière le groupe d'officiers ; le prince André, la face contre terre, respirait bruyamment.

« Voyons, arrivez donc ! » dit une voix. Les paysans s'approchèrent, et le soulevèrent par la tête et par les pieds : il poussa un gémissement, les paysans se regardèrent et le remirent à terre.

« Prenez-le quand même ? » répéta-t-on.

On le souleva une seconde fois, et on le posa sur le brancard.

« Ah ! mon Dieu, qu'est-ce donc ? Au ventre ?... c'est fini alors ! dirent plusieurs officiers.

— Il a passé à toucher mon oreille ! » ajouta l'aide de camp.

Les porteurs s'éloignèrent à la hâte par le sentier qu'ils avaient frayé du côté de l'ambulance.

« Eh ! les paysans, allez donc au pas, s'écria un officier en arrêtant les premiers, qui, en marchant inégalement, secouaient le brancard.

— Fais attention, Fédor ! dit l'un d'eux.

— M'y voilà, m'y voilà ! répondit celui-ci joyeusement en emboîtant le pas.

— Excellence, mon prince ! » dit Timokhine d'une voix tremblante en accourant vers le brancard.

Le prince André ouvrit les yeux, jeta un regard à celui qui lui parlait, et referma les paupières.

Les miliciens portèrent le prince André dans le bois, où se tenaient les voitures de malades et l'ambulance, composée de trois tentes dressées au bord d'un jeune taillis de bouleaux. Les chevaux étaient attelés aux voitures, et mangeaient tranquillement leur avoine ; les moineaux becquetaient les grains tombés à leurs pieds, et les corbeaux, flairant le sang, volaient d'arbre en arbre, en croassant avec impatience. Autour des tentes étaient assis, couchés, debout, des hommes de toute arme aux uniformes ensanglantés; autour d'eux, des groupes de brancardiers, qu'on avait peine à écarter, les regardaient d'un air triste et abattu. Sourds à la voix des officiers, ils restaient penchés sur les brancards, essayant de comprendre la cause du terrible spectacle qu'ils avaient sous les yeux. Dans les tentes on entendait tantôt des sanglots de colère et de douleur, tantôt des gémissements plaintifs; de temps à autre, un chirurgien sortait en courant pour chercher de l'eau, et indiquait les blessés qu'il fallait faire entrer et qui attendaient leur tour en criant, en jurant, en pleurant et en demandant de l'eau-de-vie. Quelques-uns déliraient. Le prince André, comme chef de régiment, fut porté, à travers tous ces blessés, à la tente la plus voisine, et ses porteurs s'arrêtèrent pour recevoir de nouveaux ordres. Il ouvrit les yeux, et ne comprit pas ce qui se passait autour de lui : la prairie, la touffe d'absinthe, le champ labouré, cette toupie noire qui tournait, le violent désir de vivre qui s'était emparé de lui, tout lui revint à la mémoire. A deux pas, parlant haut, et attirant l'attention de tout le monde, un sous-officier grand, bien fait, et dont on voyait les cheveux noirs sous le bandage qui les couvrait à moitié, se tenait appuyé contre une branche : les balles l'avaient frappé à la tête et au pied. On l'écoutait avec curiosité.

« Nous l'avons si bien délogé, disait-il, qu'il s'est enfui en abandonnant tout!

— Nous avons fait prisonnier le Roi lui-même, criait un soldat dont les yeux étincelaient.

— Ah! si les réserves étaient arrivées, il n'en serait rien resté, parole d'honneur! »

Le prince André écoutait comme les autres, et en éprouvait un sentiment de consolation.

« Mais à présent, que m'importe! se disait-il. Que m'est-il donc arrivé? et pourquoi suis-je ici?... Pourquoi ce désespoir de quitter la vie? Il y a donc dans cette vie quelque chose que je n'ai pas compris? »

XIX

Un des chirurgiens, dont le tablier et les mains étaient tout tachés de sang, sortit de la tente : il tenait un cigare entre l'index et le pouce. Il regarda vaguement dans l'espace au-dessus des malades ; on voyait qu'il avait grand besoin de respirer, mais au bout d'un moment son regard se reporta à gauche et à droite ; il soupira et baissa les yeux.

« A l'instant, » dit-il à un chirurgien qui lui indiquait le prince André, et il le fit transporter dans la tente.

Un murmure s'éleva parmi les blessés.

« Ne dirait-on pas que dans l'autre monde aussi ces messieurs seuls ont le droit de vivre? »

Le prince André fut déposé sur une table qui venait d'être débarrassée : le chirurgien l'épongeait encore. Le blessé ne put distinguer nettement ceux qui étaient dans la tente. Les cris qu'il entendait, la cuisante douleur qu'il ressentait dans le dos, paralysaient son attention. Tout ce qu'il voyait autour de lui se confondit dans une seule impression : la chair humaine nue, ensanglantée, qui semblait remplir cette tente si basse, lui rappela le tableau qu'il avait vu, par un jour brûlant du mois d'août, dans le petit étang de la grand'route de Smolensk. C'était bien là cette chair à canon, dont l'aspect lui avait inspiré alors un dégoût et une horreur prophétiques. Dans la tente il y avait trois tables : le prince André, déposé sur l'une d'elles, fut abandonné à lui-même pendant quelques minutes, ce qui lui permit d'examiner les tables voisines. Sur la plus rapprochée était assis un Tartare, un cosaque sans doute, à en juger par l'uniforme qui était à ses côtés. Quatre soldats le tenaient, et un docteur en lunettes taillait dans la peau noire de son dos musculeux.

« Oh! oh! » rugissait le Tartare, et tout à coup, relevant sa figure bronzée, aux larges tempes, au nez aplati, il poussa un cri perçant, et se jeta de côté et d'autre, afin de se débarrasser de ceux qui le retenaient.

La dernière table était entourée de plusieurs personnes : un homme robuste et fort y était étendu, la tête rejetée en arrière ; la couleur de ses cheveux bouclés et la forme de sa tête n'étaient pas inconnues au prince André. Plusieurs infirmiers pesaient de tout leur poids sur lui, pour l'empêcher de faire un mouvement. Sa jambe, blanche et grasse, était continuellement agitée par un soubresaut convulsif. Tout son corps était secoué par de violents sanglots qui le suffoquaient. Deux chirurgiens, dont l'un était pâle et tremblant, s'occupaient de son autre jambe. Ayant fini sa besogne avec le Tartare, qu'on recouvrit de sa capote, le docteur en lunettes se frotta les mains, s'approcha du prince André, lui jeta un coup d'œil et se détourna rapidement.

« Déshabillez-le !... A quoi songez-vous donc ! » s'écria-t-il avec colère en s'adressant à un des aides.

Lorsque le prince André se vit entre les mains de l'infirmier qui, les manches retroussées, lui déboutonnait à la hâte son uniforme, tous les souvenirs de son enfance passèrent comme un éclair dans son esprit. Le chirurgien se pencha sur sa plaie, l'examina et poussa un profond soupir. Puis il appela quelqu'un, et l'effroyable douleur que ressentit tout à coup le prince André lui fit perdre connaissance. Lorsqu'il revint à lui, des morceaux de ses côtes brisées avaient été retirés de sa blessure, qu'entouraient encore des lambeaux de chair coupée, et sa plaie était pansée. Il ouvrit les yeux, le docteur se pencha sur lui, l'embrassa silencieusement, et s'éloigna sans se retourner.

Après cette terrible souffrance, il éprouva un sentiment indicible de bien-être : les moments les plus charmants de sa vie repassèrent devant ses yeux, surtout les heures de son enfance où, après l'avoir déshabillé, on le couchait dans son berceau et où la vieille bonne l'endormait en chantant. Il était heureux de se sentir vivre, et tout ce passé semblait être devenu le présent. Les chirurgiens continuaient à s'agiter autour du blessé qu'il avait cru reconnaître ; ils le soutenaient et cherchaient à le calmer.

« Montrez-la-moi, montrez-la-moi, » gémissait-il vaincu par la torture.

Le prince André, en écoutant ces cris, avait, lui aussi, envie de pleurer. Est-ce parce qu'il mourait sans gloire, parce qu'il regrettait la vie ? Etait-ce à cause de ses souvenirs d'enfance ? Etait-ce parce qu'il avait lui-même tant souffert, que, voyant souffrir les autres, il sentait ses yeux se remplir de larmes d'attendrissement ? On montra au blessé sa jambe coupée, qui avait conservé sa botte toute maculée de sang.

« Oh! » s'écria-t-il en pleurant comme une femme.

A un mouvement que fit le docteur, le prince André reconnut Anatole Kouraguine dans ce malheureux qui sanglotait, épuisé, à côté de lui : « Quoi! c'est lui! » se dit-il en le voyant soutenu par un infirmier qui lui présentait un verre d'eau, dont ses lèvres tremblantes et gonflées ne pouvaient saisir le bord. « Oui, c'est bien lui, cet homme qui me touche presque, qui est lié à moi par un souvenir douloureux, mais quel est ce lien? » se demandait-il sans trouver de réponse, et soudain, comme une figure de ce monde idéal plein d'amour et de pureté, Natacha se dressa devant lui, telle qu'il l'avait vue pour la première fois à ce bal de 1840, avec son cou et ses mains grêles, avec cette tête rayonnante, effarouchée, toujours prête à s'exalter.... et son amour et sa tendresse pour elle se réveillèrent plus forts et plus vifs que jamais... Il se souvint alors du lien qui existait entre lui et cet homme, dont les yeux, rougis et troublés par les larmes, s'étaient tournés vers lui. Le prince André se rappela tout, et une compassion affectueuse pénétra son cœur inondé de joie. Il ne put se maîtriser, et pleura des larmes de tendresse et de pitié sur l'humanité, sur lui-même, sur ses faiblesses et sur celles de cet infortuné. « Oui, se dit-il, voilà la pitié, l'amour du prochain, l'amour pour ceux qui nous aiment comme pour ceux qui nous détestent, cet amour que Dieu prêchait sur la terre, que Marie m'enseignait, et que je ne comprenais pas alors... Voilà ce qui me restait encore à apprendre dans cette existence, et ce qui fait que je regrette la vie!... Mais maintenant, je le sens, il est trop tard. »

XX

L'aspect sinistre du champ de bataille couvert de cadavres et de blessés, la lourde responsabilité qui pesait sur sa tête, les nouvelles qu'il recevait à tout moment de tant de généraux tués ou hors de combat, la perte de son prestige, que jusquelà rien n'avait pu atteindre, tout produisit sur Napoléon une impression extraordinaire. Lui, qui d'habitude aimait à voir les morts et les blessés, et croyait donner par là une preuve de sa grandeur et de sa fermeté d'âme, se sentit vaincu moralement ce jour-là, et il quitta en toute hâte le champ de bataillé pour retourner à Schevardino. La figure jaune et gonflée, les yeux troubles, la voix enrouée, assis sur son pliant de campagne, il prêtait involontairement l'oreille au bruit de la fusillade sans lever les yeux. Il attendait avec une fiévreuse inquiétude la fin de cette affaire, dont il était le grand moteur et qu'il était impuissant à arrêter. Un sentiment humain et naturel avait pris pour un instant le dessus sur le mirage qui le séduisait depuis si longtemps, et il rapporta à lui-même cette impression de douleur qu'il avait éprouvée sur le champ de bataille. Il pensait à la possibilité de la mort et de la souffrance ; il ne désirait plus ni Moscou, ni gloire, ni conquêtes ; il ne souhaitait qu'une chose : le repos, le calme, la liberté ! Mais lorsqu'il atteignit les hauteurs de Séménovsky, et que le grand-maître de l'artillerie lui proposa d'y placer quelques batteries pour renforcer le feu dirigé contre les troupes russes massées devant Kniazkow, il y consentit, et donna ordre qu'on lui rendît compte du résultat obtenu.

Un aide de camp lui annonça bientôt après que deux cents canons avaient été pointés sur les Russes, mais que ceux-ci tenaient bon.

« Notre feu en abat des rangs entiers et ils résistent toujours !
— Ils en veulent encore ! dit Napoléon d'une voix rauque.
— Sire... demanda l'aide de camp, qui n'avait pas entendu.
— Ils en veulent encore ? répéta Napoléon. Eh bien, qu'on leur en donne ¹!... » Et il rentra dans ce monde artificiel et plein de chimères qu'il s'était créé, pour y reprendre le rôle douloureux, cruel et inhumain qui lui était fatalement destiné.

L'obscurcissement de l'intelligence et de la conscience de cet homme, responsable plus qu'aucun autre de tous ces événements, l'empêcha, jusqu'à la fin de sa vie, de comprendre la portée réelle des actes qu'il commettait en opposition avec les règles éternelles du vrai et du bien, et comme la moitié de l'univers approuvait ces actes, il ne pouvait les renier sans être illogique. Ce n'était pas seulement d'aujourd'hui qu'il avait éprouvé une satisfaction intime en comparant le nombre des cadavres russes avec celui des Français ; ce n'était pas seulement d'aujourd'hui qu'il écrivait à Paris : que le champ de bataille était superbe ²... Pourquoi parlait-il ainsi ? Parce qu'il y avait là 50 000 morts, et à Sainte-Hélène même, où il employait

---

1. En français dans le texte. (*Note du trad.*)
2. En français dans le texte. (*Note du trad.*)

ses loisirs à faire le récit de ses actions, il dictait ce qui suit :

« La guerre de Russie aurait dû être la plus populaire des temps modernes : c'était celle du bon sens et des vrais intérêts, celle du repos et de la sécurité de tous : elle était purement pacifique et conservatrice.

« C'était, pour la grande cause, la fin des hasards et le commencement de la sécurité. Un nouvel horizon, de nouveaux tableaux allaient se dérouler, tout pleins du bien-être et de la prospérité de tous. Le système européen se trouvait fondé ; il n'était plus question que de l'organiser.

« Satisfait sur ces grands points et tranquille partout, j'aurais eu aussi mon *Congrès* et ma *Sainte-Alliance*. Ce sont des idées qu'on m'a volées. Dans cette réunion des grands souverains, nous eussions traité de nos intérêts en famille, et compté de clerc à maître avec les peuples.

« L'Europe n'eût bientôt fait de la sorte véritablement qu'un même peuple, et chacun, en voyageant partout, se fût trouvé toujours dans la patrie commune. J'eusse demandé toutes les rivières navigables pour tous, la communauté des mers, et que les grandes armées permanentes fussent réduites désormais à la seule garde des Souverains.

« De retour en France, au sein de la patrie, grande, forte, magnifique, tranquille, glorieuse, j'eusse proclamé ses limites immuables ; toute guerre future purement *défensive*, tout agrandissement nouveau *antinational*. J'eusse associé mon fils à l'Empire ; ma *dictature* eût fini et son règne constitutionnel eût commencé.

« Paris eût été la capitale du monde, et les Français l'envie des nations !...

« Mes loisirs ensuite et mes vieux jours eussent été consacrés, en compagnie de l'Impératrice et durant l'apprentissage royal de mon fils, à visiter lentement et en vrai couple campagnard, avec nos propres chevaux, tous les recoins de l'Empire, recevant les plaintes, redressant les torts, semant de toutes parts et partout les monuments et les bienfaits [1]. »

Lui, le bourreau des nations, lui, fatalement prédestiné par la Providence à ce rôle, s'ingéniait à prouver que son but était le bien des peuples, qu'il pouvait diriger le sort de millions d'êtres et les combler de bienfaits par la voie de l'arbitraire !

« Des quatre cent mille hommes qui passèrent la Vistule,

---

1. En français dans le texte. (*Note du trad.*)

écrivait-il, la moitié étaient Autrichiens, Prussiens, Saxons, Polonais, Bavarois, Wurtembergeois, Mecklembourgeois, Espagnols, Italiens Napolitains. L'armée impériale proprement dite était pour un tiers composée de Hollandais, de Belges, d'habitants des bords du Rhin, de Piémontais, Suisses, Genevois, Toscans, Romains, habitants de la 32e division militaire, Brême, Hambourg... etc.; elle comptait à peine cent quarante mille hommes parlant français. L'expédition de Russie coûta moins de cinquante mille hommes à la France actuelle ; l'armée russe dans la retraite de Vilna à Moscou, dans les différentes batailles, a perdu quatre fois plus que l'armée française ; l'incendie de Moscou a coûté la vie à cent mille Russes, morts de froid et de misère dans les bois ; enfin, dans sa marche de Moscou à l'Oder, l'armée russe fut aussi atteinte par l'intempérie de la saison ; à son arrivée à Vilna elle ne comptait que cinquante mille hommes, et à Kalisch moins de dix-huit mille hommes [1]. »

Il croyait donc que la guerre qu'il faisait à la Russie dépendait exclusivement de sa volonté, et l'horreur du fait accompli ne lui causait aucun remords !

XXI

Des masses d'hommes, vêtus d'uniformes différents, étaient confusément couchés, par dizaines de milliers, dans les champs et dans les prairies appartenant à M. Davydow et aux paysans de la couronne. Sur ces champs et sur ces prairies, pendant des centaines d'années, les paysans des environs avaient fait paître leur bétail et récolté leurs moissons. Aux ambulances, sur l'espace d'une dessiatine, l'herbe et la terre avaient bu du sang ; une foule de soldats blessés ou valides, de différentes armes, se traînaient, terrifiés, ceux-ci vers Mojaïsk, ceux-là vers Valouïew ; d'autres soldats, affamés, épuisés de fatigue, se laissaient machinalement conduire par leurs chefs, tandis que d'autres restaient encore sur place, et ne cessaient de tirer. Au-dessus du champ, gai et riant quelques heures auparavant, où étincelaient les baïonnettes, et où s'élevaient les

[1]. En français dans le texte. (*Note du trad.*)

vapeurs irisées du matin, s'étendait maintenant un brouillard intense, imprégné de fumée, et se répandait une étrange odeur de salpêtre et de sang. De gros nuages s'étaient amoncelés, une pluie fine mouillait les morts, les blessés et les exténués. Elle avait l'air de leur dire : « Assez, assez, malheureux, revenez à vous.... Que faites-vous ? » Un doute passait alors dans l'âme de ces pauvres êtres, et ils se demandaient s'il fallait continuer cette boucherie. Cette pensée du reste ne gagna du terrain dans les esprits que vers le soir; jusque-là, quoique la bataille touchât à sa fin, et que les hommes sentissent toute l'horreur de leur situation, une force mystérieuse et incompréhensible continuait à diriger la main de l'artilleur, couvert de sueur, de poudre et de sang, qui, resté seul sur les trois servants de la pièce, portait péniblement les gargousses, chargeait, pointait et allumait la mèche !... et les boulets se croisaient toujours dans les airs en faisant toujours de nouvelles et nombreuses victimes..., et cette œuvre terrible, dirigée non par la volonté humaine, mais par la volonté de Celui qui mène les hommes et les mondes, poursuivait impitoyablement son cours ! Quiconque aurait considéré les armées russes et françaises allant à la débandade aurait pensé qu'il suffisait d'un faible effort, de part ou d'autre, pour s'anéantir complètement. Mais aucune des deux ne faisait cet effort suprême, et le feu de la bataille achevait peu à peu de s'éteindre. Les Russes ne prenaient pas l'offensive parce que depuis le commencement de l'affaire, massés sur la route de Moscou et se bornant à la défendre, ils restèrent à ce poste jusqu'à la fin. Alors même qu'ils se seraient décidés à attaquer les Français, le désordre qui s'était mis dans leurs rangs ne le leur aurait pas permis, d'autant plus que, sans quitter leur position, ils avaient perdu la moitié de leurs forces. Cet effort était seulement possible et facile aux Français, que soutenaient le souvenir des quinze ans de victoire de Napoléon, l'assurance de gagner la bataille, la faiblesse de leurs pertes, qui n'étaient que du quart de leur effectif, la certitude d'avoir derrière eux en réserve plus de 20 000 hommes de troupes fraîches, en dehors de la garde, qui n'avait pas donné, et la colère de ne pouvoir arriver à déloger l'ennemi de ses positions. Les historiens affirment que Napoléon aurait gagné la bataille s'il avait fait avancer sa vieille garde, mais supposer cela c'est supposer que l'automne peut se transformer tout à coup en printemps. Cette faute ne saurait être imputée à Napoléon : tous, depuis le général en chef jusqu'au dernier soldat, savaient que cet effort était impossible; en effet, l'esprit de corps était complètement paralysé par cet ennemi terrible qui, après avoir perdu la moitié de ses forces, restait aussi menaçant à la fin qu'au commencement. La victoire que les Russes venaient de remporter à Borodino n'était pas de celles qui se parent de ces lambeaux d'étoffe cloués à un bâton, qu'on appelle des drapeaux, et qui tirent leur gloire de l'étendue de la conquête : mais c'était une de ces victoires qui font passer dans l'âme de l'agresseur la double conviction de la supériorité morale de son adversaire et de sa propre faiblesse. L'invasion française, semblable à une bête fauve qui a rompu sa chaîne, venait de recevoir dans le flanc une blessure mortelle ; elle sentait qu'elle courait à sa perte ; mais l'impulsion était donnée, et, coûte que coûte, elle devait atteindre Moscou ! L'armée russe, de son côté, quoique deux fois plus faible, se trouvait inexorablement poussée à continuer sa résistance. Là, à Moscou, toute saignante encore de ses plaies de Borodino, ces nouveaux efforts devaient fatalement aboutir à la fuite de Napoléon, à sa retraite par le même chemin, à la perte presque totale des cinq cent mille hommes qui l'avaient suivi, et à l'anéantissement de la France napoléonienne, sur qui s'était appesantie, à Borodino même, la main d'un adversaire dont la force morale était supérieure !

CHAPITRE II

I

L'intelligence humaine ne saurait comprendre *à priori* la perpétuité absolue dans le mouvement des corps : elle n'en conçoit les lois que lorsqu'elle peut en décomposer les unités et les étudier séparément, mais en même temps ce partage arbitraire en unités précises est la cause de la plupart de nos erreurs.

Qui ne connaît le sophisme des anciens qui consistait à dire qu'Achille ne saurait atteindre la tortue qu'il voit marcher devant lui, quoique sa marche soit dix fois plus rapide que celle de l'animal, car, chaque fois qu'Achille aura franchi la distance qui l'en sépare, celui-ci aura repris de l'avance en parcourant la dixième partie de cette même distance, et, lorsque Achille franchira la dixième, la tortue en franchira la centième, et ainsi de suite à l'infini. Pour les anciens, c'était là un problème insoluble. Le non-sens de cette proposition provient de ce qu'on a admis des unités de mouvement avec arrêt, tandis que le mouvement d'Achille et de la tortue est continu.

En prenant pour base les unités les plus infimes d'un mouvement quelconque, nous approchons de la solution sans jamais y atteindre ; ce n'est qu'en admettant les infinitésimaux et leur progression ascendante jusqu'à un dixième, et en faisant la somme de cette progression géométrique, que nous obtenons la solution désirée. La nouvelle science de l'emploi des infiniment petits résout actuellement des questions qui paraissaient jadis insolubles. En admettant les infinitésimaux, elle rétablit en effet la condition première du mouvement (sa perpétuité absolue), et corrige par là la faute inévitable que l'intelligence humaine est entraînée à commettre en considérant les unités individuelles du mouvement, au lieu du mouvement lui-même.

Dans la recherche des lois de l'histoire il faudrait suivre le même système. La marche de l'humanité, tout en étant la conséquence d'une multitude innombrable de volontés individuelles, ne subit jamais d'interruption. L'étude de ces lois est le but de l'histoire, et pour s'expliquer celles qui régissent la somme des volontés de ce mouvement perpétuel, l'esprit humain admet des unités indépendantes et séparées. Le premier procédé de l'histoire consiste, après avoir pris au hasard une série d'événements qui se suivent, à les examiner en dehors des autres, tandis qu'il ne saurait y avoir là ni commencement ni fin, puisque toujours un fait découle forcément du précédent. En second lieu, elle étudie les actions d'un seul homme, d'un roi ou d'un capitaine, et les accepte comme la résultante des volontés de tous les hommes, tandis que cette résultante ne se résume jamais dans l'activité d'une seule personne, quelque grande qu'elle soit. Mais, quelque infimes que soient les unités dont l'historien tient compte pour se rapprocher le plus possible de la vérité, nous sentons qu'en les isolant l'une de l'autre, qu'en admettant que toute manifestation a son origine propre, et que les volontés humaines se traduisent dans les actes d'une seule figure historique, il est complètement dans l'erreur.

Il n'est pas de conclusion historique qui résiste au scalpel de la critique, parce que la critique choisit pour ses observations, comme elle en a le droit, un ensemble de faits plus ou moins grand. Ce n'est qu'en étudiant les quantités différentielles de l'histoire, c'est-à-dire les courants homogènes qui entraînent les hommes, et après en avoir trouvé l'intégrale, que nous pouvons espérer d'en comprendre les lois.

Les quinze premières années du dix-neuvième siècle présentent à l'observateur un mouvement inusité de millions d'hommes. Ils quittent leurs occupations, se portent d'un côté de l'Europe à l'autre, pillent, s'entretuent, triomphent, et sont battus tour à tour. Pendant cette période de temps la vie habituelle change de cours, et tout à coup cette effervescence, qui semblait devoir aller toujours en croissant, finit par s'affaiblir. Quelle est la cause de ce phénomène? Quelles en sont les lois? se demande l'esprit humain.

Les historiens répondent à ces questions en nous racontant les actions et les discours de quelques dizaines d'hommes dans un des édifices de la ville de Paris, et ils donnent à ces actes et à ces discours le nom de Révolution ; puis il nous font une biographie détaillée de Napoléon et de quelques personnages, qui lui sont bienveillants ou hostiles ; ils nous parlent de l'influence de ces mêmes personnages les uns sur les autres et nous disent : « Voilà la cause du mouvement! Voilà ses lois! » Mais l'esprit humain refuse d'accepter cette explication, et il la déclare erronée, parce qu'évidemment la cause indiquée est trop faible pour l'effet produit. C'est la somme des volontés humaines qui a amené la Révolution et Napoléon, de même que c'est encore elle qui les a supportés et qui les a renversés.

« Lorsqu'il y a des conquêtes, » nous dit l'historien, « il y a des conquérants, et à chaque bouleversement dans un empire il y a des grands hommes! » C'est vrai, répond l'esprit humain, mais il ne m'est pas démontré que les conquérants soient la cause des guerres, et que l'on puisse prétendre que les lois de ces guerres résident dans l'action individuelle d'un seul homme. Chaque fois que je vois l'aiguille de ma montre indiquer le chiffre X, j'entends aussitôt le carillon de l'église voisine, et cependant je ne saurais conclure de là que la position de l'aiguille sur le cadran mette les cloches en branle. Chaque fois que je vois une locomotive en mouvement, que j'entends son sifflet, que sa soupape s'ouvre et se ferme, que ses roues tournent, je ne saurais pas davantage en conclure que le sifflet et le mouvement des roues fassent marcher la locomotive. Les paysans assurent qu'à la fin du printemps il souffle un vent froid parce que les chênes bourgeonnent. Bien que la cause de ce vent froid me soit inconnue, je ne puis pourtant partager l'avis des paysans et l'attribuer au bourgeonnement des chênes. Je n'y vois que la réunion des conditions que je rencontre dans toute manifestation de la vie, et j'aurais beau étudier l'aiguille de ma montre, la soupape de la locomotive et les bourgeons du chêne, je n'y découvrirais pas la raison d'être du carillon, du mouvement de la locomotive et du vent froid de la fin du printemps. Pour en arriver là, il me faut absolument changer mon point d'observation, et étudier les lois de la vapeur, du son et du vent! L'historien doit procéder de même (des tentatives de ce genre ont déjà été faites), et, au lieu d'étudier seulement les rois, les empereurs, les ministres, les généraux, chercher à se rendre compte des éléments homogènes et infiniment petits qui dirigent les masses. Personne ne peut dire à quel degré de vérité il parviendra en suivant cette voie : il est évident que c'est la seule possible, et jusqu'à présent l'esprit humain n'y a employé que la millionième partie des efforts qu'il a appliqués à la description des souverains, des généraux, des ministres, et à l'exposition des combinaisons suggérées par leurs actes.

II

Les forces réunies des différentes nationalités européennes se jetèrent sur la Russie : l'armée russe et la population se retirèrent, en évitant toute collision avec l'ennemi, jusqu'à Smolensk, et de Smolensk jusqu'à Borodino ; l'armée française se portait vers Moscou par un mouvement de propulsion, dont la vitesse allait croissant, comme celle d'un corps lancé vers la terre, qui s'accélère en se rapprochant du but. Elle laissait derrière elle des milliers de verstes dévastées d'une contrée ennemie. Chaque soldat de Napoléon le sentait et obéissait à la force d'impulsion qui la poussait en avant. Dans l'armée russe, plus la retraite s'accentuait, plus se développait et grandissait dans tous les cœurs la haine de l'ennemi. A Borodino nous assistons à un choc terrible entre les deux adversaires. Mais aucun des deux ne plie, et après cette rencontre l'armée russe continue sa retraite aussi fatalement qu'une balle qui dans l'espace se serait heurtée à une autre.

Les Russes se retirent à cent vingt verstes au delà de Moscou, les Français entrent dans cette ville, et, semblables à la bête fauve acculée et blessée qui lèche ses plaies, ils s'y arrêtent cinq semaines sans livrer bataille, pour fuir ensuite, sans raison, par le chemin qui les avait amenés. Ils se jettent sur la route de Kalouga, et, malgré la victoire de Malo-Yaroslavetz, ils reprennent leur course en arrière jusqu'à Smolensk, Vilna, la Bérésina et au delà.

Le soir du 7 septembre, Koutouzow et l'armée étaient persuadés que la bataille de Borodino était une victoire. Le commandant en chef l'annonça à l'Empereur et donna l'ordre de se préparer à une autre bataille pour écraser définitivement l'ennemi, mais dans la soirée et le lendemain les nouvelles de pertes jusque-là inconnues arrivèrent de tous côtés. L'armée se trouvait diminuée de moitié, et un second engagement devenait impossible. Comment, en effet, pouvait-on songer à se battre de nouveau sans avoir rassemblé des renseignements précis, relevé les blessés, emporté les morts, nommé d'autres commandants, et sans donner aux hommes le temps de se reposer et de manger? Cependant, les Français, entraînés en avant par la loi de la force de projection, les forçaient à reculer. Koutouzow et l'armée désiraient que l'attaque eût lieu le lendemain, mais pour attaquer il fallait plus qu'un simple désir : il fallait que ce fût possible, et cette possibilité n'existait pas ! Il était nécessaire au contraire qu'on se repliât à une journée de marche, et d'étape en étape, lorsque l'armée russe arriva sous les murs de Moscou, les circonstances l'obligèrent, malgré la violence du sentiment qui s'était élevé dans tous ses rangs, de reculer encore au delà. C'est ainsi que Moscou fut livré à l'ennemi.

Ceux qui se figurent que les plans de campagne et de bataille sont élaborés par les généraux dans le silence du cabinet, oublient ou méconnaissent les conditions inévitables au milieu desquelles se déploie l'activité d'un commandant en chef. Cette activité n'a rien de commun avec celle que nous nous représentons en étudiant sur une carte telle ou telle campagne, avec un certain nombre de troupes des deux côtés, un terrain connu, et en combinant à loisir les mouvements. Le commandant en chef n'est jamais dans de telles conditions. Au milieu des intrigues, des soucis, des commandements, des menaces, des projets, des conseils, qui bourdonnent autour de lui, il lui est impossible, bien qu'il se rende compte de la gravité des événements, de les faire servir à l'accomplissement de ses desseins.

Les écrivains militaires nous disent très sérieusement que Koutouzow aurait dû faire passer ses troupes sur la route de Kalouga avant d'arriver au village de Fili, et que ce projet lui aurait même été présenté; mais ils oublient qu'un commandant en chef a toujours, dans des moments aussi critiques, dix projets pour un devant les yeux, tous fondés sur la stratégie et la tactique, et cependant se contrecarrant l'un l'autre. Sans doute, il semblerait que son devoir consisterait à choisir l'un d'entre eux, mais cela même est impossible, car le temps et les événements n'attendent pas. Supposons, en effet, qu'on lui ait proposé, le 9, de passer sur la grand'route de Kalouga, et qu'à ce même moment arrive un aide de camp de Miloradovitch pour lui demander s'il faut attaquer les Français ou se retirer : il doit immédiatement répondre, et l'ordre d'attaque qu'il vient de donner suffit pour l'éloigner de la grand'route de Kalouga. L'intendant militaire lui demande également sur quel endroit il doit diriger les approvisionnements, et le chef des ambulances, vers quel point évacuer les blessés, tandis qu'un courrier arrivant de Pétersbourg lui remet une lettre de l'Empereur qui n'admet pas qu'on puisse abandonner Moscou, et qu'un rival, car il en a toujours plusieurs, lui présente un projet diamétralement opposé à celui qu'il vient d'adopter. Ajoutez ceci à toutes ces complications : le commandant en chef a besoin de repos et de sommeil pour réparer ses forces épuisées, il est obligé d'écouter un général qui se plaint d'un passe-droit, les prières d'habitants effarés qui craignent de se voir abandonnés, le rapport d'un officier envoyé pour faire la reconnaissance du terrain, en contradiction complète avec le précédent rapport, tandis que l'espion, le prisonnier et un autre général viennent lui décrire la position de l'ennemi ; et l'on comprendra dès lors que ceux qui s'imaginent aujourd'hui que Koutouzow avait à Fili, à cinq verstes de la capitale, toute la liberté d'esprit nécessaire pour décider la question de l'abandon ou de la défense de Moscou, sont dans la plus complète erreur. Quand donc cette question fut-elle résolue ? Elle le fut à Drissa et à Smolensk, et, d'une façon irrévocable, le 5 à Schevardino, le 7 à Borodino, et plus tard chaque jour, à chaque heure, à chaque minute de la retraite.

III

Lorsque Yermolow, envoyé par Koutouzow pour examiner la position, vint lui rapporter qu'il était impossible de se battre sous les murs de Moscou, le maréchal le regarda en silence.

« Donne-moi la main, dit-il en lui tâtant le pouls. Tu es malade, mon ami : pense à ce que tu dis.... » Car il ne pouvait admettre de se replier au delà sans livrer bataille.

Descendu de voiture sur la montagne Poklonnaïa, à six verstes de la barrière Dorogomilow, il s'assit sur un banc; une foule de généraux l'entoura, et au milieu d'eux le comte Rostoptchine, qui arrivait à l'instant de Moscou. Cette brillante réunion, divisée en plusieurs groupes, discutait sur les avantages et les désavantages de la position, sur la situation des troupes, sur les plans proposés et sur l'esprit qui régnait dans la ville. Tous sentaient, sans se l'avouer, que c'était un conseil militaire. La conversation ne s'écartait pas des intérêts généraux; les nouvelles particulières se communiquaient à voix basse; aucune plaisanterie, aucun sourire ne déridait leurs figures soucieuses, et l'on voyait que tous s'efforçaient d'être à la hauteur des circonstances. Le général en chef écoutait toutes les opinions énoncées, questionnait les uns et les autres, sans entrer dans leurs discussions et sans faire connaître son avis. Parfois, après avoir prêté l'oreille, il se détournait, désappointé d'avoir entendu autre chose que ce qu'il désirait entendre. Les uns parlaient de la position choisie; les autres non seulement la critiquaient, mais s'en prenaient même à ceux qui en avaient déterminé le choix; un troisième disait que la faute datait de plus loin, qu'il aurait fallu accepter la bataille l'avant-veille; le quatrième racontait la bataille de Salamanque, dont les détails venaient d'être apportés par un Français nommé Crossart. Ce Français, en uniforme espagnol, accompagnait un prince allemand au service de la Russie, et, en prévision de la défense possible de Moscou, exposait les péripéties du siège de Saragosse. Le comte Rostoptchine assurait que, bien que lui et la milice fussent prêts à mourir sous les murs de l'antique capitale, il ne pouvait s'empêcher de regretter l'obscure inaction dans laquelle on l'avait laissé, ajoutant que, s'il avait pu pressentir ce qui se passait, il eût agi tout autrement. Quelques-uns, faisant parade de la profondeur de leurs combinaisons stratégiques, causaient de la direction que devaient prendre les troupes; la plupart enfin ne disaient que des nonsens. De tous ces discours, Koutouzow ne tirait qu'une conclusion : c'est que la défense de Moscou était matériellement impossible. L'ordre de livrer bataille n'aurait eu pour résultat qu'un immense désordre, car, non seulement cette position n'était pas défendable aux yeux des généraux, mais déjà même ils délibéraient sur les conséquences d'une retraite, et ce sentiment était partagé par toute l'armée. Tandis que presque tous critiquaient ce plan, Bennigsen continuait, il est vrai, à le soutenir, mais la question par elle-même n'avait plus d'importance : ce n'était qu'un prétexte à discussions et à intrigues. Koutouzow le comprenait et ne se méprenait pas sur la valeur du patriotisme que Bennigsen déployait avec une insistance bien faite pour augmenter sa mauvaise humeur. En cas d'insuccès il comprenait que la faute retomberait sur lui, Koutouzow, pour avoir amené les troupes, sans combat, jusqu'à la montagne des Moineaux, et que, dans le cas où il refuserait d'exécuter le plan proposé par Bennigsen, l'autre se laverait les mains du crime d'avoir abandonné Moscou. Mais ces intrigues préoccupaient peu le vieillard en ce moment : un unique et menaçant problème se dressait devant lui, problème que jusqu'à présent personne n'avait pu résoudre : « Est-ce vraiment moi qui ai laissé arriver Napoléon jusqu'aux murs de Moscou? Quel est donc l'ordre donné par moi qui a pu amener un tel résultat? » se répétait-il pour la centième fois : « Etait-ce hier soir, lorsque j'ai envoyé dire à Platow de se retirer, ou était-ce avant-hier, lorsque, à moitié endormi, j'ai ordonné à Bennigsen de prendre ses dispositions? Oui, Moscou doit être abandonné, les troupes doivent se replier, il faut s'y résigner. » Et il lui semblait aussi terrible de prendre cette résolution que de se démettre de ses fonctions. Car, à part le pouvoir qu'il aimait, auquel il était habitué, il se croyait surtout destiné à la gloire de sauver son pays : n'était-ce pas là ce qu'avait eu en vue l'opinion publique en demandant sa nomination, contrairement au désir de l'Empereur. Il se croyait seul capable de commander l'armée dans ces circonstances critiques, seul capable de lutter sans terreur contre son invincible adversaire, et pourtant il fallait prendre un parti, et mettre un terme aux conversations inopportunes de son entourage. Appelant à lui les plus anciens généraux, il leur dit :

« Bonne ou mauvaise, ma tête doit s'aider elle-même!... »
Et, montant en voiture, il retourna à Fili.

IV

Le conseil de guerre se réunit à deux heures dans la plus spacieuse des deux isbas qui appartenaient à un nommé André Sévastianow. Les paysans, les femmes et de nombreux enfants se pressaient devant la porte de l'autre isba ; la petite fille d'André, Malacha, âgée de six ans, que Son Altesse avait embrassée et à laquelle il avait donné un morceau de sucre, était seule restée blottie sur le poêle de la grande chambre, à regarder curieusement et timidement les uniformes et les croix des généraux qui entraient l'un après l'autre, et allaient s'asseoir sous les images. Le grand-père, ainsi que Malacha appelait Koutouzow, était assis à part dans l'angle obscur du poêle. Affaissé dans son fauteuil de campagne, il témoignait de son agacement, tantôt en lançant des interjections étouffées, tantôt en tortillant nerveusement le collet de son uniforme, qui, quoique ouvert, semblait le gêner; il serrait la main à quelques-uns des survenants, et saluait les autres. Son aide de camp Kaïssarow fit un pas en avant pour tirer le petit rideau de la fenêtre qui était en face de son chef, mais, à un geste d'impatience de Koutouzow, il comprit que Son Altesse désirait rester dans le demi-jour pour ne pas laisser voir sa physionomie. Il y avait déjà tant de monde autour de la table en bois de sapin, couverte de plans, de cartes, de papiers et de crayons, que les domestiques militaires apportèrent encore un banc, sur lequel s'assirent les derniers venus, Yermolow, Kaïssarow et Toll. A la place d'honneur, juste sous les images, se tenait Barclay de Tolly, la croix de Saint-George au cou. Sa figure pâle et maladive, avec son grand front, que sa calvitie rendait encore plus proéminent, trahissait les angoisses de la fièvre dont il ressentait en ce moment même le violent frisson. Ouvarow, assis à côté de lui, lui racontait quelque chose à voix basse et avec des gestes saccadés. Personne du reste ne parlait haut. Le gros petit Doctourow, les sourcils relevés, et les mains croisées sur la poitrine, écoutait avec attention. En face de lui, le comte Ostermann-Tolstoy, appuyant sur son coude sa tête aux traits hardis et aux yeux brillants, paraissait absorbé dans ses pensées. Raïevsky, de son geste habituel, ramenait sur ses tempes ses cheveux noirs, qu'il enroulait autour de ses doigts, et jetait des regards impatients vers Koutouzow et vers la porte. La belle et sympathique physionomie de Konovnitzine s'illuminait d'un aimable sourire, car il avait surpris le regard de Malacha, et s'amusait à lui faire des petits signes, auxquels elle répondait timidement.

On attendait Bennigsen, qui, sous prétexte d'inspecter une seconde fois la position, achevait tranquillement chez lui son succulent dîner; deux heures, de quatre à six, se passèrent ainsi en causeries à voix basse, sans qu'on prît aucune décision.

Lorsque enfin Bennigsen arriva, Koutouzow se rapprocha de la table, mais de façon à ne pas laisser éclairer ses traits par les bougies qu'on venait d'y poser.

Bennigsen ouvrit aussitôt le conseil en formulant la proposition suivante :

« Devons-nous abandonner sans combat l'antique et sainte capitale de la Russie, ou bien devons-nous la défendre? »

Un long et profond silence succéda à ces paroles. Tous les visages se contractèrent, tous les yeux se tournèrent vers Koutouzow, qui, les sourcils froncés, toussaillait et s'efforçait de surmonter son émotion. Malacha l'observait aussi.

« L'antique et sainte capitale de la Russie? » répéta-t-il tout à coup avec colère et en accentuant les mots, pour en bien faire ressortir la fausse note.

« Vous me permettrez de dire à Votre Excellence que cette phrase n'offre aucun sens à un cœur russe. Ce n'est pas ainsi que doit être posée la question pour la discussion de laquelle j'ai réuni ces messieurs ; elle est purement militaire et la voici : Le salut du pays étant dans l'armée, est-il plus avantageux de risquer de la perdre, et Moscou avec, en livrant bataille, ou de se retirer et d'abandonner la ville sans résistance? C'est là-dessus que je désire connaître votre avis. »

Les discussions commencèrent; Bennigsen, qui ne se tenait pas pour battu, admit l'opinion de Barclay, et trouva comme lui qu'il était impossible de défendre la position de Fili; en conséquence, il proposa de faire passer pendant la nuit les troupes du flanc droit au flanc gauche, afin d'attaquer l'aile droite de l'ennemi. Les opinions se partagèrent, on discuta le pour et le contre. Yermolow, Doctourow, Raïevsky soutinrent Bennigsen; pensaient-ils qu'un sacrifice était nécessaire avant d'abandonner Moscou, ou bien avaient-ils en vue d'autres considérations personnelles? ils ne semblaient pas comprendre que leur réunion ne pouvait plus arrêter la marche fatale des événements. Par le fait, Moscou était abandonné. Les autres généraux le voyaient clairement, et ne discutaient plus que sur la direction à faire prendre à l'armée dans sa retraite. Malacha, qui regardait de tous ses yeux, s'expliquait autrement ce qui se passait. Elle croyait qu'il s'agissait d'une querelle entre « le grand-père » et « l'habit aux longs pans », comme elle désignait à part elle Bennigsen. Elle voyait qu'ils s'irritaient l'un contre l'autre, et dans le fond de son petit cœur elle donnait raison au « grand-père »; elle saisit au vol un coup d'œil perçant et rusé jeté par ce dernier sur Bennigsen, et fut toute ravie de lui voir remettre à sa place son adversaire, qui rougit et fit quelques pas dans la chambre; les paroles que Koutouzow avait prononcées d'une voix calme et mesurée à l'adresse de Bennigsen exprimaient une désapprobation complète.

« Je ne saurais, messieurs, accepter le plan du comte, dit Koutouzow. Faire changer de position à une armée dans le voisinage immédiat de l'ennemi est toujours une opération dangereuse; l'histoire est là pour le confirmer. Ainsi, par exemple... » il s'arrêta comme pour rassembler ses souvenirs; reportant ensuite un regard clair et d'une candeur affectée sur Bennigsen... « par exemple, si la bataille de Friedland, que vous devez vous rappeler, comte, n'a pas été à notre avantage, c'est précisément à cause d'une conversion semblable. »

Un silence d'une minute qui parut éternelle, pesa sur l'assistance.

Les discussions reprirent ensuite à bâtons rompus, mais on sentait que le sujet était épuisé.

Tout à coup Koutouzow soupira. Comprenant qu'il allait parler, tous les généraux se tournèrent vers lui.

« Eh bien, messieurs, je vois que c'est moi qui payerai les pots cassés. J'ai écouté les opinions de chacun. Je sais que quelques-uns ne seront pas de mon avis, mais.... ajouta-t-il en se levant.... en vertu du pouvoir qui m'a été confié par l'Empereur et la patrie, je commande la retraite! »

Les généraux se dispersèrent dans un silence solennel, comme celui qui accompagne d'ordinaire les prières des morts. Malacha, qu'on attendait depuis longtemps à souper, descendit lentement et à reculons de la soupente, en se cramponnant de ses petits pieds nus aux saillies du poêle, et, se faufilant prestement entre les jambes des généraux, elle disparut par la porte entre-bâillée.

Koutouzow, après avoir congédié les membres du conseil, resta longtemps appuyé sur la table à réfléchir à ce terrible problème, se demandant de nouveau où et comment s'était décidé l'abandon de Moscou, et à qui il pouvait être imputé.

« Je ne m'y attendais pas, dit-il à son aide de camp Schneider, qui venait d'entrer chez lui à une heure avancée de la nuit. Je n'aurais jamais cru pareille chose possible!

— Il faut vous reposer, Altesse, lui répondit l'aide de camp.

— Eh bien, on verra! Je leur ferai manger comme aux Turcs de la viande de cheval, » dit Koutouzow en frappant la table de son poing, et il répéta : « Ils en mangeront! Ils en mangeront! »

V

Comme contraste à Koutouzow et à propos d'un fait d'une bien autre importance que la retraite de l'armée, c'est-à-dire l'abandon et l'incendie de Moscou, le comte Rostoptchine passe, bien à tort, pour en avoir été le fauteur.

Tout Russe animé aujourd'hui du même sentiment qu'éprouvaient alors nos pères, aurait pu prophétiser ces événements, que la bataille de Borodino avait rendus inévitables.

A Smolensk, aussi bien que dans toutes les villes et tous les villages de l'Empire, l'esprit était le même qu'à Moscou, quoique complètement en dehors de l'influence du comte Rostoptchine et de ses affiches. Le peuple attendait l'ennemi avec insouciance, sans s'agiter, sans commettre aucun désordre. Il l'attendait avec calme, sentant que, lorsque le moment serait venu, il saurait agir comme il le devait. Dès qu'on sut l'approche de l'ennemi, les classes les plus aisées s'éloignèrent en emportant tout ce qu'elles pouvaient, et les pauvres détruisirent et incendièrent le reste. La conviction que ce devait être, et que ce sera toujours ainsi, existait alors et existe aujourd'hui dans tout cœur russe. Cette conviction, je dirai plus, la prévision de la prise de Moscou, s'était répandue en 1812 dans toute la société de cette ville. Ceux qui la quittaient en juillet et en août, en laissant derrière eux leurs maisons et la moitié de leur fortune, le prouvaient bien, car ils agissaient sous l'influence de ce patriotisme latent qui ne consiste ni dans les phrases, ni dans le sacrifice de ses enfants pour le salut de la patrie, et autres actes contraires à la nature humaine, mais qui s'exprime simplement, sans éclat, et par cela même produit d'immenses résultats. « Il est honteux, » disaient les affiches du comte Rostoptchine, « de fuir le danger. Les lâches seuls abandonnent Moscou! » Et cependant ils partaient malgré la qualification de poltrons qui leur était appliquée! Ils partaient parce qu'ils savaient que cela devait être ainsi. Rostoptchine ne pouvait les avoir effrayés par le récit des horreurs commises par Napoléon dans les pays conquis. Ils savaient très bien que Berlin et Vienne étaient restés intacts, et que, pendant l'occupation française, les habitants passaient gaiement leur temps avec ces vainqueurs pleins de séductions, que les hommes et même les femmes en Russie portaient alors dans leur cœur! Ils partaient parce qu'il ne pouvait être question pour les Russes de rester sous la domination des Français : bonne ou mauvaise, pour eux elle était inacceptable! Ils partaient sans se douter de la grandeur qu'il y avait à livrer une belle et opulente capitale à l'incendie et au pillage devenus par là même inévitables, car il n'est que trop vrai que ne pas brûler et ne pas piller des foyers abandonnés est tout à fait contraire à l'esprit du peuple russe! Ainsi donc la grande dame qui dès le mois de juin quittait Moscou avec ses nègres et ses bouffons pour se réfugier dans ses terres du gouvernement de Saratow, malgré la crainte d'être arrêtée sur l'ordre de Rostoptchine, était instinctivement résolue à ne pas devenir la sujette de Bonaparte, et, d'après nous, elle accomplissait simplement et véritablement la grande œuvre du salut de la patrie! Le comte Rostoptchine, au contraire, qui blâmait les partants, ou renvoyait les tribunaux hors de la ville; qui fournissait à des braillards avinés de mauvaises armes; qui ordonnait des processions et les défendait le lendemain; qui s'emparait de toutes les voitures de transport des particuliers; qui annonçait son intention de brûler Moscou, sa maison, et se dédisait le quart d'heure suivant; qui exhortait la populace à se saisir des espions et lui reprochait ensuite de les avoir saisis; qui chassait tous les Français de la ville, et y laissait tranquillement Mme Aubers-Chalmé, le grand centre de réunion de la colonie française; qui, sans raison aucune, envoyait en exil le vieux et respectable Klutcharew, directeur des postes; qui rassemblait le peuple sur les Trois-Montagnes soi-disant pour se battre avec l'ennemi, et lui livrait, pour s'en débarrasser, un homme à écharper; qui prétendait ne pas survivre au malheur de Moscou et finissait par fuir par une porte dérobée, tout en rimant un mauvais quatrain français [1] pour

---

1. Je suis par naissance Tartare,
   Je voulus devenir Romain :
   Les Français m'appellent barbare,
   Et les Russes, George Dandin.

que personne ne doutât de sa coopération : cet homme ne comprenait pas la valeur morale de l'événement qui s'accomplissait sous ses yeux. Dévoré du désir d'agir seul, d'étonner le monde par un exploit d'un patriotisme héroïque, il se moquait, en gamin, de l'abandon et de l'incendie de Moscou, en essayant d'arrêter ou d'activer, de son faible bras, le courant irrésistible du mouvement national qui l'emportait avec le reste.

VI

En revenant de Vilna avec la cour, Hélène se trouva dans une position embarrassante. Elle jouissait en effet à Pétersbourg de la protection toute particulière d'un grand seigneur qui occupait l'un des premiers postes de l'Empire, tandis qu'à Vilna elle s'était liée avec un jeune prince étranger, et, le prince et le grand seigneur faisant tous deux valoir leurs droits, elle dut dès lors songer à résoudre de son mieux le délicat problème de conserver cette double intimité sans offenser ni l'un ni l'autre. Ce qui aurait paru difficile, sinon impossible à une autre femme, n'exigea même pas de sa part un instant de réflexion : au lieu de cacher ses actes, ou d'employer toutes sortes de subterfuges pour sortir d'une fausse situation, ce qui aurait tout gâté en prouvant sa culpabilité, elle n'hésita pas une minute à mettre, comme un véritable grand homme, le droit de son côté.

En réponse aux reproches dont le jeune prince l'accabla à sa première visite, elle releva fièrement sa belle tête à moitié tournée vers lui.

« Voilà bien l'égoïsme et la cruauté des hommes, dit-elle avec hauteur. Je ne m'attendais pas à autre chose : la femme se sacrifie pour vous ; elle souffre, et voilà toute sa récompense ! Quel droit avez-vous, monseigneur, de me demander compte de mes amitiés ? Cet homme a été plus qu'un père pour moi. Oui, ajouta-t-elle vivement, pour l'empêcher de parler, peut-être a-t-il d'autres sentiments que ceux d'un père, mais ce n'est pas une raison pour que je lui ferme ma porte... Je ne suis pas un homme pour être ingrate ! Sachez, monseigneur, que je ne rends compte qu'à Dieu et à ma conscience de mes sentiments intimes, ajouta-t-elle en portant la main à son beau sein qui se soulevait d'émotion, et en levant les yeux au ciel.

— Mais écoutez-moi, au nom du ciel.
— Épousez-moi, et je serai votre esclave.
— Mais c'est impossible!
— Ah! vous ne daignez pas descendre jusqu'à moi [1]! » dit-elle en pleurant.

Le prince essaya de la consoler, tandis qu'à travers ses larmes elle répétait que le divorce était possible, qu'il y en avait des exemples (il y en avait alors si peu à citer, qu'elle nomma Napoléon et quelques autres personnages haut placés); qu'elle n'avait jamais été la femme de son mari, qu'elle avait été sacrifiée!

« Mais la religion, mais les lois? répétait le jeune homme à demi vaincu.

— Les lois, la religion?... Quelle en serait l'utilité si elles ne pouvaient servir à cela? »

Surpris par cette réflexion, si simple en apparence, le jeune amoureux demanda conseil aux Révérends Pères de la congrégation de Jésus, avec lesquels il était en intimes relations.

Quelques jours plus tard, pendant une de ces brillantes fêtes que donnait Hélène à sa « datcha » de Kammennoï-Ostrow, on lui présenta un séduisant jésuite de robe courte, M. de Jobert, dont les yeux noirs et brillants faisaient un étrange contraste avec ses cheveux blancs comme neige. Ils causèrent longtemps ensemble dans le jardin, poétiquement éclairé par une splendide illumination, aux sons entraînants d'un joyeux orchestre, de l'amour de la créature pour Dieu, pour Jésus-Christ, pour les sacrés cœurs de Jésus et de Marie, et des consolations promises dans cette vie et dans l'autre par la seule vraie religion, la religion catholique! Hélène, touchée de ces vérités, sentit plus d'une fois ses yeux se mouiller de larmes en écoutant M. de Jobert, dont la voix tremblait d'une sainte émotion! Le cavalier qui vint la chercher pour la valse interrompit cet entretien, mais le lendemain son futur directeur de conscience passa la soirée en tête-à-tête avec elle, et, à dater de ce moment, devint un de ses habitués.

Un jour, il conduisit la comtesse à l'église catholique, où elle resta longtemps agenouillée devant un des autels. Le Français, qui n'était plus jeune, mais tout confit en béates sé-

---

1. En français dans le texte. (*Note du trad.*)

ductions, lui posa les mains sur la tête, et, à cet attouchement, elle sentit, comme elle le raconta plus tard, l'impression d'une fraîche brise qui pénétrait dans son cœur... C'était la grâce qui opérait!

On la conduisit ensuite vers un abbé de robe longue, qui la confessa et lui donna l'absolution. Le lendemain il lui apporta chez elle, dans une boîte d'or, les hosties de la communion; il la félicita d'être entrée dans le giron de la sainte Église catholique, l'assura que le pape en allait être informé, et qu'elle recevrait bientôt de lui un document important.

Tout ce qui se faisait autour d'elle et avec elle, l'attention dont elle était l'objet de la part de ces gens, dont la parole était si élégante et si fine, l'innocence de la colombe devenue son partage, figurée sur sa personne par des robes et des rubans d'une blancheur immaculée, tout lui causait une amusante distraction. Néanmoins elle ne perdait pas son but de vue et, comme il arrive toujours dans une affaire où il y a de la ruse sous jeu, c'était le plus faible comme intelligence qui devait vaincre le plus fort.

Hélène comprit fort bien que toutes ces belles phrases et tous ces efforts n'avaient d'autre objet que de la convertir au catholicisme et d'obtenir d'elle de l'argent pour les besoins de l'ordre. Aussi elle ne manqua pas d'insister auprès d'eux, avant de se rendre à leurs demandes, pour faire hâter les différentes formalités indispensables en vue de son divorce. Pour elle, la religion n'avait d'autre mission que de satisfaire ses désirs et ses caprices, tout en se conformant à de certaines convenances. Aussi, dans un de ses entretiens avec son confesseur, elle exigea qu'il lui dît catégoriquement à quel point l'engageaient les liens du mariage. C'était le moment du crépuscule : tous deux, près de la fenêtre ouverte du salon, respiraient le doux parfum des fleurs. Un corsage de mousseline des Indes voilait à peine la poitrine et les épaules d'Hélène; l'abbé, bien nourri et rasé de frais, tenait ses mains blanches modestement croisées sur ses genoux, et, en portant sur elle un regard doucement enivré par sa beauté, lui expliquait sa manière d'envisager la question brûlante qui l'intéressait. Hélène souriait avec inquiétude; on aurait dit qu'à voir la figure émue de son directeur spirituel elle craignait que la conversation ne prît une tournure alarmante. Mais, tout en subissant le charme de son interlocutrice, l'abbé se laissait évidemment aller au plaisir de développer sa pensée avec art.

« Dans l'ignorance des devoirs auxquels vous vous engagiez, disait-il, vous avez juré fidélité à un homme qui, de son côté, entré dans les liens du mariage, sans en reconnaître l'importance religieuse, a commis une profanation ; donc, ce mariage n'a pas eu son entière valeur, et cependant vous étiez liée par votre serment. Vous l'avez enfreint... Quel est donc votre péché? Péché véniel ou mortel? Péché véniel, assurément, parce que vous l'avez commis sans mauvaise intention. Si le but de votre second mariage est d'avoir des enfants, votre péché peut vous être remis; mais ici se présente une nouvelle question, et...

— Mais, dit Hélène en l'interrompant tout à coup avec une certaine impatience, je me demande comment, après avoir embrassé la vraie religion, je me trouverais encore liée par les obligations de celle qui est erronée? »

Cette observation fit sur le confesseur à peu près le même effet que la solution du problème de l'œuf par Christophe Colomb; il resta ébahi devant la simplicité avec laquelle elle l'avait résolu. Etonné et charmé de ses progrès rapides, il ne voulut pas cependant renoncer tout d'abord à lui déduire ses raisons.

« Entendons-nous, comtesse, » reprit-il en cherchant à combattre le raisonnement de sa fille spirituelle....

VII

Hélène comprenait fort bien que l'affaire en elle-même ne présentait aucune difficulté au point de vue religieux, et que les objections de ses guides leur étaient dictées uniquement par la crainte des autorités laïques.

Elle décida donc qu'il fallait y préparer peu à peu la société. Elle excita la jalousie de son vieux protecteur et joua avec lui la même comédie qu'avec le prince. Aussi stupéfait d'abord que ce dernier de la proposition d'épouser une femme dont le mari était vivant, il ne tarda pas, grâce à l'imperturbable assurance d'Hélène, à regarder bientôt la chose comme toute naturelle. Hélène n'aurait certes pas gagné sa cause si elle avait montré la moindre hésitation, le moindre scrupule, et gardé le moindre mystère; mais elle racontait, sans se gêner et avec un laisser-aller plein de bonhomie, à tous ses amis intimes (c'est-à-dire à tout Pétersbourg) qu'elle avait reçu du prince et de l'Excellence une proposition de mariage, qu'elle les aimait également, et qu'elle ne savait comment se résoudre à leur causer du chagrin. Le bruit de son divorce se répandit aussitôt ; bien des gens se seraient élevés contre son projet, mais comme elle avait pris soin de laisser connaître l'intéressant détail de son incertitude entre ses deux adorateurs, ces gens-là n'y trouvèrent plus rien à redire. Elle avait déplacé la question : on ne se demandait plus si la chose était possible, mais bien lequel des deux prétendants lui offrait le plus d'avantages, et comment la cour envisagerait son choix. Il y avait bien par-ci par-là des gens à préjugés qui, incapables de s'élever à la hauteur voulue, voyaient dans toute cette affaire une profanation du sacrement de mariage ; mais ils étaient peu nombreux et ils ne parlaient qu'à mots couverts. Quant à savoir s'il était bien ou mal pour une femme de se remarier du vivant de son mari, on n'en soufflait mot, parce que, disait-on, la question avait été déjà tranchée par des esprits supérieurs, et l'on ne voulait passer ni pour un sot ni pour un homme sans savoir-vivre.

Marie Dmitrievna Afrassimow fut la seule qui se permit d'exprimer hautement une opinion contraire. Elle était venue cet été-là à Pétersbourg voir un de ses fils ; rencontrant Hélène à un bal, elle l'arrêta au passage, et, au milieu d'un silence général, lui dit de sa voix forte et dure :

« Tu veux donc te remarier du vivant de ton mari ? Crois-tu donc avoir inventé quelque chose de neuf ? Pas du tout, ma très chère, tu as été devancée et c'est depuis longtemps l'usage dans.... »

Et, sur ces mots, Marie Dmitrievna, relevant par habitude ses larges manches, la regarda sévèrement et lui tourna le dos. Malgré la crainte qu'inspirait Marie Dmitrievna, on la traitait volontiers de folle : aussi ne resta-t-il de sa mercuriale que l'injure de la fin, qu'on se redisait à l'oreille, cherchant dans ce mot seul tout le sel de son sermon.

Le prince Basile, qui depuis quelque temps perdait la mémoire et se répétait à tout propos, disait à sa fille, chaque fois qu'il la rencontrait :

« Hélène, j'ai un mot à vous dire :... J'ai eu vent de certains projets relatifs à.... vous savez ? Eh bien, ma chère enfant, vous savez que mon cœur de père se réjouit de vous savoir... vous avez tant souffert.... mais, chère enfant, ne consultez que votre cœur. C'est tout ce que je vous dis [1]... » Et, pour cacher son émotion de commande, il la serrait sur sa poitrine.

Bilibine n'avait pas perdu sa réputation d'homme d'esprit; c'était un de ces amis désintéressés comme les femmes à la mode en ont souvent, et qui ne changent jamais de rôle; il lui exposa un jour, en petit comité, sa manière de voir sur cet important sujet.

« Ecoutez, Bilibine, » lui répondit Hélène, qui avait l'habitude d'appeler les amis de cette catégorie par leur nom de famille... et elle lui toucha l'épaule de sa blanche main couverte de bagues chatoyantes : « Dites-moi comme à une sœur ce que je dois faire... Lequel des deux? » Bilibine plissa son front et se mit à réfléchir.

« Vous ne me prenez pas par surprise, dit-il. Je ne fais qu'y penser. Si vous épousez le prince, vous perdez pour toujours la chance d'épouser l'autre, et vous mécontentez la cour, car vous savez qu'il existe de ce côté une certaine parenté. Si au contraire vous épousez le vieux comte, vous faites le bonheur de ses derniers jours, et puis, comme veuve d'un aussi grand personnage, le prince ne se mésalliera plus en vous épousant.

— Voilà un véritable ami! dit Hélène rayonnante. Mais c'est que j'aime l'un et l'autre; je ne voudrais pas leur faire de chagrin, je donnerais ma vie pour leur bonheur à tous deux! »

Bilibine haussa les épaules; évidemment à cette douleur-là il ne trouvait pas de remède. « Quelle maîtresse femme! se dit-il. Voilà ce qui s'appelle poser carrément la question. Elle voudrait épouser tous les trois à la fois [2] ! »

« Mais dites-moi un peu comment votre mari envisage la question. Consentira-t-il?

— Ah! il m'aime trop pour ne pas faire tout pour moi, lui dit Hélène, persuadée que Pierre l'aimait aussi.

— Il vous aime jusqu'à divorcer? » demanda Bilibine.

Hélène éclata de rire.

La mère d'Hélène était aussi du nombre des personnes qui se permettaient de douter de la légalité de l'union projetée. Dévorée par l'envie que lui inspirait sa fille, elle ne pouvait surtout se faire à la pensée du bonheur qui allait lui échoir;

---

1. En français dans le texte. (*Note du trad.*)
2. En français dans le texte. (*Note du trad.*)

elle se renseigna auprès d'un prêtre russe sur la possibilité d'un divorce. Le prêtre lui assura, à sa grande satisfaction, que la chose était inadmissible, et lui cita à l'appui un texte de l'Évangile qui ôtait tout espoir à une femme de se remarier du vivant de son mari. Armée de ces arguments, inattaquables à ses yeux, la princesse courut chez sa fille de grand matin, pour être plus sûre de la trouver seule. Hélène l'écouta tranquillement et sourit avec une douce ironie.

« Je t'assure, lui répétait sa mère, qu'il est formellement défendu d'épouser une femme divorcée.

— Ah! maman, ne dites pas de bêtises, vous n'y entendez rien. Dans ma position j'ai des devoirs...

— Mais, mon amie...

— Mais, maman, comment ne comprenez-vous pas que le Saint-Père, qui a le droit de donner des dispenses.....? »

En ce moment, sa dame de compagnie vint lui annoncer que Son Altesse l'attendait au salon.

« Non, dites-lui que je ne veux pas le voir, que je suis furieuse contre lui, parce qu'il m'a manqué de parole...

— Comtesse, à tout péché miséricorde, » dit, en se montrant sur le seuil de la porte, un jeune homme blond, aux traits accentués.

La vieille princesse se leva, lui fit une révérence respectueuse, dont le nouveau venu ne daigna pas même s'apercevoir, et, jetant un coup d'œil à sa fille, quitta majestueusement la chambre. « Elle a raison, se disait la vieille princesse, dont les scrupules s'étaient envolés à la vue de l'Altesse : elle a raison ! Comment ne nous en doutions-nous pas, nous autres, lorsque nous étions jeunes ! C'était pourtant bien simple ! » ajouta-t-elle en montant en voiture.

Au commencement du mois d'août, l'affaire d'Hélène fut décidée, et elle écrivit à son mari — « qui l'aimait tant » — une lettre où elle lui annonçait son intention d'épouser N., et sa conversion à la vraie religion. Elle lui demandait en outre de remplir les formalités nécessaires au divorce, formalités que le porteur de la missive était chargé de lui expliquer : « Sur ce, mon ami, je prie Dieu de vous avoir en sa sainte et puissante garde. Votre amie, Hélène [1]. » Cette lettre arriva chez Pierre le jour même où il était à Borodino.

1. En français dans le texte. (*Note du trad.*)

VIII

Pour la seconde fois depuis le commencement de la bataille, Pierre abandonna la batterie et courut avec les soldats à Kniazkow. En traversant le ravin, il atteignit l'ambulance : n'y voyant que du sang et n'y entendant que des cris et des gémissements, il s'enfuit au plus vite ; il ne désirait qu'une chose : oublier au plus tôt les terribles impressions de la journée, rentrer dans les conditions ordinaires de la vie et retrouver sa chambre et son lit ; il sentait que là seulement il serait capable de se rendre compte de tout ce qu'il avait vu et ressenti. Mais comment faire ? Sans doute les balles et les bombes ne sifflaient plus sur le chemin qu'il suivait, mais les mêmes scènes de souffrances se reproduisaient à chaque pas ; il rencontrait les mêmes figures, épuisées ou étrangement indifférentes ; il entendait encore dans l'éloignement le bruit sinistre de la fusillade.

Après avoir fait trois verstes sur la route poudreuse de Mojaïsk, il s'assit suffoqué. La nuit descendait, le grondement des canons avait cessé. Pierre, la tête appuyée sur sa main, resta longtemps couché à voir passer les ombres qui le frôlaient dans les ténèbres. Il lui semblait à chaque instant qu'un boulet arrivait sur lui, et il se soulevait en tressaillant. Il ne sut jamais au juste combien de temps il était resté ainsi. Au milieu de la nuit, trois soldats le tirèrent de cette léthargie en allumant à côté de lui un feu sur lequel ils placèrent leur marmite ; ils émiettèrent leur biscuit dans la marmite en y ajoutant de la graisse, et un agréable fumet de graillon, mêlé à la fumée, se répandit autour du brasier. Pierre soupira, mais les soldats n'y firent aucune attention et continuèrent à causer.

« Qui es-tu, toi ? dit tout à coup l'un d'eux en s'adressant à lui ; il voulait sans doute lui faire entendre qu'ils lui donneraient à manger s'il était digne de leur intérêt.

— Moi, moi ? répondit Pierre. Je suis un officier de la milice, mais mon détachement n'est pas ici, je l'ai perdu sur le champ de bataille.

— Tiens ! lui dit l'un des soldats, tandis que son compagnon hochait la tête..... Eh bien, alors, mange si tu veux ! » ajouta

-il en tendant à Pierre la cuiller de bois dont il venait de se servir.

Pierre se rapprocha du feu et se mit à manger : jamais nourriture ne lui avait paru meilleure. Pendant qu'il avalait de grandes cuillerées de ce ragoût, le soldat avait les yeux fixés sur sa figure éclairée par le feu.

« Où vas-tu, dis donc ? lui demanda-t-il.

— Je vais à Mojaïsk.

— Tu es donc un monsieur ?

— Oui.

— Comment t'appelle-t-on ?

— Pierre Kirilovitch.

— Eh bien, Pierre Kirilovitch, nous te conduirons si tu veux... »

Et les soldats se mirent en route avec Pierre.

Les coqs chantaient déjà lorsqu'ils atteignirent Mojaïsk et en gravirent péniblement la raide montée. Pierre, dans sa distraction, avait oublié que son auberge se trouvait au bas de la montagne, et il ne s'en serait plus souvenu s'il n'avait rencontré son domestique qui allait à sa recherche. Reconnaissant son maître à son chapeau blanc qui se détachait sur l'obscurité :

« Excellence, s'écria-t-il, nous ne savions plus ce que vous étiez devenu. Vous êtes à pied ? Où allez-vous donc ? Venez par ici.

— Ah oui ! » dit Pierre en s'arrêtant.

Les soldats firent comme lui.

« Eh bien, quoi ? demanda l'un d'eux, vous avez donc retrouvé les vôtres ? Eh bien, adieu, Pierre Kirilovitch.

— Adieu ! reprirent les autres en chœur.

— Adieu ! leur répondit Pierre en s'éloignant... Ne faudrait-il pas leur donner quelque chose ? » se demanda-t-il en mettant la main à son gousset. « Non, c'est inutile, » lui répondit une voix intérieure. Les chambres de l'auberge étant toutes occupées, Pierre alla coucher dans sa calèche de voyage.

IX

A peine avait-il posé sa tête sur le coussin, qu'il sentit le sommeil le gagner, et tout à coup, avec une netteté de perception qui touchait presque à la réalité, il crut entendre le grondement du canon, la chute des projectiles, les gémissements des blessés, sentir le sang et la poudre, et il éprouva une sensation de terreur irréfléchie. Il ouvrit les yeux et releva la tête. Tout était calme autour de lui. Seul un domestique militaire causait devant la porte cochère avec le dvornik ; au-dessus de sa tête, dans l'angle des poutres équarries du hangar, des pigeons effarouchés par ses mouvements agitèrent leurs ailes ; à travers une fente on entrevoyait le ciel pur et étoilé, et l'odeur pénétrante du foin, du goudron et du fumier faisait vaguement rêver à la paix et aux rustiques travaux : « Je remercie Dieu que ce soit fini ! Quelle terrible chose que la peur, et quelle honte pour moi de m'y être laissé aller !... Et « Eux », eux qui ont été fermes et calmes jusqu'au dernier moment ! » « Eux », c'étaient les soldats, ceux de la batterie, ceux qui lui avaient donné à manger, ceux qui priaient devant l'image ! Pour lui, dans sa pensée, ils se détachaient de tout le reste des hommes : « Etre soldat, simple soldat, se disait Pierre, entrer dans cette vie commune, y prendre part de tout son être, se pénétrer de ce qui les pénètre !... Mais comment se débarrasser de ce fardeau diabolique et inutile qui pèse sur mes épaules ? J'aurais pu le faire autrefois, fuir la maison de mon père, et même, après le duel avec Dologhow, j'aurais pu être fait soldat ! » Et dans son imagination il revit le banquet du club, la provocation de Dologhow, son entretien à Torjok avec le Bienfaiteur, et Anatole, et Nevitsky, et Denissow, et tous ceux qui avaient joué un rôle dans sa vie défilèrent confusément devant lui. Lorsqu'il se réveilla, la lueur bleuâtre de l'aube glissait sous l'appentis, et une légère gelée blanche pailletait les poteaux : « Ah ! c'est déjà le jour ! » se dit Pierre, qui se rendormit dans l'espérance de comprendre les paroles du Bienfaiteur, qu'il avait entendues en rêve. L'impression qu'elles lui avaient laissée était si vive, que longtemps après il s'en souvint. Il demeura d'autant plus persuadé qu'elles avaient été réellement prononcées, qu'il ne se sentait pas capable de donner cette forme à sa pensée : « La guerre, lui avait dit cette voix mystérieuse, est pour la liberté humaine l'acte de soumission le plus pénible aux lois divines... La simplicité du cœur consiste dans la soumission à la volonté de Dieu, et « Eux » sont simples ! « Eux » ne parlent pas, mais agissent... La parole est d'argent, le silence est d'or... Tant que l'homme redoute la mort, l'homme est un esclave... Celui qui ne la craint pas domine tout... Si la souffrance n'existait pas, l'homme ne connaîtrait pas de limites à sa volonté et ne se connaîtrait pas lui-même... » Il murmurait encore des paroles sans suite lorsque son domestique le réveilla en lui demandant s'il fallait atteler. Le soleil frappait en plein le visage de Pierre; il jeta un coup d'œil dans la cour, pleine de boue et de fumier, au milieu de laquelle il y avait un puits : autour de ce puits, des soldats donnaient à boire à leurs chevaux efflanqués, attelés à des charrettes qui sortaient de la cour d'auberge l'une après l'autre. Pierre se retourna avec dégoût, ferma les yeux et se laissa retomber sur les coussins de cuir de sa voiture. « Non, pensa-t-il, je ne veux pas voir toutes ces vilaines choses, je veux comprendre ce qui m'a été révélé pendant mon sommeil. Une seconde de plus et je l'aurais compris. Que faire à présent? » se dit-il en sentant avec terreur que tout ce qui lui avait paru si clair et si précis en rêve s'était évanoui. Il se leva après avoir appris de son domestique et du dvornik que les Français se rapprochaient de Mojaïsk et que les habitants s'en éloignaient. Il donna l'ordre d'atteler et partit à pied en avant. Les troupes se retiraient également en laissant derrière elles dix mille blessés. On en voyait partout, dans les rues, dans les cours et aux fenêtres des maisons. On n'entendait partout que des cris et des jurons. Pierre, ayant rencontré un général blessé qu'il connaissait, lui offrit une place dans sa calèche, et ils continuèrent ensemble leur route vers Moscou. Chemin faisant, il apprit la mort de son beau-frère et celle du prince André.

X

Il rentra à Moscou le 30 août; il en avait à peine franchi la barrière, qu'il rencontra un aide de camp du comte Rostoptchine.

« Nous vous cherchons partout, lui dit ce dernier : le comte veut vous voir pour une affaire importante et vous prie de passer chez lui. »

Pierre, sans entrer dans son hôtel, prit un isvostchik et se rendit chez le gouverneur général, qui lui-même venait seulement d'arriver de la campagne. Le salon d'attente était plein de monde. Vassiltchikow et Platow l'avaient déjà vu, et lui avaient déclaré qu'il était impossible de défendre Moscou et que la ville serait livrée à l'ennemi. Bien que l'on cachât cette nouvelle aux habitants, les fonctionnaires civils et les chefs des différentes administrations vinrent demander au comte ce qu'ils devaient faire, afin de mettre à couvert leur responsabilité. Au moment où Pierre entra dans le salon, un courrier de l'armée sortait du cabinet de Rostoptchine. Le courrier répondit par un geste désespéré aux questions qui l'assaillirent de toutes parts et passa outre sans s'arrêter. Pierre porta ses yeux fatigués sur les différents groupes de fonctionnaires civils et militaires, jeunes et vieux, qui attendaient leur tour. Tous étaient inquiets et agités. Il s'approcha de deux de ses connaissances qui causaient ensemble. Après quelques paroles échangées, la conversation interrompue se renoua.

« On ne peut répondre de rien dans la situation présente, disait l'un.

— Et pourtant voilà ce qu'il vient d'écrire, répondait l'autre en montrant une feuille imprimée.

— C'est bien différent : cela, c'est pour le peuple.

— Qu'est-ce donc? demanda Pierre.

— Voilà! c'est sa nouvelle affiche. »

Pierre la prit pour la lire.

« Son Altesse, dans l'intention d'opérer une plus prompte jonction avec les troupes qui marchent à sa rencontre, a traversé Mojaïsk et s'est établie dans une forte position où l'ennemi ne l'attaquera pas de sitôt. On lui a envoyé d'ici quarante-huit canons et des munitions, et Son Altesse affirme qu'elle défendra Moscou jusqu'à la dernière goutte de son sang, et qu'elle est prête même à se battre dans les rues. Ne faites pas attention, mes bons amis, à la fermeture des tribunaux : il fallait les mettre à l'abri. Mais n'importe! Le scélérat trouvera à qui parler. Quand ce moment arrivera, je demanderai des jeunes braves de la ville et de la campagne. Je pousserai alors un grand cri d'appel, mais en attendant je me tais. La hache sera une bonne chose, l'épieu ne sera pas mal, mais le mieux sera la fourche : le Français n'est pas plus lourd qu'une gerbe de seigle. Demain, après midi, l'image d'Iverskaïa ira visiter les blessés de l'hôpital Catherine. Là nous les aspergerons d'eau bénite, ils en guériront plus tôt. Moi-même je me porte bien : j'avais un œil malade, maintenant j'y vois des deux yeux. »

« Les militaires m'ont assuré, dit Pierre, qu'on ne pouvait pas se battre en ville et que la position....

— Nous en causions justement, fit observer l'un des deux fonctionnaires.

— Que veut donc dire cette phrase à propos de son œil ?

— Le comte a eu un orgelet, répondit un aide de camp, et il s'est tourmenté quand je lui ai dit qu'on venait demander de ses nouvelles... Mais à propos, comte, ajouta l'aide de camp en souriant, on nous a raconté que vous aviez des chagrins domestiques et que la comtesse, votre femme...

— Je n'en sais rien, répondit Pierre avec indifférence : qu'avez-vous entendu dire ?

— Oh ! vous savez, on invente tant de choses, mais je ne répète que ce que j'ai entendu : on assure qu'elle...

— Qu'assure-t-on ?

— On assure que votre femme va à l'étranger.

— C'est possible, répondit Pierre en regardant d'un air distrait autour de lui... Mais qui est-ce donc que je vois là-bas ? ajouta-t-il en indiquant un vieillard de haute taille, dont les sourcils et la longue barbe blanche contrastaient avec la coloration de sa figure.

— Ah ! celui-ci ?... C'est un traitre nommé Vérestchaguine. Vous connaissez peut-être l'histoire de la proclamation ?

— Tiens, c'est lui, dit Pierre en examinant la physionomie ferme et calme du marchand, qui n'avait rien de celle d'un traître.

— Ce n'est pas lui qui a écrit la proclamation, c'est son fils : il est en prison et je crois qu'il va lui en cuire !... C'est une histoire fort embrouillée. Il y a deux mois à peu près que cette proclamation a paru. Le comte fit faire une enquête : c'est Gabriel Ivanovitch, ici présent, qui en a été chargé ; cette proclamation avait passé de main en main.

« — De qui la tenez-vous ? demandait-il à l'un.

« — D'un tel, » répondait-on ; il courait alors chez la personne indiquée, et de fil en aiguille il remonta jusqu'à Vérestchaguine, un jeune marchand naïf, auquel nous demandâmes de qui il la tenait. Nous le savions très bien, car il ne pouvait l'avoir reçue que du directeur des postes, et il était facile de voir qu'ils s'entendaient.

« Il répond :

« — De personne, c'est moi qui l'ai écrite. »

« On le menace, on le supplie, il ne varie pas dans son dire.

« Le comte le fait appeler :

« — De qui tiens-tu cette proclamation?

« — C'est moi qui l'ai composée. » Alors vous comprenez la colère du comte, ajouta l'aide de camp; mais aussi vous conviendrez qu'il y avait de quoi être irrité devant ce mensonge et cette obstination.

— Ah! je comprends, dit Pierre : le comte voulait qu'on lui dénonçât Klutcharew.

— Pas du tout, pas du tout, répliqua l'aide de camp effrayé : Klutcharew avait d'autres péchés sur la conscience, pour lesquels il a été renvoyé... Mais, pour en revenir à l'affaire, le comte était indigné... « Comment aurais-tu pu la composer? Tu
« l'as traduite, car voilà le journal de Hambourg, et, qui plus est,
« tu l'as mal traduite, car tu ne sais pas le français, imbécile!

« — Non, répond-il, je n'ai lu aucun journal, c'est moi qui l'ai
« composée.

« — Si c'est ainsi, tu es un traître, je te ferai juger, et l'on te
« pendra! » C'en est resté là. Le comte a fait appeler le vieux, et le père répond comme le fils. Le jugement a été prononcé, on l'a condamné, je crois, aux travaux forcés, et le vieux vient aujourd'hui demander sa grâce. C'est un vilain garnement, un enfant gâté, un joli cœur, un séducteur, il aura suivi des cours quelque part et il se croit supérieur à tout le monde. Son père tient un restaurant près du pont de pierre; on y voit une grande image qui représente Dieu le père tenant d'une main le sceptre et de l'autre le globe. Eh bien; figurez-vous qu'il l'a emportée de là chez lui et qu'un misérable peintre... »

XI

L'aide de camp en était là de sa nouvelle histoire, lorsque Pierre fut appelé chez le gouverneur général. Le comte Rostoptchine, les sourcils froncés, se passait la main sur les yeux et sur le front au moment où Pierre entra dans son cabinet.

« Ah! bonjour, guerrier redoutable, dit Rostoptchine. Nous connaissons vos prouesses, mais il ne s'agit pas de cela pour le quart d'heure... Entre nous, mon cher, êtes-vous maçon? » demanda-t-il d'un ton sévère qui impliquait tout à la fois le reproche et le pardon.

Pierre se taisait.

« Je suis bien informé, mon cher, reprit le comte, mais je sais qu'il y a maçon et maçon, et j'espère que vous n'êtes pas de ceux qui perdent la Russie, sous prétexte de sauver l'humanité.

— Oui, je suis maçon, répondit Pierre.

— Eh bien, mon très cher, vous n'ignorez pas, sans doute, que MM. Spéransky et Magnitzky ont été envoyés vous devinez où, avec Klutcharew et quelques autres, dont le but avoué était l'édification du temple de Salomon et la destruction du temple de la patrie. Vous pensez bien que je n'aurais pas renvoyé le directeur des postes s'il n'avait pas été un homme dangereux. Je sais que vous lui avez facilité son voyage en lui donnant une voiture, et qu'il vous a confié des documents importants. J'ai de l'amitié pour vous ; vous êtes plus jeune que moi, écoutez donc le conseil paternel que je vous donne : rompez toute relation avec ces gens-là et partez le plus tôt possible.

— Mais quel est donc le crime de Klutcharew ? demanda Pierre.

— C'est mon affaire et non la vôtre ! s'écria Rostoptchine.

— On l'accuse de répandre les proclamations de Napoléon ? mais ce n'est pas prouvé, poursuivit Pierre sans regarder le comte : et Vérestchaguine...?

— Nous y voilà ! dit Rostoptchine en l'interrompant avec colère : Vérestchaguine est un traître qui recevra son dû ; je ne vous ai pas fait appeler pour juger mes actes, mais pour vous donner le conseil ou l'ordre de vous éloigner, comme il vous plaira, et de rompre toute relation avec les Klutcharew et compagnie! » Remarquant qu'il s'était un peu trop échauffé en parlant à un homme qui n'avait rien à se reprocher, il lui serra la main et changea subitement de ton. « Nous sommes à la veille d'un désastre public, et je n'ai pas le temps de dire des gentillesses à tous ceux qui ont affaire à moi, la tête me tourne. Eh bien, mon cher, que ferez-vous?

— Rien, répondit Pierre sans lever les yeux, et il avait un air soucieux.

— Un conseil d'ami, mon cher, décampez, et au plus tôt, c'est tout ce que je vous dis. A bon entendeur, salut! Adieu, mon cher... A propos, est-ce vrai que la comtesse soit tombée entre les pattes des saints pères de la Société de Jésus? »

Pierre ne répondit rien et quitta la chambre d'un air sombre et irrité.

En rentrant chez lui, il y trouva quelques personnes qui l'attendaient, le secrétaire du comité, le colonel du bataillon, son intendant, son majordome, etc.; tous avaient à lui demander quelque chose. Pierre ne comprenait rien, ne s'intéressait pas à leurs affaires et ne répondait aux gens que pour s'en débarrasser au plus vite. Enfin, resté seul, il décacheta et lut la lettre de sa femme, qu'il venait de trouver sur sa table. « La simplicité du cœur consiste dans la soumission à la volonté de Dieu. Eux en sont un exemple, se dit-il après l'avoir lue; il faut savoir oublier et comprendre tout.... Ainsi donc ma femme se remarie.... » Et, s'approchant de son lit, il se jeta dessus et s'endormit aussitôt, sans même se donner le temps de se déshabiller.

A son réveil, on vint lui dire qu'un homme de la police était venu s'informer, de la part du comte Rostoptchine, s'il était parti, et que plusieurs personnes l'attendaient. Pierre fit à la hâte sa toilette, et, au lieu de passer au salon, prit l'escalier de service et disparut par la porte cochère.

Depuis lors, et jusqu'après l'incendie de Moscou, malgré toutes les recherches qu'on put faire, personne ne le revit et ne sut ce qu'il était devenu.

XII

Les Rostow ne quittèrent Moscou que le 13 septembre, la veille même de l'entrée de l'ennemi.

Une terreur folle s'était emparée de la comtesse après l'entrée de Pétia au régiment des cosaques d'Obolensky et son départ pour Biélaïa-Tserkow. La pensée que ses deux fils étaient à la guerre, exposés tous deux à être tués, ne lui laissait pas une minute de repos. Elle essaya de ravoir Nicolas, et voulut aller reprendre Pétia, afin de le placer en sûreté à Pétersbourg : mais ces deux projets échouèrent. Nicolas, qui, dans sa dernière lettre, avait raconté sa rencontre imprévue avec la princesse Marie, ne donna plus signe de vie pendant longtemps. L'agitation de la comtesse s'en augmenta, et finit par la priver complètement de sommeil. Le comte s'ingénia à calmer les inquiétudes de sa femme, et parvint à faire passer son plus jeune fils du régiment d'Obolensky dans celui de Besoukhow, qui se formait à Moscou même; la comtesse en fut ravie, et se promit de veiller sur son Benjamin. Tant que Nicolas avait été seul en danger, il lui avait semblé, et elle s'en faisait de vifs reproches, qu'elle l'aimait plus que ses autres enfants, mais lorsque le cadet, ce gamin paresseux de Pétia, avec ses yeux noirs pétillants de malice, ses joues vermeilles au léger duvet et son nez camard, se trouva tout à coup loin d'elle, au milieu de soldats rudes et grossiers qui se battaient et s'entretuaient avec les ennemis, elle crut sentir qu'il était devenu son préféré; elle ne pensait plus qu'au moment de le revoir. Dans son impatience, tous les siens, ceux mêmes qu'elle aimait le plus, ne faisaient que l'irriter : « Je n'ai besoin que de Pétia, pensait-elle... Que me font les autres? Une seconde lettre de Nicolas, qui arriva vers les derniers jours d'août, ne calma pas ses inquiétudes, bien qu'il écrivît du gouvernement de Voronège, où il avait été envoyé pour la remonte des chevaux. Le sachant hors de danger, ses craintes pour Pétia redoublèrent. Presque toutes les connaissances des Rostow avaient quitté Moscou, on engageait la comtesse à suivre au plus tôt cet exemple; néanmoins elle ne voulut pas entendre parler de départ avant le retour de son Pétia adoré, qui arriva enfin le 9; mais, à son grand étonnement, cet officier de seize ans se montra peu touché de l'accueil plein de tendresse exaltée et maladive de sa mère : aussi se garda-t-elle bien de lui faire part de son intention de ne plus lui permettre de sortir de dessous l'aile maternelle. Pétia le devina d'instinct, et, pour ne pas se laisser attendrir, pour ne pas s'efféminer, comme il disait, il répondit à ses démonstrations par une froideur calculée et, pour mieux s'y soustraire, passa tout son temps avec Natacha, qu'il avait toujours beaucoup aimée.

L'insouciance du comte était toujours la même; aussi rien ne se trouva prêt le 9, date fixée pour leur départ, et les chariots envoyés de leurs terres de Riazan et de Moscou pour le déménagement n'arrivèrent que le 11. Du 9 au 12, une agitation fiévreuse régnait à Moscou : tous les jours des milliers de charrettes amenaient des blessés de la bataille de Borodino et emportaient les habitants et tout ce qu'ils avaient pu prendre avec eux, se croisant aux barrières de la ville. Malgré les affiches de Rostoptchine, ou peut-être à cause de ses affiches, les nouvelles les plus extraordinaires circulaient de tous côtés. On assurait qu'il était défendu de quitter la capitale, ou bien qu'après avoir mis en sûreté les saintes images et les reliques des saints, on forçait tous les habitants à s'éloigner, ou bien encore qu'une bataille avait été gagnée depuis celle de Borodino; d'autres soutenaient que l'armée avait été détruite, que la milice irait jusqu'aux Trois-Montagnes avec le clergé en tête, que les paysans se révoltaient, qu'on avait arrêté des traîtres, etc., etc. Ce n'étaient que des faux bruits, mais ceux qui partaient, comme ceux qui restaient, tous étaient convaincus que Moscou serait abandonné, qu'il fallait fuir et sauver ce qu'on pouvait. On sentait que tout allait s'écrouler, mais jusqu'au 1er septembre il n'y avait rien de changé en apparence, et, comme le criminel qui regarde encore autour de lui quand on le mène au supplice, Moscou continua, par la force de l'habitude, à vivre de sa vie ordinaire, malgré l'imminence de la catastrophe qui allait le bouleverser de fond en comble.

Ces trois jours se passèrent pour la famille Rostow dans les agitations et les soucis de l'emballage. Tandis que le comte courait la ville en quête de nouvelles et prenait des dispositions générales et vagues pour son départ, la comtesse surveillait le triage des effets, courait après Pétia qui la fuyait, et jalousait Natacha qui ne le quittait pas. Sonia seule s'occupait avec soin et intelligence de tout faire emballer. Depuis quelque temps, elle était triste et mélancolique. La lettre de Nicolas dans laquelle il parlait de son entrevue avec la princesse Marie, avait fait naître chez la comtesse tout un monde d'espérances qu'elle n'avait pas même cherché à dissimuler devant elle, car elle voyait le doigt de Dieu dans cette rencontre. « Je ne me suis jamais réjouie, avait-elle dit, de voir Bolkonsky fiancé à Natacha, tandis que j'ai toujours désiré de voir Nicolas épouser la princesse Marie, et j'ai le pressentiment que cela aura lieu... Quel bonheur ce serait!... » Et la pauvre Sonia était bien forcée de lui donner raison, car un mariage avec une riche héritière n'était-il pas le seul moyen de relever la fortune compromise des Rostow? Elle en avait le cœur gros, et, pour faire diversion à son chagrin, elle avait pris sur elle l'ennuyeux et difficile travail du déménagement, et c'était à elle que s'adressaient le comte et la comtesse lorsqu'il y avait un ordre à donner. Pétia et Natacha, qui au contraire ne faisaient rien pour aider leurs parents, gênaient tout le monde et entravaient la besogne. On n'entendait dans toute la maison que leurs éclats de rire et leurs courses folles. Ils riaient sans savoir pourquoi, uniquement parce qu'ils étaient gais et que tout leur était matière à plaisanterie. Pétia, qui n'était qu'un gamin quand il avait quitté la maison maternelle, se réjouissait d'y être revenu jeune homme; il se réjouissait aussi de n'être plus à Biélaïa-Tserkow, où il n'y avait aucun espoir de se battre, et d'être de retour à Moscou, où, bien sûr, il sentirait la poudre. Natacha, de son côté, était gaie parce qu'elle avait été trop longtemps triste, parce que rien ne lui rappelait en ce moment la cause de son chagrin, et qu'elle avait retrouvé sa belle santé d'autrefois; ils étaient gais enfin parce que la guerre était aux portes de Moscou, et qu'on allait s'y battre, parce qu'on distribuait des armes, parce qu'il y avait des pillards, des partants, du tapage et qu'il se passait de ces événements extraordinaires qui mettent toujours l'homme en train, surtout dans son extrême jeunesse.

XIII

Le samedi 12 septembre, tout était sens dessus dessous dans la maison Rostow; les portes étaient ouvertes, les meubles emballés ou déplacés, les glaces, les tableaux enlevés, les chambres pleines de foin, de papiers, et de caisses que les gens et les paysans du comte emportaient, à pas lourds et traînants. Dans la cour se pressaient plusieurs chariots, dont quelques-uns étaient déjà tout chargés et cordés, tandis que les autres attendaient à vide, et que les voix des nombreux domestiques et des paysans retentissaient dans tous les coins de la cour et de l'hôtel. Le comte était sorti. La comtesse, à laquelle le bruit et l'agitation venaient de donner la migraine, étendue sur un fauteuil dans un des salons, se mettait des compresses de vinaigre sur la tête. Pétia était allé chez un camarade, avec lequel il comptait passer de la milice dans un régiment de marche. Sonia assistait dans la grande salle à l'emballage de la porcelaine et des cristaux, et Natacha, assise par terre dans sa chambre démeublée, au milieu d'un tas de robes, d'écharpes et de rubans, jetés de côté et d'autre, tenait à la main une vieille robe de bal démodée, dont elle ne pouvait détacher les yeux : c'était celle qu'elle avait mise à son premier bal à Pétersbourg.

Elle s'en voulait d'être oisive dans la maison au milieu de

l'agitation de tous, et plusieurs fois dans le courant de la matinée elle avait essayé de se mettre à la besogne, mais cette besogne l'ennuyait, et jamais elle n'avait su ni pu s'appliquer à un travail quelconque, lorsqu'elle ne pouvait s'y employer de cœur et d'âme. Après quelques essais infructueux, elle abandonna à Sonia les cristaux et la porcelaine, pour mettre en ordre ses propres effets. Elle s'en amusa d'abord, en distribuant robes et rubans aux femmes de chambre, mais lorsqu'il s'agit de tout emballer, elle fut bientôt fatiguée.

« Tu vas m'arranger cela bien gentiment, n'est-ce pas, Douniacha? » dit-elle; alors, s'asseyant sur le plancher, les yeux fixés de nouveau sur sa robe de bal, elle s'absorba dans une rêverie qui la ramena bien loin dans le passé.

Elle en fut tirée par le babil des femmes de chambre dans la pièce voisine et par le bruit des gens qui montaient par l'escalier de service. Elle se leva et regarda par la fenêtre. Un long convoi de blessés était arrêté devant la maison. Les femmes, les laquais, la ménagère, la bonne, les cuisiniers, les marmitons, les cochers, les postillons, tous se pressaient sous la porte cochère pour les examiner. Natacha, jetant sur ses cheveux son mouchoir de poche dont elle retenait des deux mains les bouts sous son menton, descendit dans la rue.

L'ex-ménagère, la vieille Mavra Kouzminichna, se sépara du groupe qui stationnait sous la porte, et, s'approchant d'une télègue couverte de nattes de tille, se mit à causer avec un jeune et pâle officier qui s'y trouvait couché. Natacha se rapprocha d'elle timidement pour écouter ce qu'ils se disaient.

« Vous n'avez donc pas de parents à Moscou? demandait la vieille. Vous seriez pourtant bien mieux dans un appartement, chez nous par exemple... Voilà nos maîtres qui partent.

— Mais le permettront-ils? demanda le blessé d'une voix faible. Il faut le demander au chef, » ajouta-t-il en montrant un gros major à quelques pas de là.

Natacha jeta un coup d'œil effrayé sur le blessé et se dirigea aussitôt du côté du major.

« Ces blessés peuvent-ils s'arrêter chez nous? lui demanda-t-elle.

— Lequel désirez-vous avoir, mademoiselle, » demanda le major en souriant, et en portant la main à la visière de sa casquette.

Natacha répéta avec calme sa question. Sa figure et sa tenue étaient si sérieuses, que, malgré le mouchoir jeté négligemment sur ses cheveux, le major cessa de sourire et lui répondit affirmativement.

« Mais certainement, pourquoi pas? » Natacha inclina légèrement la tête et retourna auprès de la ménagère, qui causait encore avec son blessé.

— On le peut, on le peut! » dit Natacha tout bas.

La charrette de l'officier fut aussitôt tournée du côté de la cour, et une dizaine d'autres charrettes entrèrent de même dans les maisons voisines. Cet incident, en dehors de la monotonie de la vie habituelle, ne laissa pas que de plaire à Natacha, et elle fit entrer le plus de blessés possible dans la cour de leur maison.

« Il faut pourtant prévenir votre père, dit la vieille ménagère.

— Oh! est-ce bien la peine? demanda Natacha : ce n'est que pour un jour; nous pourrions bien aller à l'auberge et leur donner nos chambres!

— Ah! mademoiselle, voilà encore une de vos idées; si même on les logeait dans les communs, ne faudrait-il pas en demander l'autorisation?

— Eh bien, je la demanderai! »

Natacha courut à la maison et entra sur la pointe du pied dans le grand salon, où l'on sentait une odeur de vinaigre et d'éther.

« Maman, vous dormez?

— Comment pourrais-je dormir? s'écria la comtesse, qui venait pourtant de sommeiller.

— Maman, mon ange! dit Natacha en se mettant à genoux devant sa mère, et en collant sa figure sur la sienne. Pardon, je vous ai réveillée, je ne le ferai plus jamais! Mavra Kouzminichna m'a envoyée vous demander... Il y a ici des blessés, des officiers, le permettrez-vous? On ne sait où les mener, et je sais que vous permettrez... dit-elle tout d'une haleine.

— Comment, quels officiers? Qui a-t-on amené? Je ne comprends rien, » murmura la comtesse.

Natacha se mit à rire, la comtesse sourit.

« Oh! je savais bien que vous le permettriez, aussi vais-je le leur dire tout de suite!... et, se relevant, elle embrassa sa mère et s'enfuit; mais dans le salon voisin elle se heurta contre son père, qui venait de rentrer, porteur de mauvaises nouvelles.

— Nous avons traîné trop longtemps, s'écria-t-il avec humeur. Le club est fermé, la police s'en va!

— Papa, vous ne m'en voudrez pas, n'est-ce pas, d'avoir permis aux blessés...?

— Mais pas du tout, répondit le comte avec distraction. Ce n'est pas de cela qu'il s'agit : vous voudrez bien avoir la bonté, toutes tant que vous êtes, de ne plus vous occuper de billevesées, mais d'emballage, car il faut partir demain et partir au plus vite... » Et le comte répétait cette injonction à tous ceux qu'il rencontrait.

A dîner, Pétia raconta ce qu'il avait appris : le peuple avait pris dans la matinée des armes au Kremlin, et, malgré les affiches de Rostoptchine annonçant qu'il pousserait le cri d'alarme deux jours à l'avance, on savait que l'ordre avait été donné de se porter le lendemain en masse aux Trois-Montagnes, et qu'il y aurait là une effroyable bataille! La comtesse contemplait avec épouvante la figure animée de son fils, pressentant que, si elle le suppliait de ne pas y aller, il lui répondrait d'une façon assez absurde et assez violente pour gâter toute l'affaire; aussi, dans l'espérance qu'elle pourrait partir et emmener Pétia comme leur défenseur, elle garda le silence; mais après le dîner elle pria son mari, les larmes aux yeux, de partir la nuit même, si c'était possible. Avec la ruse toute féminine que donne l'affection, la comtesse, qui jusque-là avait montré le plus grand calme, lui assura qu'elle mourrait de frayeur s'ils ne partaient pas au plus vite.

XIV

Mme Schoss, qui était allée voir sa fille, augmenta encore les terreurs de la comtesse en lui racontant ce qu'elle avait vu dans la Miasnitskaïa à un entrepôt de spiritueux : elle avait été forcée de prendre un isvostchik pour éviter la foule ivre qui hurlait tout autour d'elle, et l'isvostchik lui avait raconté que le peuple avait enfoncé les tonneaux, sur l'ordre qu'il en avait reçu. A peine le dîner fut-il terminé, que toute la famille se remit à emballer avec une ardeur fiévreuse. Le vieux comte ne cessait d'aller de la cour à la maison et de la maison à la cour, pour presser les domestiques, ce qui achevait de les ahurir. Pétia donnait des ordres à droite et à gauche. Sonia perdait la tête et ne savait plus que faire, devant les recommandations contradictoires du comte. Les gens criaient et se disputaient en courant de chambre en chambre. Natacha se jeta tout d'un coup avec ardeur dans la besogne, où son intervention fut d'abord reçue avec défiance. Comme on supposait qu'elle plaisantait, on ne l'écoutait pas ; mais, avec une opiniâtreté et une persévérance qui finirent par convaincre tout le monde de sa bonne volonté, elle en arriva à se faire obéir. Son premier exploit, qui lui coûta des efforts énormes, mais qui fit reconnaître son autorité, fut l'emballage des tapis ; le comte avait une très belle collection de tapis persans et de tapis des Gobelins. Deux caisses étaient ouvertes devant elle : l'une contenait les tapis, l'autre les porcelaines. Il y avait encore beaucoup de porcelaines sur les tables, et l'on en apportait toujours du garde-meuble : il fallait donc forcément trouver une troisième caisse, et on l'envoya chercher.

« Vois donc, Sonia, dit Natacha, nous pourrons emballer le tout dans les deux caisses.

— Impossible, mademoiselle, objecta le maître d'hôtel, on a déjà essayé.

— Eh bien, attends, tu verras... »

Et Natacha commença à retirer de la caisse les plats et les assiettes qui y étaient déjà soigneusement emballés.

« Il faut mettre les plats dans les tapis, dit-elle.

— Mais alors il faudra au moins trois caisses rien que pour les tapis, reprit le maître d'hôtel.

— Attends donc, s'écria Natacha en montrant la porcelaine de Kiew : ceci est inutile, et ceci doit aller avec le tapis, ajouta-t-elle en indiquant les services de Saxe.

— Mais laisse donc, Natacha : nous ferons tout cela sans toi, disait Sonia d'un ton de reproche.

— Ah ! mademoiselle, mademoiselle ! » répétait le maître d'hôtel...

Malgré toutes les observations, Natacha avait jugé inutile d'emporter les vieux tapis et la vaisselle commune, aussi elle continuait son travail, en rejetant tout ce qui était inutile, et recommençait vivement l'emballage. Grâce à cet arrangement, tout ce qui avait un peu de valeur se trouva casé dans les deux caisses ; mais, malgré tout ce qu'on pouvait faire, on ne parvenait pas à fermer celle où étaient les tapis. Natacha, ne se tenant pas pour battue, plaçait, déplaçait, entassait sans se lasser, et forçait le maître d'hôtel et Pétia, qu'elle avait fini par entraîner dans cette grande œuvre, à peser avec elle de toutes leurs forces sur le couvercle.

« Tu as raison, Natacha, tout y entrera si on enlève un tapis.

— Non, non, il faut peser dessus!... Pèse donc, Pétia!... À ton tour, Vassilitch, disait-elle, pendant que d'une main elle essuyait sa figure ruisselante de sueur, et que de l'autre elle pressait tant qu'elle pouvait le contenu de la caisse.

— Hourra! » s'écria-t-elle tout à coup.

Le couvercle venait de se former, et Natacha, battant des mains, poussa un cri de triomphe. Une seconde après avoir ainsi conquis la confiance générale, elle entreprenait une autre caisse. Le vieux comte lui-même ne s'impatientait plus lorsqu'on lui disait que telle ou telle nouvelle disposition avait été prise par Natalie Ilinichna. Cependant, malgré leurs efforts réunis, tout ne put être emballé dans la nuit; le comte et la comtesse se retirèrent après avoir remis le départ au lendemain, et Sonia et Natacha s'étendirent sur les canapés.

Cette même nuit, Mavra Kouzminichna fit entrer un nouveau blessé dans la maison Rostow. D'après ses suppositions, ce devait être un officier supérieur. La capote et le tablier de sa calèche le cachaient entièrement. Un vieux valet de chambre, d'un extérieur respectable, était assis sur le siège à côté du cocher, tandis que le docteur et deux soldats suivaient dans une autre voiture.

« Ici, par ici, s'il vous plaît, nos maîtres partent, la maison est vide, disait la vieille au vieux domestique.

— Hélas! dit celui-ci, Dieu sait s'il est encore vivant! Nous avons aussi notre maison à Moscou, mais c'est loin et elle est vide!

— Venez, venez chez nous, répétait la femme de charge. Votre maître est donc bien malade? » Le valet de chambre fit un geste de découragement.

— Nous n'avons plus d'espoir!... Mais il faut avertir le médecin. »

Il descendit du siège et s'approcha de l'autre voiture.

« C'est bien, » répondit le docteur.

Le domestique jeta un coup d'œil dans la calèche, secoua la tête, et donna l'ordre au cocher de tourner dans la cour.

« Seigneur Jésus-Christ, s'écria Mavra Kouzminichna lorsque l'équipage s'arrêta à côté d'elle, portez-le dans la maison, les maîtres ne diront rien, » ajouta-t-elle... et, comme il était urgent d'éviter l'escalier, on transporta le blessé tout droit dans l'aile gauche de la maison, à la chambre occupée la veille par Mme Schoss. Ce blessé était le prince André Bolkonsky.

XV

Le dernier jour de Moscou se leva enfin : c'était un dimanche, une belle et claire journée d'automne, égayée par le carillon de toutes les églises qui appelait comme toujours les fidèles à la messe. Personne ne pouvait encore admettre que le sort de la ville allait se décider, et l'agitation inquiète qui y régnait ne se manifestait que par la cherté excessive de certains objets et par la masse de pauvres gens qui circulaient dans les rues. Une foule d'ouvriers de fabrique, de paysans, de domestiques, à laquelle se joignirent bientôt des séminaristes, des fonctionnaires civils et des gens de toutes conditions, se porta dès le point du jour vers les Trois-Montagnes. Arrivée sur les lieux, cette cohue y attendit Rostoptchine : ne le voyant pas arriver, et convaincue que Moscou serait inévitablement livré à l'ennemi, elle retourna sur ses pas et se répandit dans tous les cabarets et dans tous les bouges. Ce jour-là le prix des armes, des charrettes, des chevaux, de l'or, allait continuellement haussant, tandis que celui des assignats et des objets de luxe baissait d'heure en heure. On payait 500 roubles un cheval de paysan, et l'on pouvait avoir presque pour rien des bronzes et des glaces.

Le calme et patriarcal intérieur des Rostow ne se ressentit que faiblement de l'agitation et du désordre du dehors. Toutefois trois de leurs gens disparurent de la maison, mais rien n'y fut volé. Les trente charrettes venues de la campagne représentaient à elles seules une fortune, tant les moyens de transport étaient devenus rares, et plusieurs personnes vinrent en offrir au comte des sommes énormes. La cour de leur hôtel ne désemplissait pas de soldats envoyés par leurs officiers qui avaient été recueillis dans le voisinage, et de malheureux blessés qui demandaient en grâce au maître d'hôtel de prier le comte de leur permettre de profiter des charrettes pour quitter Moscou. Malgré la compassion qu'il éprouvait pour ces pauvres diables, le maître d'hôtel répondait invariablement à leurs prières par un refus catégorique : « Il n'oserait jamais, disait-il, importuner le comte de leur requête... et d'ailleurs, si on cédait une des charrettes, quelle raison y aurait-il pour ne pas les céder toutes, et même ses propres voitures?... Ce n'était pas avec trente charrettes qu'on pouvait sauver tous les blessés, et dans le malheur général il était du devoir de chacun de penser aux siens avant tout! » Pendant que le maître d'hôtel parlait ainsi au nom de son maître, celui-ci s'éveillait, quittait doucement sur la pointe des pieds la chambre à coucher conjugale, afin de ne pas déranger la comtesse, et gagnait le perron, où on le vit bientôt apparaître dans sa robe de chambre de soie violette. Il était de fort bonne heure : toutes les voitures étaient chargées et stationnaient devant l'entrée; le maître d'hôtel causait avec un vieux domestique militaire et un jeune et pâle officier qui avait le bras en écharpe. A la vue du comte, Vassilitch leur intima d'un geste sévère l'ordre de s'éloigner.

« Eh bien! tout est-il prêt? lui demanda le comte en passant la main sur son front chauve, et en saluant avec bienveillance l'officier et le planton.

— Il ne reste plus qu'à atteler, Excellence.

— C'est parfait! La comtesse va se réveiller, et alors, avec l'aide de Dieu... Et vous, messieurs, ajouta le comte, qui aimait les nouvelles figures, vous êtes-vous au moins abrités chez moi? »

L'officier se rapprocha, et ses traits pâlis par la souffrance se colorèrent subitement.

« Monsieur le comte, au nom du ciel, permettez-moi de me fourrer quelque part sur une de vos charrettes de bagages : je n'ai rien en fait d'effets, je m'en accommoderai très bien. »

Il n'eut pas le temps d'achever sa phrase, que le vieux planton adressa au comte la même prière au nom de son maître.

« Sans doute, sans doute, très volontiers! répondit le comte... Vassilitch, tu veilleras, n'est-ce pas, à ce que l'on décharge une ou deux charrettes.... On en a besoin, tu vois. » Et, sans s'expliquer plus clairement, il détourna vivement la tête d'un autre côté, pendant qu'une expression de vive reconnaissance illuminait le visage de l'officier.

Le comte, ravi de sa bonne action, jeta un coup d'œil autour de lui : la cour se remplissait de blessés, il en venait de toutes parts à sa rencontre, et les fenêtres de l'aile gauche se garnissaient de figures blêmes qui le regardaient avec une anxiété douloureuse.

« Plairait-il à Votre Excellence de passer dans la galerie? dit le maître d'hôtel d'un air inquiet. On n'a encore rien décidé au sujet des tableaux! »

Le comte rentra chez lui, mais non sans avoir réitéré l'ordre de ne pas refuser aux blessés les moyens de partir.

« Après tout, on peut bien décharger quelques caisses et les laisser ici, » dit le comte à voix basse, comme s'il craignait d'être entendu.

La comtesse se réveilla à neuf heures, et Matrona Timofevna, son ex-femme de chambre, qui remplissait auprès d'elle les fonctions de chef de la police secrète, vint lui dire que Mme Schoss était très mécontente, et qu'on avait oublié d'emballer les robes d'été des demoiselles. La comtesse ayant demandé quel était le motif de la mauvaise humeur de Mme Schoss, on lui apprit que sa caisse avait été enlevée d'une des charrettes, qu'on était en train de décharger les autres, que les effets s'entassaient dans un coin de la cour, et que le comte avait dit d'emmener les blessés à leur place. Elle fit aussitôt demander son mari.

« Que se passe-t-il donc, mon ami? On m'assure que tu fais déballer?

— J'allais justement t'en prévenir, ma chère... C'est que, vois-tu, petite comtesse, des officiers sont venus me supplier de leur céder quelques charrettes pour les blessés. Ces objets-là nous sont bien inutiles, n'est-il pas vrai?... et puis, comment les abandonner ici, ces pauvres gens? C'est nous qui leur avons offert l'hospitalité, et je pense, ma chère, que dès lors il serait bien... Pourquoi ne pas les emmener? il n'y a pas du reste de raison de se dépêcher... »

Le comte avait débité ces phrases sans suite d'une voix timide, comme lorsqu'il s'agissait de questions d'argent. La comtesse, habituée à ce ton, qui précédait toujours l'aveu de quelque grosse dépense, telle que la construction d'une galerie ou d'une orangerie, l'organisation d'une fête ou d'un spectacle d'amateurs, avait pris pour système de le contrecarrer toutes les fois qu'il prenait ce ton-là pour demander quelque chose. Elle prit donc son air de victime résignée et, s'adressant à son mari :

« Écoute, comte, tu as si bien fait, qu'on ne te donne pas

un kopeck de notre maison, et tu veux encore dilapider ce qui reste de la fortune de tes enfants! Tu m'as dit toi-même que tout notre mobilier valait cent mille roubles? Eh bien, mon cher, je ne tiens pas à l'abandonner ; tu feras comme tu voudras, mais je n'y consens pas. C'est au gouvernement à prendre soin des blessés. Regarde là-bas, en face, chez les Lopoukhine : on a tout emporté... c'est ainsi qu'agissent les gens raisonnables, et nous, nous sommes des imbéciles... De grâce, aie pitié de tes enfants si tu n'as pas pitié de moi ! »

Le comte baissa la tête, et quitta la chambre d'un air désespéré.

« Papa, qu'est-ce donc? demanda Natacha, qui était entrée sur les talons du comte dans la chambre de sa mère, et qui avait tout entendu.

— Ce n'est rien, cela ne te regarde pas, lui répondit son père.

— Mais j'ai tout entendu, papa : pourquoi maman refuse-t-elle?

— Qu'est-ce que cela te fait? » reprit le comte avec irritation.

Natacha se retira dans l'embrasure de la fenêtre d'un air soucieux.

« Papa, voilà Berg qui est arrivé. »

XVI

Berg, le gendre des Rostow, aujourd'hui colonel et décoré du Saint-Vladimir et le Sainte-Anne au cou, occupait toujours la même place, commode et agréable, auprès du chef d'état-major du second corps. Il était arrivé de l'armée à Moscou le matin même du 1er septembre, sans y avoir à faire rien de particulier. Mais, ayant remarqué que tout le monde demandait à y aller, il fit comme tout le monde et obtint un congé pour affaires de famille. Berg, assis dans son élégant droschki attelé d'une paire de chevaux bien nourris, pareils à ceux qu'il avait vus chez le prince X., descendit de sa voiture et examina avec curiosité les charrettes qui encombraient la cour de l'hôtel de son beau-père. En montant les degrés du perron, il tira de sa poche un mouchoir d'une blancheur immaculée et y fit un nœud. Puis, hâtant le pas, il se précipita dans le salon, se jeta au cou du vieux comte, baisa les mains à Natacha et à Sonia, et s'informa avec empressement de la santé de sa maman.

« Qui pense à la santé en ce moment ? répondit le comte d'un air grognon. Raconte un peu ce qui se passe : où sont les troupes ? Y aura-t-il une bataille ?

— Dieu seul peut le savoir, papa, répondit Berg. L'armée est animée d'un courage héroïque, et ses chefs se sont rassemblés en conseil ; la décision est encore inconnue. Je puis seulement vous dire, papa, en termes généraux, qu'il ne saurait y avoir de paroles assez éloquentes pour décrire la valeur véritablement antique dont les troupes russes ont fait preuve dans le combat du 7. Je vous dirai donc, papa, poursuivit-il en se frappant la poitrine comme il l'avait vu faire à un général de sa connaissance chaque fois qu'il parlait des « troupes russes »... je vous dirai donc franchement que, nous autres chefs, nous n'avons jamais été forcés de pousser nos soldats en avant, car c'est avec peine qu'on retenait ces... ces... Oui, papa, ce sont de vrais héros antiques ! ajouta-t-il rapidement. Le général Barclay de Tolly n'a pas ménagé sa vie, il était toujours au premier rang. Quant à notre corps, qui était placé sur le versant de la montagne, vous pouvez vous figurer... » Et là-dessus Berg entama un long récit, la compilation de tout ce qu'il avait entendu raconter pendant ces derniers jours.

Le regard de Natacha, obstinément fixé sur lui, comme si elle cherchait sur sa figure une réponse à une question qu'elle se posait intérieurement, embarrassait visiblement le narrateur.

« L'héroïsme des troupes a été incomparable et l'on ne saurait assez l'exalter, répéta-t-il en tâchant de gagner les bonnes grâces de Natacha par un sourire à son adresse. La Russie n'est pas à Moscou, elle est dans le cœur de ses enfants, n'est-ce pas, papa ? »

La comtesse entra à ce moment : elle avait la figure fatiguée et maussade. Berg sauta sur ses pieds, baisa la main de la comtesse, lui adressa mille questions sur sa santé, en secouant la tête en signe d'intérêt.

« Oui, maman, c'est vrai, les temps sont bien durs pour un cœur russe. Mais de quoi vous inquiétez-vous ? Vous aurez le temps de partir...

— En vérité, je ne comprends pas ce que font les gens,

dit la comtesse en se tournant vers son mari : rien n'est prêt, personne ne donne d'ordres, c'est à regretter Mitenka! Ça n'en finira pas! » Le comte allait répliquer, mais il préféra se diriger vers la porte.

Pendant ce temps, Berg, qui avait tiré son mouchoir de sa poche, secoua douloureusement la tête en y retrouvant le nœud qu'il venait d'y faire.

« Papa, j'ai une grande prière à vous adresser.
— A moi?
— Oui ; comme je passais tout à l'heure devant la maison Youssoupow, l'intendant en est sorti en courant, pour m'engager à acheter quelque chose. Poussé par la curiosité, j'y suis entré, et j'y ai trouvé une très jolie chiffonnière..., et vous vous rappelez sans doute que Vérouchka avait envie d'en avoir une, et que nous nous sommes même disputés à ce sujet. Si vous saviez comme elle est ravissante, continua Berg d'un ton de jubilation, en se reportant par la pensée à son intérieur si correct et si bien tenu : il y a un tas de petits tiroirs et un secret dans l'un d'eux... Je voudrais tant lui en faire la surprise! J'ai vu plusieurs paysans là-bas dans la cour ; laissez-moi en emmener un, je lui donnerai un bon pourboire et... »

Le comte fronça le sourcil :
« C'est à la comtesse qu'il faut demander cela, dit-il sèchement. Ce n'est pas moi qui donne des ordres.
— Si cela vous dérange, dit Berg, je m'en passerai. C'est seulement à cause de Véra que...
— Au diable, au diable! Allez-vous-en tous au diable! s'écria le comte avec colère ; vous me faites tourner la tête, ma parole d'honneur! » Et il sortit.

La comtesse fondit en larmes.
« Ah oui! les temps sont bien durs! » reprit Berg.

Natacha avait d'abord suivi son père, mais, une idée lui étant venue tout à coup, elle descendit l'escalier quatre à quatre.

Pétia était sur le perron, fort occupé à distribuer des armes à ceux qui partaient de Moscou. Les charrettes étaient toujours attelées, mais deux d'entre elles avaient été déchargées, et un officier venait de s'installer dans l'une, avec l'aide de son domestique.

« Sais-tu à propos de quoi? » demanda Pétia à sa sœur.

Cette question avait trait à la querelle des parents. Elle ne répondit pas.

« C'est sans doute parce que papa a voulu donner les charrettes aux blessés? poursuivit le jeune garçon : c'est Vassili qui me l'a dit, et selon moi....

— Selon moi, s'écria tout à coup Natacha en tournant vers son frère son visage surexcité, c'est si laid, si vilain, que j'en suis tout indignée! Sommes-nous donc des Allemands? »

Les sanglots la suffoquèrent, et, ne trouvant là personne sur qui décharger sa colère, elle s'enfuit précipitamment.

Berg, assis à côté de sa belle-mère, était en train de lui prodiguer de respectueuses consolations, lorsque Natacha, la figure toute bouleversée, entra dans le salon comme un ouragan, et s'approcha de sa mère d'un pas résolu.

« C'est une horreur, c'est une indignité! s'écria-t-elle : il est impossible que ce soit vous qui l'ayez ordonné! » Berg et la comtesse la regardèrent d'un air surpris et effaré.

Le comte, debout à la fenêtre, garda le silence.

« Maman, c'est impossible! Voyez donc ce qui se passe dans la cour?... On les abandonne!

— Qu'as-tu? de qui parles-tu?

— Des blessés, et cela ne vous ressemble pas, maman... Chère maman, ma petite colombe, pardonne-moi, ce n'est pas ainsi que je dois parler!... Qu'avons-nous besoin de tous ces effets? »

La comtesse regarda sa fille et comprit tout de suite la cause de son émotion et de la mauvaise humeur de son mari, qui continuait à ne pas la regarder.

« Eh bien, faites comme vous voudrez... je ne vous en empêche pas, dit-elle sans se rendre complètement.

— Maman, pardonnez-moi! »

Mais la comtesse, repoussant doucement sa fille, s'approcha de son mari.

« Mon cher, arrange-toi comme il te plaira; ai-je jamais empêché...? dit-elle en baissant les yeux comme une coupable.

— Les œufs qui en remontrent à la poule! dit le comte en embrassant sa femme, avec des larmes dans les yeux, tandis que celle-ci cachait sa confusion sur son épaule.

— Papa, papa, le peut-on? cela ne nous empêchera pas de prendre tout ce qui nous est nécessaire... »

Le comte fit un signe d'assentiment, et Natacha s'élança de la salle dans l'escalier, et de l'escalier dans la cour.

Quand elle ordonna de décharger les voitures, les domestiques, n'en croyant pas leurs oreilles, se groupèrent autour d'elle, et ne lui obéirent que lorsque le comte leur eut répété que telle était la volonté de sa femme. Aussi convaincus maintenant qu'il était impossible de laisser les blessés en arrière qu'ils l'étaient quelques instants auparavant de la nécessité d'emporter les effets, ils les déchargèrent avec empressement. Les blessés à leur tour se traînèrent hors de leurs chambres, et leurs figures pâles et satisfaites entourèrent les charrettes. La bonne nouvelle se répandit bien vite dans les maisons environnantes, et tous les blessés du voisinage affluèrent dans la cour des Rostow. Beaucoup d'entre eux assurèrent qu'ils trouveraient moyen de se placer au milieu des caisses, mais comment arrêter le déchargement, du moment qu'il était commencé, et qu'importait d'ailleurs de laisser le tout ou seulement la moitié? La cour était encombrée de caisses à moitié ouvertes, contenant les tapis, les porcelaines, les bronzes, tous ces mêmes objets qu'on avait emballés avec tant de soin la veille, et chacun s'employait de son mieux à diminuer le bagage, pour emmener le plus de blessés possible.

« On peut encore en prendre quatre, dit l'intendant, je donnerai ma charrette.

— Donnez celle qui porte ma garde-robe, dit la comtesse, Douniacha pourra se mettre avec moi. »

Cet ordre fut exécuté immédiatement, et l'on envoya chercher de nouveaux blessés à deux maisons de là. Toute la domesticité, et même Natacha, étaient dans un état de surexcitation indicible.

« Comment attacherons-nous cette caisse? disaient les gens, qui ne parvenaient pas à fixer une certaine caisse derrière la voiture... Il faudrait encore au moins une charrette pour les mettre!

— Que contient celle-là? demanda Natacha.

— Les livres de la bibliothèque.

— Laissez-les, c'est inutile! »

La britchka était au grand complet, et il n'y avait même plus de place pour le jeune comte.

« Il ira sur le siège. N'est-ce pas, Pétia, que tu iras sur le siège?... »

Sonia, de son côté, n'avait cessé de travailler, mais, au contraire de Natacha, elle mettait en ordre les objets qu'on laissait, les inscrivait, selon le désir de la comtesse, et faisait de son mieux pour en emporter le plus possible.

XVII

Enfin, à deux heures de l'après-midi, les quatre voitures, attelées et chargées, se tenaient alignées devant le perron, tandis que les charrettes chargées de blessés quittaient la cour une à une. La calèche dans laquelle se trouvait le prince André attira l'attention de Sonia, qui était occupée, avec la femme de chambre de la comtesse, à lui arranger un bon coin dans sa large et haute voiture.

« A qui cette calèche? demanda Sonia en passant sa tête par la portière.

— Ne le savez-vous donc pas, mademoiselle? dit la femme de chambre. Elle est au prince blessé qui a passé la nuit chez nous, et qui va maintenant nous suivre.

— Quel prince? Comment s'appelle-t-il?

— Mais c'est notre ancien fiancé, le prince Bolkonsky, répondit en soupirant la femme de chambre; on le dit à l'agonie. »

Sonia sauta à terre et courut trouver la comtesse, qui, habillée de sa robe de voyage, le chapeau sur la tête et le châle sur les épaules, marchait dans les chambres, en attendant que tous les siens fussent là pour s'asseoir les portes fermées, suivant l'usage, et dire une courte prière avant le départ.

« Maman! dit Sonia : le prince André est ici, blessé et mourant! »

La comtesse ouvrit des yeux stupéfaits :

« Natacha! » s'écria-t-elle.

Chez elle comme chez Sonia, cette nouvelle n'éveilla au premier moment qu'une seule pensée : connaissant toutes deux Natacha, l'émotion qu'elle ressentirait à cette révélation leur faisait oublier la sympathie qu'elles avaient toujours éprouvée pour le prince.

« Natacha ne sait rien encore... : mais c'est qu'il va nous suivre, répéta Sonia.

— Et tu dis qu'il est mourant? »

Sonia fit un signe de tête, la comtesse la serra dans ses bras, et se mit à pleurer.

« Les voies du Seigneur sont insondables, » pensa-t-elle; elle sentait que la main toute-puissante de la Providence manifestait son action dans tout ce qui se passait en ce moment autour d'elle.

« Eh bien, maman, tout est-il prêt? demanda Natacha gaiement... Mais qu'avez-vous?

— Rien, tout est prêt.

— Eh bien, allons!... » Et la comtesse baissa la tête pour cacher son émotion.

Sonia embrassa Natacha; celle-ci la questionna du regard.

« Qu'est-ce donc? qu'est-il arrivé?

— Rien, rien!

— Quelque chose de mauvais pour moi? Qu'est-ce donc? » demanda Natacha, toujours impressionnable comme une sensitive.

Le comte, Pétia, Mme Schoss, Mavra Kouzminichna, Vassilitch entrèrent au salon, fermèrent les portes et s'assirent en silence; au bout de quelques secondes, le comte se leva le premier, poussa un profond soupir et fit un grand signe de croix devant l'image. Tous suivirent son exemple, puis il embrassa Mavra Kouzminichna et Vassilitch, qui restaient pour garder la maison, et, pendant que ces derniers prenaient sa main au vol et le baisaient à l'épaule, il leur donnait de petites tapes d'amitié sur le dos, en les accompagnant de quelques phrases vagues et bienveillantes. La comtesse s'était retirée dans sa chambre, où Sonia la trouva à genoux devant les images, dont une partie avait été enlevée; elle avait tenu à emporter avec elle celles qui étaient les plus précieuses comme souvenirs de famille.

A l'entrée, dans la cour, ceux qui partaient, les pantalons passés dans les tiges de leurs bottes, les habits serrés à la taille par des courroies et des ceintures, armés des poignards et des sabres distribués par Pétia, prenaient congé de ceux qui restaient. Comme toujours, au moment du départ il arriva que bien des objets furent oubliés ou mal emballés : aussi les deux heiduques restèrent-ils longtemps aux deux portières de la voiture, prêts à aider la comtesse à y monter, tandis que les femmes de chambre apportaient encore en courant des oreillers et des paquets de toute dimension.

« Elles oublient toujours quelque chose, disait la comtesse. Tu sais pourtant bien, Douniacha, que je ne puis pas être assise comme cela! »

Et Douniacha, serrant les dents sans répondre, se précipitait, d'un air fâché, pour arranger de nouveau la place de la comtesse.

« Oh ! les gens, les gens ! » disait le comte en hochant la tête.

Yéfime, le cocher de la comtesse, le seul en qui elle eût confiance, perché sur son siège élevé, ne daignait même pas se retourner pour voir ce qui se passait. Dans sa vieille expérience, il savait fort bien qu'on ne lui dirait pas de sitôt encore : « En route, à la garde de Dieu ! » et qu'après le lui avoir dit, on l'arrêterait deux fois au moins pour envoyer chercher des objets oubliés ; alors seulement la comtesse passerait la tête par la portière, en le suppliant, au nom du ciel, de conduire avec prudence aux descentes. Il savait tout cela ; aussi attendait-il avec un flegme imperturbable, et avec une patience beaucoup plus grande que celle de son attelage, car l'un des chevaux, celui de gauche, piaffait et mordillait son frein. Chacun s'assit enfin dans la large voiture, le marchepied fut relevé, la portière fermée, la cassette apportée après avoir été oubliée, et la comtesse adressa à son vieux cocher ses recommandations habituelles. Yéfime se découvrit lentement, se signa, et le postillon et tous les domestiques firent comme lui.

« A la garde de Dieu, dit Yéfime en remettant son bonnet, en avant ! »

Le postillon lança ses chevaux, le timonier de gauche appuya sur son collier, les ressorts gémirent et la lourde caisse du carrosse s'ébranla. Le laquais s'élança sur le siège de la voiture lorsqu'elle était déjà en marche, et les autres équipages, secoués comme elle en passant de la cour dans la rue, se mirent en mouvement à sa suite. Tous les voyageurs se signèrent en passant devant l'église d'en face, et les domestiques qui restaient à la maison les reconduisirent pendant quelques pas, en marchant des deux côtés des portières. Natacha avait rarement éprouvé un sentiment de joie aussi vif qu'en ce moment, où, assise à côté de sa mère, elle voyait lentement défiler devant ses yeux les maisons et les murailles de Moscou qu'on abandonnait à son sort. Passant de temps en temps la tête hors de la portière, elle regardait le long convoi de blessés qui les précédait, avec la calèche du prince André en tête. Elle ignorait ce que recouvrait cette capote baissée, mais, comme c'était la première de la longue file, elle la suivait toujours des yeux.

Chemin faisant, des convois du même genre débouchèrent en si grand nombre des rues aboutissantes, que, dans la grande Sadovaïa, les voitures marchaient sur deux rangs. Devant la tour de Soukharew, Natacha, qui s'amusait à examiner les allants et les venants, s'écria tout à coup avec une joyeuse surprise :

« Maman, Sonia, voyez donc, c'est lui !

— Qui donc ? Qui cela ?

— Mais c'est Besoukhow !... » Et elle se pencha à la portière pour chercher à reconnaître un homme de forte stature, vêtu d'un caftan de cocher ; rien qu'à le voir, on devinait que ce devait être un déguisement : il était suivi d'un petit vieillard à figure jaune et imberbe, enveloppé dans un manteau à collet de frise.

« C'est bien certainement Besoukhow, poursuivit Natacha.

— Quelle idée ! Tu te trompes !

— Je vous donne ma tête à couper que c'est lui... Halte, halte ! » cria-t-elle au cocher.

Celui-ci ne put s'arrêter : les conducteurs des charrettes et des voitures qui venaient en sens contraire lui enjoignirent, en criant, de continuer sa route et de ne pas entraver la circulation. Cela n'empêcha pas les Rostow de distinguer, quoique à distance, la grande taille de Pierre : si ce n'était pas lui, c'était du moins quelqu'un qui lui ressemblait singulièrement. Le personnage en question marchait le long du trottoir, la tête inclinée, le visage sérieux, en compagnie du vieillard imberbe, qui avait tout l'air d'un domestique. Ce dernier, remarquant les figures qui les examinaient ainsi, toucha légèrement et avec respect le coude de son maître en lui désignant la voiture. Pierre, absorbé dans ses rêveries, fut quelque temps avant de comprendre ce qu'on lui voulait ; enfin, levant la tête, et regardant du côté que lui indiquait son vieux compagnon, il aperçut Natacha, et, sous l'impulsion irréfléchie du premier mouvement, il courut vers la voiture, mais au bout de dix pas il s'arrêta subitement. Natacha, toujours penchée en avant, lui souriait affectueusement.

« Pierre Kirilovitch, venez donc, lui cria-t-elle. Vous me reconnaissez ?... C'est vraiment étonnant !... Que faites-vous là sous ce déguisement ? » ajouta-t-elle en lui tendant la main.

Pierre lui prit la main tout en marchant, car la voiture ne s'était pas arrêtée, et la baisa gauchement.

« Que vous arrive-t-il donc ? lui demanda la comtesse avec intérêt.

— A moi, rien... pourquoi ?... Ne m'interrogez pas, répondit-il, sentant que le regard joyeux de Natacha le pénétrait de son charme.

— Restez-vous à Moscou, ou le quittez-vous? »

Pierre se tut un moment :

« A Moscou? reprit-il, oui c'est bien cela, à Moscou!... Adieu !

— Comme je regrette de ne pas être homme, je serais restée avec vous, dit Natacha, car ce que vous faites est bien... Maman, si vous permettez, je resterai !

— Vous avez été là-bas pendant la bataille, dit la comtesse en interrompant sa fille.

— Oui, j'y étais, dit Pierre, et demain il y en aura encore une.

— Mais qu'avez-vous? reprit Natacha : vous n'êtes pas comme d'habitude.

— Ah! ne me questionnez pas, je ne sais rien, mais demain... Plus un mot, adieu, adieu ! répéta-t-il. Dans quels temps épouvantables... » Et, laissant passer la voiture, il regagna le trottoir, tandis que Natacha le suivit longtemps encore de son sourire amical et un peu moqueur.

XVIII

Pierre, depuis sa disparition, demeurait dans l'appartement vide du défunt Bazdéïew. Voici ce qui s'était passé.

A son réveil, le lendemain de son entrevue avec Rostoptchine, il ne se rendit pas compte tout d'abord du lieu où il se trouvait, ni de ce qu'on lui voulait, et lorsque son maître d'hôtel lui nomma, parmi les personnes qui l'attendaient au salon, le Français qui avait été chargé de la lettre de sa femme, le sentiment de désespoir et de découragement auquel il était si facilement enclin s'empara de lui avec plus de violence que jamais. Tout se brouilla et se confondit dans son cerveau : il lui sembla qu'il n'avait plus rien à faire sur cette terre, que tout s'était écroulé et que sa situation était sans issue. Souriant d'un sourire contraint, se parlant bas à lui-même, tantôt il s'asseyait, accablé, sur le canapé; tantôt il essayait de voir par le trou de la serrure les gens qui étaient dans la pièce voisine; tantôt enfin il prenait un livre et tâchait de lire. Le maître d'hôtel vint une seconde fois lui annoncer que le Français désirait instamment le voir, ne fût-ce qu'une seconde, et qu'un messager de Mme Bazdéïew, qui était forcée de partir pour la campagne, le priait de sa part d'accepter la garde des livres du défunt.

« Ah oui ! c'est bien, tout de suite... ou plutôt va lui dire que je viens, » répondit Pierre, qui, aussitôt seul, saisit son chapeau, et se glissa dans le corridor par une porte dérobée.

Il ne rencontra personne, et parvint ainsi jusqu'au premier palier, d'où il aperçut le suisse qui se tenait debout devant l'entrée. S'engageant alors dans un escalier de service qui menait à la cour, il la traversa sans être remarqué. Mais, en débouchant par la porte cochère, il fut obligé de passer devant les dvorniks et les cochers, qui le saluèrent respectueusement. Pierre, pour éviter ces regards curieux, fit alors comme l'autruche qui cache sa tête dans un fourré, et croit ne pas être vue; il regarda de côté, doubla le pas et se mit à marcher rapidement.

Après mûre réflexion, ce qui lui parut le plus urgent fut d'aller voir les papiers et les livres qu'on désirait lui confier. Il prit le premier isvostchik venu et lui donna l'adresse de la veuve Bazdéïew, qui demeurait aux étangs du Patriarche. Il regardait de côté et d'autre les files de véhicules qui emmenaient les partants, et s'appliquait à ne pas dégringoler du vieux droschki disloqué qui s'avançait lentement avec un bruit de ferraille : Pierre éprouvait la joyeuse sensation d'un gamin échappé de l'école. Il lia conversation avec l'isvostchik ; l'autre lui raconta qu'on faisait au Kremlin une distribution d'armes, que le lendemain on enverrait toute la population au delà de la barrière des Trois-Montagnes, et que là aurait lieu une grande bataille. Arrivé aux étangs, Pierre eut quelque peine à retrouver la maison, où il n'était pas venu depuis longtemps. Ghérassime, le même petit vieillard à figure ridée et sans barbe qu'il avait vu cinq ans auparavant à Torjok, répondit au coup qu'il frappa à la porte.

« Est-on à la maison? demanda Pierre.

— Les événements ont forcé madame et ses enfants à se réfugier dans leur bien de Torjok.

— Laisse-moi entrer tout de même : il faut que je mette les livres en ordre.

— Venez, venez, monsieur... Le frère du défunt — que le Ciel ait son âme! — est resté ici, mais il est bien faible, vous savez. »

Pierre savait aussi qu'il était à moitié abruti, car il buvait comme un trou.

« Allons, allons ! » dit Pierre... et il entra dans l'antichambre, où il se trouva nez à nez avec un grand vieillard chauve, en robe de chambre, qui traînait ses pieds nus dans de vieilles galoches, et dont le nez bourgeonné témoignait de ses habitudes.

A la vue de Pierre, il murmura quelques mots d'un air de mauvaise humeur et disparut dans les profondeurs du corridor.

« Une grande intelligence, mais bien affaiblie à présent, dit le domestique... Voulez-vous entrer dans le cabinet ? »

Pierre l'y suivit.

« On y a mis les scellés, comme vous voyez. Sophie Danilovna nous a ordonné de vous remettre les livres. »

Pierre se retrouvait dans le même cabinet sombre où, du vivant du Bienfaiteur, il était entré une fois avec un si grand trouble. Depuis sa mort, ce cabinet était inhabité, et la couche de poussière qui couvrait tous les meubles lui donnait un aspect encore plus lugubre. Ghérassime poussa un des volets, et sortit aussitôt de la chambre. Pierre ouvrit une armoire qui contenait les manuscrits, et en retira une liasse de documents très précieux : c'étaient les actes originaux des loges d'Écosse, annotés et expliqués par le Bienfaiteur. Après les avoir déployés devant lui sur la table, il les parcourut un moment, et finit par s'oublier dans une profonde rêverie.

Ghérassime, qui entr'ouvrait la porte de temps à autre, trouvait toujours Pierre dans la même position. Deux heures se passèrent ainsi. Le vieux serviteur se permit alors de faire un peu de bruit, mais ce fut inutile, Pierre n'entendit rien.

« Faut-il renvoyer votre isvostchik ? lui demanda Ghérassime.

— Ah oui ! répondit Pierre, revenant enfin à lui. Écoute, dit-il en attirant Ghérassime par un bouton de son habit et en le regardant de ses yeux brillants et humides... Écoute, il y aura une bataille demain, tu le sais... Ne me trahis pas, et fais ce que je te dirai.

— Bien, dit laconiquement le vieux. Désirez-vous que je vous apporte à manger ?

— Non, c'est autre chose qu'il me faut, apporte-moi un habillement complet de paysan et un pistolet.

— Bien ! » répondit Ghérassime après avoir réfléchi un moment.

Pierre passa le reste de la journée seul dans cette chambre, sans cesser d'y marcher de long en large, et le vieux serviteur l'entendit même se parler tout haut à plusieurs reprises. Il se coucha enfin dans le lit qui lui avait été préparé. Ghérassime, dans sa longue vie de domestique, avait vu bien des choses extraordinaires : aussi ne fut-il pas très surpris de l'étrange humeur de Pierre, et il était content d'avoir quelqu'un à servir. Le même soir il lui procura sans difficulté le caftan et le bonnet, et lui promit un pistolet pour le lendemain matin. Le vieil ivrogne idiot parut deux fois sur le seuil de la porte pendant la soirée : traînant toujours ses chaussures éculées, il s'arrêtait d'un air hébété pour regarder Pierre, et, dès que celui-ci se retournait, il croisait en grognant les pans de sa robe de chambre et s'éloignait au plus vite. C'est pendant que Pierre, ainsi déguisé en cocher, allait avec Ghérassime acheter un pistolet, qu'il rencontra les Rostow.

XIX

Dans la nuit du 13 septembre, Koutouzow donna l'ordre aux troupes de se replier par Moscou sur la route de Riazan. Les premiers régiments se mirent en marche la nuit ; ils avançaient posément et sans se presser, mais, lorsque au point du jour, en arrivant au pont de Dorogomilow, ils aperçurent devant eux une foule innombrable envahissant le pont, s'étageant sur les hauteurs, se répandant par les rues et les carrefours et arrêtant la circulation ; quand ils se sentirent suivis par une masse tout aussi considérable de gens qui les poussaient en avant, les soldats, emportés par ce double mouvement, se précipitèrent en désordre sur le pont, sur les barques et jusque dans l'eau. Quant à Koutouzow, il traversa Moscou par des rues détournées. A dix heures du matin, le 14 septembre, il ne restait plus que l'arrière-garde dans le faubourg de Dorogomilow : tout le reste de l'armée avait opéré son passage.

A la même heure, Napoléon, à cheval au milieu de ses troupes, examinait, du haut de la montagne Poklonnaïa, le panorama qui se déroulait devant ses yeux. Du 7 au 14 septembre, depuis Borodino jusqu'à l'entrée de l'ennemi, pendant toute cette semaine mémorable et agitée, il faisait à

Moscou ce beau temps d'automne qu'on accepte toujours comme une agréable surprise, alors que les rayons du soleil, bas à l'horizon, scintillent dans l'air pur en éblouissant la vue et projettent une chaleur plus forte qu'au printemps; alors que la poitrine se gonfle et se dilate en aspirant les brises parfumées; alors que les nuits sont encore tièdes et que leurs ténèbres s'illuminent d'une pluie d'étoiles dorées, dont le mystérieux spectacle effraye les uns et réjouit les autres. La lumière du matin inondait Moscou d'un éclat féerique. Etendue aux pieds de la Poklonnaïa avec ses jardins, ses églises, sa rivière, ses coupoles brillantes comme des lingots d'or, aux rayons du soleil, ses constructions fantastiques d'une architecture étrange, la ville semblait vivre de sa vie habituelle! Napoléon éprouvait, en la contemplant, cette curiosité inquiète et pleine de convoitise que provoque chez un conquérant l'aspect de mœurs inconnues et étrangères. Il constatait dans cette grande cité une exubérance de vie, dont il distinguait, du haut de la montagne, les indices infaillibles, et il entendait pour ainsi dire la respiration haletante de ce grand corps étendu devant lui. Chaque cœur russe, en contemplant Moscou, se dit que c'est une mère, tandis que tout étranger, sans même se rendre compte de son rôle maternel, reste frappé de son caractère essentiellement féminin. Napoléon le comprit.

« Cette ville asiatique, avec ses innombrables églises, Moscou la sainte, la voilà donc enfin, cette ville fameuse! Il était temps! » dit-il en descendant de cheval, et, faisant déployer devant lui le plan de Moscou, il manda l'interprète Lelorgne d'Ideville. « Une ville occupée par l'ennemi ressemble à une fille qui a perdu son honneur [1], » pensait-il, ainsi qu'il l'avait dit à Toutchkow à Smolensk. Surpris de voir réalisé ce rêve longtemps caressé, et qui lui avait paru si difficile à atteindre, c'était dans ce sentiment qu'il admirait la beauté orientale couchée à ses pieds. Emu, terrifié presque par la certitude de la possession, il portait ses yeux autour de lui, et étudiait le plan dont il comparait les détails avec ce qu'il voyait.

« La voilà donc, cette fière capitale, se disait-il, la voilà à ma merci! Où est donc Alexandre, et qu'en pense-t-il? Je n'ai qu'à dire un mot, à faire un signe, et la capitale des Tsars sera à jamais détruite. Mais ma clémence est toujours prompte à descendre sur les vaincus! Aussi serai-je miséricordieux en-

---

1. En français dans le texte. (*Note du trad.*)

vers elle : je ferai inscrire sur ses antiques monuments de barbarie et de despotisme des paroles de justice et d'apaisement. Du haut du Kremlin, je dicterai de sages lois; je leur ferai comprendre ce qu'est la vraie civilisation, et les générations futures des boyards seront forcées de se rappeler avec amour le nom de leur conquérant : « Boyards, leur dirai-je « tout à l'heure, je ne veux pas profiter de mon triomphe pour « humilier un souverain que j'estime, je vous proposerai des « conditions de paix dignes de vous et de mes peuples! » Ma présence les exaltera, car, comme toujours je leur parlerai avec netteté et avec grandeur.

— Qu'on m'amène les boyards [1]! » s'écria-t-il en se tournant vers sa suite, et un général s'en détacha aussitôt pour aller les chercher.

Deux heures s'écoulèrent. Napoléon déjeuna et retourna au même endroit pour y attendre la députation. Son discours était prêt, plein de dignité et de majesté, d'après lui du moins! Entraîné par la générosité dont il voulait accabler la capitale, son imagination lui représentait déjà une réunion dans le palais des Tsars, où les grands seigneurs russes se rencontreraient avec les seigneurs de sa cour. Il nommait un préfet qui lui gagnerait le cœur des populations, il distribuait des largesses aux établissements de bienfaisance, pensant que si en Afrique il avait cru devoir se draper d'un burnous et aller se recueillir dans une mosquée, ici à Moscou il devait se montrer généreux, à l'exemple des Tsars.

Pendant qu'il rêvait ainsi, s'impatientant de ne pas voir venir les boyards, ses généraux inquiets délibéraient entre eux à voix basse, car les envoyés partis à la recherche des députés étaient revenus annoncer, d'un air consterné, que la ville était vide, et que tout le monde la quittait. Comment communiquer cette nouvelle à Sa Majesté sans la placer dans une situation ridicule, la plus terrible de toutes les situations? Comment lui avouer qu'au lieu des boyards si impatiemment attendus, il n'y avait plus dans la ville que des gens surexcités par l'ivresse? Les uns soutenaient qu'il fallait à tout prix réunir une députation quelconque; les autres conseillaient de dire, avec habileté et avec prudence, toute la vérité à l'Empereur. Le cas était grave et difficile.

« C'est impossible... se disait la suite... mais il faudra bien

---

1. En français dans le texte. (*Note du trad.*)

pourtant qu'il le sache. » Et personne ne se décidait à parler.

L'Empereur, qui avait continué à se bercer de ses rêves de grandeur, sentit enfin, avec son instinct et sa finesse de grand comédien, que cet instant imposant perdait de sa solennité en se prolongeant outre mesure. Il fit un geste, et un coup de canon retentit : c'était un signal; aussitôt les troupes qui entouraient Moscou y entrèrent au pas accéléré par les différentes barrières, en se dépassant les unes les autres, au milieu des tourbillons de poussière qu'elles soulevaient dans leur marche, et en remplissant l'air de clameurs assourdissantes. Entraîné par l'enthousiasme de ses soldats, Napoléon s'avança avec eux jusqu'à la barrière de Dorogomilow; là il s'arrêta, descendit de cheval et se remit à marcher, dans l'attente de la députation qu'il s'attendait à voir paraître.

XX

Moscou était désert : sans doute il semblait y avoir encore un restant de vie, mais la ville était vide et abandonnée comme l'est une ruche dévastée qui a perdu sa reine. De loin elle fait encore illusion, mais de près il n'est plus possible de s'y méprendre : ce n'est pas ainsi quand les abeilles volent dans leur demeure, on n'y trouve plus ni le parfum, ni le bruit habituels. Le coup frappé par l'éleveur ne provoque plus le tumulte instantané et général de milliers de petits êtres qui se replient d'un air menaçant pour faire jaillir leur aiguillon, agitant avec colère leurs ailes, et remplissant l'air de ce murmure qui accuse la vie et le travail. Quelques faibles bourdonnements, perdus dans les recoins de la ruche, se font seuls entendre. On n'aspire plus par l'ouverture, ni la senteur embaumée et pénétrante du miel, ni les tièdes effluves des richesses accumulées! Plus de sentinelles vigilantes, prêtes à donner l'éveil en sonnant de la trompe et à se sacrifier pour la défense de la communauté. Plus d'occupations paisibles et régulières se trahissant par un susurrement continu, mais un désordre partiel, bruyant et effaré! Plus d'abeilles laborieuses partant à vide pour butiner dans les champs et en rapporter leur doux fardeau. Seuls, des frelons pillards se glissent dans la ruche et en sortent le corps enduit de miel. Au lieu des grappes noires d'abeilles chargées de miel, accrochées l'une à l'autre par les pattes et traînant en bourdonnant le résidu de la cire, l'éleveur ne voit plus maintenant dans la partie inférieure de la ruche que des abeilles engourdies, à moitié mortes, errant, sans savoir ce qu'elles font, de côté et d'autre sur ses minces parois. Au lieu d'une surface unie, soigneusement balayée par leurs ailes en éventail, et aux fentes proprement calfeutrées, çà et là gisent des miettes de cire, d'informes débris, de pauvres bestioles expirantes, dont les pattes frémissent encore, et des cadavres restés sans sépulture. La partie supérieure présente le même aspect de destruction : les cellules, construites avec un art si raffiné, ont perdu leur virginité première; tout est abandonné, brisé, souillé. Les frelons voleurs parcourent avec défiance les travaux abandonnés, et les tristes habitantes du logis, desséchées, flasques, vieillies, se traînent lentement, sans force et sans désirs, n'ayant plus qu'une étincelle de vie, tandis que des mouches, des bourdons et des papillons viennent voleter et se heurter contre la ruche ravagée. Parfois on en aperçoit deux dans un coin, qui, fidèles à leurs anciennes habitudes, nettoient une cellule et s'emploient instinctivement à la débarrasser d'une abeille morte, pendant qu'à côté deux autres se querellent paresseusement ou s'entr'aident dans leur faiblesse. Ici quelques survivantes, ayant trouvé une victime, l'entourent, se jettent sur elle et l'étouffent; là une abeille affaiblie s'envole lentement, légère comme un duvet, pour retomber bientôt sur un monceau de cadavres desséchés.... et, au lieu des cercles noirs formés de milliers d'abeilles tassées, pressées dos à dos, surveillant les mystères de l'éclosion, on ne voit plus que des ouvrières épuisées, et de pauvres mortes qui semblent garder encore dans leur dernier sommeil le sanctuaire profané et violé. C'est le royaume de la mort et de la décomposition !... Le peu qui vit encore monte, grimpe, essaye de voler, se pose sur la main de l'éleveur, et n'a même plus la force de le piquer en mourant. Refermant alors la porte de la ruche, il la marque d'un signe, la brise et en retire les derniers rayons.

Tel était ce jour-là l'aspect de Moscou. Ceux qui y étaient restés allaient et venaient comme d'habitude et se mouvaient machinalement, sans rien changer à la routine de leur existence, tandis que, fatigué et inquiet, Napoléon marchait de long en large devant la barrière, en attendant la députation des boyards, ce vain cérémonial qu'il regardait comme indispensable ! Lorsqu'on lui annonça, avec toutes les précautions imaginables, que Moscou était vide, il jeta un regard courroucé sur celui qui avait l'audace de le lui dire, et il reprit sa promenade en silence. « La voiture ! » dit-il, et, y montant avec l'aide de camp de service, il entra dans le faubourg. Moscou déserté ? Quel événement invraisemblable [1] ! et, sans pénétrer jusqu'au centre de la ville, il s'arrêta dans une auberge du faubourg de Dorogomilow. Le coup de théâtre avait raté !

XXI

Les troupes russes traversèrent Moscou depuis deux heures de la nuit jusqu'à deux heures de l'après-midi, entraînant à leur suite les derniers habitants et des blessés. Pendant qu'elles encombraient les ponts de Pierre, de la Moskva et de la Yaouza, et qu'elles y étaient acculées sans pouvoir avancer, une foule de soldats, profitant de ce temps d'arrêt, retournaient sur leurs pas et se glissaient furtivement le long de Vassili-Blagennoï jusque sur la place Rouge, où ils pressentaient qu'ils pourraient sans grand'peine faire main basse sur le bien d'autrui. Les passages et les ruelles du Gostinnoï-Dvor [2] étaient également envahis par une masse d'individus qu'y poussait le même motif. On n'entendait plus les appels intéressés des boutiquiers ; il n'y avait plus de marchands ambulants, plus de foule bariolée, plus de femmes occupées à faire leurs emplettes ; on ne voyait que des soldats sans armes, entrant dans les magasins les mains vides et en ressortant les mains pleines. Les quelques marchands qui étaient restés sur place erraient ahuris, ouvraient et refermaient leurs boutiques, et en tiraient au hasard tout ce qu'ils pouvaient, pour le confier ensuite à leurs commis, qui l'emportaient en lieu sûr. Sur la place du Gostinnoï-Dvor, des tambours battaient le rappel, mais leur roulement ne rappelait plus à la discipline les soldats maraudeurs, qui s'enfuyaient au contraire au plus vite, pendant qu'à travers cette foule d'allants et venants passaient quelques hommes vêtus de caf-

---

1. En français dans le texte. (*Note du trad.*)
2. Nom donné en Russie au quartier des boutiques. (*Note du trad.*)

tans gris et la tête rasée. Deux officiers, l'un ceint d'une écharpe et monté sur un mauvais cheval gris foncé, l'autre en manteau et à pied, causaient ensemble au coin de l'Iliinka; un troisième, également à cheval, les rejoignit.

« Le général a ordonné de les chasser tous, coûte que coûte!... La moitié des hommes s'est enfuie!...

— Où allez-vous? » cria-t-il à trois fantassins qui, relevant les pans de leurs capotes, se faufilaient devant lui pour reprendre leur rang.

— Le moyen de les rassembler!... Il faut hâter le pas, pour que les derniers ne fassent pas comme le reste.

— Mais comment avancer? Le pont est encombré!

— Voyons, allez, chassez-les devant vous! » s'écria un vieil officier.

Celui qui portait l'écharpe descendit de cheval, appela le tambour et se plaça avec lui sous l'arcade. Quelques soldats se mirent à courir avec la foule. Un gros marchand, avec des joues enluminées et bourgeonnées, et une expression cupide et satisfaite, s'approcha de l'officier en gesticulant.

« Votre Noblesse, dit-il d'un air dégagé, accordez-nous votre protection. Cela nous est bien égal à nous, c'est une bagatelle; et s'il ne s'agit que de contenter un honnête homme comme vous, nous trouverons bien toujours deux morceaux de drap à votre service, car nous sentons que... Mais ceci c'est du brigandage!... S'il y avait au moins une patrouille, si l'on avait donné le temps de fermer! »

Quelques autres marchands se rapprochèrent de lui.

« A quoi sert de se lamenter pour une telle misère? dit avec gravité l'un d'eux. Pleure-t-on ses cheveux lorsqu'on vous tranche la tête? Libre à eux de prendre ce qu'ils veulent, ajouta-t-il en se tournant vers l'officier avec un geste énergique.

— Il t'est bien facile, à toi, de parler, Ivan Sidoritch, reprit le premier marchand d'un ton grognon.... Venez, Votre Noblesse, venez.

— Je sais ce que je dis, reprit le vieux. N'ai-je pas, moi aussi, trois boutiques, et pour cent mille roubles de marchandises? Comment espérer de sauver son bien, puisque les troupes s'en vont?... La volonté de Dieu est plus forte que la nôtre!

— Venez, répéta le premier marchand en saluant l'officier qui le regardait indécis. Après tout, que m'importe! » dit-il tout à coup en s'éloignant à grands pas.

D'une boutique entr'ouverte partaient des jurons et le bruit d'une lutte.... Il était sur le point d'y entrer pour voir ce qui s'y passait lorsqu'un homme en caftan gris, la tête rasée, en fut rejeté avec violence. Cet homme sauta lestement, en se pliant en deux, entre les marchands et l'officier et disparut dans la foule, tandis que ce dernier se précipitait sur les soldats qui envahissaient la boutique. A ce moment de grands cris éclatèrent sur le pont de la Moskva.

« Qu'est-ce donc? Qu'y a-t-il? » s'écria l'officier en s'élançant sur la place à la suite de son camarade.

En y arrivant, il vit deux canons enlevés de leurs affûts, des charrettes renversées et l'infanterie qui marchait, bousculant des gens qui couraient comme des fous. Des soldats riaient en regardant une grande télègue chargée d'une montagne d'effets, sur le sommet de laquelle une femme se cramponnait, en poussant des cris désespérés, à un fauteuil d'enfant, les pieds en l'air, pendant que quatre chiens courants attachés par une longue laisse à cette même charrette se serraient l'un contre l'autre. D'après ce que l'officier apprit de ses camarades, les clameurs des passants et les lamentations de la femme avaient eu pour cause une indicible panique. Le général Yermolow, en apprenant que les soldats se répandaient dans les boutiques, que les habitants s'entassaient aux abords du pont, avait fait enlever deux pièces de leurs affûts pour faire croire à la populace qu'on allait balayer la place. Affolée de peur, la foule avait escaladé les charrettes, et, en les renversant, en se poussant, et en hurlant, elle avait fini par laisser le passage libre, permettant ainsi aux troupes de continuer leur marche.

XXII

Au cœur même de la ville, les rues étaient désertes, les portes cochères et les boutiques fermées; dans le voisinage des cabarets on entendait de côté et d'autre des chants d'ivrognes ou des cris isolés, mais aucun bruit de voitures ou de chevaux ne résonnait sur le pavé, et les pas de quelques rares piétons en troublaient seuls la triste solitude. La Povarskaïa était plongée dans le même silence que les autres rues : des bottes de foin, des bouts de cordes et des planches gisaient éparpillés dans la grande cour de la maison Rostow, que ses propriétaires avaient abandonnée avec son riche mobilier; on n'y voyait âme qui vive, et cependant quelqu'un jouait du piano dans le salon : c'était Michka, le petit-fils de Vassilitch, qui, resté avec lui, s'amusait à faire résonner les touches de l'instrument, tandis que le dvornik, le poing sur la hanche, planté devant une grande glace, souriait gracieusement à sa propre image.

« Comme je suis habile, oncle Ignace! dit le gamin en tapant des mains sur le clavier.

— Je crois bien, répondit Ignace en continuant à contempler la figure épanouie qui lui renvoyait ses sourires.

— Oh! les paresseux, les vilains paresseux! s'écria soudain derrière eux la voix de Mavra Kouzminichna, qui était entrée à pas de loup. Je vous y prends!... Voyez donc cette grosse face qui se montre les dents, pendant que rien n'est rangé et que Vassilitch n'en peut plus de fatigue. »

Le dvornik cessa de sourire, arrangea sa ceinture et sortit de la chambre, en baissant les yeux avec soumission.

« Moi, petite tante, je me repose.

— Ah! oui-da, galopin, va-t'en vite préparer le samovar pour ton grand-père. » Et Mavra Kouzminichna essuya la poussière dont les meubles étaient couverts, ferma le piano, poussa un profond soupir, et quitta le salon, dont elle ferma la porte à clef. Puis elle s'arrêta dans la cour et se demanda ce qu'elle allait faire : irait-elle prendre le thé chez Vassilitch, ou achever sa besogne dans le garde-meuble? Tout à coup des pas précipités retentirent dans la rue déserte et s'arrêtèrent à la petite porte, dont le loquet fut vivement secoué sous l'effort qu'on faisait pour l'ouvrir.

« Qui est là? Que voulez-vous? s'écria Mavra Kouzminichna.

— Le comte, le comte Ilia Andréïvitch Rostow?

— Qui êtes-vous?

— Je suis un officier, et j'ai besoin de le voir, » répondit une voix d'un timbre agréable.

Mavra Kouzminichna ouvrit la petite porte, et vit effectivement devant elle un jeune officier de dix-huit ans, qui avait un grand air de ressemblance avec les Rostow.

« Ils sont partis, partis hier au soir, lui dit-elle affectueusement.

— Ah! quel guignon! J'aurais dû venir hier, » murmura le jeune homme avec regret.

Pendant ce temps la vieille ménagère examinait avec attention et sympathie ces traits qui lui étaient si familiers, et le manteau déchiré et les bottes usées du survenant.

« Pourquoi aviez-vous besoin du comte?

— Oh! maintenant il est trop tard, » répondit l'officier désappointé, faisant un pas pour s'en aller.

Il s'arrêta malgré lui, indécis.

« C'est que, dit-il, je suis un parent du comte; il a toujours été très bon pour moi, et vous voyez, ajouta-t-il en montrant, avec un bon et honnête sourire, ses bottes et sa capote.... Je n'ai plus le sou, et je voulais demander au comte.... »

Mavra Kouzminichna ne lui donna pas le temps d'achever.

« Attendez un instant!... » Et, se retournant brusquement, elle se dirigea en courant du côté de la seconde cour, où elle demeurait.

Pendant ce temps l'officier examinait ses bottes en souriant mélancoliquement.

« Quel dommage d'avoir manqué mon oncle! Quelle bonne vieille! mais où est-elle donc allée? Il faut pourtant que je lui demande par quelles rues je dois passer pour rattraper mon régiment, qui doit bien certainement être déjà à la barrière Rogojskaïa! »

A ce moment il vit Mavra Kouzminichna qui revenait vers lui d'un air résolu, quoique légèrement embarrassé, et tenait dans ses mains un mouchoir à carreaux; arrivée à quelques pas du jeune homme, elle le défit, et en tira un assignat de vingt-cinq roubles qu'elle lui offrit brusquement.

« Si Son Excellence était à la maison, il aurait sans doute.... mais aujourd'hui que.... »

La vieille s'arrêta confuse, tandis que le jeune officier acceptait gaiement son argent et la remerciait avec effusion.

« Que Dieu soit avec vous! » répéta-t-elle en reconduisant le jeune homme, qui s'élança par les rues solitaires pour rejoindre au plus vite son régiment au pont de la Yaouza. Mavra Kouzminichna le regarda s'éloigner, et resta quelques instants, les yeux pleins de larmes, devant la porte, qu'elle avait soigneusement refermée. Elle l'avait perdu de vue depuis longtemps, elle était encore tout entière au sentiment de tendresse et de pitié maternelles que lui inspirait ce jeune garçon qu'elle ne connaissait pas!

XXIII

A l'étage inférieur d'une maison inachevée de la Varvarka, il y avait un cabaret que remplissaient en ce moment des cris et des chants d'ivrognes. Assis autour des tables d'une chambre basse et malpropre, une dizaine d'ouvriers, gris, débraillés, les yeux troubles, chantaient à tue-tête; mais on voyait bien qu'ils se forçaient, car la sueur ruisselait sur leurs fronts; ils ne chantaient pas pour leur plaisir, mais bien pour faire voir qu'ils étaient en gaieté et qu'ils faisaient bombance. L'un d'eux, un jeune homme blond de haute taille, vêtu d'un sarrau bleu, aurait pu passer à la rigueur pour un joli garçon, si ses lèvres serrées et minces, toujours en mouvement, et ses yeux fixes et sombres, n'eussent donné à sa physionomie une expression étrange et méchante. Il paraissait diriger le chœur, et battait solennellement la mesure, en faisant aller de droite et de gauche au-dessus de leurs têtes son bras blanc, que sa manche retroussée laissait voir en entier. Entendant tout à coup, au milieu de la chanson, le bruit d'une lutte à coups de poing, il s'écria d'un ton de commandement :

« Assez, enfants, on se bat là-bas, à la porte! » Et, relevant pour la centième fois sa manche qui retombait toujours, il sortit de la salle, suivi de ses camarades.

C'étaient comme lui des ouvriers que le cabaretier régalait en payement de cuirs de différentes sortes qu'ils lui avaient apportés de leur fabrique. Quelques forgerons du voisinage s'imaginant, au tapage, qu'il s'y passait quelque chose d'extraordinaire, essayèrent d'y pénétrer, mais une querelle s'était engagée sur le seuil de la porte entre le cabaretier et un maréchal ferrant; ce dernier fut violemment repoussé, et alla tomber, la face contre terre, au beau milieu de la rue. Un de ses compagnons se jeta alors sur le cabaretier, et pressa de tout son poids sur sa poitrine, mais, au même moment, apparut le jeune gars à la manche retroussée, qui, lui assenant un vigoureux coup de poing, s'écria avec fureur :

« Enfants, on assassine les nôtres! »

Le maréchal ferrant se releva la figure ensanglantée, et cria d'un ton lamentable :

« A la garde! on tue, on a tué un homme!... au secours!

— Ah ! seigneur Dieu, on a tué, tué un homme ! » répéta en glapissant une femme à la porte cochère d'à côté.

La foule se rassembla autour du malheureux.

« Ce n'est donc pas assez de voler le pauvre peuple et de lui arracher sa dernière chemise, tu viens encore de tuer un homme, brigand de cabaretier ! »

Le jeune homme blond, debout à l'entrée, portait alternativement son regard terne du cabaretier au maréchal ferrant, comme s'il cherchait avec qui se prendre de querelle.

« Scélérat ! hurla-t-il tout à coup en se jetant sur le premier.... Liez-le vite, mes enfants.

— Me lier, moi ? » s'écria le cabaretier, et, se débarrassant de ses assaillants par un mouvement violent, il arracha son bonnet de dessus sa tête et le lança à terre. On aurait dit que cet acte avait une signification menaçante et mystérieuse, car les ouvriers s'arrêtèrent à l'instant.

« Je suis pour l'ordre, mon camarade, et je sais mieux que personne ce que c'est que l'ordre... Je n'ai qu'à aller trouver l'officier de police... Ah ! tu crois que je n'irai pas ? Il est défendu de faire du désordre aujourd'hui dans la rue... entends-tu bien ? continua le cabaretier en ramassant son bonnet ; eh bien ! allons-y, poursuivit-il en se mettant en marche, avec le jeune gars, le maréchal ferrant, les ouvriers et les passants ameutés, qui criaient et hurlaient en chœur.

— Allons-y ! Allons-y ! »

Au coin de la rue, devant une maison dont les volets étaient fermés et sur la façade de laquelle se balançait l'enseigne d'un bottier, se tenaient groupés une vingtaine d'ouvriers cordonniers ; leurs vêtements étaient usés, et l'épuisement causé par la faim se lisait sur leurs figures maigres et abattues.

« N'aurait-il pas dû nous payer notre travail ? disait l'un d'eux en fronçant les sourcils... Mais non, il a sucé notre sang et il se croit quitte : il nous a lanternés toute la semaine, et au dernier moment il a filé. » A la vue de l'autre groupe qui s'avançait, l'ouvrier se tut, et, poussé par une curiosité inquiète, il se joignit à lui avec tous ses compagnons.

« Où va-t-on ? Ah ! nous le savons bien !... Nous allons trouver l'autorité.

— C'est donc vrai que les nôtres ont eu le dessous ?

— Que croyais-tu donc ?... Écoute ce qu'on raconte ! »

Pendant que les questions et les réponses se croisaient en tous sens, le cabaretier profita du tumulte pour s'échapper sans être vu et retourner chez lui. Le jeune gars, qui n'avait pas remarqué la disparition de son ennemi, continua à pérorer en agitant son bras nu, et en attirant par ses gestes toute l'attention des curieux, qui espéraient en obtenir un éclaircissement de nature à les rassurer.

« Il dit qu'il connaît la loi, qu'il sait ce que c'est que l'ordre?... Mais est-ce que l'autorité n'est pas là pour ça?... N'ai-je pas raison, camarades?... Est-ce qu'on peut rester sans autorité? mais alors on pillera, quoi!

— Bêtises que tout cela! dit quelqu'un dans la foule. Est-il possible qu'on abandonne ainsi Moscou?... Quelqu'un s'est moqué de toi et tu l'as cru!... Tu vois bien tout ce qui passe de troupes, et tu t'imagines qu'on va le laisser entrer comme cela, « lui »!... L'autorité est là pour l'empêcher. Ecoute donc ce que dit celui-là! » ajouta-t-il en désignant le jeune gars.

Près de l'enceinte de Kitaï-Gorod, quelques hommes entouraient un individu en manteau qui lisait un papier.

« C'est l'oukase qu'on lit, l'oukase! » disait-on de côté et d'autre, et tout le monde se porta de ce côté.

Lorsque la foule entoura l'homme au papier, celui-ci parut embarrassé, mais, à la demande du jeune gars, il en recommença la lecture d'une voix légèrement tremblante : c'était la dernière affiche de Rostoptchine, du 31 août.

« Je pars demain matin pour voir Son Altesse (Son Altesse! répéta en souriant et d'un ton solennel le jeune gars) pour me concerter avec elle, agir ensemble et aider les troupes à détruire les brigands, que nous renverrons au diable. Je reviendrai pour dîner, je me remettrai à la besogne, et alors nous agirons ferme, et nous « lui » donnerons une bonne raclée! »

Les derniers mots furent accueillis par un profond silence. Le jeune gars baissa la tête d'un air sombre : il était évident que personne ne les avait compris, et la phrase « je reviendrai pour dîner » produisit surtout une triste impression sur l'auditoire. L'esprit du peuple était monté à un tel diapason, que cette niaiserie vulgaire était malsonnante à ses oreilles. Chacun aurait pu s'exprimer ainsi, par conséquent un oukase émanant d'une autorité supérieure n'aurait pas dû se le permettre. Personne, pas même le jeune gars, dont les lèvres s'agitaient convulsivement, n'interrompit ce morne silence.

« Il faut aller le lui demander... Tiens, le voilà!... Il nous l'expliquera sans doute! » dirent tout à coup plusieurs voix, et l'attention de la foule se porta sur un personnage dont la voiture, accompagnée de deux dragons à cheval, venait de déboucher sur la place.

C'était le grand-maître de police, qui, par ordre du comte, était allé le matin même mettre le feu aux barques. Il rapportait de cette expédition une somme d'argent considérable, qu'il avait, pour le moment, soigneusement déposée dans ses poches. A la vue de la foule qui venait vers lui, il donna l'ordre à son cocher de s'arrêter.

« Qu'est-ce? demanda-t-il en s'adressant aux premiers qui s'approchaient timidement de lui. Qu'y a-t-il? répéta-t-il, n'en ayant pas reçu de réponse.

— Votre Noblesse, c'est... ce n'est rien! répondit l'homme au manteau : ils sont prêts, pour obéir à Son Excellence, et pour faire leur devoir, à risquer leur vie... Ce n'est pas une émeute, Votre Noblesse, mais comme il est dit de la part du comte...

— Le comte n'est pas parti : il est ici et on ne vous oubliera pas!... Avance! » cria le grand-maître de police au cocher.

La foule s'était arrêtée, en serrant de près ceux qu'elle supposait avoir entendu les paroles du représentant du pouvoir; mais, lui, elle le laissa néanmoins s'éloigner. Le grand-maître de police jeta sur elle un regard effrayé, et murmura quelques mots à son cocher, qui lança ses chevaux à fond de train.

« On nous trompe, mes enfants! Allons le trouver lui-même... Ne lâchons pas celui-là! Qu'il nous rende compte! Arrête! Arrête! » Et tous se précipitèrent en désordre à la poursuite du grand-maître de police.

XXIV

Dans la soirée du 1er septembre, le comte Rostoptchine eut une entrevue avec Koutouzow, et en revint profondément blessé. Comme il n'avait pas été invité à faire partie du conseil de guerre, sa proposition de prendre part à la défense de la ville passa inaperçue, et il fut profondément surpris de l'opinion qu'on se faisait dans le camp sur la tranquillité de la capitale, dont le patriotisme n'était, aux yeux de certains grands personnages, qu'une question secondaire et sans portée.

Après s'être fait servir à souper, il s'étendit tout habillé sur un canapé, mais, entre minuit et une heure, on le réveilla pour lui remettre une dépêche de Koutouzow, apportée par un exprès. Il lui annonçait la retraite de l'armée par la grand'route de Riazan au delà de Moscou, et lui demandait de vouloir bien envoyer la police pour faciliter aux troupes le passage à travers la ville. Cette nouvelle n'en fut pas une pour le comte ; il l'avait pressentie bien avant son entretien avec Koutouzow, le lendemain même de Borodino. En effet, les généraux qui en arrivaient répétaient en chœur qu'une seconde bataille était impossible, et alors, sur l'ordre du général en chef, on avait enlevé de la ville tout ce qui appartenait au Trésor ainsi qu'au mobilier de la Couronne. Cependant cet ordre, communiqué sous la forme d'un simple billet de Koutouzow et reçu la nuit pendant son premier sommeil, le surprit et l'irrita au dernier point.

Dans la suite, lorsqu'il se plut à expliquer ce qu'il avait fait à cette époque, le comte Rostoptchine répéta à différentes reprises dans ses *Mémoires* que son but était de maintenir la tranquillité à Moscou et d'en faire sortir les habitants. Si telle était véritablement son intention, sa conduite devient irréprochable. Mais pourquoi alors ne sauve-t-on pas les richesses de la ville, les armes, les munitions, la poudre, le blé ? Pourquoi trompe-t-on et ruine-t-on des milliers d'habitants en leur disant que Moscou ne sera pas livré ?

« Pour y maintenir la tranquillité, » nous répond le comte Rostoptchine. Pourquoi alors emporte-t-on des monceaux de paperasses inutiles, l'aérostat de Leppich, etc., etc. ?

« Pour qu'il ne reste plus rien en ville, » répond encore le comte. Si l'on admet cette manière de voir, chacun de ses actes est justifié.

Les atrocités de la Terreur en France n'avaient aussi soi-disant en vue que la tranquillité du peuple. Sur quoi donc le comte Rostoptchine fondait-il ses craintes de voir éclater une révolution à Moscou, lorsque les habitants s'en éloignaient et que les troupes se repliaient ? Ni là ni sur aucun autre point de la Russie, il ne se passa rien qui, de près ou de loin, ressemblât à une révolution.

Le 1ᵉʳ et le 2 septembre, plus de dix mille hommes étaient restés à Moscou, et, sauf au moment où la foule ameutée s'était réunie sur l'ordre du gouverneur général dans la cour de son hôtel, nul désordre ne se produisit. Il n'y avait aucun motif l'en craindre quand même on aurait annoncé l'abandon de la ville après Borodino, au lieu de soutenir le contraire, de distribuer des armes, et de prendre ainsi toutes les mesures capables d'entretenir l'effervescence de la population.

Rostoptchine était d'un tempérament sanguin et emporté, il avait toujours vécu et agi dans les hautes sphères administratives, aussi ne connaissait-il pas, malgré son véritable patriotisme, le peuple qu'il s'imaginait tenir en main. Depuis l'entrée de l'ennemi dans le pays, il se complaisait à jouer le rôle du moteur dirigeant et suprême dans le mouvement national du cœur de la Russie. Il s'imaginait guider non seulement les actes matériels des habitants, mais encore leurs dispositions morales, au moyen de ses affiches et de ses proclamations écrites dans un style de cabaret dont le peuple ne fait aucun cas dans son milieu, et qui le déconcerte à plus forte raison sous la plume de ses supérieurs. Ce rôle lui plaisait, il s'y était complètement identifié, et la nécessité d'y renoncer avant d'avoir accompli un exploit héroïque le surprit à l'improviste. Il sentit le terrain manquer sous ses pieds, et il ne sut plus quelle conduite tenir. Bien qu'il l'eût pressenti depuis longtemps, jusqu'au dernier moment il refusa de croire à l'abandon de Moscou et ne fit rien en vue de cette éventualité. C'était contre sa volonté que les habitants quittaient la ville, et ce n'était qu'avec une extrême difficulté qu'il accordait aux fonctionnaires l'autorisation de mettre en sûreté les archives des tribunaux.

Toute son énergie, toute son activité tendaient à entretenir dans la population la haine patriotique et la confiance en soi-même, dont il était imbu plus que personne. Quant à juger jusqu'à quel point cette énergie et cette activité furent comprises et partagées par le peuple, c'est là une question qui n'est pas encore résolue. Mais lorsque les événements prirent, en se développant, leurs véritables proportions historiques, lorsque les paroles furent impuissantes pour exprimer la haine de l'ennemi et qu'il ne fut plus possible de l'épancher dans l'ardeur d'une bataille, lorsque la confiance en soi-même ne suffit plus à la défense de Moscou, lorsque tout le peuple s'écoula comme un torrent en emportant son bien, et en manifestant, par cet acte négatif, la force du sentiment national dont il était animé, alors le rôle choisi par le comte Rostoptchine se trouva soudain un non-sens, et il se sentit seul, faible, ridicule, et d'autant plus irrité, qu'il se sentait coupable. Tout ce que Moscou contenait lui avait été confié, et rien ne pouvait plus être emporté! « Qui est responsable? se disait-il. Ce n'est cependant pas moi. Tout était prêt, je tenais Moscou dans mes deux mains, et voilà ce qu'ils ont décidé... Traîtres! brigands! » s'écriait-il avec rage, sans préciser quels étaient ces traîtres et ces brigands qu'il invectivait, poussé par le besoin de haïr ceux qui, d'après lui, l'avaient placé dans cette ridicule situation.

Il passa toute la nuit à donner des ordres qu'on venait lui demander de tous les quartiers. Ses intimes ne l'avaient jamais vu aussi sombre, ni aussi intraitable.

« Excellence, on est venu des Apanages, du Consistoire, de l'Université, du Sénat, de la maison des Enfants-Trouvés!... Les pompiers, le directeur de la prison, celui de la maison des fous, demandent ce qu'ils ont à faire! » Et toute la nuit se passa ainsi.

Le comte faisait des réponses brèves et sévères, uniquement destinées à donner à entendre qu'il ne prenait pas sur lui la responsabilité des instructions données, et la rejetait sur ceux qui avaient réduit tout son travail à néant.

« Dis à cet imbécile de veiller à ses archives, et à cet autre de ne pas m'adresser de sottes questions à propos de ses pompiers... Puisqu'il y a des chevaux, qu'ils partent pour Vladimir. A-t-il envie de les laisser aux Français?

— Excellence, l'inspecteur de la maison des fous est arrivé, que doit-il faire?

— Qu'ils partent, qu'ils partent tous, et qu'il lâche les fous dans la ville! Puisque nous avons des fous qui commandent les armées, il est juste que ceux-là soient aussi rendus à la liberté. »

Lorsqu'on lui demanda ce qu'il fallait faire des prisonniers, le comte s'écria avec colère, en s'adressant au surveillant :

« Faut-il donc te donner deux bataillons pour les escorter? Il n'y en a pas! Eh bien, qu'on les lâche!

— Mais, Excellence, il y a aussi des prisonniers politiques, Metchkow et Vérestchaguine!

— Vérestchaguine? On ne l'a donc pas pendu? Qu'on l'amène! »

XXV

Vers neuf heures du matin, lorsque les troupes commencèrent à traverser la ville, personne ne vint plus fatiguer le compte de demandes inopportunes : ceux qui partaient, comme ceux qui restaient, n'avaient plus désormais besoin de lui. Il avait commandé sa voiture pour aller à Sokolniki, et, en attendant qu'elle fût prête, il s'étendit, les bras croisés et la figure renfrognée.

En temps de paix, lorsque le moindre administrateur s'imagine complaisamment que si ses administrés vivent, c'est uniquement grâce à ses soins, c'est dans la conscience de son incontestable utilité qu'il trouve la récompense de ses peines. Tant que dure le calme, le pilote qui, de son frêle esquif, indique au lourd vaisseau de l'Etat la route qu'il doit suivre croit, en le voyant s'avancer, et cela se comprend, que ce sont ses efforts personnels qui poussent l'immense bâtiment. Mais qu'une tempête s'élève, que les vagues entraînent le vaisseau, l'illusion n'est plus possible, le bâtiment suit seul sa marche majestueuse, et le pilote, qui tout à l'heure encore était le représentant de la toute-puissance, devient un être faible et inutile. Rostoptchine le sentait, et il en était profondément froissé.

Le grand-maître de police, celui-là même que la foule avait arrêté, entra chez le comte avec l'aide de camp qui venait lui annoncer que la voiture était prête. L'un et l'autre étaient pâles, et le premier, après avoir rendu compte au général gouverneur de sa commission, ajouta que la cour de l'hôtel se remplissait d'une masse énorme de gens qui demandaient à lui parler. Sans proférer une parole, le comte se leva, se dirigea vivement vers son salon, et posa la main sur le bouton de la porte vitrée du balcon, mais, la retirant aussitôt, il alla à une autre fenêtre, d'où l'on voyait ce qui se passait au dehors. Le jeune gars continuait à discourir en gesticulant. Le maréchal ferrant, couvert de sang, se tenait, sombre, à ses côtés, et le murmure de leurs voix pénétrait à travers les croisées.

« La voiture est-elle prête ? demanda Rostoptchine.

— Elle est prête, Excellence, répondit l'aide de camp.

— Que veulent-ils donc, ceux-là ? demanda Rostoptchine en se rapprochant du balcon.

— Ils se sont réunis, à ce qu'ils assurent, pour marcher sur les Français, d'après votre ordre, Excellence.... Ils parlent aussi de trahison : ce sont des tapageurs, j'ai eu de la peine à leur échapper ! Veuillez me permettre de vous proposer, Excellence....

— Faites-moi le plaisir de vous retirer, je sais ce que j'a[i] à faire... » et il continuait à regarder au dehors : « Voilà où l'o[n] a amené la Russie, voilà ce que l'on a fait de moi! » s[e] disait-il, emporté contre ceux qu'il accusait par une colèr[e] farouche dont il n'était plus le maître : ... « La voilà, la popu[-]lace, la lie du peuple, la plèbe qu'ils ont soulevée par leu[r] sottise ! il leur faut une victime, sans doute, » se dit-il e[n] fixant les yeux sur le jeune gars, et il se demandait, à part lu[i] sur qui il pourrait bien déverser sa fureur. « La voiture est[-]elle prête? répéta-t-il.

— Elle est prête, Excellence. Quels sont vos ordres concer[-]nant Vérestchaguine? Il attend à l'entrée.

— Ah! » s'écria Rostoptchine frappé d'une idée subite, e[t] ouvrant la porte du balcon, il y apparut tout à coup.

Tous se découvrirent et se tournèrent vers lui.

« Bonjour, mes enfants, dit-il rapidement et à haute voi[x] Merci d'être venus! Je vais descendre au milieu de vous mais auparavant il nous faut en finir avec le misérable qui [a] causé la perte de Moscou. Attendez-moi!... » Et il rentra dan[s] le salon aussi brusquement qu'il en était sorti.

Un murmure de satisfaction parcourut les rangs de la foul[e.]

« Tu vois bien qu'il saura en venir à bout, et toi qui assu[-]rais que les Français... » disaient les uns et les autres en s[e] reprochant leur manque de confiance.

Deux minutes plus tard, un officier se montra à la port[e] principale, et dit quelques mots aux dragons, qui s'alignèren[t.] La foule, avide de voir, se porta près du péristyle. Rostop[-]tchine y parut au même instant, et regarda autour de lu[i] comme s'il cherchait quelqu'un.

« Où est-il? » demanda-t-il avec colère.

Au même moment on aperçut un jeune homme, dont le co[u] maigre supportait une tête à moitié rasée : il tournait le coi[n] de la maison. Vêtu d'un caftan, en drap gros-bleu, jadis élé[-]gant, et du pantalon sale et usé du forçat, il avançait lente[-]ment entre deux dragons, traînant avec peine ses jambe[s] grêles et enchaînées.

« Qu'il se mette là ! » dit Rostoptchine en détournant le[s] yeux du prisonnier, et en indiquant la dernière marche.

Le jeune homme y monta avec effort et l'on entendit le cli[-]quetis de ses fers : il soupira, et, laissant retomber ses main[s] qui ne ressemblaient en rien à celles d'un ouvrier, il les crois[a] dans une attitude pleine de soumission. Pendant cette scèn[e] muette, rien ne rompit le silence, sauf quelques cris étouffés qui partaient des derniers rangs, où l'on s'écrasait pour mieux voir. Le comte, les sourcils froncés, attendait que le jeune prisonnier fût en place.

« Enfants! dit-il enfin d'une voix aiguë et métallique, cet homme est Vérestchaguine, celui qui a perdu Moscou! »

L'accusé, dont les traits amaigris exprimaient un anéantissement complet, tenait la tête inclinée; mais, aux premières paroles du comte, il la releva lentement et le regarda en dessous; on aurait dit qu'il désirait lui parler, ou peut-être rencontrer son regard. Le long du cou délicat du jeune homme, une veine bleuit et se tendit comme une corde, sa figure s'empourpra. Tous les yeux se tournèrent de son côté; il regarda la foule, et, comme s'il se sentait encouragé par la sympathie qu'il croyait deviner autour de lui, il sourit tristement et, baissant de nouveau la tête, chercha à se mettre d'aplomb sur la marche.

« Il a trahi son souverain et sa patrie, il s'est vendu à Bonaparte, il est le seul entre nous tous qui ait déshonoré le nom russe... Moscou périt à cause de lui! » dit Rostoptchine d'une voix égale mais dure. Tout à coup, après avoir jeté un regard à la victime, il reprit en élevant la voix avec une nouvelle force : « Je le livre à votre jugement, prenez-le! »

La foule silencieuse se serrait de plus en plus, et bientôt la presse devint intolérable; il était pénible aussi de respirer cette atmosphère viciée sans pouvoir s'en dégager, et d'y attendre quelque chose de terrible et d'inconnu. Ceux du premier rang, qui avaient tout vu et tout compris, se tenaient bouche béante, les yeux écarquillés par la frayeur, opposant une digue à la pression de la masse qui était derrière eux.

« Frappez-le! Que le traître périsse! criait Rostoptchine.... Qu'on le sabre! je l'ordonne! »

Un cri général répondit à l'intonation furieuse de cette voix, dont on distinguait à peine les paroles, et il y eut un mouvement en avant suivi d'un arrêt instantané.

« Comte, dit Vérestchaguine d'un ton timide mais solennel, pendant ce moment de silence, comte, le même Dieu nous juge!... » Il s'arrêta.

— Qu'on le sabre! je l'ordonne! répéta Rostoptchine, blême de fureur.

— Les sabres hors du fourreau! » commanda l'officier.

A ces mots la foule ondula comme une vague, et poussa les

premiers rangs jusque sur les degrés du péristyle. Le jeune gars se trouva ainsi porté près de Vérestchaguine; son visage était pétrifié et sa main toujours levée.

« Sabrez! reprit tout bas l'officier aux dragons, dont l'un frappa avec colère Vérestchaguine du plat de son sabre.

— Ah! » fit le malheureux; il ne se rendait pas compte, dans son effroi, du coup qu'il avait reçu. Un frémissement d'horreur et de compassion agita la foule.

« Seigneur! Seigneur! » s'écria une voix. Vérestchaguine poussa un cri de douleur et ce cri décida de sa perte. Les sentiments humains qui tenaient encore en suspens cette masse surexcitée cédèrent tout à coup, et le crime, déjà à moitié commis, ne devait plus tarder à s'accomplir. Un rugissement menaçant et furieux étouffa les derniers murmures de commisération et de pitié, et, semblable à la neuvième et dernière vague qui brise les vaisseaux une vague humaine emporta dans son élan irrésistible les derniers rangs jusqu'aux premiers, et les confondit tous dans un indescriptible désordre. Le dragon qui avait déjà frappé Vérestchaguine releva le bras pour lui donner un second coup. Le malheureux, se couvrant le visage de ses mains, se jeta du côté de la populace. Le jeune gars, contre lequel il vint se heurter, lui enfonça ses ongles dans le cou, et, poussant un cri de bête sauvage, tomba avec lui au milieu de la foule, qui se rua à l'instant sur eux. Les uns tiraillaient et frappaient Vérestchaguine, les autres assommaient le jeune garçon, et leurs cris ne faisaient qu'exciter la fureur populaire. Les dragons furent longtemps à dégager l'ouvrier à moitié mort, et, malgré la rage que ces forcenés apportaient à leur œuvre de sang, ils ne pouvaient parvenir à achever le malheureux condamné, écharpé et râlant; tant la masse compacte qui les comprimait et les serrait comme dans un étau, gênait leurs hideux mouvements.

« Un coup de hache pour en finir!... L'a-t-on bien écrasé?... Traître qui a vendu le Christ!... Est-il encore vivant?... Il a reçu son compte!... »

Lorsque la victime cessa de lutter et que le râle de l'agonie souleva sa poitrine mutilée, il se fit alors seulement un peu de place autour de son cadavre ensanglanté : chacun s'en approchait, l'examinait et s'en éloignait ensuite en frémissant de stupeur.

« Oh! Seigneur!... Quelle bête féroce que la populace!... Comment aurait-il pu lui échapper!... C'est un jeune pourtant... un fils de marchand, bien sûr!... Oh! le peuple!... et l'on assure maintenant que ce n'est pas celui-là qu'on aurait dû... On en a assommé encore un autre!... Oh! celui qui ne craint pas le péché... » disait-on à présent en regardant avec compassion ce corps meurtri, et cette figure souillée de sang et de poussière. Un soldat de police zélé, trouvant peu convenable de laisser ce cadavre dans la cour de Son Excellence, ordonna de le jeter dans la rue. Deux dragons, le prenant aussitôt par les jambes, le traînèrent dehors sans autre forme de procès, pendant que la tête, à moitié arrachée du tronc, frappait la terre par saccades, et que le peuple reculait avec horreur sur le passage du cadavre.

Au moment où Vérestchaguine tomba et où cette meute haletante et furieuse se rua sur lui, Rostoptchine devint pâle comme un mort, et, au lieu de se diriger vers la petite porte de service où l'attendait sa voiture, gagna précipitamment, sans savoir lui-même pourquoi, l'appartement du rez-de-chaussée. Le frisson de la fièvre faisait claquer ses dents.

« Excellence, pas par là, c'est ici! » lui cria un domestique effaré.

Rostoptchine, suivant machinalement l'indication qui lui était donnée, arriva à sa voiture, y monta vivement, et ordonna au cocher de le conduire à sa maison de campagne. On entendait encore au loin les clameurs de la foule, mais, à mesure qu'il s'éloignait, le souvenir de l'émotion et de la frayeur qu'il avait laissé paraître devant ses inférieurs lui causa un vif mécontentement. « La populace est terrible, elle est hideuse! » se disait-il en français. Ils sont comme les loups qu'on ne peut apaiser qu'avec de la chair! »... « Comte, le même Dieu nous juge! » Il lui sembla qu'une voix lui répétait à l'oreille ces mots de Vérestchaguine, et un froid glacial lui courut le long du dos. Cela ne dura qu'un instant, et il sourit à sa propre faiblesse. « Allons donc, pensa-t-il, j'avais d'autres devoirs à remplir. Il fallait apaiser le peuple... Le bien public ne fait grâce à personne! » Et il réfléchit aux obligations qu'il avait envers sa famille, envers la capitale qui lui avait été confiée, envers lui-même enfin, non pas comme homme privé, mais comme représentant du souverain : « Si je n'avais été qu'un simple particulier, ma ligne de conduite eût été tout autre, mais dans les circonstances actuelles je devais, à tout prix, sauvegarder la vie et la dignité du général gouverneur! »

Doucement bercé dans sa voiture, son corps se calma peu à

peu, tandis que son esprit lui ournissait les arguments les plus propres à rasséréner son âme. Ces arguments n'étaient pas nouveaux : depuis que le monde existe, depuis que les hommes s'entretuent, jamais personne n'a commis un crime de ce genre sans endormir ses remords par la pensée d'y avoir été forcé en vue du bien public. Celui-là seul qui ne se laisse pas emporter par la passion n'admet pas que le bien public puisse avoir de telles exigences. Rostoptchine ne se reprochait en aucune façon le meurtre de Vérestchaguine ; il trouvait au contraire mille raisons pour être satisfait du tact dont il avait fait preuve, en punissant le coupable et en apaisant la foule. « Vérestchaguine était jugé et condamné à la peine de mort, pensait-il (et cependant le Sénat ne l'avait condamné qu'aux travaux forcés). C'était un traître, je ne pouvais pas le laisser impuni. Je faisais donc d'une pierre deux coups ! » Arrivé chez lui, il prit différentes dispositions, et chassa ainsi complètement les préoccupations qu'il pouvait avoir encore.

Une demi-heure plus tard, il traversait le champ de Sokolniki, ayant oublié cet incident ; et, ne songeant plus qu'à l'avenir, il se rendit auprès de Koutouzow, qu'on lui avait dit être au pont de la Yaouza. Préparant à l'avance la verte mercuriale qu'il comptait lui adresser pour sa déloyauté envers lui, il se disposait à faire sentir à ce vieux renard de cour que lui seul porterait la responsabilité des malheurs de la Russie et de l'abandon de Moscou. La plaine qu'il traversait était déserte, sauf à l'extrémité opposée ; là, à côté d'une grande maison jaune, s'agitaient des individus vêtus de blanc, dont quelques-uns criaient et gesticulaient. A la vue de la calèche du comte, l'un d'eux se précipita à sa rencontre. Le cocher, les dragons et Rostoptchine lui-même regardaient, avec un mélange de curiosité et de terreur, ce groupe de fous qu'on venait de lâcher, surtout celui qui s'avançait vers eux, vacillant sur ses longues et maigres jambes, et laissant flotter au vent sa longue robe de chambre. Les yeux fixés sur Rostoptchine, il hurlait des mots inintelligibles et faisait des signes pour lui ordonner de s'arrêter. Sa figure sombre et décharnée était couverte de touffes de poils ; ses yeux jaunes et ses pupilles d'un noir de jais roulaient en tous sens d'un air inquiet et effaré.

« Halte ! Halte ! » criait-il d'une voix perçante et haletante ; et il essayait de reprendre son discours, qu'il accompagnait de gestes extravagants.

Enfin il atteignit le groupe, et continua à courir parallèlement à la voiture.

« On m'a tué trois fois, et trois fois je suis ressuscité d'entre les morts!... On m'a lapidé, on m'a crucifié... Je ressusciterai... je ressusciterai!... je ressusciterai! On a déchiré mon corps!... Trois fois le royaume de Dieu s'écroulera... et trois fois je le rétablirai! » Et sa voix montait à un diapason de plus en plus aigu.

Le comte Rostoptchine pâlit comme il avait pâli au moment où la foule s'était jetée sur Vérestchaguine.

« Marche, marche! » cria-t-il au cocher en tremblant.

Les chevaux s'élancèrent à fond de train, mais les cris furieux du fou, qu'il distançait de plus en plus, résonnaient toujours à ses oreilles, tandis que devant ses yeux se dressait de nouveau la figure ensanglantée de Vérestchaguine avec son caftan fourré. Il sentait que le temps ne pourrait rien sur la violence de cette impression, que la trace sanglante de ce souvenir, en s'imprimant de plus en plus profondément dans son cœur, le poursuivrait jusqu'à la fin de ses jours. Il s'entendait dire : « Qu'on le sabre! Vous m'en répondez sur votre tête. » Pourquoi ai-je dit cela? se demanda-t-il involontairement. J'aurais pu me taire et *rien* n'aurait eu lieu. » Il revoyait la figure du dragon passant tout à coup de la terreur à la férocité, et le regard de timide reproche que lui avait jeté sa triste victime : « Je ne pouvais agir autrement... la plèbe... le traître... le bien public!... »

Le passage de la Yaouza était encore encombré de troupes, la chaleur était accablante. Koutouzow, fatigué et préoccupé, assis sur un banc près du pont, traçait machinalement des figures sur le sable, lorsqu'un général, dont le tricorne était surmonté d'un immense plumet, descendit d'une calèche à quelques pas de lui et lui adressa la parole en français, d'un air à la fois irrité et indécis. C'était le comte Rostoptchine! Il expliquait à Koutouzow qu'il était venu le trouver parce que, Moscou n'existant plus, il ne restait plus que l'armée.

« Les choses se seraient autrement passées si Votre Altesse m'avait dit que Moscou serait livré sans combat! »

Koutouzow examinait Rostoptchine sans prêter grande attention à ses paroles, mais en cherchant seulement à se rendre compte de l'expression de sa figure. Rostoptchine, interdit, se tut. Koutouzow hocha tranquillement la tête, et,

sans détourner son regard scrutateur, marmotta tout bas :
« Non, je ne livrerai pas Moscou sans combat ! »

Koutouzow pensait-il à autre chose, ou prononça-t-il ces paroles à bon escient, sachant qu'elles n'avaient aucun sens ? Le comte Rostoptchine se retira, et, spectacle étrange ! cet homme si fier, ce général gouverneur de Moscou, ne trouva rien de mieux à faire que de s'approcher du pont et de disperser à grands coups de fouet les charrettes qui en encombraient les abords !

XXVI

A quatre heures de l'après-midi, l'armée de Murat, précédée d'un détachement de hussards wurtembergeois, et accompagnée du roi de Naples et de sa nombreuse suite, fit son entrée à Moscou. Arrivé à l'Arbatskaïa, Murat s'arrêta pour attendre les nouvelles que son avant-garde devait lui apporter sur l'état de la forteresse appelée le « Kremlin ». Autour de lui se groupèrent quelques badauds qui regardaient avec stupéfaction ce chef étranger avec ses cheveux longs, chamarré d'or et portant une coiffure ornée de plumes multicolores.

« Dis donc. Est-ce leur roi ?

— Pas mal ! disaient quelques-uns.

— Ote donc ton bonnet ! » s'écriaient les autres.

Un interprète s'avança, et, interpellant un vieux dvornik, lui demanda si le « Kremlin » était loin. Surpris par l'accent polonais qu'il entendait pour la première fois, le dvornik ne comprit pas la question, et se déroba de son mieux derrière ses camarades. Un officier de l'avant-garde revint en ce moment annoncer à Murat que les portes de la forteresse étaient fermées et qu'on s'y préparait sans doute à la défense.

« C'est bien, » dit-il en commandant à l'un de ses aides de camp de faire avancer quatre canons.

L'artillerie s'ébranla au trot, et, dépassant la colonne qui suivait, Murat se dirigea vers l'Arbatskaïa. Arrivée au bout de la rue, la colonne s'arrêta. Quelques officiers français mirent les bouches à feu en position, et examinèrent le « Kremlin » au moyen d'une longue-vue. Tout à coup ils y entendirent sonner les cloches pour les vêpres. Croyant à un appel aux armes, ils s'en effrayèrent, et quelques fantassins coururent portes de Koutafiew, qui étaient barricadées par des poutres et des planches. Deux coups de fusil en partirent au moment où ils s'en approchaient. Le général qui se tenait près des canons leur cria quelques mots, et tous, officiers soldats, retournèrent en arrière. Trois autres coups retentirent, et un soldat fut blessé au pied. A cette vue, la volonté arrêtée d'engager la lutte et de braver la mort se peignit sur tous les visages, et en chassa l'expression de calme et de tranquillité qu'ils avaient un moment auparavant. Depuis le maréchal jusqu'au dernier soldat, tous comprirent qu'ils n'étaient plus dans les rues de Moscou, mais bien sur un nouveau champ de bataille, et au moment peut-être d'un combat sanglant. Les pièces furent pointées, les artilleurs avivèrent leurs mèches, l'officier commanda : « Feu! » Deux sifflements aigus se firent entendre simultanément, la mitraille s'incrusta avec un bruit sec dans la maçonnerie des portes, dans les poutres, dans la barricade, et deux jets de fumée se lancèrent au-dessus des canons. A peine l'écho de la décharge venait-il de s'éteindre, qu'un bruit étrange passa dans l'air : une quantité innombrable de corbeaux s'élevèrent en croassant au-dessus des murailles, et tourbillonnèrent en battant lourdement l'espace de leurs milliers d'ailes. Au même instant un cri isolé partit de derrière la barricade, et l'on vit surgir, au milieu de la fumée qui se dissipait peu à peu, la figure d'un homme, en caftan et nu-tête, tenant un fusil et visant les Français.

« Feu! » répéta l'officier d'artillerie, et un coup de fusil retentit en même temps que les deux coups de canon. Un nuage de fumée masqua la porte, rien ne bougea plus, et les fantassins s'en rapprochèrent de nouveau. Trois blessés et quatre morts étaient couchés devant l'entrée, tandis que deux hommes s'enfuyaient en longeant la muraille.

« Enlevez-moi ça, » dit l'officier en indiquant les poutres et les cadavres. Les Français achevèrent les blessés, et en jetèrent les cadavres par-dessus la muraille. Qui étaient ces gens-là? Personne ne le sut. M. Thiers seul leur a consacré ces quelques lignes : « Ces misérables avaient envahi la citadelle sacrée, s'étaient emparés des fusils de l'arsenal, et tiraient sur les Français. On en sabra quelques-uns, et l'on purgea le Kremlin de leur présence [1]. »

1. En français dans le texte. M. Thiers applique ce terme de « mi-

On vint annoncer à Murat que la voie était libre. Les Français franchirent les portes, établirent leur bivouac sur la place du Sénat, et les soldats jetèrent par les fenêtres de ce bâtiment des chaises, dont ils se servirent pour allumer leurs feux. Les détachements se suivaient à la file, et traversaient le Kremlin pour aller occuper les maisons vides et abandonnées, où ils s'établissaient comme dans un camp.

Avec leurs uniformes usés, leurs figures affamées et épuisées, réduites au tiers de leur premier effectif, les troupes ennemies firent néanmoins leur entrée à Moscou en bon ordre. Mais lorsqu'elles s'éparpillèrent dans les maisons désertes, elles cessèrent d'exister comme armée, et le soldat disparut pour faire place au maraudeur. Ce maraudeur, en quittant Moscou cinq semaines plus tard, emportait une foule d'objets qu'il croyait indispensables ou précieux. Il n'avait plus pour but la conquête, mais la conservation de ce qu'il avait pillé. Semblables au singe qui, après avoir plongé son bras dans l'étroit goulot d'un vase pour y saisir une poignée de noisettes, s'obstine à ne pas ouvrir la main, de crainte de les laisser échapper et court ainsi le risque de la vie, les Français avaient d'autant plus de chances de périr en opérant leur retraite, qu'ils traînaient après eux un immense butin; et comme le singe ils ne voulaient pas l'abandonner. Dix minutes après leur installation, on ne distinguait plus les officiers des soldats. Derrière les fenêtres de toutes les maisons, on voyait passer des hommes guêtrés, en uniforme, examinant les chambres d'un air satisfait, et furetant dans les caves et dans les glacières, dont ils enlevaient les provisions. Ils déclouaient les planches qui fermaient les remises et les écuries, et, retroussant leurs manches jusqu'au coude, allumaient les fourneaux, faisaient leur cuisine, amusaient les uns, effrayaient les autres et cherchaient à apprivoiser les femmes et les enfants. Il y avait de ces gens-là partout, dans les boutiques comme dans les rues, mais de véritables soldats il n'en était plus question.

En vain des ordres réitérés étaient envoyés aux différents chefs de corps, leur enjoignant de défendre aux soldats de courir dans la ville, d'user de violence envers les habitants et de marauder; en vain l'ordre avait été donné de faire chaque

---

sérables » aux forçats. Voir, pour le complément de sa phrase, t. XIV page 373. (*Note du trad.*)

ur un appel général. En dépit de toutes ces mesures, ces hommes, qui hier formaient l'armée, se répandaient partout dans cette cité déserte à la recherche des riches approvisionnements et des jouissances matérielles qu'elle leur offrait encore, et ils y disparaissaient comme l'eau qui s'infiltre dans le sable. Les soldats de cavalerie, qui entraient dans une maison de marchands abandonnée avec tout ce qu'elle contenait, avaient beau y trouver des écuries plus spacieuses qu'il ne leur était nécessaire, ils ne s'emparaient pas moins de la maison voisine, qui leur semblait plus commode; certains même accaparaient plusieurs maisons à la fois, et se hâtaient d'écrire sur la porte, avec un morceau de craie, par qui elles étaient occupées, et les hommes des différentes armes finissaient par se quereller et s'injurier. Avant même d'être installés, ils couraient examiner la ville, et, sur ouï-dire, se portaient là où ils croyaient trouver des objets de valeur. Leurs chefs, après avoir vainement cherché à les arrêter, se laissaient à leur tour entraîner à commettre les mêmes déprédations. Les généraux eux-mêmes se rassemblaient en foule dans les ateliers des carrossiers, pour y choisir, ceux-ci une voiture, ceux-là une calèche. Les quelques habitants qui n'avaient pu fuir offraient aux officiers supérieurs de les loger, dans l'espoir d'éviter par là le pillage. Les richesses abondaient, on n'en voyait pas la fin, et les Français se figuraient que dans les quartiers qu'ils n'avaient pas explorés ils en découvriraient encore de plus grandes. Ainsi, l'envahissement d'une ville opulente par une armée épuisée eut pour conséquence la destruction de cette armée même et la destruction de la ville, et le pillage et l'incendie en furent le résultat fatal.

Les Français attribuent l'incendie de Moscou au patriotisme féroce de Rostoptchine, les Russes à la sauvagerie des Français; mais, en réalité, on ne saurait en rendre responsables ni Rostoptchine ni les Français, et les conditions dans lesquelles la ville se trouvait en furent seules la cause. Moscou a brûlé comme aurait pu brûler n'importe quelle ville construite en bois, abstraction faite du mauvais état des pompes, qu'elles y fussent restées ou non, comme n'importe quel village, fabrique ou maison qui auraient été abandonnés par leurs propriétaires et envahis par les premiers venus. S'il est vrai de dire que Moscou fut brûlé par ses habitants, il est incontestable aussi qu'il le fut, non par ceux qui y étaient restés, mais par le fait de ceux qui l'avaient quitté. Moscou ne fut pas respecté par l'ennemi comme Berlin et comme Vienne, parce que ses habitants ne reçurent pas les Français avec le pain et le sel en leur offrant les clefs de la ville, mais préférèrent l'abandonner à son malheureux sort.

XXVII

Le flot de l'invasion française n'atteignit que le soir du 2 septembre le quartier où demeurait Pierre. Après les deux jours qu'il venait de passer dans une solitude absolue et d'une façon si étrange, il se trouvait dans un état voisin de la folie. Une pensée unique s'était tellement emparée de tout son être, qu'il n'aurait pu dire quand et comment elle lui était venue. Il ne se rappelait plus rien du passé, et ne comprenait rien au présent. Tout ce qui se déroulait devant ses yeux lui paraissait un songe ; il avait fui de chez lui pour se dérober aux complications insupportables de la vie quotidienne, et il avait cherché et trouvé un refuge paisible dans la maison du Bienfaiteur, dont le souvenir se rattachait dans son âme à tout un monde de paix éternelle et de calme solennel, complètement opposé à l'agitation fiévreuse dont il sentait peser sur lui l'irrésistible influence. Accoudé sur le bureau poudreux du défunt, dans le profond silence de son cabinet, son imagination lui représenta avec netteté les événements auxquels il avait été mêlé dans ces derniers temps, la bataille de Borodino entre autres, et il éprouva de nouveau un trouble indéfinissable en comparant son infériorité morale et sa vie de mensonge à la vérité, à la simplicité puissante de ceux dont le souvenir s'était imprimé dans son âme sous l'appellation « Eux » ! Lorsque Ghérassime le tira de ses méditations, Pierre, qui s'était décidé à prendre part avec le peuple à la défense de Moscou, lui demanda de lui procurer pour cela un déguisement et un pistolet, et lui annonça son intention de rester caché dans la maison. Tout d'abord il lui fut impossible de fixer son attention sur le manuscrit maçonnique : elle se portait involontairement sur la signification cabalistique de son nom lié à celui de Bonaparte. La pensée qu'il était prédestiné à mettre un terme au pouvoir de « la Bête » ne lui venait toutefois encore à l'esprit que comme une de ces vagues rêveries qui traversent parfois le cerveau sans y laisser de traces. Lorsque le hasard lui fit rencontrer les Rostow, et que Natacha se fut écriée : « Vous restez à Moscou! Ah! que c'est bien! » il comprit qu'il ferait bien de ne pas s'en éloigner, alors même que la ville serait livrée à l'ennemi, afin d'accomplir sa destinée.

Le lendemain, pénétré de la pensée de se montrer digne d' « Eux », il se dirigea vers la barrière des Trois-Montagnes; mais, lorsqu'il se fut convaincu que Moscou ne serait pas défendu, la mise à exécution du projet qu'il caressait confusément depuis quelques jours se dressa tout à coup devant lui comme une nécessité implacable. Il lui fallait ne pas se montrer, chercher à aborder Napoléon, le tuer, mourir peut-être avec lui, mais délivrer l'Europe de celui qui, à ses yeux, était la cause de tous ses maux!

Pierre connaissait tous les détails de l'attentat qu'un étudiant allemand avait commis en 1809, à Vienne, contre Napoléon; il savait que cet étudiant avait été fusillé, mais le danger qu'il fallait courir en remplissant sa mission providentielle ne faisait que l'exciter davantage.

Deux sentiments l'entraînaient avec une égale violence. Le premier, le besoin de se sacrifier et de souffrir, que le spectacle du malheur général avait fait naître dans son cœur, l'avait conduit à Mojaïsk jusque sous le feu de la mitraille, et l'avait contraint à quitter sa maison, à faire bon marché du luxe et du confort de son existence habituelle, à coucher tout habillé sur la dure et à partager la maigre chère de Ghérasime. Le second était ce sentiment, essentiellement russe, de profond mépris pour les conventions factices de la vie, et pour tout ce qui constitue aux yeux de l'immense majorité les jouissances suprêmes de ce monde. Pierre en avait éprouvé pour la première fois l'enivrement au palais Slobodski, où il avait compris que la richesse, le pouvoir, tout ce que les hommes chérissent d'ordinaire, n'a réellement de valeur qu'en raison de la satisfaction qu'on ressent à s'en débarrasser. C'est ce même sentiment qui entraîne la recrue à boire son dernier kopeck, l'ivrogne à briser les vitres et les glaces sans raison apparente; et pourtant il sait bien qu'il lui faudra vider sa bourse pour payer le dégât; c'est ce sentiment qui fait que l'homme commet des actions absurdes, comme pour faire preuve de sa force, et qui est en même temps le témoignage d'une volonté supérieure menant l'activité humaine où il lui plaît.

L'état physique de Pierre correspondait à son état moral. La nourriture grossière qu'il avait prise pendant ces derniers jours, l'eau-de-vie dont il s'était abreuvé, l'absence de vin et de cigares, l'impossibilité de changer de linge, les nuits inquiètes et sans sommeil passées sur un canapé trop court, tout contribuait à entretenir chez lui une irritabilité qui touchait à la folie.

Il était deux heures de l'après-midi, les Français étaient à Moscou. Pierre le savait, mais, au lieu d'agir, il ne pensait qu'à son projet et en pesait les moindres détails. Ce n'était pas sur l'acte lui-même que ses rêveries se concentraient, ni sur la mort possible de Napoléon, mais sur sa propre mort, sur son courage héroïque, qu'il se représentait avec un attendrissement mélancolique. « Oui, je dois le faire, se disait-il... moi seul pour tous! je m'en approcherai ainsi... et tout à coup... emploierai-je un pistolet ou un poignard?... Peu importe!... Ce n'est pas moi, mais le bras de la Providence qui le frappera!... » Et il pensait aux paroles qu'il prononcerait en tuant Napoléon : « Eh bien, prenez-moi, menez-moi au supplice! » poursuivait-il avec fermeté en relevant la tête.

Au moment où il s'abandonnait à ces divagations, la porte du cabinet s'ouvrit, et il vit apparaître sur le seuil la personne, si calme d'habitude, et aujourd'hui méconnaissable, de Makar Alexéïévitch. Sa robe de chambre flottait autour de lui, sa figure rouge était ignoble à voir, on devinait qu'il était ivre. A la vue de Pierre, une légère confusion se peignit sur ses traits, mais il reprit courage en remarquant son embarras, et s'avança vers lui en titubant sur ses jambes grêles.

« Ils ont eu peur! lui dit-il d'une voix enrouée et amicale, je leur ai dit : je ne me rendrai pas... J'ai bien fait, n'est-ce pas?... » Puis il s'arrêta en apercevant le pistolet sur la table, s'en empara tout à coup, et s'élança vivement hors de la chambre.

Ghérassime et le dvornik l'avaient suivi pour le désarmer, tandis que Pierre regardait avec pitié et dégoût ce vieillard à moitié fou, qui, la figure contractée, retenait l'arme de toutes ses forces, en criant d'une voix rauque :

« Aux armes! à l'abordage!... Tu mens... tu ne l'auras pas!
— Voyons, calmez-vous, je vous en prie!... Soyez tranquille! » répétait Ghérassime en essayant de le saisir par les coudes et de le pousser dans une chambre.

« Qui es-tu, toi?... Bonaparte?... Va-t'en, misérable!... Ne me touche pas!... As-tu vu cela? criait le fou en brandissant le pistolet.

— Empoigne-le, » murmura Ghérassime au dvornik.

Ils étaient enfin parvenus à le pousser dans le vestibule, lorsqu'un nouveau cri, un cri de femme, perçant et aigu, vint s'ajouter à ceux qu'ils poussaient en l'entraînant, et que dominait toujours la voix rauque de l'ivrogne... et la cuisinière se précipita, d'un air effaré, dans la chambre.

« Oh! mes pères!... Il y en a quatre... quatre à cheval! »

Ghérassime et le dvornik lâchèrent les mains de Makar Alexéïévitch, et l'on entendit dans le corridor, devenu subitement silencieux, un bruit de pas s'approchant de la porte d'entrée.

XXVIII

Pierre, décidé à cacher, jusqu'à l'accomplissement de son projet, son nom, son rang, sa connaissance de la langue française, et à disparaître au besoin à la première apparition de l'ennemi, était resté debout devant la porte. Les Français entrèrent. Pierre, retenu par une invincible curiosité, ne bougea pas.

Ils étaient deux : un officier de haute taille, de belle mine, et un soldat, évidemment son planton, maigre, hâlé, avec des joues creuses, et une figure inintelligente. L'officier, qui boitait, s'avança de quelques pas en s'appuyant sur une canne. Il jeta un coup d'œil autour de lui, et, trouvant sans doute l'appartement à sa guise, il se tourna vers les cavaliers restés à la porte d'entrée, et leur donna l'ordre d'amener les chevaux; puis, retroussant sa moustache d'un air crâne et portant légèrement la main à la visière de son casque, il s'écria gaiement :

« Bonjour la compagnie! » Personne ne lui répondit.

« Vous êtes le bourgeois? » continua-t-il en s'adressant à Ghérassime, qui semblait l'interroger d'un regard inquiet.

« Qouartire.... qouartire.... logement! » répéta l'officier en lui souriant avec bonhomie, et en lui tapant sur l'épaule.

« Les Français sont de bons enfants, que diable! voyons, ne nous fâchons pas, mon vieux.... Ah çà! dites donc, on ne parle pas français dans cette boutique? » demanda-t-il en rencontrant les yeux de Pierre.

Celui-ci fit un pas en arrière. L'officier s'adressa de nouveau au vieux Ghérassime, en lui demandant de lui faire voir les chambres.

« Mon maître pas ici.... moi pas comprendre, » disait Ghérassime en tâchant de s'énoncer aussi distinctement que possible.

Le Français sourit, fit un geste de désespoir à moitié comique, et se dirigea du côté de Pierre, qui allait faire un mouvement pour se reculer, lorsqu'il aperçut dans l'entre-bâillement de la porte Makar Alexéïévitch, le pistolet à la main; avec cette ruse que laisse parfois la folie, il visait tranquillement le Français.

« A l'abordage! » s'écria l'ivrogne en pressant la détente.

A ce cri, le Français se retourna brusquement, et Pierre s'élança sur le fou pour lui arracher son pistolet. Makar Alexéïévitch avait eu le temps de lâcher, de ses doigts tremblants, le coup, qui les assourdit tous, en remplissant la chambre de fumée. L'officier pâlit et se rejeta en arrière, pendant que Pierre, oubliant son intention de ne pas paraître savoir le français, lui demandait avec empressement :

« N'êtes-vous pas blessé?

— Je crois que non, mais je l'ai échappé belle cette fois, répondit celui-ci en se tâtant et en montrant les débris de plâtre détachés du mur. « Quel est cet homme? » ajouta l'officier en regardant Pierre sévèrement.

— Ah! je suis vraiment au désespoir de ce qui vient d'arriver, dit Pierre en oubliant complètement son rôle. C'est un malheureux fou qui ne savait ce qu'il faisait. »

L'officier s'approcha de l'ivrogne et le prit au collet. Makar Alexéïévitch, la lèvre pendante, se balançait lourdement, appuyé à la muraille.

« Brigand, tu me le payeras! lui dit le Français; nous autres, nous sommes cléments après la victoire, mais nous ne pardonnons pas aux traîtres! » ajouta-t-il en faisant un geste énergique.

Pierre, continuant à parler français, le supplia de ne pas tirer vengeance d'un pauvre diable à moitié idiot. L'officier l'écoutait en silence, tout en conservant son air menaçant; enfin il sourit, et, se tournant vers Pierre, qu'il examina quelques secondes, il lui tendit la main avec une bienveillance exagérée.

« Vous m'avez sauvé la vie. Vous êtes Français ! » dit-il.

C'était bien là le langage d'un Français. Un Français seul pouvait accomplir une grande action, et c'en était une sans contredit, et une des plus grandes, que d'avoir sauvé la vie à M. Ramballe, capitaine au 18ᵉ dragons. Malgré tout ce que cette opinion pouvait avoir de flatteur pour lui, Pierre s'empressa de le détromper.

« Je suis Russe, répondit-il rapidement.

— A d'autres, reprit le capitaine en faisant de la main un geste d'incrédulité. Vous me conterez tout cela plus tard.... Charmé de rencontrer un compatriote.... Qu'allons-nous faire de cet homme? » poursuivit-il en s'adressant à Pierre comme à un camarade, car, du moment qu'il l'avait bel et bien proclamé Français, il n'y avait plus rien à répliquer.

Pierre lui expliqua de nouveau qui était Makar Alexéïévitch, comment ce fou lui avait enlevé un pistolet chargé, et il lui réitéra sa prière de ne pas le punir.

« Vous m'avez sauvé la vie ! répéta son interlocuteur en gonflant sa poitrine et en faisant un geste majestueux. Vous êtes Français, vous me demandez sa grâce, je vous l'accorde !... Qu'on emmène cet homme ! » ajouta-t-il, et, s'emparant du bras de Pierre, il entra avec lui dans la chambre.

Les soldats qui étaient entrés au bruit du coup de pistolet se montraient tout prêts à faire justice du coupable, mais le capitaine les arrêta d'un air sévère.

« On vous appellera quand on aura besoin de vous.... allez ! »

Les soldats s'éloignèrent, pendant que le planton, qui avait fait une tournée à la cuisine, s'approchait de son supérieur.

« Capitaine, lui dit-il, ils ont de la soupe et du gigot de mouton, faut-il vous l'apporter?

— Oui, et le vin avec. »

XXIX

Pierre crut de son devoir de renouveler à son compagnon l'assurance qu'il n'était pas Français et voulut se retirer, mais celui-ci était si poli, si aimable, si bienveillant, qu'il n'eut pas le courage de refuser son invitation, et ils s'assirent tous deux au salon, où le capitaine lui assura de son côté, avec force poignées de main, qu'il était lié à lui pour la vie par un sentiment de reconnaissance éternelle, malgré sa singulière idée de vouloir se faire passer pour Russe. S'il avait été doué de la faculté de deviner les pensées secrètes d'autrui, et par conséquent celles de Pierre en ce moment, il l'aurait probablement planté là, mais son manque de pénétration se traduisait par un bavardage intarissable.

« Français ou prince russe incognito, lui dit-il en regardant tour à tour la chemise sale mais fine de Pierre, et la bague qu'il portait au doigt, je vous dois la vie et je vous offre mon amitié; un Français n'oublie jamais ni une insulte ni un service. »

Il y avait tant de bonté, tant de noblesse (du moins au point de vue français) dans l'inflexion de sa voix et dans l'expression de sa figure et de ses gestes, que Pierre lui répondit involontairement par un sourire et serra la main qu'il lui tendait.

« Je suis le capitaine Ramballe, du 13ᵉ dragons, décoré pour l'affaire du 7. Voulez-vous me dire avec qui j'ai l'honneur de causer si agréablement dans ce moment, au lieu d'être à l'ambulance avec la balle de ce fou dans le corps? »

Pierre répondit, en rougissant, qu'il ne pouvait lui donner son nom, et s'ingénia à lui expliquer les motifs qui l'empêchaient de satisfaire sa curiosité.

« De grâce, dit le capitaine en l'interrompant, je comprends vos raisons : vous êtes sans doute officier supérieur, ce n'est pas mon affaire. Je vous dois la vie, cela me suffit, je suis tout à vous. Vous êtes gentilhomme? » ajouta-t-il avec une nuance d'interrogation.

Pierre inclina la tête.

« Votre nom de baptême, s'il vous plaît?... M. Pierre, dites-vous?... Parfait! C'est tout ce que je désire savoir. »

Lorsqu'on eut apporté le mouton, l'omelette, le samovar, avec l'eau-de-vie et le vin que les Français avaient pris dans une cave voisine, Ramballe engagea Pierre à partager son repas, et lui-même se mit aussitôt à l'œuvre en dévorant à belles dents comme un homme affamé et bien portant, en faisant claquer ses lèvres et en accompagnant le tout de joyeuses exclamations : « Excellent! exquis! » Son visage s'était empourpré peu à peu. Pierre, qui était également à jeun, fit honneur au dîner. Morel, le brosseur, apporta une casserole remplie d'eau chaude, dans laquelle il posa une bouteille de vin rouge, et en plaça sur la table une autre qui contenait du kvass; les Français avaient déjà baptisé ce breuvage du nom de : « limonade de cochon ». Morel en faisait un grand éloge, mais comme le capitaine avait du bon vin devant lui, il laissa Morel savourer le kvass tout à son aise. Roulant ensuite une serviette autour de la bouteille de bordeaux, il s'en versa un grand verre et en offrit un également à Pierre. Une fois sa faim apaisée et la bouteille vidée, il reprit la conversation avec un nouvel entrain.

« Oui, mon cher monsieur Pierre, je vous dois une fière chandelle de m'avoir sauvé de cet enragé... J'en ai assez, voyez-vous, de balles dans le corps : tenez, en voilà une... elle me vient de Wagram celle-là, dit-il, en se touchant le côté, et deux que j'ai reçues à Smolensk, continua-t-il en montrant une cicatrice sur sa joue... Et cette jambe, qui ne veut pas marcher? C'est à la grande bataille du 7, à la Moskva, que j'ai eu cet atout. Cré nom, c'était beau! Il fallait voir ça, c'était un déluge de feu. Vous nous avez taillé une rude besogne; vous pouvez vous en vanter, nom d'un petit bonhomme!... Et ma parole, malgré l'atout que j'y ai gagné, je serais prêt à recommencer. Je plains ceux qui n'ont pas vu cela.

— J'y étais, dit Pierre.

— Bah! vraiment! eh bien, tant mieux, vous êtes de fiers ennemis, tout de même. La grande redoute a été tenace, nom d'une pipe, et vous nous l'avez fait crânement payer. J'y suis allé trois fois, tel que vous me voyez. Trois fois nous étions sur les canons, et trois fois on nous a culbutés comme des capucins de cartes. Oh! c'était beau, monsieur Pierre! Vos grenadiers ont été superbes, tonnerre de Dieu! Je les ai vus six fois de suite serrer les rangs, et marcher comme à une revue. Les beaux hommes! Notre roi de Naples, qui s'y connaît, a crié : bravo!... Ah! ah! soldats comme nous autres! ajouta-t-il après un moment de silence... Tant mieux, tant mieux! Terribles à la bataille, galants avec les belles... voilà les Français, n'est-ce pas, monsieur Pierre? ajouta-t-il en clignant de l'œil. La gaieté du capitaine était si naïve, si franche, il était si satisfait de lui-même, que Pierre fut sur le point de répondre à son coup d'œil. Le mot « galants » rappela sans doute au capitaine la situation de Moscou, car il poursuivit : « A propos, est-ce vrai que toutes les femmes ont quitté la ville? Une drôle d'idée : qu'avaient-elles à craindre?

— Est-ce que les dames françaises ne quitteraient pas Paris si les Russes y entraient? demanda Pierre.

— Ah! ah!... répondit le Français en éclatant de rire et en lui tapant sur l'épaule. Ah! elle est forte, celle-là! Paris... mais Paris, Paris...

— Paris est la capitale du monde? » reprit Pierre en achevant la phrase commencée.

Les yeux souriants du capitaine se fixèrent sur lui.

« Eh bien, si vous ne m'aviez pas dit que vous êtes Russe, j'aurais parié que vous étiez Parisien. Vous avez ce je ne sais quoi, ce...

— J'ai été à Paris, j'y ai passé plusieurs années, reprit Pierre.

— Oh! cela se voit bien... Paris!... Mais un homme qui ne connaît pas Paris est un sauvage. Un Parisien, ça se sent à deux lieues! Paris, c'est Talma, la Duchesnois, Pottier, la Sorbonne, les boulevards... » S'apercevant que sa conclusion ne répondait pas au début de son discours, il s'empressa d'ajouter : « Il n'y a qu'un Paris au monde! Vous avez été à Paris et vous êtes resté Russe? Eh bien! je ne vous en estime pas moins. » Sous l'influence du vin et après les quelques jours de solitude qu'il avait passés en tête-à-tête avec ses sombres méditations, Pierre ressentait involontairement un véritable plaisir à causer avec ce gai compagnon.

« Pour en revenir à vos dames, on les dit bien belles! Quelle fichue idée d'aller s'enterrer dans les steppes, quand l'armée française est à Moscou! Quelle chance elles ont manquée, celles-là! Vos moujiks, je ne dis pas, mais vous autres, gens civilisés, vous devriez nous connaître mieux que ça. Nous avons pris Vienne, Berlin, Madrid, Naples, Rome, Varsovie, toutes les capitales du monde... On nous craint, mais on nous aime! Nous sommes bons à connaître... Et puis l'Empereur... » Mais Pierre l'interrompit en répétant :

« L'Empereur... d'un air triste et embarrassé. Est-ce que l'Empereur...?

— L'Empereur, c'est la générosité, la clémence, la justice, le génie... voilà l'Empereur! C'est moi, Ramballe, qui vous le dis. Tel que vous me voyez, j'étais son ennemi il y a encore huit ans. Mon père était comte et émigré... Mais il m'a vaincu cet homme, il m'a empoigné! Je n'ai pas pu résister en voyant la grandeur et la gloire dont il couvrait la France. Quand j'ai compris ce qu'il voulait, quand j'ai vu qu'il nous faisait une litière de lauriers, voyez-vous, je me suis dit : voilà un Souverain, et je me suis donné à lui… Et voilà ! Oh oui, mon cher, c'est le plus grand homme des siècles passés et à venir !

— Est-il à Moscou ? demanda Pierre avec hésitation, du ton d'un coupable.

— Non, il fera son entrée demain, » répondit le Français en reprenant son récit [1].

Leur entretien fut interrompu à ce moment par un bruit de voix à la porte cochère et par l'entrée de Morel, qui venait annoncer à son capitaine que les hussards wurtembergeois tenaient à mettre leurs chevaux dans la cour avec les siens. La cause de la dispute provenait de ce qu'on ne parvenait pas à s'entendre. Ramballe fit aussitôt venir le maréchal des logis, et lui demanda d'un ton sévère à quel régiment il appartenait et comment il osait s'emparer d'un logement déjà occupé. L'Allemand lui donna le nom de son régiment et celui de son colonel, et comme il comprenait fort peu le français et pas du tout la dernière question que Ramballe lui avait adressée, il se lança dans un discours allemand émaillé de mots d'un français problématique, destiné à expliquer qu'il était le fourrier du régiment, et que son chef lui avait ordonné de marquer leurs logements dans les maisons de cette rue. Pierre, qui savait l'allemand, leur servit à tous deux d'interprète : le Wurtembergeois se laissa persuader et emmena ses hommes.

Lorsque le capitaine, qui était sorti un moment pour donner un ordre, revint reprendre sa place, il trouva Pierre accoudé, la tête appuyée sur la main ; son visage exprimait la souffrance, et, quelque douloureuse et amère que fût pour lui la situation présente, il souffrait véritablement, non pas de ce que Moscou était pris et de ce que ses heureux vainqueurs s'y installaient comme chez eux, en le couvrant même de leur protection, mais de la conscience de sa propre faiblesse. Quelques verres de bon vin, quelques paroles échangées avec ce bon garçon, avaient suffi pour chasser de son esprit l'humeur sombre et concentrée qui l'avait dominé si complètement ces jours derniers, et dont il avait besoin pour exécuter son projet. Le déguisement, le poignard étaient prêts. Napoléon faisait son entrée le lendemain ; l'assassinat du « brigand » était un acte aussi utile et aussi héroïque aujourd'hui qu'hier, mais Pierre ne se sentait plus capable de l'accomplir. Pourquoi ? Il n'au-

---

[1]. En français dans le texte. (*Note du trad.*)

rait pu le dire, mais il sentait confusément que la force lui manquait, et que toutes ses rêveries de vengeance, de meurtre, de sacrifice personnel s'étaient évanouies en fumée au contact du premier venu. Le bavardage du Français, qui l'avait amusé jusque-là, lui devint odieux. Sa démarche, ses gestes, sa moustache qu'il frisait, la chanson qu'il sifflotait entre ses dents, tout le froissait : « Je vais m'en aller, je ne lui parlerai plus, » se dit Pierre, et, tout en se disant cela, il restait immobile. Un étrange sentiment de faiblesse l'enchaînait à sa place ; il voulait et ne pouvait se lever. Le capitaine, au contraire, rayonnait d'entrain : il se promenait de long en large dans la chambre, ses yeux brillaient, il souriait à quelque pensée drôlatique.

« Charmant, dit-il, le colonel de ces Wurtembergeois! un brave garçon s'il en fut, mais... c'est un Allemand. »

Il s'assit en face de Pierre.

« A propos, vous savez donc l'allemand, vous? »

Pierre le regarda sans répondre.

« Les Allemands sont de fières bêtes, n'est-ce pas, monsieur Pierre?... Encore une bouteille de ce bordeaux moscovite. Morel va nous en chauffer une petite bouteille. »

Morel plaça sur la table la bouteille demandée et des bougies, à la lueur desquelles le capitaine remarqua la figure décomposée de son compagnon. Poussé par une cordiale sympathie, il se rapprocha de Pierre.

« Eh bien, nous sommes triste? dit-il en lui prenant la main. Vous aurais-je fait de la peine? Avez-vous quelque chose contre moi ? »

Pierre lui répondit par un regard affectueux qui exprimait combien il était sensible à sa sympathie.

« Parole d'honneur, sans parler de ce que je vous dois, j'ai de l'amitié pour vous. En quoi puis-je vous être bon? Disposez de moi... C'est à la vie, à la mort, lui dit-il en se frappant la poitrine.

— Merci, lui répondit Pierre.

— Eh bien, alors je bois à notre amitié, » s'écria le capitaine en versant deux verres de vin.

Pierre prit le sien et l'avala d'un trait. Ramballe suivit son exemple, lui serra encore une fois la main et s'accouda avec mélancolie.

« Oui, mon cher ami, commença-t-il, voilà les caprices de la fortune. Qui m'aurait dit que je serais soldat et capitaine de dragons au service de Bonaparte, comme nous l'appelions jadis... Et cependant me voilà à Moscou avec lui! Il faut vous dire, mon cher, poursuivit-il de la voix triste et calme d'un homme qui se prépare à entamer un long récit, que notre nom est l'un des plus anciens de France... » Et le capitaine raconta à Pierre, avec un naïf laisser-aller frisant la jactance, l'histoire de ses ancêtres, les principaux événements de son enfance, de son adolescence et de son âge mûr, sans rien omettre de ses relations de famille et de parenté : « Mais tout cela, ce n'est que le petit côté de la vie : le fond, c'est l'amour... L'amour! n'est-ce pas, monsieur Pierre?... Allons, encore un verre! » ajouta-t-il en s'animant.

Pierre avala le second verre et s'en versa un troisième.

« Oh! les femmes, les femmes! » ajouta le capitaine, dont les yeux devinrent langoureux au souvenir de ses aventures galantes; à l'entendre, il en avait eu beaucoup, et son air conquérant, sa jolie figure et l'exaltation avec laquelle il parlait du beau sexe, pouvaient faire croire à sa véracité. Bien que ses confidences eussent ce caractère licencieux qui, aux yeux des Français, constitue toute la poésie de l'amour, il s'y livrait avec une conviction si réelle, et prêtait tant de séduction aux femmes, qu'il semblait avoir été le seul à en subir l'attrait.

Pierre l'écoutait avec curiosité. Il était évident que l'amour, tel que le Français le comprenait, n'était pas l'amour sensuel que Pierre avait éprouvé jadis pour sa femme, ni le sentiment romanesque qu'il nourrissait pour Natacha. (Deux sortes d'amour également méprisées par Ramballe : « L'un, disait-il, est bon pour les charretiers, et l'autre pour les imbéciles ».) Le plus grand charme de l'amour pour lui consistait en combinaisons étranges et en situations hors nature.

Le capitaine raconta ainsi le dramatique épisode de la double passion qu'il avait éprouvée pour une séduisante marquise de trente-cinq ans, et pour son innocente enfant de dix-sept. Elles avaient lutté de générosité, et cette lutte avait fini par le sacrifice de la mère, qui avait offert sa fille comme femme à son amant. Ce souvenir, quoique bien lointain, remuait encore le capitaine. Un second épisode fut celui d'un mari jouant le rôle de l'amant, tandis que lui, l'amant, remplissait celui du mari. Ce fut ensuite le tour de quelques anecdotes comiques sur son séjour en Allemagne, où les maris mangent trop de choucroute et où les jeunes filles sont trop blondes. Puis vint son dernier roman, en Pologne, dont l'impression était encore toute fraîche dans son cœur, à en juger par l'expression de sa physionomie animée, lorsqu'il se mit à décrire la reconnaissance d'un seigneur polonais auquel il avait sauvé la vie (ce détail revenait à tout propos dans les gasconnades du capitaine). Ce mari lui avait confié sa ravissante femme, Parisienne de cœur, dont il était obligé de se séparer pour entrer au service de la France. Ramballe était sur le point d'être heureux, car la jolie Polonaise consentait à fuir avec lui, mais, mû par un sentiment chevaleresque, il avait rendu la femme au mari, en lui disant : « Je vous ai sauvé la vie, maintenant je vous sauve l'honneur ! » En citant cette phrase, il passa la main sur ses yeux, et tressaillit comme pour chasser l'émotion qui le gagnait.

Pierre, qui subissait l'influence du vin et de l'heure avancée de la soirée, retrouvait dans sa mémoire, en écoutant avec attention les récits du capitaine, toute la série de ses souvenirs personnels. Son amour pour Natacha se représenta tout à coup devant lui en une suite de tableaux qu'il comparait à ceux de Ramballe. Lorsque ce dernier lui décrivit la lutte de l'amour et du devoir, Pierre revit les moindres détails de sa dernière entrevue avec l'objet de son affection, entrevue qui sur le moment, il faut bien le dire, ne lui avait produit aucune impression ; il l'avait même oubliée, mais aujourd'hui il y trouvait un côté poétique des plus significatifs : « Pierre Kirilovitch, venez ici, je vous ai reconnu ! » Il lui sembla entendre sa voix, voir ses yeux, son sourire, le petit capuchon de voyage, la mèche de cheveux soulevée par le vent : cette vision le toucha et l'attendrit profondément. Lorsque le capitaine eut fini de décrire les charmes de sa Polonaise, il demanda à Pierre s'il avait sacrifié aussi l'amour au devoir, et s'il avait été jamais jaloux des droits d'un mari. Pierre releva la tête, et, entraîné par le besoin de s'épancher, il lui expliqua que sa manière de voir sur l'amour était toute différente de la sienne ; que de toute sa vie il n'avait aimé qu'une femme, et que cette femme ne pourrait jamais lui appartenir !

« Tiens ! » fit le capitaine.

Pierre lui confia comment il l'avait aimée depuis sa plus tendre enfance, sans oser penser à elle, parce qu'elle était trop jeune, et qu'il était un enfant naturel sans nom et sans fortune, et comment, depuis qu'il avait eu une fortune et un nom, il l'aimait si violemment, et la plaçait si haut au-dessus du monde entier, et par conséquent de lui-même, qu'il lui paraissait impossible de se faire aimer d'elle. Pierre s'interrompit à cet endroit de sa confession pour demander au capitaine s'il le comprenait. Le capitaine haussa les épaules et l'engagea à continuer.

« L'amour platonique! les nuages!... » marmotta-t-il.

Était-ce le vin, le besoin d'une effusion ou la certitude que cet homme ne connaîtrait jamais les personnages dont il lui parlait, qui l'amena à lui ouvrir son cœur? Le fait est qu'il lui raconta son histoire tout entière, la langue épaisse, les yeux dans le vague, et qu'il y ajouta celles de son mariage, de l'amour de Natacha pour son meilleur ami, de sa trahison et de leurs rapports encore si peu définis. Et même, pressé peu à peu de questions par Ramballe, il finit par lui avouer sa position dans le monde et jusqu'à son nom. Ce qui frappa le plus le capitaine dans ce long récit, ce fut d'apprendre que Pierre était propriétaire à Moscou de deux riches palais qu'il avait abandonnés, pour rester en ville sous un déguisement.

La nuit, tiède et claire, était déjà fort avancée lorsqu'ils sortirent ensemble. On apercevait à gauche les premières lueurs de l'incendie qui devait dévorer Moscou. A droite, très haut dans le ciel, brillait la nouvelle lune, à laquelle faisait face, à l'autre extrémité de l'horizon, la lumineuse comète, dont Pierre rattachait, dans son âme, la mystérieuse apparition à son amour pour Natacha. Ghérassime, la cuisinière et les deux Français se tenaient devant la porte cochère : on entendait leurs éclats de rire et le bruit des conversations qu'ils échangeaient dans deux langues étrangères l'une à l'autre. Leur attention se portait sur les lueurs qui grandissaient à l'horizon, bien qu'il n'y eût encore rien de menaçant dans ces flammes si éloignées. En contemplant le ciel étoilé, la lune, la comète, la clarté de l'incendie, Pierre éprouva un attendrissement indicible. « Que c'est beau! se dit-il. Que faut-il de plus? » Mais soudain il se rappela son projet, il eut un vertige, et il serait infailliblement tombé, s'il ne s'était retenu à la palissade. Il quitta aussitôt, à pas chancelants, son nouvel ami, sans même prendre congé de lui, et, rentrant dans sa chambre, il s'étendit sur le canapé et s'endormit profondément.

XXX

La lueur du premier incendie du 2 septembre fut aperçue de plusieurs côtés à la fois, et produisit des effets tout différents sur les habitants qui s'enfuyaient et sur les troupes forcées de se replier. A cause des nombreux objets qu'ils avaient oubliés et qu'ils envoyaient successivement chercher, à cause aussi de l'encombrement de la route, les Rostow n'avaient pu quitter Moscou que dans l'après-midi ; ils furent donc obligés de coucher à cinq verstes de la ville. Le lendemain, réveillés assez tard dans la matinée et rencontrant à tout moment de nouveaux obstacles sur leur chemin, ils n'arrivèrent qu'à dix heures du soir au village de Bolchaïa-Mytichtchi, où la famille et les blessés s'établirent dans les isbas des paysans. Une fois leur service fait, les domestiques, les cochers, les brosseurs des officiers blessés, soupèrent, donnèrent à manger aux chevaux, et se réunirent dans la rue. Dans une de ces isbas se trouvait l'aide de camp de Raïevsky ; comme il avait le poignet brisé, et qu'il éprouvait d'intolérables souffrances, ses gémissements résonnaient d'une façon lugubre dans les ténèbres de cette nuit d'automne. La comtesse Rostow, qui avait été sa voisine à la couchée précédente, n'avait pu fermer l'œil : aussi avait-elle choisi cette fois une autre isba, pour être plus loin du malheureux blessé. L'un des domestiques remarqua tout à coup une seconde lueur à l'horizon ; ils avaient déjà aperçu la première et l'avaient attribuée aux cosaques de Mamonow, qui, d'après eux, auraient mis le feu au village de Malaïa-Mytichtchi.

« Regardez donc, camarades, voilà un autre incendie, » dit-il.

Tous se retournèrent.

« Mais oui... On dit que ce sont les cosaques de Mamonow qui ont mis le feu.

— Pas du tout, ce n'est pas ce village, c'est plus loin, on dirait que c'est à Moscou. »

Deux des domestiques firent le tour de la voiture qui leur masquait l'horizon, et s'assirent sur le marchepied.

« C'est plus à gauche... vois-tu la flamme qui se balance ?... Ça, mes amis, c'est à Moscou que ça brûle ! »

Personne ne releva l'observation, et ils continuèrent à regarder ce nouveau foyer, qui s'étendait de plus en plus. Daniel, le vieux valet de chambre du comte, s'approcha du groupe et appela Michka.

« Que regardes-tu, mauvaise tête ?... Le comte appellera et il n'y aura personne... Va vite ranger ses habits.

— Mais je suis venu chercher de l'eau.

— Qu'en pensez-vous, Daniel Térentitch, n'est-ce pas à Moscou ? »

Daniel Térentitch ne répondit rien, et chacun continua à se [tai]re; la flamme ondulait avec une nouvelle force et gagnait de [pr]oche en proche.

« Que le bon Dieu ait pitié de nous!... Le vent, la sécheresse... dit une voix.

— Ah! Seigneur! vois donc comme ça augmente!... On [ap]erçoit même les corbeaux. Que le Seigneur ait pitié de nous, [pa]uvres pécheurs!

— N'aie pas peur, on l'éteindra.

— Qui donc l'éteindra? demanda tout à coup Daniel Térent[it]ch d'une voix grave et solennelle : oui, c'est bien Moscou [qui] brûle, mes amis, c'est elle, notre mère aux murailles blan[ch]es. »

Un sanglot brisa sa voix, et alors, comme si on n'attendait [que] cette triste certitude pour comprendre la terrible significa[ti]on de cette lueur qui rougissait l'horizon, des prières et des [so]upirs éclatèrent de toutes parts.

XXXI

Le vieux valet de chambre alla prévenir le comte que Moscou [brû]lait; celui-ci passa sa robe de chambre, et alla s'assurer du [fai]t, en compagnie de Sonia et de Mme Schoss, qui ne s'étaient [pa]s encore déshabillées. Natacha et sa mère restèrent seules [da]ns la chambre. Pétia les avait quittées le matin même pour [s'e]n aller avec son régiment du côté de Troïtsk. La comtesse [se] mit à pleurer à la nouvelle de l'incendie de Moscou, tandis [qu]e Natacha, les yeux fixes, assise sur le banc, dans le coin des [im]ages, n'avait fait aucune attention aux paroles de son père; [in]volontairement elle prêtait l'oreille aux plaintes du malheu[re]ux aide de camp blessé, qui lui parvenaient distinctement, [qu]oiqu'elle en fût éloignée de trois ou quatre maisons.

« Ah! l'horrible spectacle! s'écria Sonia en rentrant épou[va]ntée... Je crois que tout Moscou brûle... la lueur est énorme... [Re]garde, Natacha, on la voit d'ici. »

Natacha se tourna du côté de Sonia sans avoir l'air de la [co]mprendre, et fixa de nouveau ses yeux dans l'angle du poêle. [Ell]e était tombée dans cette espèce de léthargie depuis le [ma]tin, depuis le moment où Sonia, à l'étonnement et au grand ennui de la comtesse, avait cru nécessaire de lui annoncer la présence du prince André parmi les blessés, ainsi que la gravité de son état. La comtesse s'était emportée contre Sonia comme elle ne l'avait jamais fait de sa vie. Celle-ci, tout en larmes, avait imploré son pardon et redoublait de soins auprès de sa cousine comme pour effacer sa faute.

« Vois donc, Natacha, comme ça brûle.

— Qu'est-ce qui brûle? demanda Natacha... Ah oui! Moscou! » Et, afin de se débarrasser de Sonia sans cependant l'offenser, elle avança la tête vers la fenêtre, et reprit aussitôt sa première position.

« Mais tu n'as rien vu!

— J'ai tout vu, au contraire, je t'assure, » dit-elle d'une voix suppliante, qui semblait demander qu'on la laissât en repos.

La comtesse et Sonia comprirent que rien en ce moment ne pouvait avoir d'intérêt pour elle.

Le comte se retira derrière la cloison et se coucha. La comtesse s'approcha de sa fille, lui tâta la tête avec le revers de la main, comme elle avait l'habitude de le faire quand elle était malade, et posa ses lèvres sur son front, pour voir si elle avait de la fièvre.

« Tu as froid, lui dit-elle en l'embrassant. Tu trembles, tu devrais te coucher.

— Me coucher? Ah oui! je vais me coucher tout à l'heure, » répondit-elle.

Lorsque Natacha avait appris que le prince André était grièvement blessé et qu'il voyageait avec eux, elle avait fait questions sur questions pour savoir comment et quand c'était arrivé, et si elle pouvait le voir. On lui répondit que c'était impossible, que sa blessure était grave, mais que sa vie n'était pas en danger. Convaincue alors que, malgré toutes ses instances, on ne lui répondrait rien de plus, elle s'était tue, était restée immobile dans le fond de la voiture, comme elle l'était en ce moment sur le banc, dans le coin de la chambre. A voir ses yeux grands ouverts et fixes, la comtesse devina, comme elle en avait fait souvent l'expérience, que sa fille roulait dans sa tête quelque projet; la décision inconnue qu'elle allait prendre l'inquiétait au plus haut degré.

« Natacha, mon enfant, déshabille-toi, viens te coucher sur mon lit. »

(La comtesse seule en avait un : Mme Schoss et les jeunes filles couchaient sur du foin.)

« Non, maman, je me coucherai là, par terre, » répondit Natacha avec un mouvement d'impatience, et, s'approchant de la fenêtre, elle l'ouvrit.

Les plaintes du blessé se faisaient toujours entendre ; elle passa la tête hors de la fenêtre, dans l'air humide de la nuit, et sa mère s'aperçut que sa poitrine était secouée par des sanglots convulsifs. Natacha savait que celui qui souffrait ainsi n'était pas le prince André, elle savait aussi que ce dernier était couché dans l'isba contiguë à la leur, mais ces plaintes incessantes lui arrachaient des larmes involontaires. La comtesse échangea un regard avec Sonia.

« Viens, couche-toi, mon enfant, répéta-t-elle en lui touchant légèrement l'épaule.

— Oui, tout de suite, » répondit Natacha en se déshabillant à la hâte et en arrachant, pour aller plus vite, les cordons de ses jupons.

Après avoir passé sa camisole, elle s'assit par terre sur le lit qui avait été préparé, et, jetant ses cheveux par-dessus son épaule, elle commença à les tresser. Tandis que de ses doigts fluets elle défaisait et refaisait rapidement sa natte, et que sa tête se balançait machinalement à chacun de ses mouvements, ses yeux, dilatés par la fièvre, regardaient fixement dans le vague. Sa toilette de nuit achevée, elle se laissa doucement tomber sur le drap qui recouvrait le foin.

« Natacha, couche-toi au milieu.

— Non, reprit-elle, couchez-vous, je reste où je suis... » Et elle enfouit sa tête dans l'oreiller.

La comtesse, Sonia et Mme Schoss se déshabillèrent vivement. Bientôt la pâle clarté d'une veilleuse éclaira seule la chambre : au dehors, l'incendie du village, situé à deux verstes, illuminait l'horizon ; des clameurs confuses partaient du cabaret voisin et de la rue, tandis que l'aide de camp continuait à gémir. Natacha écouta longtemps tous ces bruits, en s'abstenant toutefois de faire le moindre mouvement. Elle entendit sa mère prier et soupirer, le lit crier sous son poids, le ronflement sifflant de Mme Schoss, la respiration paisible de Sonia. A un certain moment, la comtesse appela sa fille, mais Natacha ne lui répondit pas.

« Maman, je crois qu'elle dort, » dit tout bas Sonia.

La comtesse l'appela encore après quelques minutes de silence, mais cette fois Sonia ne répondit plus, et bientôt après Natacha put reconnaître à la respiration égale de sa mère, qu'elle s'était endormie. Elle ne bougea pas, quoique son petit pied nu, qui sortait de temps à autre de dessous le drap, frissonnât au contact froid du plancher. Le cri strident du grillon se fit entendre dans les fissures des poutres : il semblait fier de veiller, alors que tout le monde dormait. Un coq chanta dans le lointain ; un autre lui répondit tout à côté, les cris cessèrent dans le cabaret, mais les plaintes du blessé ne cessèrent pas.

Dès que Natacha avait su que le prince André les suivait, elle avait résolu d'avoir une entrevue avec lui ; tout en la jugeant indispensable, elle pressentait qu'elle serait pénible. L'espérance de le voir l'avait soutenue toute la journée, mais, le moment venu, une terreur sans nom s'empara d'elle. Etait-il défiguré ou tel qu'elle se figurait le blessé dont les gémissements la poursuivaient? Oui, ce devait être ainsi, car dans son imagination ces cris déchirants se confondaient avec l'image du prince André. Natacha se souleva.

« Sonia, tu dors? Maman? » murmura-t-elle.

Pas de réponse. Elle se leva alors tout doucement, se signa et, posant légèrement sur le plancher son pied cambré et flexible, elle glissa sur les planches malpropres, qui crièrent sous sa pression, et s'élança avec l'agilité d'un jeune chat jusqu'à la porte, où elle se cramponna au loquet. Il lui semblait que les cloisons de l'isba retentissaient de coups frappés en mesure, tandis que c'était son pauvre cœur qui battait à se rompre, de frayeur et d'amour. Elle ouvrit la porte, franchit le seuil, et toucha de la plante du pied le sol humide de l'entrée couverte qui séparait les deux maisons. La sensation du froid la ranima, elle effleura de son pied déchaussé un homme qui dormait, et ouvrit la porte de l'isba où couchait le prince André. Il y faisait sombre : derrière le lit placé dans un angle, et sur lequel se dessinait une forme vague, brûlait sur un banc une chandelle, dont le suif, en coulant, avait formé à l'entour comme un chaperon. Lorsqu'elle entrevit devant elle cette forme indécise, dont les pieds relevés sous la couverture lui parurent être les épaules, elle crut voir quelque chose de si monstrueux, qu'elle s'arrêta épouvantée, mais elle avança, poussée par une force irrésistible. Marchant avec précaution, elle arriva au milieu de l'isba, qui était encombrée d'effets de toute sorte ; dans le coin, au-dessous des images, un homme était étendu sur un banc, c'était Timokhine, également blessé à Borodino ; le docteur et le valet de chambre étaient couchés par erre. Le valet de chambre se souleva en murmurant quelques mots. Timokhine, souffrant d'une blessure au pied, ne dormait pas, et fixait ses yeux écarquillés sur l'étrange apparition de la jeune fille en camisole et en bonnet de nuit. Les quelques paroles indistinctes et effrayées qu'il prononça : « Qu'y a-t-il ? Qui va là ? » firent presser le pas à Natacha, et elle se trouva devant l'objet qui causait son épouvante. Quelque terrible que fût être l'aspect de ce corps, il fallait qu'elle le vît. En ce moment, une lumière plus vive jaillit de la chandelle fumeuse, et elle aperçut distinctement le prince André, les mains étendues sur la couverture, tel qu'elle l'avait toujours connu. Cependant son teint animé par la fièvre, ses yeux brillants fixés sur elle avec exaltation, son cou délicat comme celui d'un enfant, ressortant du col rabattu de la chemise, lui donnaient une apparence de jeunesse et de candeur qu'elle ne lui connaissait pas. Elle s'approcha vivement de lui, et d'un mouvement rapide, souple et gracieux elle se jeta à genoux. Il sourit et lui tendit la main.

XXXII

Sept jours avaient passé sur la tête du prince André depuis qu'il était revenu à lui dans l'ambulance après l'opération. La fièvre et l'inflammation des intestins, qui avaient été déchirés par un éclat d'obus, devaient, au dire du médecin, l'emporter en rien de temps; aussi ce dernier fut-il tout surpris de le voir, le septième jour, manger avec plaisir quelques bouchées de pain, et d'avoir à constater une diminution de l'état inflammatoire. Le prince André avait complètement repris connaissance. La nuit qui suivit le départ de Moscou était accablante, et on l'avait laissé dans sa calèche; une fois arrivé au village, le blessé avait lui-même demandé à être porté dans une maison, et à boire du thé, mais la souffrance que lui avait fait éprouver le court trajet de la voiture à l'isba avait provoqué chez lui un nouvel évanouissement. Lorsqu'on l'eut couché sur son lit de camp, il resta longtemps immobile, les yeux fermés..., puis il les ouvrit et redemanda du thé. Il se souvenait des moindres détails de la vie, ce qui étonna le docteur : il lui tâta le pouls et le trouva plus régulier, à son grand regret; car il savait par expérience que le prince André était irrévocablement condamné : la prolongation de ses jours ne pouvait que lui causer de nouvelles et atroces douleurs, dont le terme serait quand même la mort. On lui apporta un verre de thé, qu'il but avec avidité, pendant que ses yeux brillants, toujours fixés sur la porte, essayaient de ressaisir un souvenir confus :

« Je n'en veux plus. Timokhine est-il là ? »

Celui-ci se traîna jusqu'à lui sur son banc.

« Me voici, Excellence.

— Comment va ta blessure ?

— La mienne ? oh ! ce n'est rien ; mais vous, comment vous sentez-vous ? »

Le prince André resta pensif, comme s'il cherchait à trouver ce qu'il voulait dire.

« Ne pourrait-on me procurer un livre ? demanda-t-il.

— Quel livre ?

— L'Évangile, je ne l'ai pas. »

Le docteur lui promit un Évangile et le questionna sur son état. Ses réponses, faites à contre-cœur, étaient tout à fait lucides. Il demanda qu'on lui glissât un petit coussin sous les reins pour alléger ses angoisses. Le docteur et le valet de chambre soulevèrent un pan du manteau qui le couvrait et examinèrent l'horrible plaie, dont l'odeur fétide leur soulevait le cœur. Cette inspection mécontenta le docteur : il refit le pansement, retourna le malade, qui s'évanouit de nouveau, et le délire le reprit ; il insistait pour qu'on lui apportât le livre et qu'on le plaçât sous lui.

« Qu'est-ce que cela vous coûte ? répéta-t-il d'une voix plaintive : donnez-le-moi, mettez-le là, ne fût-ce que pour un instant. »

Le docteur sortit de la chambre pour se laver les mains.

« Mon Dieu ! dit-il au valet de chambre qui lui versait de l'eau, comment peut-il supporter cette atroce douleur ! »

Pour la première fois, le prince André avait repris ses sens, retrouvé ses souvenirs, et compris son état, au moment où sa calèche s'était arrêtée au village de Mytichtchi ; mais, la souffrance occasionnée par son transport dans l'isba ayant de nouveau troublé ses idées, elles ne s'éclaircirent que lorsqu'on lui eut donné du thé ; sa mémoire lui retraça alors les derniers incidents par lesquels il avait passé, et il se souvint surtout des mirages de félicité mensongère qu'il avait entrevus à l'ambulance, pendant qu'il assistait aux tortures endurées par l'homme qu'il détestait. Les mêmes pensées confuses et indécises s'emparèrent de nouveau de son cœur, l'impression d'un

bonheur ineffable le pénétra, et il sentait qu'il ne trouverait
bonheur que dans cet Évangile qu'il réclamait avec tant
insistance. Les douleurs du pansement, et les mouvements
qu'il fut obligé de faire en changeant de position, provoquèrent
nouvel évanouissement, et il ne reprit connaissance que
vers le milieu de la nuit. Tous dormaient autour de lui. Il
entendait le cri-cri du grillon de l'isba voisine ; une voix avinée
chantait dans la rue ; les blattes couraient en bruissant sur
la table, sur les images, sur les cloisons, et une grosse mouche
se heurtait en bourdonnant à la chandelle qui coulait.

L'homme en bonne santé a la faculté de réfléchir, de sentir,
de se souvenir de mille choses à la fois, comme de choisir
certaines pensées et certains faits, sur lesquels il fixe de
préférence son attention. Il sait, au besoin, s'arracher à une
préoccupation profonde, pour accueillir poliment celui qui
aborde, et reprendre ensuite le cours de ses réflexions ; mais
l'âme du prince André n'était pas dans cet état normal. Bien
que ses forces morales fussent devenues plus actives et plus
pénétrantes que par le passé, elles agissaient cependant sans
la participation de sa volonté. Les idées et les visions les plus
diverses envahissaient tour à tour son esprit : pendant quelques
minutes sa pensée travaillait avec une précision et une profondeur qu'elle n'aurait jamais eues s'il avait été valide, et tout à
coup des images fantastiques et imprévues brisaient impitoyablement le tissu de ce travail, que sa faiblesse l'empêchait de
reprendre.

« Oui, un bonheur nouveau s'est révélé à moi, pensait-il
en plongeant son regard brillant de fièvre dans la pénombre
de la tranquille isba, un bonheur que rien ne saurait désormais m'enlever, un bonheur indépendant de toute influence
matérielle : celui de l'âme seule, celui de l'amour ! Chacun peut
le comprendre, mais Dieu seul a le pouvoir de le donner aux
hommes. D'où vient qu'il a fait cette loi d'amour ? Pourquoi
ce fils... » Soudain le fil de ses idées se rompit, et (était-ce délire
ou réalité ?) il crut entendre une voix qui chantonnait sans
trêve à son oreille.

A ce chuchotement confus, il sentait jaillir de son visage
comme un édifice de fines aiguilles et de légers copeaux, et
il essayait, en conservant avec soin son équilibre, d'arrêter
la chute de cette construction aérienne, qui disparaissait de
temps à autre pour s'élever de nouveau au rythme cadencé
de cet indéfinissable murmure. « Elle s'élève, je la vois ! »

se disait-il, et, sans la quitter des yeux, il apercevait, p[ar] échappée, la flamme rouge de la chandelle à demi consum[ée] et il entendait le bruit des blattes qui couraient sur le pla[n]cher, et le bourdonnement de la grosse mouche qui se jet[ait] sur son oreiller. Chaque fois que la mouche touchait son v[i]sage, elle le brûlait comme un fer rouge, et il se demand[ait] avec surprise comment, en le heurtant de son aile, elle [ne] faisait pas écrouler l'étrange édifice d'aiguilles et de copea[ux] qui se jouait sur sa figure!... Et là-bas, près de la por[te,] quelle était cette forme menaçante, ce sphinx immobile q[ui] lui aussi, l'étouffait?... « N'est-ce pas plutôt un morceau [de] linge blanc qu'on a laissé sur la table? Mais pourquoi alo[rs] tout s'étend-il et tout remue-t-il autour de moi? Pourquoi t[ou]jours cette même voix qui chante en mesure? » repren[ait] avec angoisse le malheureux blessé..., et tout à coup ses p[en]sées et ses sensations lui revenaient plus nettes et plus pu[is]santes que jamais.

« Oui, oui, l'amour!... Non l'amour égoïste, mais l'amo[ur] tel que je l'ai éprouvé pour la première fois de ma vie, lorsq[ue] j'ai aperçu à mes côtés mon ennemi mourant, et que je l'[ai] aimé quand même!... C'est l'essence même de l'âme, qui [ne] s'en tient pas à un seul objet d'affection, c'est ce que je ress[ens] aujourd'hui!... Aimer son prochain, aimer ses ennemis, aim[er] tous et chacun, c'est aimer Dieu dans toutes ses manifest[a]tions!... Aimer un être qui nous est cher, c'est de l'amo[ur] humain, mais aimer son ennemi, c'est presque de l'amo[ur] divin!... C'était là la cause de ma joie, lorsque j'ai découve[rt] que j'aimais cet homme... Mais où est-il? Vit-il encore[?] L'amour humain dégénère en haine, mais l'amour divin [est] éternel!... Combien de gens n'ai-je pas haï dans ma vie? N'est-ce pas elle que j'ai le plus aimée et le plus détestée?... Et il revit Natacha, non plus avec le cortège de ses charm[es] extérieurs : c'était dans son âme qu'il pénétrait, c'était s[on] âme dont il comprenait enfin les souffrances, la honte et [le] repentir; c'était sa cruauté, à lui, qu'il se reprochait, po[ur] avoir rompu avec elle... « Si je pouvais au moins la voir, [si] je pouvais voir encore une fois ses yeux et lui exprimer... O[h!] la mouche qui me frappe! » Et son imagination se transpor[tait] de nouveau dans ce monde d'hallucinations et de réalités où [il] entrevoyait, comme dans un nuage, l'édifice qui s'élevait to[u]jours au-dessus de sa figure, la chandelle qui brûlait entour[ée] de son cercle rouge, et le sphinx qui se tenait près de la por[te.]

A ce moment il entendit un léger bruit, il aspira un courant d'air frais, et une autre forme blanche, un second sphinx, apparut sur le seuil de l'isba : son visage était pâle et ses yeux brillaient comme ceux de Natacha. « Oh! que ce délire me fatigue! » se disait le prince André en essayant de chasser loin de lui cette vision. Cependant la vision était toujours là, elle s'avançait, elle semblait réelle! Le prince André fit un effort surhumain pour se rendre un compte exact de ce qu'il voyait, mais le délire était toujours le plus fort. Le susurrement de la voix continuait en cadence; il sentait peser quelque chose sur sa poitrine, et l'étrange figure le regardait toujours. Réunissant toutes ses forces pour reprendre ses sens, il fit un mouvement, ses oreilles tintèrent, sa vue se troubla, et il perdit connaissance. Lorsqu'il revint à lui, Natacha, Natacha vivante, celle qu'entre tous les êtres il désirait aimer de cet amour pur et divin qui venait de lui être révélé, était là, à genoux, devant lui. Il la reconnut si bien, qu'il n'en éprouva aucune surprise, mais un sentiment ineffable de bien-être. Natacha, terrifiée, n'osait bouger : elle cherchait à étouffer ses sanglots, et un léger tremblement agitait son pâle visage.

Le prince André poussa un soupir d'allégement, sourit et lui tendit la main.

« Vous? dit-il... Quel bonheur! »

Natacha se rapprocha vivement de lui, et, lui prenant délicatement la main, la baisa en l'effleurant à peine de ses lèvres.

« Pardonnez-moi, murmura-t-elle en levant la tête. Pardonnez-moi!

— Je vous aime, dit-il.

— Pardonnez-moi!

— Que dois-je vous pardonner?

— Pardonnez-moi ce que j'ai fait, lui dit Natacha tout bas avec un pénible effort.

— Je t'aime mieux qu'auparavant, » répondit le prince André en lui prenant la tête pour regarder ses yeux, qui se fixaient timidement sur lui à travers des larmes de joie et rayonnaient d'amour et de compassion.

Les traits pâles et amaigris de Natacha, ses lèvres gonflées par l'émotion, lui ôtaient en ce moment toute beauté, mais le prince André ne voyait que ses beaux yeux humides et brillants.

Pierre, le valet de chambre, qui venait de se réveiller,

secoua le docteur. Timokhine, qui ne dormait pas, avait vu tout ce qui s'était passé, et cherchait à se dissimuler de son mieux dans ses draps.

« Qu'est-ce que cela signifie? dit le docteur en se soulevant à moitié. Veuillez vous retirer, mademoiselle. »

Au même instant la femme de chambre, envoyée par la comtesse pour chercher sa fille, frappa à la porte. Comme une somnambule qui serait réveillée en sursaut, Natacha sortit et rentrée chez elle, tomba en sanglotant sur son lit.

A dater de ce jour, à chaque halte, à chaque étape de leur long voyage, Natacha se rendait auprès de Bolkonsky, et le docteur était forcé d'avouer qu'il ne s'attendait pas à rencontrer chez une jeune fille autant de fermeté et d'intelligence dans les soins à donner à un blessé. Quelque terrible que fût pour la comtesse la pensée de voir mourir le prince André entre les mains de sa fille, selon les prévisions trop fondées du médecin, elle n'eut pas le courage de résister à sa volonté. Ce rapprochement aurait certainement, dans d'autres circonstances, rétabli leurs premières relations, mais la question de vie et de mort suspendue sur la tête du prince André l'était également au-dessus de la Russie et écartait toute autre préoccupation.

XXXIII

Le 3 septembre, Pierre se leva tard : il avait mal à la tête, ses habits, qu'il n'avait pas quittés, lui pesaient sur le corps, et il sentait confusément qu'il avait commis la veille un acte honteux. Cet acte honteux était son épanchement avec le capitaine Ramballe. La pendule marquait onze heures, le temps était sombre au dehors; il se leva, se frotta les yeux, et, apercevant le pistolet que Ghérassime avait remis sur le bureau, il se rappela enfin où il se trouvait et ce qui devait avoir lieu ce jour-là : « Ne suis-je pas en retard? pensa-t-il. Non, car « il » ne fera probablement son entrée qu'à midi. » Pierre ne se donnait même plus le loisir de penser à ce qu'il avait à faire, il se dépêchait d'agir. Il donna un léger coup de main à ses vêtements, saisit le pistolet, et il se disposait à sortir, lorsque pour la première fois il se demanda comment il cacherait l'arme. Il ne pouvait la mettre dans sa ceinture, ni la tenir sous le bras, ni la déguiser dans les plis de son large caftan, enfin il avait oublié de la charger. « Dans ce cas un poignard fera mieux l'affaire, » se dit-il, bien qu'il eût plus d'une fois blâmé l'étudiant allemand qui, en 1809, avait tenté de poignarder Napoléon ; alors il prit le poignard qu'il avait acheté en même temps que le pistolet, quoiqu'il fût tout ébréché, et le glissa sous son gilet. On aurait dit qu'il avait hâte, non d'exécuter son projet, mais de se prouver à lui-même qu'il n'y avait pas renoncé. Serrant ensuite sa ceinture autour de lui, enfonçant son bonnet sur ses yeux, il traversa le corridor en s'efforçant de ne pas faire de bruit, et descendit dans la rue, sans avoir rencontré le capitaine.

L'incendie, qui la veille l'avait laissé si indifférent, s'était rapidement étendu pendant la nuit. Moscou brûlait sur plusieurs points à la fois. Le Gostinnoï-Dvor, la Povarskaïa, les barques sur la rivière, les chantiers de bois du pont de Dorogomilow, étaient en flammes. Pierre se dirigeait par l'Arbatskaïa vers l'église de Saint-Nicolas : c'était l'endroit où depuis longtemps il s'était promis d'accomplir le grand acte qu'il préméditait. La plupart des maisons avaient leurs fenêtres et leurs portes fermées et clouées. Les rues et les ruelles étaient désertes. L'air était imprégné d'une odeur de brûlé et de fumée. De temps en temps on rencontrait quelques Russes inquiets et effarés et des Français, à tournure soldatesque, qui marchaient au milieu de la chaussée. Les uns et les autres regardaient Pierre avec curiosité : sa carrure et sa haute taille, l'expression souffrante et concentrée de sa figure, les intriguaient, et les Russes eux-mêmes l'examinaient attentivement, sans parvenir à comprendre à quelle classe de la société il appartenait. Les Français, habitués à être un objet d'étonnement ou de frayeur pour les indigènes, le suivaient également avec des yeux surpris, car il ne faisait aucune attention à eux. Devant la porte cochère d'une grande maison, trois de ces derniers, qui s'ingéniaient à s'expliquer avec des Russes sans parvenir à se faire comprendre, l'arrêtèrent pour lui demander s'il parlait Français. Il secoua négativement la tête et poursuivit son chemin. Plus loin, une sentinelle, qui veillait sur un caisson, l'interpella, et ce fut seulement à un second : « Au large ! » crié d'une voix menaçante et au bruit du fusil que le soldat armait, que Pierre comprit la nécessité de passer de l'autre côté de la rue. Tout entier à son sinistre projet, et à la crainte de le perdre de vue, comme il avait fait la nuit précédente, il ne voyait ni ne comprenait rien. Mais cette sombre détermination n'était pas destinée à aboutir; alors même qu'il n'en aurait pas été empêché en chemin, l'exécution de son plan était devenue impossible, par la raison toute simple que Napoléon était déjà depuis quelques heures dans le palais impérial du Kremlin. A ce même moment, assis dans le cabinet du Tsar, et de fort méchante humeur, il donnait des ordres et prenait des mesures pour arrêter l'incendie, le pillage, et rassurer les habitants. Pierre ignorait ce fait : absorbé par son idée fixe, et préoccupé, comme tous les entêtés qui entreprennent une chose impossible, il se tourmentait, non des difficultés d'exécution, mais de la défaillance qui, en s'emparant de lui au moment décisif, paralyserait son action et lui enlèverait toute estime de lui-même. Il continuait néanmoins d'instinct sa route sans regarder devant lui, et il arriva ainsi tout droit à la Povarskaïa. Plus il avançait, plus la fumée devenait épaisse; il commençait à sentir la chaleur de l'incendie, dont les langues de feu s'élançaient au-dessus des maisons voisines. Les rues se remplissaient d'une foule agitée. Pierre commençait à comprendre qu'il se passait autour de lui quelque chose d'extraordinaire, mais il ne se rendait pas compte encore du véritable état des choses. Tout en suivant un chemin battu à travers une grande place déserte, qui touchait d'un côté à la Povarskaïa et longeait de l'autre les jardins d'un riche propriétaire, il entendit tout à coup à ses côtés le cri désespéré d'une femme; il s'arrêta, comme s'il sortait d'un songe, et leva la tête.

A quelques pas de lui, tout le mobilier d'une maison, des édredons, des samovars, des caisses de toutes sortes s'entassaient en désordre sur l'herbe desséchée et poudreuse; accroupie à côté des caisses, une jeune femme maigre, avec de longues dents proéminentes, enveloppée d'un manteau noir, et la tête couverte d'un mauvais bonnet, se lamentait en pleurant à chaudes larmes. Deux petites filles de dix à douze ans, pâles et terrifiées comme elle, vêtues de misérables jupons et de manteaux à l'avenant, regardaient leur mère avec stupeur, tandis qu'un petit garçon de sept ans, coiffé d'une casquette beaucoup trop grande pour lui, pleurait dans les bras de sa vieille bonne. Une fille de service apparemment, nu-pieds et malpropre, assise sur une des caisses, avait défait sa tresse d'un blond sale, et en arrachait par poignées les cheveux roussis. Un homme aux larges épaules, avec des favoris arrondis, des mèches de cheveux soigneusement lissés sur les tempes et en petit uniforme de fonctionnaire civil, s'occupait d'un air impassible à chercher des vêtements au milieu de tout ce fouillis. En le voyant passer près d'elle, la femme se précipita aux genoux de Pierre.

« Oh! mon père! Oh! fidèle chrétien orthodoxe, sauvez-moi, aidez-moi! disait-elle à travers ses sanglots... Ma fille, ma dernière petite fille, a été brûlée!... Oh! mon Dieu! est-ce pour cela que je t'ai chérie, que je t'ai...

— Assez, assez Marie Nicolaïevna, lui dit son mari d'un ton calme; il semblait tenir à se justifier devant l'étranger. Notre sœur l'aura sans doute emportée, c'est sûr.

— Monstre! cœur de pierre! s'écria la femme avec colère en cessant de pleurer. Tu n'as même pas un cœur pour ton enfant! Un autre l'aurait retirée des flammes... Ce n'est pas un homme, ce n'est pas un père!... De grâce, continua-t-elle en se tournant vers Pierre, écoutez-moi : le feu a passé chez nous de la maison voisine; cette fille que voilà s'est écriée : ça brûle!... On a couru pour emporter tout ce qu'on pouvait, on est parti avec ce qu'on avait sur le dos, il n'y a que ce que vous voyez de sauvé... cette image et notre lit de noce, tout le reste a péri!... Tout à coup je m'aperçois que Katia n'est plus là!... Oh! mon enfant, mon enfant qui a été brûlée!

— Mais où donc est-elle restée? demanda Pierre, et l'expression sympathique de sa figure fit comprendre à la femme qu'elle avait trouvé en lui aide et secours.

— Oh! mon Dieu, mon Dieu! reprit la mère, sois mon bienfaiteur... Aniska, va, petite misérable, montre-lui le chemin, dit-elle en ouvrant sa grande bouche et en montrant ses longues dents.

— Viens, viens, je ferai mon possible, » dit Pierre en se hâtant.

La petite domestique sortit de derrière la caisse, arrangea ses cheveux, soupira et prit par le sentier. Pierre, tout prêt à l'action, se sentit réveillé comme après une longue léthargie; il releva la tête, ses yeux brillaient et il suivit à grands pas la jeune fille, qui le conduisit à la Povarskaïa. Les maisons se dérobaient derrière un nuage de fumée noire que perçaient de temps en temps des gerbes de feu. Une foule énorme se pressait autour de l'incendie. Un général français se tenait au milieu de la rue et parlait à ceux qui l'entouraient.

Pierre, guidé par la petite domestique, s'en approcha, mais les soldats l'arrêtèrent.

« On ne passe pas !

— Ici, ici, petit oncle, s'écria la fillette ; nous traverserons la ruelle, venez ! »

Pierre se retourna en faisant de grandes enjambées pour la rejoindre : elle prit à gauche, dépassa trois maisons, et entra par la porte cochère de la quatrième :

« C'est ici, là, tout près ! »

Traversant la cour, elle ouvrit une petite porte et, s'arrêtant sur le seuil, elle lui indiqua une maisonnette qui était toute en flammes. Une muraille s'était déjà effondrée, l'autre brûlait encore, et le feu s'élançait par toutes les ouvertures, par les fenêtres, par le toit. Pierre s'arrêta involontairement, suffoqué par la chaleur.

« Laquelle de ces maisons est la vôtre ?

— Celle-là, celle-là ! hurla l'enfant. C'est là que nous demeurions... Et tu es brûlée, notre trésor adoré, Katia, ma demoiselle bien-aimée, » recommença à crier Aniska, se croyant obligée, à la vue de l'incendie, de faire preuve de ses sentiments.

Pierre se rapprocha du brasier, mais la chaleur le repoussa, il fit quelques pas en arrière et se trouva en face d'une maison plus grande, dont le toit flambait d'un seul côté. Quelques Français s'agitaient alentour. Il ne devina pas tout d'abord ce qu'ils faisaient là ; néanmoins, apercevant l'un d'eux qui frappait un paysan du plat de son sabre pour lui arracher une pelisse de renard, il comprit qu'ils pillaient, mais cette pensée ne fit que traverser son esprit. Le craquement des murailles et des plafonds qui s'écroulaient, le sifflement des flammes, les cris de la foule, les noirs tourbillons de fumée traversés par des pluies d'étincelles et des gerbes de feu qui semblaient lécher les murs, la sensation d'asphyxie et de chaleur, la rapidité des mouvements qu'il était obligé de faire, tout provoqua chez Pierre la surexcitation que font éprouver habituellement ces désastres. L'effet fut sur lui si violent qu'il se sentit aussitôt délivré des pensées dont il était obsédé. Jeune, résolu et alerte, il fit le tour de la petite maison qui brûlait ; au moment d'y entrer, il fut arrêté par des cris suivis d'un craquement et de la chute de quelque chose de lourd qui tomba avec bruit à ses pieds. Il leva les yeux, et vit des Français qui venaient de jeter par la fenêtre une commode remplie d'objets en métal! Leurs camarades, qui se tenaient dans la cour, s'en approchèrent aussitôt.

« Eh bien, qu'est-ce qu'il veut celui-là? s'écria l'un d'eux avec colère.

— Il y a un enfant dans cette maison, dit Pierre... N'avez-vous pas vu un enfant?

— Qu'est-ce qu'il chante donc?... Va te promener! crièrent plusieurs voix, et l'un des soldats, craignant que Pierre ne lui enlevât sa part de l'argenterie et des bronzes qui étaient dans la commode, s'avança d'un air menaçant.

— Un enfant? s'écria un Français de l'étage supérieur... J'ai entendu piailler dans le jardin. C'est peut-être son moutard, à ce bonhomme... Faut être humain, voyez-vous...

— Où est-il? où est-il? demandait Pierre.

— Par ici, par ici, répondit le Français en lui indiquant le jardin derrière la maison... Attendez, je vais descendre. »

En effet, une seconde plus tard, un Français, en bras de chemise, sauta par la fenêtre du rez-de-chaussée, donna à Pierre une tape sur l'épaule et courut avec lui au jardin.

« Dépêchez-vous, vous autres, cria-t-il à ses camarades, il commence à faire chaud!... et, s'élançant dans l'allée sablée, il tira Pierre par la manche, et lui montra un paquet posé sur un banc.

C'était une petite fille de trois ans, en robe de percale rose.

« Voilà votre moutard... une petite fille, tant mieux!... Au revoir, mon gros... Faut être humain, nous sommes tous mortels, voyez-vous... » Et le Français rejoignit ses compagnons.

Pierre, essoufflé, allait saisir l'enfant, lorsque la petite, aussi pâle et aussi laide que sa mère, poussa un cri désespéré à sa vue et s'enfuit. Pierre la rattrapa et la prit dans ses bras, pendant qu'elle hurlait avec colère et essayait avec ses petites mains de s'arracher à l'étreinte de Pierre, qu'elle mordait à belles dents. Cet attouchement, qui ressemblait à celui d'un petit animal, lui causa une telle répulsion, qu'il fut obligé de se dominer pour ne pas jeter là l'enfant, et, reprenant sa course vers la maison, il se trouva tout à coup dans l'impossibilité de suivre le même chemin. Aniska avait disparu, et, partagé entre le dégoût et la compassion, il se vit contraint, tout en serrant contre lui la petite fille qui continuait à se débattre comme un beau diable, de traverser de nouveau le jardin et de chercher une autre issue.

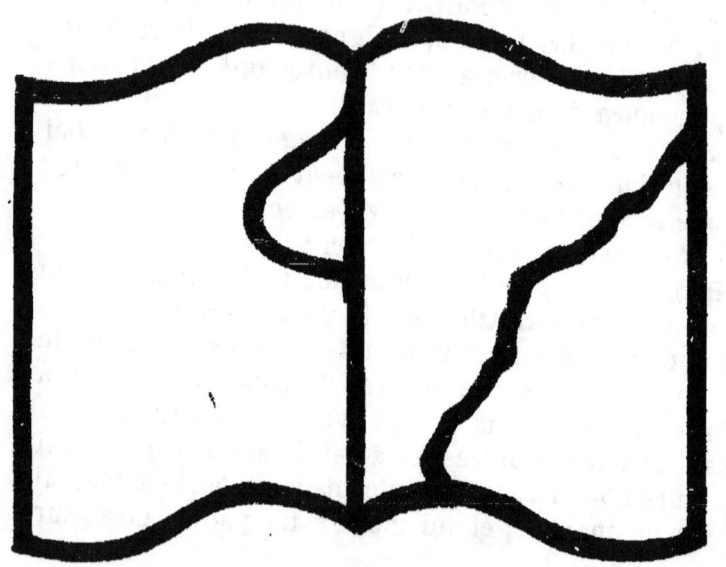

Texte détérioré — reliure défectueuse
NF Z 43-120-11

XXXIV

Lorsque Pierre, après plusieurs détours à travers cours et ruelles, déboucha avec son fardeau au coin de la Povarskaïa et du jardin Grouzinski, il ne s'y reconnut plus, tant il y avait de monde et d'objets empilés sur cette place jusqu'alors déserte. Sans compter les familles russes qui s'y réfugiaient avec tout leur avoir, on y voyait encore un grand nombre de soldats français de différentes armes. Il n'y fit aucune attention et chercha avec inquiétude les parents de l'enfant pour la leur rendre, et pour aller au besoin opérer ensuite quelque autre sauvetage. La petite fille, dont les pleurs s'étaient peu à peu calmés, se cramponnait à son caftan, et, se blottissant dans ses bras comme une bête sauvage, jetait autour d'elle des regards effarouchés, tandis que Pierre lui souriait d'un air paternel. Il se sentait intéressé par cette petite figure pâle et maladive, mais il avait beau chercher dans la foule qui l'entourait, il ne parvenait pas à découvrir ni l'employé ni sa femme. Dans ce moment, ses yeux se portèrent involontairement sur une famille arménienne ou géorgienne, composée d'un vieillard du plus beau type oriental, de haute taille et richement habillé, d'une vieille matrone de même origine et d'une toute jeune femme, dont les sourcils arqués fins et noirs comme une aile de corbeau, le teint d'une couleur mate et les traits réguliers et impassibles, faisaient ressortir l'admirable beauté. Assise sur de grands ballots, derrière la vieille, au milieu d'un tas d'objets appartenant à chacun d'eux, enveloppée d'un riche manteau de satin, un mouchoir de soie violette sur la tête, elle ressemblait, avec ses grands yeux fendus en amandes et ses longs cils baissés vers la terre, à une plante délicate des pays chauds jetée sur la neige; on sentait qu'elle se savait belle et qu'elle craignait pour sa beauté. Pierre la regarda à plusieurs reprises. Atteignant enfin la palissade, il se retourna pour embrasser d'un coup d'œil toute la place, et ne tarda pas, avec l'étrange tournure que lui donnait l'enfant qu'il portait dans ses bras, à attirer l'attention de quelques groupes qui l'entourèrent en lui demandant :

« Avez-vous perdu quelqu'un ?

— Êtes-vous un noble ?... A qui est l'enfant ? »

Pierre répondit que la petite fille appartenait à une femme qu'il avait vue ici même tout à l'heure et qui était couverte d'un manteau noir et entourée de ses trois enfants.

« Ne pouvait-on lui dire où elle était allée ?

— Ce doit être les Anférow, dit un vieux diacre en s'adressant à sa voisine... Seigneur, Seigneur, ayez pitié de nous, répéta le vieux diacre d'une voix profonde.

— Où sont les Anférow ? reprit la femme.

— Ils sont partis de bon matin... C'est peut-être Marie Nicolaïevna, peut-être aussi les Ivanow ?

— Il dit que c'est une bourgeoise, et Marie Nicolaïevna es une dame, reprit une voix.

— Vous devez la connaître, dit Pierre : une femme maigre, qui a de longues dents.

— Mais alors c'est Marie Nicolaïevna. Ils se sont enfuis dans le jardin lorsque les loups sont arrivés.

— Seigneur, Seigneur, ayez pitié de nous ! répéta le diacre.

— Allez de ce côté, vous les trouverez, c'est elle, bien sûr ! elle pleurait, elle pleurait... Allez, vous les trouverez. »

Mais Pierre n'écoutait plus la paysanne qui lui parlait ; car il était occupé de la scène qui se passait entre deux soldats français et la famille arménienne. L'un d'eux, petit et alerte, avec une capote gros-bleu serrée autour de sa taille par une corde, un bonnet de police sur la tête, avait saisi par les pieds le vieillard, qui s'empressait d'ôter sa chaussure. L'autre, blond, maigre, trapu, très lent dans ses mouvements, avait une figure idiote ; son habillement se composait d'un pantalon bleu passé dans de grandes bottes et d'une capote de drap ; planté devant l'Arménienne, les mains dans ses poches, il la regardait silencieusement.

« Prends, prends l'enfant, et porte-la-leur !... Tu entends, » dit Pierre à l'une des femmes, en déposant la fillette à terre et en se retournant du côté des Arméniens.

Le vieillard était pieds nus, et le petit Français, qui s'était emparé de ses bottes, les secouait l'une contre l'autre, pendant que le pauvre homme murmurait quelques mots d'un air piteux. Pierre ne lui jeta qu'un coup d'œil ; son attention était toute concentrée sur l'autre Français, qui s'était rapproché de la jeune femme, et lui avait passé la main autour du cou. La belle Arménienne ne bougea pas. Pierre n'avait pas eu encore le temps de franchir les quelques pas qui le séparaient d'elle, et déjà le maraudeur lui avait arraché le collier qu'elle por-

..ait, et la jeune femme, réveillée de sa torpeur, poussait des cris déchirants.

« Laissez cette femme! » s'écria Pierre, furieux, en secouant le soldat par les épaules; le soldat tomba, et, se relevant aussitôt, s'enfuit à toutes jambes.

Son camarade, jetant à terre les bottes qu'il tenait à la main, tira son sabre et marcha droit sur Pierre :

« Voyons, pas de bêtises, » dit-il.

Pierre, en proie à un de ces accès de colère qui décuplaient ses forces et lui ôtaient toute conscience de ses actes, se jeta sur lui, lui donna un croc-en-jambe, le renversa et lui appliqua une volée de coups de poing. La foule était en train de l'applaudir, lorsque d'un coin de la place déboucha une patrouille de lanciers, qui arrivèrent au trot et entourèrent le vainqueur et le vaincu. Pierre ne comprit qu'une chose, c'est qu'il frappait à coups redoublés, qu'on le battait à son tour, qu'on lui liait les mains, et il se vit entouré de soldats qui fouillaient dans ses poches.

« Il a un poignard, lieutenant! »

Ce furent les premiers mots qu'il entendit distinctement.

« Ah! une arme! reprit l'officier... C'est bon, vous direz tout cela au conseil de guerre...

— Parlez-vous français, vous? »

Pierre, les yeux injectés de sang, ne répondit rien; il avait sans doute l'air peu rassurant, car l'officier donna tout bas un ordre, et quatre lanciers vinrent se placer à ses côtés.

« Parlez-vous français? répéta l'officier en se tenant à distance... Appelez l'interprète! »

Un petit homme en habit civil sortit de derrière les rangs. Pierre le reconnut aussitôt pour un commis français qu'il avait vu dans un magasin de Moscou.

« Il n'a pas l'air d'un homme du peuple, dit l'interprète en examinant Pierre.

— Ce doit être l'un des incendiaires, reprit l'officier. Demandez-lui qui il est.

— Qui es-tu? dit l'interprète. Ton devoir est de répondre à l'autorité.

— Je ne vous dirai pas mon nom; je suis votre prisonnier, emmenez-moi, dit tout à coup Pierre en français.

— Ah! ah! s'écria l'officier en fronçant le sourcil... Marchons! »

Un groupe de curieux, parmi lesquels se trouvaient la petite elle et la femme à qui il l'avait confiée, s'était rapproché des militaires.

« Où donc te mène-t-on, mon petit pigeon? et que ferai-je de cet enfant si elle n'est pas à eux?

— Que veut cette femme? » demanda l'officier.

La surexcitation de Pierre ne connut plus de bornes à la vue de la fillette qu'il avait sauvée.

« Ce qu'elle veut? Elle m'apporte ma fille, que je viens de tirer des flammes. » Et, ne sachant lui-même pourquoi il avait débité ce mensonge inutile, il se mit à marcher entre les quatre lanciers chargés de le garder.

Cette patrouille avait été envoyée, ainsi que beaucoup d'autres, sur l'ordre de Durosnel, pour arrêter le pillage et mettre la main sur les incendiaires qui, au dire des chefs militaires français, mettaient le feu à Moscou. Mais, en fait de gens suspects, les patrouilles n'avaient trouvé qu'un boutiquier, deux séminaristes, un paysan, un domestique et quelques maraudeurs. Pierre fut celui de tous qui leur inspira le plus de soupçons; aussi, lorsqu'ils furent amenés dans la maison où était établi le corps de garde, fut-il placé dans une chambre à part et soumis à une rigoureuse surveillance.

CHAPITRE III

I

A la même époque, une lutte acharnée, à laquelle se mêlaient comme d'habitude tous les frelons de cour, se poursuivait, dans les hautes sphères de Saint-Pétersbourg, entre les partis de Roumiantzow, des amis de la France, de l'Impératrice mère et du césarévitch, pendant que la vie de luxe suivait tranquillement son train habituel. Pour quiconque se trouvait au milieu de ce courant de rivalités et de compétitions de toutes sortes, il était difficile, sinon impossible, de se rendre un compte exact de la situation critique de la Russie : c'étaient toujours les mêmes cérémonies officielles, les mêmes bals, le même théâtre français, les mêmes mesquins intérêts de service. Tout au plus, de temps à autre, causait-on à voix basse de la conduite si différente tenue par les deux Impératrices dans ces graves circonstances. Tandis que l'Impératrice mère, dans la pensée de sauvegarder les divers établissements placés sous son patronage, avait pris déjà toutes les mesures nécessaires pour le transfert des instituts à Kazan, et fait emballer tout ce qui leur appartenait : l'Impératrice Elisabeth, avec son patriotisme accoutumé, avait répondu aux demandes d'instructions venues de toutes parts, que, les institutions du gouvernement relevant spécialement de l'Empereur, elle n'avait aucun ordre à donner à cet égard; mais que, quant à elle personnellement, elle serait la dernière à quitter Pétersbourg !

Le 7 septembre, jour de la bataille de Borodino, Mlle Schérer donnait une petite soirée, dont le bouquet devait être la lecture d'une lettre adressée par le métropolite à l'Empereur, à propos de l'envoi qu'il lui faisait d'une image de saint Serge. Cette épître passait pour un chef-d'œuvre de patriotisme et de sentiment religieux. Le prince Basile, qui se flattait d'être un lecteur hors ligne (il lui arrivait parfois de lire chez l'Impératrice), devait en donner connaissance. Son talent consistait à hausser la voix et à passer du grave au doux, sans tenir compte de la signification des mots. Cette lecture avait, comme tout ce qui se faisait chez Anna Pavlovna, une importance politique : la soirée devait réunir quelques personnages influents, et l'on s'était promis de les faire rougir de honte parce qu'ils continuaient à fréquenter le théâtre français. Il y avait déjà beaucoup de monde dans le salon d'Anna Pavlovna, mais elle n'avait pas vu encore apparaître ceux dont elle jugeait la présence nécessaire pour que l'on pût commencer la lecture.

La nouvelle qui faisait ce jour-là les frais de la conversation était la maladie de la comtesse Besoukhow, qui, depuis quelque temps, s'abstenait de prendre part aux réunions dont elle faisait l'ornement habituel, ne recevait personne, et, au lieu de se confier à une célébrité de la ville, se faisait soigner par un jeune docteur italien ; cet Italien la traitait au moyen d'un remède nouveau et complètement inconnu. Il était plus que probable que la maladie de la charmante comtesse provenait de l'embarras où elle se trouvait d'épouser deux maris à la fois, et que le traitement de l'Italien n'avait pour but que de la tirer de cette fausse situation ; mais, en présence d'Anna Pavlovna, personne n'osait soulever cette question délicate, ou y faire la moindre allusion.

« On dit la pauvre comtesse très mal : le médecin parle d'une angine [1] !

— L'angine ? Mais c'est une maladie terrible !

— Bah !... Savez-vous que, grâce à l'angine, les deux rivaux sont réconciliés ?... Le vieux comte est touchant, à ce qu'il paraît. Il a pleuré comme un enfant quand le médecin lui a appris que le cas était grave !

— Oh ! ce serait une grande perte !... C'est une femme ravissante !

— Vous parlez de la pauvre comtesse ? J'ai envoyé prendre de ses nouvelles. On m'a dit qu'elle allait un peu mieux... Oh oui ! c'est la plus charmante femme du monde, répliqua

---

1. En français dans le texte. (*Note du trad.*)

Anna Pavlovna en souriant de son propre enthousiasme. Nous appartenons à des camps différents, mais cela ne m'empêche pas d'avoir pour elle toute l'estime qu'elle mérite... Elle est si malheureuse!... »

Un jeune homme imprudent, supposant que ces paroles soulevaient un coin du voile qui abritait le secret de la comtesse, se permit de faire observer que le charlatan italien était bien capable d'administrer à sa malade des remèdes dangereux.

« Vos informations peuvent être meilleures que les miennes, dit Mlle Schérer en prenant à partie le jeune homme, mais je sais de bonne source que ce médecin est un homme très savant et très habile. C'est le médecin particulier de la reine d'Espagne! »

Lui ayant ainsi dit son fait, elle se tourna du côté de Bilibine, qui était en train de faire un bon mot sur le dos des Autrichiens.

« Je trouve cela charmant, disait-il en parlant d'un certain document diplomatique qui accompagnait l'envoi de drapeaux autrichiens pris par Wittgenstein, le héros de Pétropol (ainsi qu'on l'appelait à Pétersbourg).

— Qu'est-ce donc? » lui demanda Anna Pavlovna, avec l'intention de provoquer un silence qui lui permît de répéter le mot qu'elle connaissait déjà.

Il s'empressa d'en profiter, et cita les paroles textuelles de la dépêche qu'il avait du reste composée lui-même : « L'Empereur renvoie les drapeaux autrichiens, drapeaux amis et égarés qu'il a trouvés hors de la route [1].

— Charmant, charmant! dit le prince Basile.

— C'est peut-être la route de Varsovie, » dit tout haut le prince Hippolyte. On se retourna pour le regarder, car ces paroles n'avaient aucun sens. Il répondit à cet étonnement général par un air d'aimable satisfaction. Il ne comprenait pas plus que les autres ce qu'il avait dit, mais il avait remarqué, dans sa carrière diplomatique, que des phrases prononcées de cette façon passaient parfois pour très spirituelles; aussi avait-il à tout hasard jeté les premiers mots qui s'étaient trouvés au bout de sa langue, en se disant : « Il en sortira peut-être quelque chose de très bien ; dans le cas contraire, il se trouvera toujours quelqu'un qui en tirera parti. » Le pénible silence qui suivit son mot fut interrompu par l'entrée

---

1. En français dans le texte. (*Note du trad.*)

de la personne « qui manquait de patriotisme », et qu'Anna Pavlovna se disposait à ramener à de meilleurs sentiments. Menaçant gracieusement du doigt le prince Hippolyte, elle invita le prince Basile à se rapprocher de la table, fit placer des bougies devant lui, et, lui tendant le manuscrit, le supplia d'en faire la lecture.

« Très Auguste Souverain et Empereur! » commença le prince Basile d'un ton solennel, en jetant sur son auditoire un regard qui semblait condamner d'avance celui qui aurait osé protester contre ces paroles. Personne ne souffla mot... « Moscou, la première capitale, la nouvelle Jérusalem, reçoit son Christ », continua-t-il en appuyant sur le pronom, comme une mère qui entoure de ses bras ses fils pleins de ferveur, et, prévoyant, à travers les ténèbres qui s'élèvent, la gloire éblouissante de ta puissance, elle chante avec extase : « Hosannah, béni soit celui qui vient! » On sentait des larmes dans la voix du prince Basile à cette dernière phrase. Bilibine regardait attentivement ses ongles; d'autres personnes avaient l'air embarrassé. Anna Pavlovna, prenant les devants, murmurait *in petto* la phrase qui suivait : « Qu'importe que le Goliath impudent et hardi... » tandis que le prince Basile reprenait tout haut : « Qu'importe que le Goliath impudent et hardi, venant des frontières de la France, apporte aux confins de la Russie les épouvantes meurtrières; l'humble foi, cette fronde du David russe, frappera subitement la tête de son orgueil, avide de sang. Cette image du bienheureux saint Serge, l'antique zélateur du bien de sa patrie, s'offre à Votre Majesté Impériale. Je regrette que mes forces affaiblies par l'âge m'empêchent de jouir de votre douce vue. J'adresse au Tout-Puissant d'ardentes prières. Qu'Il daigne augmenter le nombre des justes et accomplir les pieux désirs de Votre Majesté! »

— Quelle force! quel style! » s'écria-t-on de tous côtés en louant à la fois l'auteur et le lecteur.

Mis en train par cette éloquente épître, les hôtes d'Anna Pavlovna causèrent longtemps encore de la situation du pays et se livrèrent à maintes et maintes suppositions sur l'issue de la bataille qui devait avoir lieu vers cette époque.

« Vous verrez, dit Mlle Schérer, que demain, pour l'anniversaire de la naissance de l'Empereur, on aura des nouvelles, et j'ai de bons pressentiments! »

II

Le pressentiment d'Anna Pavlovna se réalisa. Le lendemain, pendant le *Te Deum* chanté au palais, le prince Volkonsky fut appelé hors de la chapelle, et reçut un pli contenant le rapport du prince Koutouzow, écrit le jour de la bataille de Tatarinovo. Il lui annonçait que les Russes n'avaient pas reculé d'une semelle, que les pertes de l'ennemi étaient supérieures aux nôtres, et que, si le temps lui manquait pour lui donner des détails plus précis, il pouvait du moins lui assurer que la victoire nous était restée. Aussitôt il y eut un second *Te Deum* d'actions de grâces, pour remercier le Tout-Puissant du secours accordé à ses fidèles. Anna Pavlovna triomphait, et la joie d'un jour de fête régna sans partage toute la matinée. On croyait à une victoire complète; plusieurs ne parlaient de rien moins que de la possibilité de faire Napoléon prisonnier, de le renverser et de choisir un nouveau Souverain pour la France.

Loin du centre de l'action et au milieu de la vie de cour, il était difficile de donner aux événements qui se déroulaient leur importance réelle, car dans ces conditions ils se groupent toujours d'eux-mêmes autour d'un fait personnel. Ainsi, par exemple, la joie des courtisans, à l'annonce de la victoire, provenait surtout de ce que la nouvelle en était arrivée le jour de la fête de l'Empereur. C'était comme la réussite d'une délicate surprise. Koutouzow annonçait également les pertes qu'on avait subies, et citait entre autres Koutaïssow, Toutchkow et Bagration, mais là aussi l'impression de tristesse se concentra sur une seule mort, celle du jeune et intéressant Koutaïssow, qui était connu de tout le monde et particulièrement aimé de l'Empereur. Ce jour-là on n'entendit plus que ces phrases : « N'est-ce pas surprenant que cette nouvelle soit arrivée juste pendant le *Te Deum*... et ce pauvre Koutaïssow ? Quelle perte, quel dommage !

— Que vous avais-je dit de Koutouzow ! » répétait à tout venant le prince Basile, en se drapant dans son orgueil de prophète. Ne vous ai-je pas toujours assuré qu'il était seul capable de vaincre Napoléon ? »

Le lendemain se passa sans nouvelles de l'armée, et l'inquiétude commença à sourdre dans le public. La cour souffrait de l'ignorance dans laquelle on laissait l'Empereur : « Sa position est terrible », disait-on, et l'on accusait déjà Koutouzow, après l'avoir exalté l'avant-veille, de causer tous ces tourments au Tsar. Le prince Basile ne vantait plus son protégé, mais gardait un profond silence lorsqu'il était question du commandant en chef. Dans la même soirée, une nouvelle à sensation ajouta encore à l'angoisse qui commençait à se répandre dans les hautes sphères : la comtesse Hélène venait de mourir subitement de sa mystérieuse maladie. On racontait officiellement que la comtesse était morte des suites de son angine ; mais, dans l'intimité, on s'étendait sur de certains détails : le médecin de la reine d'Espagne lui aurait ordonné, disait-on, un certain remède qui, pris à faibles doses, devait amener le résultat désiré ; mais Hélène, tourmentée par les soupçons du vieux comte et le silence de son mari, cet affreux Pierre, avait avalé une quantité double de la drogue prescrite, et était morte dans des souffrances atroces, sans qu'on eût le temps de lui porter secours. On assurait aussi que le prince Basile et le comte avaient violemment pris à partie le médecin italien, mais qu'à la lecture de certains autographes intimes de la défunte, mis par ce dernier sous leurs yeux, ils avaient aussitôt cessé de le poursuivre. Toujours est-il que, ce jour-là, la causerie de salon eut beau jeu à s'occuper de ces trois tristes événements : l'inquiétude de l'Empereur, la perte de Koutaïssow et la mort d'Hélène.

Le surlendemain de l'arrivée du rapport, un propriétaire venu de Moscou répandit l'incroyable et foudroyante nouvelle que cette ville avait été abandonnée aux Français ! « C'était horrible ! La position de l'Empereur était affreuse ! Koutouzow était un traître ! » Et le prince Basile affirmait, à ceux qui lui faisaient des visites de condoléance à l'occasion de la mort de sa fille, qu'on ne pouvait s'attendre à rien autre de la part de ce vieillard impotent et aveugle : « Je me suis toujours étonné, disait-il, en oubliant probablement dans sa douleur ce qu'il avait dit la veille, que le sort de la Russie ait été confié à de telles mains ! » La nouvelle n'étant pas officielle, le doute était encore permis, mais le lendemain elle fut confirmée par le rapport suivant du comte Rostoptchine :

« L'aide de camp du prince Koutouzow m'a apporté une lettre, dans laquelle le commandant en chef me demande de lui fournir des hommes de police, afin de guider les troupes à travers la ville, jusqu'à la grand'route de Riazan. Il prétend abandonner Moscou avec douleur. Sire, cet acte décide du sort de la capitale et de celui de Votre empire. La Russie tressaillira d'indignation en apprenant que la ville qui représente la grandeur de la Russie et qui contient les cendres de vos aïeux est au pouvoir de l'ennemi. Je suis l'armée, j'ai fait emporter tout ce qui devait être enlevé. »

L'Empereur appela le prince Volkonsky et lui dicta le rescrit suivant, adressé à Koutouzow :

« Prince Michel Ilarionovitch! Je suis sans nouvelles de vous depuis le 29 du mois d'août. Je viens de recevoir, datée du 1er septembre, par Yaroslaw, du général gouverneur de Moscou, la douloureuse nouvelle que vous avez abandonné Notre capitale. Vous pouvez aisément vous figurer l'effet qu'elle a produit sur Moi, et votre silence augmente Ma stupeur! Le général aide de camp prince Volkonsky vous porte le présent rescrit, avec ordre de s'informer de la situation de l'armée et des raisons qui vous ont amené à cette douloureuse extrémité. »

III

Neuf jours après que Moscou eut été abandonné, un envoyé de Koutouzow en apporta la confirmation officielle. Cet envoyé était un Français nommé Michaud, mais, « quoique étranger, Russe de cœur et d'âme », comme il le disait lui-même. L'Empereur le reçut aussitôt dans son cabinet, au palais de Kamennoï-Ostrow. Michaud, qui venait de voir Moscou pour la première fois, et *qui ne savait pas le russe*, se sentit néanmoins très ému (comme il l'écrivit plus tard) lorsqu'il parut devant Notre très gracieux Souverain pour lui annoncer l'incendie de Moscou, dont les flammes avaient éclairé sa route. Bien que sa douleur pût avoir une autre cause que celle qui accablait les Russes, sa figure était tellement défaite, que l'Empereur lui demanda aussitôt :

« M'apportez-vous de tristes nouvelles, colonel?

— Bien tristes, Sire! répondit-il en soupirant et en baissant les yeux : l'abandon de Moscou!

— Aurait-on livré sans se battre mon ancienne capitale? »

Et le rouge de la colère monta aux joues de l'Empereur.

Michaud lui transmit respectueusement le message de Kouzouw : vu l'impossibilité de livrer bataille sous les murs de la capitale, il ne restait que le choix entre perdre Moscou et l'armée, ou Moscou seul, et le maréchal s'était vu contraint de prendre ce dernier parti. L'Empereur écouta ce message en silence, sans lever les yeux.

« L'ennemi est-il entré en ville ? demanda-t-il.

— Oui, Sire, et Moscou est sans doute en cendres à l'heure qu'il est, car je l'ai laissé en flammes. » Michaud s'effraya de l'impression produite par ses paroles.

La respiration de l'Empereur devint oppressée et pénible, ses lèvres tremblèrent, et ses beaux yeux bleus se remplirent de larmes, mais cette émotion fut passagère ; l'Empereur fronça le sourcil et sembla se reprocher à lui-même sa faiblesse.

« Je vois, par tout ce qui nous arrive, que la Providence exige encore de grands sacrifices de notre part. Je suis prêt à me soumettre à toutes ses volontés ; mais dites-moi, Michaud, en quel état avez-vous laissé l'armée, qui assistait ainsi, sans coup férir, à l'abandon de mon ancienne capitale ?... N'y avez-vous pas aperçu du découragement [1] ? »

Voyant son très gracieux Souverain calmé, Michaud se calma également ; mais, ne s'étant pas préparé à lui donner une information précise, il répondit, pour gagner du temps :

« Sire, me permettrez-vous de vous parler franchement, en loyal militaire ?

— Colonel, je l'exige toujours. Ne me cachez rien, je veux savoir absolument ce qu'il en est.

— Sire, dit alors Michaud avec un sourire imperceptible, car il avait eu le temps de combiner sa réponse sous la forme d'un jeu de mots respectueux : Sire, j'ai laissé toute l'armée, depuis les chefs jusqu'au dernier soldat, sans exception, dans une crainte épouvantable, effrayante.

— Comment cela ? demanda l'Empereur sévèrement. Mes Russes se laisseraient-ils abattre par le malheur ? Jamais ! »

Michaud n'attendait que cela pour produire son effet.

« Sire, reprit-il respectueusement, ils craignent seulement que, par bonté de cœur, Votre Majesté ne se laisse persuader de faire la paix. Ils brûlent de combattre et de prouver à Votre Majesté, par le sacrifice de leur vie, combien ils lui sont dévoués.

---

1. En français dans le texte. (*Note du trad.*)

— Ah! reprit l'Empereur en le remerciant du regard. Vous me tranquillisez, colonel. »

Il baissa la tête et garda quelques instants le silence.

« Eh bien, retournez à l'armée, dit-il en se redressant de toute sa hauteur d'un geste plein de majesté. Dites à nos braves, dites à tous mes loyaux sujets, partout où vous passerez, que quand je n'aurai plus de soldats je me mettrai moi-même à la tête de ma chère noblesse, de mes braves paysans, et j'userai ainsi jusqu'aux dernières ressources de mon empire. Il m'en offre encore plus que mes ennemis ne pensent, poursuivit l'Empereur en s'animant de plus en plus, mais si jamais il était écrit dans les décrets de la divine Providence, ajouta-t-il en levant au ciel ses yeux pleins de douceur, que ma dynastie dût cesser de régner sur le trône de mes ancêtres, alors, après avoir épuisé tous les moyens qui sont en mon pouvoir, je me laisserais croître la barbe, et j'irais manger des pommes de terre avec le dernier de mes paysans, plutôt que de signer la honte de ma patrie et de ma chère nation, dont je sais apprécier les sacrifices! » Après avoir prononcé ces paroles d'une voix émue, il se détourna comme pour cacher ses larmes, fit quelques pas jusqu'au bout de la chambre, puis, revenant avec vivacité, il serra fortement la main de Michaud, et lui dit, les yeux brillants de colère et de décision :

« Colonel Michaud, n'oubliez pas ce que je vous dis ici; peut-être qu'un jour nous nous le rappellerons avec plaisir. Napoléon et moi, nous ne pouvons plus régner ensemble. J'ai appris à le connaître, il ne me trompera plus [1]! »

En entendant ces mots et en voyant l'expression de fermeté qui se lisait sur les traits du Souverain, Michaud, « quoique étranger, mais Russe de cœur et d'âme », se sentit gagné par un sincère enthousiasme (comme il le raconta plus tard).

« Sire! s'écria-t-il, Votre Majesté signe en ce moment la gloire de la nation et le salut de l'Europe. »

Quand il eut exprimé ainsi, non seulement ses sentiments personnels, mais ceux du peuple russe, dont il se regardait à cette heure comme le représentant, l'Empereur le congédie d'un signe de tête.

---

1. En français dans le texte. (*Note du trad.*)

IV

Alors que la Russie, à moitié conquise, voyait les habitants de Moscou s'enfuir dans les provinces éloignées, que les levées de milices se succédaient sans interruption, il nous semble, à nous qui n'avons pas vécu à cette époque, que tous, du petit au grand, ne devaient avoir qu'une seule et même pensée : celle de tout sacrifier pour sauver la patrie ou périr avec elle. Les récits d'alors ne sont remplis que de traits de dévouement, d'amour, de désespoir et de douleur, mais la réalité était loin d'être telle que nous nous la figurons. L'intérêt historique de ces terribles années, en attirant seul nos regards, nous dérobe à vue des petits intérêts personnels, qui dissimulaient aux contemporains, par leur importance momentanée, celle des faits qui se passaient autour d'eux. Les individus de cette époque, dont la grande majorité se laissait guider par ces étroites considérations, devenaient par cela même les agents les plus utiles de leur temps. Ceux au contraire qui s'efforçaient de se rendre compte de la marche générale des affaires, d'y participer par des actes d'abnégation et d'héroïsme, étaient les membres les plus inutiles de la société. Ils jugeaient tout de travers, et ce qu'ils faisaient à bonne intention n'était en définitive que folies sans but ; exemples : les régiments de Pierre et de Mamonow, qui passaient leur temps à piller les villages, et la charpie préparée par les dames, qui ne parvenait jamais aux blessés. Enfin les discours de ceux qui ne cessaient de parler de la situation du pays étaient involontairement empreints, ou d'une certaine fausseté, ou de blâme et d'animosité contre les hommes qu'ils accusaient de fautes dont la responsabilité ne retombait sur personne. C'est quand on écrit l'histoire que l'on comprend combien est sage la défense de toucher à l'arbre de la science, car l'activité inconsciente porte seule des fruits. Celui qui joue un rôle dans les événements n'en comprend jamais la valeur, et, s'il essaye d'en saisir le sens et d'y prendre une part immédiate, ses actes sont frappés de stérilité. A Pétersbourg, ainsi que dans les gouvernements du centre, tous, miliciens et dames, pleuraient sur le sort de la Russie et de la capitale, et ne parlaient que de sacrifices et de dévouement ; l'armée, qui se repliait au delà de Moscou, ne songeait ni à ce qu'elle abandonnait, ni à l'incendie qu'elle laissait derrière elle, et encore moins à se venger des Français; elle pensait au trimestre de la solde, à l'étape prochaine, à Matrechka la vivandière, et ainsi de suite...

Nicolas Rostow, que la guerre avait encore trouvé au service, prenait par cela même, mais sans s'arrêter à une idée préconçue et sans se livrer à de sombres réflexions, une part active et sérieuse à la défense de la patrie. Si on lui avait demandé quelle était son opinion sur l'état du pays, il aurait nettement répondu qu'il n'avait pas à s'en préoccuper, que Koutouzow et d'autres avec lui étaient là pour penser à sa place; il ne savait qu'une chose : on complétait les cadres des régiments, on se battrait encore longtemps, et dans les circonstances actuelles il était probable qu'il serait nommé chef de régiment. Grâce à cette manière d'envisager la question, il ne regretta même pas de ne s'être pas trouvé à la dernière bataille, et il accepta avec plaisir la commission d'aller à Voronège pour la remonte de la division.

Peu de jours avant la bataille de Borodino, Nicolas reçut les instructions et l'argent nécessaires, envoya un hussard en avant, prit des chevaux de poste et se mit en route.

Celui qui a passé plusieurs mois dans l'atmosphère des camps pendant une campagne peut seul comprendre la jouissance qu'éprouva Nicolas en quittant le rayon occupé par les trains de bagages, les hôpitaux, les dépôts de vivres et les fourrageurs. Lorsqu'il fut hors du camp, et loin des incidents peu élégants de la vie journalière du bivouac, lorsqu'il vit des villages, des paysans, des maisons de propriétaires, des champs, du bétail qui y paissait en liberté, des maisons de postes avec leurs surveillants endormis, il ressentit une telle joie qu'il lui sembla voir tout cela pour la première fois. Ce qui surtout le frappa agréablement, ce fut de rencontrer des femmes jeunes et fraîches, sans le cortège habituel d'une dizaine d'officiers occupés à leur faire la cour, mais flattées et souriantes des amabilités de l'officier voyageur. Enchanté de lui-même et de son sort, il arriva la nuit à Voronège, s'arrêta à l'auberge et y commanda tout ce qui lui avait manqué à l'armée; le lendemain, après s'être bien rasé, après avoir endossé l'uniforme de grande tenue, qui n'avait pas vu le jour depuis longtemps, il alla rendre ses devoirs aux autorités de la ville.

Le commandant de la milice, homme d'un certain âge, fontionnaire civil, avec le grade de général, paraissait enchanté de son uniforme et de son nouvel emploi. Il reçut Nicolas d'un air sévère et important, croyant que c'était là la tenue du vrai militaire, le questionna en l'approuvant ou en le désapprouvant tour à tour comme s'il en avait le droit. Comme Nicolas était de bonne humeur, il s'en amusa, sans avoir un instant l'idée de s'en fâcher. De là il se rendit chez le gouverneur, petit homme vif et alerte, tout rond et tout aimable, qui lui indiqua les haras où l'on pouvait avoir de bons chevaux, lui recommanda un maquignon et un propriétaire dont la résidence était à vingt verstes de la ville, qui avait d'excellents chevaux, et lui promit son concours : « Vous êtes le fils du comte Ilia Andréïévitch? Ma femme était une amie de votre mère. On se réunit chez moi le jeudi; c'est jeudi aujourd'hui, faites-moi le plaisir de venir ce soir sans façon. »

De chez le gouverneur, Nicolas se mit en télègue, prit avec lui son maréchal des logis pour aller au haras qu'on lui avait désigné, et dont le propriétaire était un vieux garçon, ex-officier de cavalerie, fin connaisseur en chevaux, chasseur endiablé et possesseur d'une eau-de-vie âgée de cent ans, et de vieux vin de Hongrie. Nicolas en deux mots bâcla un marché, en lui en achetant pour 6000 roubles dix-sept étalons de premier choix pour les besoins éventuels de la remonte; ayant bien dîné, en faisant largement honneur au vin de Hongrie, après avoir embrassé son amphitryon, qu'il tutoyait déjà comme une vieille connaissance, il refit la même route aussi galement que la première fois, en donnant force bourrades au cocher pour ne pas manquer la soirée.

Aspergé d'eau froide de la tête aux pieds, bien parfumé et habillé de nouveau, il se rendit, quoiqu'un peu tard, chez le gouverneur. Ce n'était pas un bal, mais, comme on savait que Catherine Pétrovna jouerait des valses et des écossaises, et qu'on danserait, les dames avaient préféré venir en robes décolletées. Pendant l'année 1812 la vie de province s'écoulait à Voronège comme d'habitude, avec la seule différence qu'il régnait dans la ville une animation inusitée : plusieurs familles riches de Moscou s'y étaient réfugiées par suite de la gravité des circonstances, et, au lieu des conversations banales et accoutumées sur le temps et sur le prochain, on causait de ce qui se passait à Moscou, de la guerre et de Napoléon. La réunion du gouverneur était composée de la crème de la société et, entre autres, de plusieurs dames que Nicolas avait connues à Moscou. Parmi les hommes, personne ne pouvait rivaliser avec le chevalier de Saint-Georges, le brillant officier de hussards, le charmant et aimable comte Rostow. Un officier italien, prisonnier français, était au nombre des invités, et Nicolas sentait que sa présence rehaussait, comme un trophée vivant, la valeur du héros russe. Persuadé que chacun partageait le même sentiment, il fut avec l'Italien d'une politesse affectueuse, pleine de réserve et de dignité. Aussitôt que, dans son uniforme de hussard, il fit son entrée au salon, en répandant autour de lui l'odeur pénétrante des parfums et du vin, il se vit entouré et eut l'occasion de répéter et de s'entendre dire à plusieurs reprises : « Mieux vaut tard que jamais. » Devenu le point de mire de tous les regards, il se sentit dans une sphère qui lui convenait, il allait y retrouver, à son grand plaisir, la position de favori, dont il était depuis si longtemps privé. Les dames et les demoiselles faisaient assaut de coquetterie à son endroit, et les personnes âgées intriguèrent aussitôt pour le marier, afin de mettre un terme, disaient-elles, aux folies de ce brillant officier. La femme du gouverneur, qui l'avait reçu comme un proche parent, et le tutoyait déjà, fut du nombre de ces dernières. Catherine Pétrovna joua des valses, des écossaises ; les danses s'animèrent et donnèrent à Nicolas l'occasion de déployer toutes ses grâces ; son élégante désinvolture charma toutes les dames, et lui-même fut tout surpris ce soir-là d'avoir si bien dansé ; jamais il ne se serait permis à Moscou ce laisser-aller qui frisait le mauvais genre, mais ici il sentait la nécessité d'étonner son monde par quelque chose d'extraordinaire et d'inconnu jusque-là à tous ces provinciaux, et de les obliger à accepter cela comme la dernière mode de la capitale. Il choisit pour objet de ses attentions la femme d'un des fonctionnaires du gouvernement, une jeune et jolie blonde aux yeux bleus. Naïvement convaincu, comme tous les jeunes gens dont le seul but est le plaisir, que les femmes d'autrui ont été créées pour eux, il ne quitta pas sa conquête d'un instant ; il poussa même la diplomatie jusqu'à se rapprocher du mari, comme si, sans se l'être cependant avoué l'un à l'autre, ils avaient déjà pressenti qu'ils ne tarderaient pas à s'entendre. Le mari ne paraissait pas se prêter à ce manège, et accueillait avec froideur les avances du hussard, mais la franche bonhomie et la gaieté fascinatrice de ce dernier eurent plus d'une fois raison de sa mauvaise grâce! Cependant, à la fin de la soirée, à mesure que le visage de la femme s'animait et se colorait, celui du mari devenait de plus en plus sombre; ils semblaient n'avoir à eux deux qu'une certaine dose de vivacité; quand elle augmentait chez la femme, elle diminuait chez le mari.

V

Nicolas, assis dans un large fauteuil, s'amusait à prendre différentes poses pour mieux faire valoir la jolie forme de ses pieds, chaussés pour la circonstance d'une paire de bottes irréprochables; il ne cessait de sourire et de faire des compliments ampoulés à la jolie blonde, en lui confiant tout bas son projet d'enlever une des dames de la ville.

« Laquelle?

— Oh! une femme ravissante, divine! Ses yeux, ajouta Nicolas en regardant sa voisine, ses yeux sont bleus, ses lèvres de corail, ses épaules d'une blancheur... sa taille celle de Diane! »

Le mari s'approcha à ce moment et demanda à sa femme d'un air sombre le sujet de leur conversation.

« Ah! Nikita Ivanitch! » dit Rostow en se levant poliment... et, comme pour l'inviter à prendre part à ses plaisanteries, il lui exposa son intention d'enlever une blonde.

Cette confidence fut froidement reçue par le mari : la femme rayonnait. Mme la gouvernante, qui était une excellente personne, s'approcha d'eux d'un air moitié souriant et moitié sévère.

« Anna Ignatievna demande à te voir, Nicolas, — et elle prononça ce nom de manière à lui faire comprendre que cette dame était un personnage important. — Allons, viens!

— A l'instant, ma tante, mais qui est-elle?

— C'est Mme Malvintzew. Elle a entendu parler de toi par sa nièce que tu as sauvée... devines-tu?

— Mais il y en a beaucoup que j'ai sauvées, reprit Nicolas.

— Sa nièce est la princesse Bolkonsky; elle est ici avec sa tante. Oh! comme te voilà rouge, qu'est-ce donc?

— Mais pas du tout, ma tante, je vous assure.

— Bien, bien, monsieur le mystérieux! » Et elle le présenta

à une vieille dame, très grande, très forte, coiffée d'une toque bleue, qui venait de finir sa partie avec les gros bonnets de la ville.

C'était Mme Malvintzew, la tante de la princesse Marie, du côté de sa mère, veuve riche et sans enfants, fixée pour toujours à Voronège. Elle était debout et payait sa dette de jeu, lorsque Rostow la salua. Le regardant de toute sa hauteur, et fronçant le sourcil, elle continua à malmener le général qui lui avait gagné son argent.

« Enchantée, mon cher! dit-elle en lui tendant la main. Venez me voir. »

Après avoir échangé quelques mots avec lui au sujet de la princesse Marie, et de son défunt père, qu'elle n'avait jamais porté dans son cœur, elle lui demanda des nouvelles du prince André, pour lequel elle n'avait pas non plus une grande sympathie; elle le congédia enfin, en lui réitérant son invitation. Nicolas lui promit de s'y rendre et rougit de nouveau en la quittant, car le nom de la princesse Marie lui faisait éprouver un sentiment incompréhensible de timidité et même de crainte.

Sur le point de retourner à la danse, il fut arrêté par la petite main potelée de Mme la gouvernante, qui avait quelques mots à lui dire; elle l'emmena dans un salon d'où les invités se retirèrent par discrétion.

« Sais-tu, mon cher, lui dit-elle en donnant un air de gravité à son bienveillant petit visage, j'ai trouvé un parti pour toi; veux-tu que je te marie?

— Avec qui, ma tante?

— La princesse Marie! Catherine Pétrovna propose Lili; moi, je penche pour la princesse... Veux-tu? Je suis sûre que ta maman m'en remerciera; c'est une fille charmante et pas du tout si laide qu'on veut bien le dire.

— Mais elle n'est pas laide du tout, s'écria Nicolas d'un ton offensé; quant à moi, ma tante, j'agis en soldat, je ne m'impose à personne, et je ne refuse rien, poursuivit-il sans se donner le temps de réfléchir à sa réponse.

— Alors souviens-toi que ce n'est pas une plaisanterie, et dans ce cas, mon cher, je te ferai observer que tu es trop assidu auprès de l'autre, de la blonde! Le mari fait vraiment peine à voir!

— Quelle idée! Nous sommes amis, » reprit Nicolas, qui, dans sa naïve simplicité, ne pouvait supposer qu'un aussi agréable passe-temps pût porter ombrage à quelqu'un... « J'ai pourtant répondu une fière bêtise à la femme du gouverneur, se dit-il à souper. La voilà qui va tripoter mon mariage ; et Sonia ? »

Aussi, lorsqu'il lui fit ses adieux et qu'elle lui rappela en souriant leur conversation, il la prit à part :

« Je dois vous dire, ma tante, que...

— Viens, viens ici, mon ami, asseyons-nous... » Et tout à coup il se sentit irrésistiblement poussé à prendre pour confidente cette femme, qui était presque une étrangère pour lui, et à lui confier ses plus secrètes pensées, celles qu'il n'aurait pas même dites à sa mère, à sa sœur ou à son ami le plus intime. Lorsque plus tard il se souvint de cette explosion de franchise inexplicable, que rien ne motivait et qui eut pour lui de très graves conséquences, il l'attribua à un effet du hasard.

« Voici ce que c'est, ma tante. Maman tient à me marier depuis longtemps à quelqu'un de riche, mais un mariage d'argent m'est souverainement antipathique.

— Oh ! je le comprends, dit la bonne dame, mais ici ce serait autre chose.

— Je vous avouerai franchement que la princesse Bolkonsky me plaît beaucoup ; elle me convient, et depuis que je l'ai vue dans une si triste situation, je me suis souvent dit que c'était le sort... Et puis, vous savez sans doute que maman a toujours désiré ce mariage : mais je ne sais comment cela s'est fait, nous ne nous étions jamais rencontrés jusque-là. Ensuite, lorsque ma sœur Natacha devint la fiancée de son frère, il ne me fut plus possible de demander sa main, et voilà que je la rencontre aujourd'hui au moment où ce mariage se rompt et que tant d'autres circonstances... Enfin, voilà ce qui en est : je n'en ai jamais parlé à personne, je ne le dis qu'à vous. »

Mme la gouvernante redoubla d'attention...

« Vous connaissez Sonia, ma cousine ? Je l'aime, je lui ai promis de l'épouser, et je l'épouserai... Vous voyez donc qu'il ne peut plus être question de l'autre..., ajouta-t-il en hésitant et en rougissant.

— Mon cher, mon cher, comment peut-on parler ainsi ? Sonia n'a rien, et tu m'as dit toi-même que vos affaires étaient dérangées ; quant à ta maman, cela la tuera, et Sophie elle-même, si elle a du cœur, ne voudra pas assurément d'une telle existence : une mère au désespoir, une fortune en déroute... Non, non, mon cher, Sophie et toi vous devez le comprendre. »

Nicolas se taisait, mais cette conclusion ne lui était pas désagréable :

« Pourtant, ma tante, c'est impossible, poursuivit-il avec un soupir. La princesse Marie voudra-t-elle de moi, et puis elle est en deuil, on ne peut guère y penser?

— Tu crois donc que je vais t'empoigner là, tout de suite, et te marier séance tenante? Il y a manière et manière.

— Oh! quelle marieuse vous faites, ma tante, » dit Nicolas en baisant sa petite main grassouillette.

VI

A son retour à Moscou, la princesse Marie y avait retrouvé son neveu et le gouverneur, ainsi qu'une lettre du prince André, qui l'engageait à continuer sa route sur Voronège et à s'y arrêter chez sa tante Mme Malvintzew. Les soucis du déménagement, l'inquiétude que lui causait son frère, l'organisation d'une nouvelle existence dans un nouveau milieu, des figures inconnues, l'éducation du petit garçon, toutes ces circonstances réunies étouffèrent pour un temps dans l'âme de la pauvre fille les tentations qui l'avaient tourmentée pendant la maladie de son père, après sa mort, et surtout après sa rencontre avec Rostow. Profondément attristée et inquiète, la douleur que lui causait la mort de son père s'ajoutait dans son cœur à celle que lui faisaient éprouver les désastres de la Russie, et, malgré le mois de tranquillité et de vie régulière qu'elle venait de passer, ces pénibles sentiments semblaient croître en intensité. Le danger que courait son frère, le seul proche parent qui lui restât, la préoccupait constamment; il s'y joignait encore le souci de l'éducation de son neveu, tâche qu'elle ne se sentait pas en état de remplir. Malgré tout, elle était foncièrement calme, parce qu'elle avait la conscience d'avoir maîtrisé les rêveries et les espérances caressées tout d'abord à l'apparition de Rostow.

Le lendemain de sa soirée, Mme la gouvernante se rendit chez Mme Malvintzew pour lui faire part de son projet; tout en insistant, vu les circonstances présentes, sur l'impossibilité d'une cour en règle, elle lui représenta que rien n'empêchait de réunir les jeunes gens, et lui demanda son consentement, qui lui fut accordé de grand cœur. Ce premier point réglé, elle parla de Rostow en présence de la princesse Marie, et lui raconta comment il avait rougi en entendant prononcer son nom. Celle-ci, au lieu d'éprouver un sentiment de joie en l'écoutant, ressentit un malaise indéfinissable : elle ne jouissait plus de ce calme intérieur dont elle était si fière autrefois, et elle sentit que ses espérances, ses doutes et ses remords se réveillaient avec une nouvelle force.

Pendant les deux jours qui s'écoulèrent entre cette visite et celle de Rostow, elle ne cessa de penser à la ligne de conduite qu'elle devait suivre envers lui. Tantôt elle prenait la résolution de ne pas paraître au salon de sa tante, en prétextant son deuil, et au même moment elle se disait que ce serait manquer de procédés envers celui qui lui avait rendu un si grand service. Tantôt il lui semblait que sa tante et la femme du gouverneur formaient des projets sur Rostow et sur elle, et alors elle se reprochait ces pensées, qu'elle attribuait à son iniquité. Comment pouvait-elle les croire capables de songer à un mariage, lorsqu'elle portait encore des pleureuses? Et cependant elle s'ingéniait à composer les phrases avec lesquelles elle devait l'accueillir, mais, dans la crainte d'en dire trop ou trop peu, elle n'était satisfaite d'aucune, et d'ailleurs son embarras ne trahirait-il pas l'émotion qu'elle ressentirait à sa vue? Mais lorsque son valet de chambre vint lui annoncer, le dimanche après la messe, l'arrivée du comte Rostow, une légère rougeur couvrit ses joues, et ses yeux devinrent plus brillants que de coutume ; ce furent les seuls indices de ce qui se passait dans son for intérieur.

« L'avez-vous vu, ma tante? » demanda la princesse Marie avec calme, surprise elle-même de paraître aussi tranquille.

Rostow entra; la princesse baissa la tête la durée d'une seconde, comme pour lui donner le temps de saluer sa tante, et, la relevant aussitôt, elle rencontra son regard. D'un mouvement plein de grâce et de dignité, elle lui tendit sa main douce et fine, lui dit quelques mots, et des cordes d'une douceur toute féminine, qui jusque-là étaient restées muettes, vibrèrent dans le timbre de sa voix. Mlle Bourrienne, qui se trouvait là par hasard, la regarda avec stupéfaction. La coquette la plus artificieuse n'aurait pu agir plus habilement à l'égard d'un homme qu'elle aurait voulu captiver : « Est-ce le noir qui lui va si bien, ou est-elle embellie? Et quel tact! quelle grâce! je ne l'avais jamais remarquée, » se disait la Française. Si la princesse Marie avait été capable de réfléchir dans ce moment-là, elle eût été bien plus étonnée que sa compagne du changement qui s'était opéré en elle. A peine eut-elle aperçu ce visage qui lui était devenu si cher, qu'un flot de vie dont l'influence la faisait agir et parler en dehors de sa volonté, l'envahit tout entière. Ses traits se transfigurèrent et s'illuminèrent d'une beauté imprévue ; tel un vase dont les fines ciselures ne présentent qu'un enchevêtrement de lignes opaques et confuses jusqu'au moment où une vive lumière vient en éclairer les parois transparentes. Pour la première fois, le travail intérieur auquel s'était livrée son âme, ses souffrances, ses aspirations au bien, sa résignation, son amour, son abnégation, se résumèrent dans l'éclat de son regard, le charme de son sourire et dans chaque trait de son visage délicat. Rostow le vit aussi clairement que s'il l'avait connue toute sa vie ; il comprit qu'il avait devant lui un être différent de ceux qu'il avait rencontrés jusque-là, et beaucoup meilleur, surtout supérieur à lui-même. La conversation roula sur différents sujets : il fut question de la guerre, de leur dernière rencontre, sur laquelle Nicolas glissa légèrement, de la femme du gouverneur et de leur parenté mutuelle. La princesse Marie ne fit aucune allusion à son frère, et changea même de conversation, lorsque sa tante en parla. Ce sujet la touchait de trop près pour être le sujet d'une conversation banale.

Pendant un moment de silence, Nicolas s'adressa, pour sortir d'embarras, comme on le fait souvent là où il y a des enfants, au petit garçon du prince André, et lui demanda s'il avait bien envie d'être hussard. Il le prit dans ses bras, le fit jouer, et, se retournant involontairement vers la princesse Marie, il rencontra son regard attendri et heureux ; elle suivait timidement des yeux les mouvements de son neveu chéri dans les bras de l'homme qu'elle aimait. Il comprit la signification de ce regard, rougit de plaisir et embrassa l'enfant de bon cœur ; il ne se crut pourtant pas autorisé à revenir la voir souvent, à cause de son grand deuil ; mais la femme du gouverneur continua à manœuvrer, et lui répéta ce que la princesse Marie avait dit de flatteur sur son compte, et *vice versâ*. Elle insista pour qu'il y eût une explication, et arrangea à cet effet chez l'archevêque une entrevue entre les jeunes gens. Rostow ne cessait de lui dire qu'il ne pensait guère à se déclarer ; mais il fut obligé de promettre qu'il se rendrait chez ce dernier.

De même qu'à Tilsitt, où il n'avait pas hésité un moment à accepter pour bon ce qui était reconnu tel par les autres ; de même aujourd'hui, après une lutte courte, mais sincère, entre le désir d'organiser sa vie selon son goût et une humble soumission au destin, il choisit cette dernière voie, où il se sentait entraîné malgré lui. Il savait qu'exprimer ses sentiments à la princesse Marie, étant encore lié à Sonia par sa promesse, était commettre une lâcheté dont il était incapable; mais il sentait aussi, au fond de son cœur, qu'en s'abandonnant à l'influence des circonstances et des personnes, non seulement il ne faisait rien de répréhensible, mais laissait s'accomplir un acte important dans son existence. Sans doute, après son entrevue avec la princesse Marie, il vécut en apparence de la même vie qu'auparavant; mais les plaisirs dont il s'amusait jusque-là perdirent pour lui tout leur charme; les idées qui se rapportaient à elle n'avaient rien de commun avec celles que lui avaient inspirées jusque-là les autres jeunes filles, ni avec l'amour exalté dont il avait jadis entouré l'image de Sonia. Comme c'était un honnête homme, s'il lui arrivait d'associer une jeune fille à ses rêves de mariage, il la voyait invariablement en robe de chambre blanche, assise derrière le samovar, entourée d'enfants qui appelaient papa et maman, et il trouvait du plaisir à descendre jusqu'aux moindres détails de leur vie de famille. Mais la pensée de la princesse Marie n'évoquait pas ces tableaux-là; il avait beau essayer d'entrevoir l'avenir de leur vie à deux, tout y était vague et confus, et lui inspirait plutôt un sentiment de crainte.

VII

La nouvelle de la terrible bataille de Borodino et de nos incalculables pertes en blessés et en morts arriva à Voronège vers la mi-septembre. La princesse Marie, n'ayant eu connaissance de l'état de son frère que par les journaux, se décida à aller à sa recherche; Nicolas, qui ne l'avait pas encore revue, l'apprit ensuite par d'autres personnes.

Ces tristes événements n'éveillèrent dans son âme ni désespoir ni désir de vengeance, mais il en éprouva un certain embarras à prolonger son séjour à Voronège. Toutes les conversations sonnaient faux à son oreille; il ne savait comment juger ce qui s'était passé, et se disait qu'il ne s'en rendrait exactement compte que lorsqu'il se retrouverait dans l'atmosphère de son régiment. Il se hâtait donc de terminer ses achats de chevaux, et se mettait en colère plus souvent que d'habitude contre son valet de chambre et son maréchal des logis.

Quelques jours avant son départ eut lieu à la cathédrale une messe avec *Te Deum*, à l'occasion des victoires remportées par les troupes russes. Il s'y rendit comme les autres, et se plaça à quelques pas du gouverneur; ayant pris une attitude officielle, il eut tout le loisir de penser à autre chose. La cérémonie achevée, la gouvernante l'appela d'un signe.

« As-tu vu la princesse? » lui demanda-t-elle en lui désignant une dame en deuil qui se tenait à l'écart.

Nicolas l'avait déjà aperçue et reconnue, non pas à son profil qui se dessinait sous son chapeau, mais au sentiment de pitié et de crainte qui s'était tout à coup emparé de lui en la voyant. Absorbée dans ses prières, la princesse Marie faisait ses derniers signes de croix avant de sortir de l'église; l'expression de sa figure le frappa de surprise : c'étaient bien les mêmes traits, sur lesquels on pouvait lire la lutte patiente de son âme, mais une flamme intérieure les éclairait d'une autre lumière, et elle était dans ce moment l'image la plus touchante de la douleur, de la prière et de la foi! Sans attendre l'avis de sa protectrice, sans se demander s'il était oui ou non convenable de lui adresser la parole à l'église, il se rapprocha d'elle pour lui dire qu'il prenait une part sincère au nouveau malheur qui venait de la frapper. A peine eut-elle entendu sa voix, qu'un rayonnement de douleur et de joie illumina soudain son visage.

« Je tenais à vous dire, princesse, reprit Rostow, que comme le prince André est commandant de régiment, s'il était mort, les journaux l'auraient annoncé. »

Elle le regarda sans le comprendre et en se laissant aller au charme de la sympathie qu'il lui témoignait.

« Je connais beaucoup d'exemples, poursuivit-il, où la blessure causée par un éclat d'obus peut n'être que très légère, si elle n'est pas immédiatement mortelle. Il faut espérer, et je suis sûr que...

— Oh! ce serait affreux! » dit la princesse Marie en l'interrompant, et comme l'émotion l'empêchait d'achever sa phrase, elle inclina la tête d'un mouvement plein de grâce comme l'étaient tous ses gestes en présence de Rostow, lui jeta un regard de reconnaissance et rejoignit sa tante.

Ce soir-là Nicolas resta chez lui, afin de terminer au plus vite ses comptes avec les maquignons. Quand il les eut mis en règle, ce qui ne fut pas long, il arpenta longtemps sa chambre, en passant, contre son habitude, toute son existence en revue. Son entrevue du matin avec la princesse Marie lui avait causé une impression plus profonde qu'il ne l'aurait désiré pour son repos. Ses traits fins, pâles et mélancoliques, son regard lumineux, ses gestes doux et gracieux, et surtout cette douleur tendre et profonde qui s'exhalait de toute sa personne, le troublaient et commandaient sa sympathie. Autant Rostow aimait peu à trouver chez un homme la preuve d'une supériorité morale (c'était pourquoi il n'avait jamais eu de penchant pour le prince André, qu'il traitait volontiers de philosophe et de rêveur), autant chez la princesse Marie cette douleur, dans laquelle il entrevoyait la profondeur de ce monde spirituel où il était comme un étranger, l'attirait d'une façon irrésistible. « Quelle merveilleuse femme! Ce doit être un ange véritable! Pourquoi ne suis-je pas libre? Pourquoi me suis-je tant pressé avec Sonia? » Et involontairement il établissait une comparaison entre l'absence chez l'une et l'abondance chez l'autre de ces dons de l'âme qu'il ne possédait pas, et dont, pour cette raison même, il faisait tant de cas. Il se complaisait à se représenter comment il eût agi s'il avait été libre, comment il lui aurait demandé sa main et comment elle serait devenue sa femme; mais à cette pensée il avait froid, et ne voyait plus devant ses yeux que des images confuses. Associer la princesse Marie à de riants tableaux lui semblait impossible. Il l'aimait sans la comprendre, tandis que dans le souvenir de Sonia tout était clair et simple, parce que pour lui il n'y avait en elle rien de mystérieux. « Comme elle priait! se disait-il. C'est bien là la foi qui transporte les montagnes, et je suis sûr que sa prière sera exaucée. Pourquoi ne puis-je prier ainsi et demander ce dont j'ai besoin? De quoi ai-je besoin? D'être libre et de rompre avec Sonia! La femme du gouverneur avait raison : mon mariage avec elle n'amènera que des malheurs, le désespoir de maman, les affaires... Ah! quel embarras! quel embarras! Et puis, je ne l'aime pas, non, je ne l'aime pas comme il faudrait l'aimer! Ah! mon Dieu, qui m'aidera à sortir de cette affreuse impasse? » s'écria-t-il en déposant sa pipe dans un coin; et, les mains jointes, tout entier au souvenir de la princesse Marie, il se plaça devant l'image, les yeux pleins de larmes, et pria comme il n'avait pas prié

III. — 14

depuis longtemps. Soudain la porte s'ouvrit et Lavrouchka entra : il lui apportait quelques lettres.

« Imbécile! qui te permet de venir ainsi sans être appelé, dit Nicolas en changeant subitement de pose.

— De la part du gouverneur, répondit Lavrouchka d'une voix endormie. Il est arrivé un courrier : c'est une lettre pour vous.

— Bien, merci, va-t'en! »

Il y avait deux lettres, une de sa mère et une de Sonia; ce fut celle-ci qu'il décacheta tout d'abord. A la lecture des premières lignes il pâlit, et ses yeux s'agrandirent de joie et de terreur : « Non, c'est impossible! » dit-il tout haut. Son agitation était si grande, qu'il ne put rester en place, et il lut la lettre en marchant à grands pas. Il la lut une fois, deux fois, et enfin, haussant les épaules et faisant un geste de surprise, il s'arrêta au milieu de la chambre, la bouche béante et les yeux fixes. Sa prière à Dieu avait donc été exaucée! Il en était aussi stupéfait que si, en réalité, c'eût été la chose la plus extraordinaire du monde, et il croyait même voir dans la réalisation prompte de ses désirs la preuve qu'elle était l'œuvre, non pas de Dieu, mais d'un simple hasard.

Le nœud gordien qui enchaînait son avenir était tranché par la lettre inattendue de Sonia. Elle lui écrivait que la perte de la plus grande partie de la fortune des Rostow, par suite des terribles circonstances de ces derniers temps, et le vœu plusieurs fois exprimé par la comtesse, de voir Nicolas épouser la princesse Bolkonsky, son silence, sa froideur, tous ces motifs réunis l'avaient décidée à le délier de ses promesses et à lui rendre sa parole. « Il m'est trop pénible, disait-elle, de penser que je pourrais devenir une cause de malheurs et de brouille au sein d'une famille qui m'a comblée de ses bienfaits. Mon amour n'ayant pour but que le bonheur de ceux que j'aime, je viens vous supplier, Nicolas, de reprendre votre liberté et de croire, malgré tout, que personne ne vous aimera jamais plus profondément que votre « Sonia. »

La seconde lettre était de la comtesse, qui décrivait leurs derniers jours à Moscou, leur départ, l'incendie et leur ruine complète. Elle ajoutait que le prince André, grièvement blessé, voyageait avec eux, mais que maintenant le docteur espérait le sauver. Sonia et Natacha étaient ses gardes-malades.

Nicolas alla le lendemain porter cette lettre à la princesse Marie, qui, pas plus que lui, ne fit de commentaires sur le soins que Natacha donnait au blessé. Cette lettre établit entre eux comme un lien de parenté. Il assista même au départ de la princesse pour Yaroslaw et retourna ensuite à son régiment.

VIII

La lettre de Sonia, écrite du couvent de Troïtzky, était le résultat de nombreux incidents qui s'étaient passés dans la famille Rostow. Le désir de voir Nicolas épouser une riche héritière dominait toutes les préoccupations de la comtesse, et Sonia, le principal obstacle à ses yeux, s'en était douloureusement ressentie, surtout après le récit de la rencontre de Nicolas avec la princesse Marie. La comtesse ne laissait passer aucune occasion de lui lancer une allusion cruelle et blessante. Quelques jours avant leur départ de Moscou, énervée par tous les désastres qui l'accablaient, elle appela sa nièce, mais, au lieu de lui adresser des reproches, elle la supplia, en pleurant à chaudes larmes, de les prendre en pitié, de délier Nicolas de son serment, et de payer ainsi sa dette à ceux qui l'avaient recueillie. « Je ne serai tranquille que lorsque tu me l'auras promis! » Sonia répondit en sanglotant qu'elle était prête à tout, sans se décider toutefois à lui en faire la promesse formelle. Se dévouer pour le bonheur des autres était dans son caractère, et sa situation dans la maison était telle, qu'elle ne pouvait prouver sa reconnaissance qu'en se sacrifiant sans cesse. Elle sentait que tout acte d'abnégation rehaussait sa valeur aux yeux des autres, et la rendait par cela même plus digne de Nicolas, qu'elle adorait! Mais aujourd'hui le sacrifice qu'on exigeait d'elle entraînait avec lui un renoncement complet à tout ce qui était la récompense du passé, à tout ce qui donnait du prix à la vie. Pour la première fois, son cœur se remplit d'amères pensées : elle en voulut à ceux qui ne l'avaient tirée de la misère que pour lui infliger un surcroît de tourments! Elle en voulut à Natacha, qui n'avait jamais été violentée dans ses sentiments, qui, au contraire, les imposait à tout son entourage, et que cependant on ne pouvait s'empêcher d'aimer! Pour la première fois aussi elle sentit que son amour, si pur et si paisible jusque-là, se transformait en une passion violente, en dehors des lois, de la vertu et de la religion, et sous la violence de cet orage, habituée par ses épreuves à renfermer ses impressions, elle répondit à la comtesse en termes vagues, résolue à attendre une entrevue avec Nicolas, dans l'intention non pas de le dégager de sa parole, mais au contraire de se lier à lui pour toujours.

Les soucis des derniers temps de leur séjour à Moscou apportèrent une diversion à son chagrin, qu'elle fut heureuse d'oublier au milieu de toutes les occupations matérielles dont elle était accablée ; mais, en apprenant la présence du prince André dans la maison, malgré sa sympathie pour lui et pour Natacha, une joie superstitieuse s'empara d'elle. Elle crut entrevoir dans cette circonstance la volonté de la Providence qui ne voulait pas permettre qu'elle fût séparée de Nicolas. Elle savait que Natacha aimait le prince André et n'avait cessé de l'aimer. Elle pressentait que, réunis maintenant par tant de catastrophes, ils s'aimeraient de nouveau, et que Nicolas ne pourrait épouser la princesse Marie, devenue dès lors sa belle sœur. Aussi, en dépit des tristesses qui l'environnaient de toutes parts, cette intervention visible de la Providence dans ses intérêts personnels lui causait une douce satisfaction.

La famille Rostow s'arrêta une journée au couvent de Troïtzky. On leur avait réservé dans l'auberge du couvent trois grandes chambres, dont l'une fut occupée par le prince André, qui ce jour-là se sentait beaucoup mieux. Natacha était assise à côté de lui, tandis que, dans la pièce voisine, le comte et la comtesse causaient respectueusement avec le supérieur, heureux de revoir ses anciens amis. Sonia, également présente, songeait à ce que le prince André et Natacha pouvaient se dire. Tout à coup la porte s'ouvrit, et Natacha, très émue, s'avança tout droit vers sa cousine, sans faire attention au moine, qui s'était levé pour la saluer.

« Natacha, que fais-tu donc? viens ici, » lui dit sa mère.

Elle s'approcha du prieur pour recevoir sa bénédiction, et celui-ci l'engagea à implorer le secours de Dieu et du bienheureux saint Serge.

Dès qu'il fut parti, elle entraîna Sonia dans la chambre vide.

« Sonia, il vivra, n'est-ce pas ! Sonia, je suis si heureuse et si malheureuse ! Tout est réparé. Qu'il vive seulement, mais il ne peut pas... »

Et elle fondit en larmes. Sonia, aussi agitée de la douleur de son amie que de ses secrètes appréhensions personnelles, l'embrassa et la consola.

« Oui, qu'il vive seulement, » se disait-elle.

Elles se rapprochèrent de la porte, qu'elles entr'ouvrirent doucement, et purent distinguer le prince André couché, la tête appuyée sur trois oreillers. Il reposait, les yeux fermés, et on entendait sa respiration égale.

« Ah! Natacha, s'écria tout à coup Sonia en la saisissant par la main et en se rejetant en arrière.

— Qu'est-ce? qu'est-ce? demanda Natacha.

— C'est cela, c'est bien cela! reprit la première, pâle et tremblante, en refermant la porte. Te rappelles-tu? continua-t-elle avec un mélange d'effroi et de solennité, te rappelles-tu quand j'ai regardé dans le miroir aux fêtes de Noël? Tu te souviens, j'ai vu...

— Oui, oui, répondit Natacha en ouvrant de grands yeux et en se souvenant en effet confusément de la vision de Sonia.

— Tu t'en souviens? poursuivit Sonia. Je te l'ai raconté alors à toi et à Douniacha : je l'ai vu couché, les yeux fermés, couvert d'une couverture rose, tel qu'il est à présent! »

Et, s'animant de plus en plus, elle décrivit tous les détails qu'elle avait devant les yeux, en les rapportant à la vision de Noël, dont son imagination ne mettait plus en doute la réalité.

« Oui, oui, la couverture rose! se dit Natacha pensive, persuadée qu'elle aussi l'avait vue. Mais qu'est-ce que cela peut vouloir dire?

— Ah! je ne sais pas, c'est si extraordinaire! » répondit Sonia.

Quelques minutes plus tard, le prince André sonna. Natacha entra chez lui, et Sonia, en proie à une émotion et à un attendrissement qu'elle éprouvait rarement, resta près de la fenêtre, à réfléchir à ces bizarres coïncidences.

Une occasion s'offrit ce jour-là pour envoyer des lettres à l'armée. La comtesse en profita pour écrire à son fils.

« Sonia, n'écriras-tu pas à Nicolas? » dit-elle d'une voix légèrement émue.

La jeune fille devina la muette prière contenue dans ces paroles, et lut, dans le regard fatigué de la comtesse, fixé sur elle par-dessus ses lunettes, l'embarras que cachait sa demande et l'inimitié prête à éclater en cas de refus. S'approchant de la comtesse, elle se mit à genoux, lui baisa la main et lui dit :

« Maman, j'écrirai ! »

Sous l'influence de ce mystérieux présage qui, en s'accomplissant, devait empêcher le mariage de Nicolas avec la princesse Marie, elle s'abandonna sans plus hésiter à ses habitudes de sacrifice, et ce fut les larmes aux yeux et pénétrée de la grandeur de cet acte généreux qu'elle écrivit, non sans être interrompue à plusieurs reprises par ses sanglots, la touchante épître dont la lecture avait si profondément troublé Nicolas.

IX

Une fois arrivés au corps de garde, l'officier et les soldats qui y avaient amené Pierre le traitèrent assez brutalement, sans doute en souvenir de la lutte qu'ils avaient eue à soutenir contre lui, sans se départir cependant d'un certain respect à son égard. Ils se demandaient avec curiosité s'ils n'avaient pas fait une capture importante, et lorsque le lendemain la garde fut relevée, Pierre s'aperçut que les nouveaux venus n'avaient plus pour lui la même considération. En effet, dans ce gros homme en caftan ils ne voyaient plus celui qui avait pris à partie le maraudeur et les soldats de la patrouille, mais tout simplement le n° 17 des prisonniers remis à leur garde par ordre supérieur. Tous ceux qui étaient enfermés avec lui étaient des gens de condition inférieure. Ayant reconnu en Pierre un « monsieur », et l'entendant parler français, ils ne lui épargnèrent pas les plaisanteries. Tous, lui aussi, devaient être jugés comme incendiaires, et le troisième jour on les conduisit dans une maison où siégeaient un général à la moustache blanche, deux colonels et d'autres Français. Il interrogea les prisonniers de cette façon nette et précise qui semble appartenir en propre à un être supérieur aux faiblesses humaines :

« Qui était-il ? Où avait-il été ? Dans quelle intention ? » etc... etc...

Ces questions, en laissant de côté le fond même de l'affaire, et en éloignant par cela même la possibilité de le découvrir, tendaient au but que visent tous les interrogatoires des juges : tracer à l'inculpé la voie qu'il devait suivre pour arriver au résultat désiré, c'est-à-dire à s'accuser lui-même. Pierre, comme tous ceux qui se trouvent dans le même cas, se demandait avec étonnement pourquoi on lui adressait ces questions; car elles n'étaient, après tout, qu'un semblant de bienveillance et de politesse. Il se savait en leur pouvoir, au pouvoir de cette force qui l'avait amené devant eux et leur donnait le droit d'exiger des réponses compromettantes. On lui demanda donc ce qu'il faisait lors de son arrestation; il répondit, d'un air tragique, qu'il cherchait les parents d'un enfant sauvé par lui des flammes.

« Pourquoi s'était-il colleté avec un maraudeur?...

— Parce qu'il défendait, répondit-il, une femme attaquée par ce dernier et que le devoir de tout honnête homme était de... »

On l'interrompit, cette digression était inutile.

« Pourquoi s'était-il trouvé dans la cour de la maison qui brûlait?...

— Parce qu'il était sorti pour voir ce qui se passait en ville. »

On l'interrompit de nouveau : on ne lui demandait pas où il allait, mais pourquoi il se trouvait à l'incendie. Lorsqu'on lui demanda son nom, il refusa de le dire.

« Inscrivez cette réponse, dit le général; ce n'est pas bien, c'est même très mal!... »

Et l'on emmena les accusés.

Le quatrième jour de son arrestation, les incendies atteignirent leur quartier. Pierre et ses treize compagnons furent emmenés ailleurs, et emprisonnés dans la remise d'une maison de marchands. En traversant les rues, il fut suffoqué par la fumée... Les flammes gagnaient toujours du terrain. Sans comprendre encore l'importance de l'incendie de Moscou, il regardait ce spectacle avec terreur. Durant les quatre jours qu'il resta dans sa nouvelle prison, il y apprit, par des soldats français, qu'on attendait d'un moment à l'autre la décision du maréchal à leur égard. Quel maréchal? Ils ne le savaient pas. Les journées qui s'écoulèrent jusqu'au 8 septembre, date de leur second interrogatoire, furent les plus pénibles pour Pierre.

X

Le 8 septembre, un officier supérieur, sans doute un haut personnage, à en juger par les témoignages de respect des sentinelles, vint visiter les prisonniers. Cet officier, qui appartenait évidemment à l'état-major, tenait à la main une liste et fit l'appel des noms qui s'y trouvaient. Pierre y était ainsi inscrit : « Celui qui n'avoue pas son nom. » Après les avoir examinés d'un air indifférent, il ordonna à l'officier de garde de veiller à ce qu'ils fussent convenablement habillés pour paraître devant le maréchal. Une heure plus tard, une compagnie de soldats emmena Pierre et les autres détenus au Diévitchy-Polé (Champ des Vierges). La journée était claire et belle après la pluie, et l'air extraordinairement pur; la fumée ne rampait plus sur la surface de la terre, mais s'élevait en colonnes dans le ciel bleu au-dessus de la ville, et, bien qu'on ne vît pas les flammes, Moscou n'était plus qu'un immense brasier; l'œil n'apercevait que des espaces dévastés, des ruines fumantes et des murailles noircies contre lesquelles les grands poêles et les hautes cheminées étaient encore attachés. Pierre avait beau examiner ces décombres, il ne reconnaissait plus les quartiers de la ville. Par-ci par-là une église se détachait intacte, et le Kremlin, que le feu n'avait pas atteint, blanchissait au loin avec ses tours et son Ivan Véliki. A deux pas brillait gaiement la coupole du monastère de Novo-Diévitchy, où résonnait le carillon sonore qui appelait les fidèles à la messe. Pierre se souvint alors que c'était un dimanche, et le jour de la Nativité de la Vierge; mais qui donc célébrait cette fête au milieu de la ruine et de l'incendie? A peine rencontrait-on, de temps à autre, quelques gens déguenillés, effrayés, qui se dérobaient bien vite à la vue des Français. Il était évident que le nid de la Russie était détruit, mais Pierre sentait confusément que la conséquence de la destruction de ce nid dévasté serait l'établissement d'un nouvel ordre de choses. Tout le lui disait, sans qu'il cherchât à raisonner : la marche gaie et assurée, l'alignement des rangs de l'escorte qui le conduisait, lui et ses compagnons, la présence du fonctionnaire français qui les croisait dans une calèche à deux chevaux avec un soldat pour cocher, au son de la musique de régiment qui arrivait jusqu'à lui à travers la place, et enfin la liste qu'il avait entendu lire le matin. Et maintenant on le menait il ne savait où, mais il lisait sur la figure de ceux qui l'emmenaient que les mesures prises à l'égard des prisonniers seraient exécutées sans merci, et il sentait qu'il n'était plus qu'un fétu de paille tombé dans l'engrenage d'une machine inconnue, mais fonctionnant avec régularité.

Conduit avec ses compagnons non loin du monastère, vers une grande maison blanche qui occupait le côté droit de la place, au milieu d'un vaste jardin, il la reconnut pour celle du prince Stcherbatow, dont il était un des habitués, et où logeait actuellement le maréchal prince d'Eckmühl, ainsi qu'il l'apprit par les propos des soldats. On les introduisit un à un : Pierre était le n° 6. Il traversa une galerie vitrée, un vestibule, et entra enfin dans un cabinet long et bas de plafond, qui lui était familier, et à la porte duquel se tenait un aide de camp. Davout, assis à l'autre bout de la chambre, les lunettes sur le nez, tout occupé à déchiffrer un papier déployé sur une table, ne leva pas les yeux.

« Qui êtes-vous? » demanda-t-il à voix basse en s'adressant à Pierre, qui s'était arrêté tout près de lui.

Celui-ci ne répondit rien; il n'en avait pas la force, car, pour lui, Davout n'était pas simplement un général français, mais un homme dont la cruauté était connue; en regardant cette figure dure et froide, rappelant celle d'un pédagogue sévère qui daigne témoigner quelque patience en attendant la réponse demandée, il comprenait que chaque seconde d'hésitation pouvait lui coûter la vie; mais que dire? Répéter ce qu'il avait répondu au premier interrogatoire lui paraissait inutile; révéler son nom et sa position était dangereux et honteux! Le silence se prolongeait; mais, sans lui donner le temps de le rompre, Davout releva la tête, ôta ses lunettes, fronça les sourcils et le regarda fixement.

« Je connais cet homme, » dit-il d'une voix dont l'accent rude et heurté était calculé pour effrayer l'accusé.

Pierre frissonna.

« Non, général, vous ne pouvez pas me connaître, je ne vous ai jamais vu...

— C'est un espion russe, dit Davout en l'interrompant et en s'adressant à un autre général.

— Non, monseigneur, reprit Pierre avec une soudaine vivacité, en se souvenant que Davout était prince. Non, monseigneur, vous ne pouvez pas me connaître. Je suis officier de la milice et je n'ai pas quitté Moscou.

— Votre nom? reprit le maréchal.

— Besoukhow.

— Qu'est-ce qui me prouvera que vous ne mentez pas?

— Monseigneur! » s'écria Pierre d'une voix plutôt suppliante qu'offensée.

Davout se reprit à l'examiner ; quelques secondes se pas[sè]rent ainsi, et ce fut là le salut de Pierre. En dépit de l[a] guerre et de la position où ils se trouvaient l'un à l'égard d[e] l'autre, il s'établit entre ces deux hommes des rapports humains. Au premier regard que le maréchal avait jeté sur lui aprè[s] avoir consulté la liste où les hommes n'étaient pour lui qu[e] des numéros et Pierre un incident, il l'aurait tranquillemen[t] fait fusiller sans croire commettre une mauvaise action, mai[s] à présent il voyait en lui un homme... ils étaient frères !

« Comment me prouverez-vous la vérité de ce que vou[s] avancez? »

Pierre se souvint de Ramballe, et le nomma, lui, son régi-ment et la rue où se trouvait la maison.

« Vous n'êtes pas ce que vous dites, » répéta Davout.

Pierre recommença d'une voix émue à donner des preuves d[e] sa véracité. Un aide de camp entra en ce moment, et la figur[e] du maréchal rayonna d'aise aux nouvelles qu'il lui apportait; [il] se prépara à sortir. Il avait oublié le prisonnier, lorsque l'aid[e] de camp l'en fit souvenir ; il donna l'ordre de l'emmener. Mai[s] où? Pierre ne put le deviner. Où allait-on le conduire? A l[a] remise ou à l'endroit du supplice, que ses compagnons lu[i] avaient indiqué en traversant la place?

« Oui, sans doute, » répondit Davout à une question qu[e] lui adressait son subordonné, et que Pierre n'entendit pas.

On le fit enfin sortir.

Jamais il ne put se rappeler pendant combien de temps i[l] avait marché; il avançait machinalement, à l'exemple de se[s] camarades d'infortune; il ne voyait ni n'entendait rien, et n[e] s'arrêta que parce que les autres s'arrêtèrent. Une seule pensé[e] le tourmentait, celle de découvrir qui l'avait condamné à mort[.] Ce n'étaient pourtant pas ceux qui l'avaient interrogé : aucu[n] d'eux n'aurait voulu ni même pu le faire. Ce n'était pas Da-vout, qui l'avait regardé avec tant d'humanité : une minute de plus, et il aurait certainement compris qu'il agissait mal, mais l'aide de camp l'en avait empêché. Qui donc l'avait con-damné? Qui donc avait décidé de le tuer, lui plein de souve-nirs, d'espérances et de pensées? Qui donc faisait une telle chose? Qui donc en était cause?... Personne! C'était, il le com-prenait, la conséquence de l'ordre établi et le résultat fatal des circonstances.

XI

De l'hôtel du prince Stcherbatow, les prisonniers furent conduits, à travers la place, vers un jardin potager un peu à gauche, où se dressait un poteau derrière lequel on avait creusé une grande fosse, entourée de terre fraîchement remuée ; une foule, placée en demi-cercle, contemplait cette fosse avec une inquiète curiosité. Elle se composait de Russes et d'un grand nombre de militaires de l'armée française appartenant à différentes nationalités et portant des uniformes différents. A droite et à gauche du poteau se tenaient alignés des soldats en capotes gros-bleu, épaulettes rouges, guêtres et shakos. Les condamnés furent rangés en dedans du cercle par numéros d'ordre. Pierre était le sixième. Un roulement de tambours se fit entendre de deux côtés à la fois : il sentit que son âme se déchirait à ce bruit et qu'il perdait la faculté de penser. Pouvant à peine regarder et entendre, il n'avait plus qu'un désir, celui de voir s'accomplir le plus tôt possible ce quelque chose de terrible et d'inévitable qui le menaçait ! Les deux hommes placés au bout de son rang étaient des forçats, dont l'un était grand et maigre ; l'autre, au teint noirâtre, au nez écrasé et au corps musculeux, avait à côté de lui le n° 3, un gaillard vigoureux et bien nourri, aux cheveux grisonnants, âgé de quarante-cinq ans environ. Le quatrième était un paysan, dont le joli visage, aux yeux noirs, était encadré d'une belle barbe rousse, et le cinquième, un ouvrier de fabrique, à la figure jaune et blafarde, de dix-huit ans à peu près, et vêtu d'une longue lévite. Pierre comprit que les Français se consultaient, en se demandant s'ils les fusilleraient par groupes ou isolément.

« Par deux ! » dit l'officier avec une froide indifférence.

Un mouvement eut lieu dans les rangs ; évidemment cette agitation ne provenait pas de l'empressement des soldats à exécuter un ordre ordinaire, mais de leur hâte à terminer une besogne répugnante et incompréhensible. Un fonctionnaire civil, en écharpe, s'approcha des condamnés et leur lut, en russe et en français, leur arrêt, puis quatre soldats s'emparèrent des deux forçats. On les plaça devant le poteau, et pendant qu'on était allé chercher les bandeaux, ils regardaient autour d'eux comme la bête fauve acculée qui voit venir le chasseur; l'un se signait, l'autre se grattait le dos en grimaçant un sourire. Quand on leur eut bandé les yeux et qu'on les eut attachés au poteau, douze soldats sortirent des rangs d'un pas ferme, et se placèrent à huit pas devant eux. Pierre détourna la tête pour ne pas voir ce qui allait se passer. Tout à coup une décharge retentit; elle lui sembla plus formidable qu'un violent coup de tonnerre; Pierre regarda, et il aperçut, au milieu d'un nuage de fumée, les Français pâles et tremblants qui étaient occupés autour de la fosse. On amena deux autres condamnés, dont le regard suppliant semblait demander aide et secours, comme s'ils ne pouvaient admettre qu'on leur enlevât la vie! Pierre détourna encore une fois la tête; un bruit plus assourdissant frappa son oreille. La poitrine oppressée, il jeta un coup d'œil sur ceux qui l'entouraient, et lut sur toutes les figures le même sentiment de stupeur, d'horreur et de révolte, qui bouillonnait dans son cœur.

« Qui donc est cause de tout cela? Ils souffrent tous comme moi! murmurait-il.

— Tirailleurs du 86°, en avant! » s'écria-t-on.

Le 5°, son voisin, fut emmené seul. Pierre ne comprit pas, tant sa terreur était profonde, que lui et les autres étaient sauvés, et qu'ils n'avaient été conduits là que pour assister au supplice. Le cinquième, l'ouvrier en lévite, se rejeta violemment en arrière à l'attouchement des soldats et se cramponna à Pierre; Pierre tressaillit et s'arracha à l'étreinte de ce malheureux, qui ne pouvait plus se tenir sur ses jambes : on l'avait saisi par les bras et on le traînait. Il criait à tue-tête, mais, une fois devant le poteau, il se tut, comme s'il comprenait que ses cris étaient inutiles, ou comme s'il espérait qu'on l'épargnerait. La curiosité de Pierre l'emporta sur l'horreur, il ne détourna pas la tête, et ne ferma pas les yeux; l'émotion qu'il éprouvait, et qu'il sentait partagée par la foule, était arrivée à son paroxysme. Le condamné, devenu calme, boutonna sa lévite, frotta ses pieds nus l'un contre l'autre et arrangea lui-même le nœud du bandeau. Puis, lorsqu'on l'eut adossé au poteau sanglant, il se redressa tout droit, se mit d'aplomb sur ses jambes, sans rien perdre de sa tranquillité. Pierre suivait ses moindres mouvements sans pouvoir en détacher les yeux. Il faut supposer qu'il y eut un commandement de donné et qu'à ce commandement répondirent douze coups de fusil, mais il ne put jamais se rappeler plus tard les avoir entendus; il vit tout d'un coup le corps de l'ouvrier s'affaisser, le sang jaillir à deux endroits, les cordes céder sous le poids du cadavre, la tête se pencher, les jambes se replier et donner à l'agonisant une pose étrangement contournée. Personne ne le soutenait, ceux qui l'entouraient avaient subitement pâli, et l'on voyait trembler la lèvre du vieux soldat à moustache blanche qui détachait les cordes; le corps s'affaissa, les soldats s'en emparèrent gauchement, le traînèrent derrière le poteau et le poussèrent brusquement dans la fosse. Ils avaient l'air eux-mêmes de criminels qui se hâtent de cacher les traces de leur crime. Pierre jeta un regard sur cette fosse, et aperçut le cadavre de l'ouvrier, dont les genoux touchaient la tête et dont une épaule dépassait l'autre; cette épaule, secouée par des mouvements convulsifs, se levait et s'abaissait lentement, mais les pelletées de terre tombaient sans relâche, et s'entassaient en le recouvrant. Un des soldats appela Pierre d'une voix impatiente et irritée, il ne l'écouta pas et resta rivé au sol. Lorsque la fosse fut comblée, on entendit un autre commandement, Pierre fut ramené à sa place, les soldats firent demi-tour à droite et défilèrent au pas devant le poteau. Vingt-quatre soldats, dont les armes étaient déchargées, regagnèrent leur rang à mesure que la compagnie passait devant eux. Tous y rentrèrent, à l'exception d'un seul, d'un jeune soldat, pâle comme un mort, qui avec son shako renversé sur la nuque, son fusil abaissé, était resté immobile à côté de la fosse à l'endroit même où il avait tiré; il chancelait comme un homme ivre, et se jetait tantôt en avant et tantôt en arrière pour retrouver son équilibre. Un vieux sous-officier courut à lui, le saisit par l'épaule et l'entraîna dans la compagnie. La foule se dispersait peu à peu, chacun marchait la tête inclinée et en silence.

« Ça leur apprendra, à ces gredins d'incendiaires! » dit un Français.

Pierre se retourna pour voir qui venait de parler : c'était un soldat; il essayait de se consoler de ce qu'il avait fait, mais sa phrase resta inachevée et il s'éloigna avec un geste de découragement.

XII

On sépara Pierre de ses compagnons et on le laissa seul dans une petite église dévastée. Vers le soir, le sous-officier de garde et deux soldats vinrent lui annoncer qu'il était gracié, et qu'on allait le réunir aux prisonniers de guerre. Il les suivit sans comprendre; on le conduisit vers des baraques construites en planches, à moitié brûlées, et on l'introduisit dans l'une d'elles. Il y faisait sombre : une vingtaine d'hommes l'entourèrent, sans qu'il pût deviner à qui il avait affaire et ce qu'on lui voulait. Il entendait des mots, il répondait à des questions, il voyait et regardait toutes ces figures..., mais sa pensée ne fonctionnait plus que comme une machine.

Depuis le moment où il avait vu commettre par des exécuteurs aveugles ces terribles assassinats, on aurait dit que le nerf qui donnait le sens et la vie à tout ce qu'il voyait avait été violemment arraché de son cerveau, et que tout s'était écroulé autour de lui! Quoiqu'il ne s'en rendît pas encore compte, cet instant avait suffi pour éteindre dans son cœur la foi dans la perfection de la création, dans l'âme humaine, dans la sienne et dans l'existence de Dieu. Pierre avait déjà passé par un état semblable, mais jamais il n'en avait ressenti aussi vivement les effets. Jadis les doutes qui l'assaillaient prenaient leur source dans ses propres fautes, et alors il cherchait le remède en lui-même, mais, à cette heure, ce n'était plus à lui qu'il pouvait s'en prendre de cet effondrement de ses croyances, qui ne laissait après lui que des ruines et des décombres sans nom, et il ne lui était plus possible désormais de croire à la vie!

On l'installa dans un coin de la baraque, au milieu d'un groupe de gens que sa présence semblait amuser et distraire. Silencieux et immobile, assis sur de la paille, le dos contre la charpente, il ouvrait et refermait les yeux, toujours poursuivi par l'effroyable vision des victimes et de ceux qui avaient été leurs bourreaux malgré eux. Son voisin immédiat était un petit homme plié en deux, dont la présence ne se trahit tout d'abord que par la forte odeur de transpiration qui s'exhalait de sa personne à chacun de ses mouvements. L'obscurité empêchait Pierre de le voir, mais il sentait instinctivement qu'il relevait souvent la tête pour le regarder. Concentrant sur lui toute son attention, il finit par s'apercevoir que cet homme se déchaussait, et la façon dont il s'y prenait l'intéressa. Dénouant l'étroite bande de toile qui enveloppait ses pieds, il la roulait lentement et avec soin, pour recommencer ensuite la même opération avec l'autre pied, tout en regardant Pierre à la dérobée. Ces mouvements tranquilles, se succédant avec régula-

, exercèrent une influence calmante sur ses nerfs. Le petit homme, se mettant bien à l'aise dans son coin, lui adressa la parole.

« Avez-vous supporté beaucoup de misère, bârine? » lui dit-il. Il y avait dans sa voix traînante un tel accent de simplicité et d'affectueuse bonté, que Pierre, au moment de lui répondre, sentit les larmes le gagner. Le petit homme le devina, et, pour lui donner le temps de se remettre, il continua : « Eh! mon ami, ne prends donc pas ça à cœur!... On souffre une heure et l'on vit un siècle. Dieu merci, nous ne sommes pas encore morts! Parmi les hommes il y en a de bons et de mauvais! » Et, tout en parlant, il se leva vivement et s'éloigna.

« Ah! coquin, te voilà donc revenu? dit tout à coup cette voix sympathique, à l'autre bout de la baraque. « Ah! ah! tu es revenu, tu as bonne mémoire, » continua l'homme en repoussant de la main un petit chien qui sautait après lui; il revint à sa place, en tenant à la main un paquet enveloppé d'un chiffon.

« Voilà, bârine, vous mangerez, n'est-ce pas? dit-il en défaisant le paquet et en offrant à Pierre des pommes de terre cuites au four. Nous avons eu une soupe à midi, mais ces pommes de terre sont excellentes! »

Rien que l'odeur fit déjà plaisir à Pierre, qui n'avait pas mangé de la journée; il le remercia en acceptant.

« Eh bien, ça va? » dit le petit homme en prenant une pomme de terre à son tour.

Il la coupa en deux, la saupoudra d'un peu de sel pris dans le chiffon et la lui offrit.

« C'est une bonne chose que les pommes de terre. Mangez-en. » Et Pierre crut n'avoir jamais rien mangé de meilleur!

« Tout cela n'est rien, dit-il, mais pourquoi ont-ils fusillé ces malheureux?... le dernier n'avait que vingt ans!

— Chut! chut! murmura le petit homme. Dites donc, bârine, pourquoi êtes-vous resté à Moscou?

— Je ne croyais pas qu'ils viendraient si vite. J'y suis resté par hasard.

— Et comment donc se sont-ils emparés de toi? dans ta maison?

— J'étais allé voir l'incendie, c'est là qu'ils m'ont pris et condamné comme incendiaire.

— L'injustice est là où est la justice, dit le petit homme.

— Et toi, tu es depuis longtemps ici?

— Moi? depuis dimanche; on m'a tiré de l'hôpital.

— Tu es donc soldat?

— Soldat du régiment d'Apchéron. Je me mourais de la fièvre : on ne nous avait rien dit! Nous étions là vingt camarades couchés et ne sachant rien de rien.

— Eh bien, tu t'ennuies ici maintenant?

— Comment ne pas s'ennuyer? On m'appelle Platon Karataïew, dit-il, afin de rendre la conversation plus facile entre Pierre et lui, et les camarades m'ont surnommé « le Petit Faucon »... Comment ne pas être triste? Moscou est la mère de toutes les villes! Mais dites-moi, bârine, vous avez sans doute des terres et une maison, votre verre doit être plein... vous avez aussi une femme peut-être?... Et les vieux parents, sont-ils vivants? »

Quoique Pierre ne le vît pas, il sentait que son interlocuteur lui souriait amicalement, tant il lui parut chagrin en apprenant qu'il n'avait pas de parents, surtout pas de mère!

« La femme pour le bon conseil, la belle-mère pour le bon accueil... mais rien ne remplace la vraie mère! Et des enfants, en as-tu? »

La réponse négative de Pierre lui fit de la peine, et il se hâta d'ajouter :

« Vous êtes jeunes tous deux, le bon Dieu vous en donnera, vivez seulement en bonne intelligence.

— Oh! maintenant ça m'est bien indifférent, répondit Pierre malgré lui.

— Eh! mon camarade, on n'échappe ni à la besace ni à la prison! Vois-tu, mon ami, continua-t-il en toussant pour s'éclaircir la voix et mieux se disposer à faire un long récit, le bien du propriétaire était beau, nous avions beaucoup de terres, les paysans étaient à leur aise, et nous-mêmes aussi, grâce à Dieu. Le blé rendait sept pour un, nous vivions comme de bons chrétiens; voilà qu'un jour... » Et Platon Karataïew raconta comme quoi, ayant été attrapé par le garde forestier d'un bois voisin, il avait été fouetté, jugé et enrôlé comme soldat.

« Eh bien, quoi, mon ami! dit-il en souriant : on croyait au malheur, et c'est la joie qui est venue. Si je n'avais pas péché, c'est mon frère qui serait parti, en laissant derrière lui cinq enfants. Quant à moi, je ne laissais qu'une femme... J'avais bien une petite fille, mais le bon Dieu me l'avait déjà reprise. J'y suis retourné en congé : que te dirai-je? Ils vivent mieux qu'alors, et il y a beaucoup de bouches à nourrir; les femmes étaient à la maison, les deux frères en voyage. Michel, le

cadet, était seul resté !... Et le père me dit : « Pour moi, mes
« enfants sont tous égaux ! N'importe quel doigt on mord, la
« douleur est la même. Si on n'avait pas rasé Platon, c'eût été le
« tour de Michel. » Alors, croirais-tu, il nous a réunis devant
les images : « Michel, me dit-il, viens ici, incline-toi jusqu'à
« terre devant Lui, et toi, aussi, femme, ainsi que vous, petits
« enfants... » M'avez-vous compris ?... C'est ainsi, mon ami, le
hasard fait son choix, et nous jugeons, nous nous plaignons...
Notre bonheur est comme de l'eau dans une nasse : on la
traîne, elle est gonflée ; on la retire, elle est vide ! »

Après quelques instants de silence, Platon se leva.

« Tu veux peut-être dormir ? » Et il commença à se signer
rapidement en marmottant : « Seigneur Jésus-Christ, saint Nicolas, bienheureux Florus et Laure, ayez pitié de nous ! » Il toucha la terre du front, se releva, soupira, se recoucha sur la
paille et se couvrit de sa capote.

« Quelle est donc cette prière que tu viens de dire ?

— Quoi ? murmura Platon, déjà à moitié endormi. J'ai prié,
voilà tout... Est-ce que tu ne pries pas ?

— Certainement, je prie ; mais que disais-tu de Florus et
de Laure ?

— Comment ! ne sont-ils pas les patrons des chevaux ? Il ne
faut pas oublier les animaux ; vois-tu ce coquin, il est venu
s'abriter et se réchauffer ici, » ajouta-t-il en passant sa main
sur le chien, qui s'était roulé à ses pieds.

Puis il se retourna et s'endormit tout à fait.

Tandis qu'au dehors on entendait des pleurs et des cris dans
le lointain, et que, par les fentes des planches mal jointes de
la baraque, passait la lueur sinistre de l'incendie, à l'intérieur
tout était sombre, calme et tranquille. Pierre fut longtemps à
s'endormir : les yeux grands ouverts dans les ténèbres, il
écoutait machinalement les ronflements sonores de Platon, et
sentait que le monde de croyances qui s'était écroulé dans
son âme renaissait plus beau que jamais en lui et reposait sur
des bases désormais inébranlables.

XIII

Pierre passa quatre semaines dans cette baraque avec vingt-
trois soldats, trois officiers, et deux fonctionnaires, prisonniers

comme lui. Ces jours laissèrent à peine une trace dans sa mémoire : seule la figure de Platon y resta comme un de ses plus chers et de ses plus vifs souvenirs, comme la personnification la plus complète de tout ce qui est véritablement russe, bon et honnête.

Platon Karataïew avait environ cinquante ans, à en juger par le nombre des campagnes auxquelles il avait pris part ; lui-même n'aurait pu dire au juste son âge, et lorsqu'il riait, ce qui lui arrivait du reste souvent, il laissait voir deux rangées de dents blanches et saines ; sa barbe et ses cheveux n'avaient pas un poil gris, et son corps portait l'empreinte de l'agilité, de la résolution, et surtout du stoïcisme. Malgré les nombreuses petites rides dont elle était sillonnée, sa figure avait une expression touchante de naïveté, de jeunesse et d'innocence. Quand il parlait de sa voix douce et chantante, ses discours coulaient de source ; il ne pensait jamais à ce qu'il avait dit ou à ce qu'il allait dire, et la vivacité et la justesse de ses inflexions leur donnaient une persuasion pénétrante. Soir et matin, en se couchant et en se levant, il disait : « Mon Dieu, fais-moi dormir comme une pierre et fais-moi lever comme un kalatch [1]. » Effectivement, à peine couché, il s'endormait d'un sommeil de plomb, et le matin, en se réveillant, il était léger et dispos, et prêt à toute besogne. Il savait tout faire, ni très bien ni très mal : il cuisinait, cousait, rabotait, raccommodait ses bottes, et, toujours occupé à quelque travail, il ne se permettait de causer et de chanter que la nuit. Il ne chantait pas comme le chanteur qui sait qu'on l'écoute, mais comme les oiseaux du bon Dieu, car il en avait besoin comme de s'étendre et de marcher. Son chant était tendre, doux, plaintif, presque féminin, en harmonie enfin avec sa physionomie sérieuse. Lorsque, après quelques semaines de prison, sa barbe eut repoussé, il avait l'air de s'être débarrassé de tout ce qui n'était pas lui, de la figure d'emprunt que lui avait faite sa vie de soldat, et d'être redevenu, comme devant, un paysan et un homme du peuple. « Soldat en congé fait une chemise de son caleçon, » disait-il ; il ne parlait pas volontiers de ses années de service et répétait avec orgueil que jamais il n'avait été fouetté. Lorsqu'il contait, c'était le plus souvent quelque épisode, cher à son cœur, de sa vie passée : les proverbes dont il émaillait ses histoires n'étaient ni inconvenants ni hardis, comme ceux de ses cama-

---

1. Espèce de pain. (*Note du trad.*)

rades; il se servait d'expressions populaires qui, employées isolément, n'ont aucune couleur, et, placées à propos, frappent par leur profonde sagesse; elles prenaient, en passant par sa bouche, une valeur toute nouvelle.

Aux yeux des autres prisonniers, Platon n'était qu'un simple soldat, qu'on plaisantait à l'occasion, qu'on envoyait à tout propos faire des commissions; mais, pour Pierre, il resta à tout jamais le type accompli de l'esprit de simplicité et de vérité, ainsi qu'il l'avait tout d'abord deviné, dès la première nuit passée à ses côtés.

XIV

La princesse Marie, ayant appris de Rostow que son frère se trouvait à Yaroslaw avec sa famille, se décida, malgré les représentations de sa tante, à aller le joindre et à emmener son neveu. Les difficultés de la route ne l'arrêtèrent pas un instant. Son devoir était tout tracé : elle avait à soigner son frère malade, mourant peut-être, et à lui amener son fils. Si le prince André ne la demandait pas, c'est que sans doute il en était empêché par son extrême faiblesse ou bien par la crainte que lui inspirait, pour elle et pour son enfant, ce long et pénible voyage. Quelques jours lui suffirent pour terminer ses préparatifs. Ses équipages consistaient en une grande voiture qui lui avait servi à faire le trajet jusqu'à Voronège, une britchka et un fourgon. Sa suite se composait de Mlle Bourrienne, du petit Nicolas et de son gouverneur, de la vieille bonne, de trois femmes de chambre, du vieux Tikhone, d'un jeune laquais et d'un heiduque, que sa tante lui avait prêté pour l'accompagner. Il ne lui était pas possible de prendre le chemin habituel; aussi, en faisant un détour par Lipetsk, Riazan, Vladimir, où elle n'avait même pas l'espoir de trouver des chevaux de poste, elle entreprenait un voyage d'autant plus dangereux que les Français, disait-on, s'étaient montrés aux environs de Riazan. Mlle Bourrienne, Dessalles et les gens de la princesse Marie furent étonnés de sa fermeté et de son activité incessante. Couchée après les autres et levée la première, aucun obstacle ne l'arrêta pendant ce long trajet, et, grâce à cette énergie qui soutenait le moral de chacun, on arriva à Yaroslaw à la fin de la seconde semaine.

Les derniers temps de son séjour à Voronège lui avaient apporté le plus grand bonheur de sa vie : son amour pour Rostow ne la tourmentait plus, mais remplissait toute son âme, dont il semblait faire aujourd'hui partie intégrante. La lutte avait cessé, car, sans se l'avouer à elle-même, elle était sûre, depuis sa dernière entrevue avec Nicolas, d'aimer et d'être aimée. Il n'avait fait aucune allusion au rétablissement des anciennes relations entre Natacha et le prince André s'il venait à guérir, mais la princesse Marie devina qu'il en était profondément préoccupé. Sa manière d'être, tendre, réservée, affectueuse, n'avait pas changé. Il semblait, au contraire, se réjouir de ce que cette parenté éventuelle lui donnait la liberté de témoigner une amitié où la princesse Marie avait bien vite deviné de l'amour. Elle sentait qu'elle aimait pour la première et la dernière fois de sa vie, et, heureuse de se voir aimée, elle jouissait avec sérénité de son bonheur.

Ce calme ne l'empêchait pas d'éprouver un vif chagrin de la triste situation de son frère, et lui permettait, au contraire, de s'y livrer tout entière. La douleur empreinte sur sa figure défaite et désespérée faisait craindre à son entourage qu'elle ne tombât sérieusement malade, mais les difficultés et les soucis de la route doublèrent au contraire ses forces en la distrayant et en la forçant à oublier, momentanément du moins, le but de son voyage. Toutefois, en approchant de la ville, à la pensée que, dans quelques heures à peine, ses craintes allaient être confirmées, son émotion ne connut plus de bornes. L'heiduque fut envoyé en avant pour découvrir le logement des Rostow et s'informer de l'état du prince André. Sa commission une fois faite, il revint sur ses pas et rejoignit la voiture au moment où elle entrait en ville. La pâleur mortelle de la princesse Marie, qui avait passé la tête par la portière, le terrifia.

« J'ai tous les renseignements que vous désirez, Excellence : la famille Rostow demeure, pas loin d'ici, dans la maison du marchand Bronnikow, sur le bord même du Volga. »

La princesse Marie continuait à le regarder fixement, en cherchant avec effroi pourquoi il ne répondait pas à sa principale question : « Et mon frère? » Mlle Bourrienne s'en chargea.

« Comment va le prince? dit-elle.

— Son Excellence est avec la famille.

— Il est donc vivant? se dit la princesse... Comment va-t-il? continua-t-elle tout haut.

— Les domestiques disent que c'est toujours la même chose. »

Qu'est-ce que cela pouvait signifier? Elle eut peur de le demander, et jeta un coup d'œil sur son neveu, assis en face d'elle : l'enfant était tout joyeux d'arriver dans une grande ville; alors elle baissa la tête et ne la releva plus que lorsque la lourde voiture, se balançant et criant sur ses ressorts, s'arrêta tout à coup. Le marchepied fut abaissé avec bruit, et la portière s'ouvrit. Elle aperçut à gauche une large nappe d'eau, c'était le fleuve; à droite, un perron sur lequel se tenaient plusieurs domestiques et une jeune fille au teint frais et rose, dont la jolie figure, couronnée d'une large tresse de cheveux noirs, semblait sourire à contre-cœur : cette jeune fille était Sonia. La princesse monta vivement les degrés, tandis que Sonia lui disait d'un air embarrassé :

« Par ici, par ici! » Et elle se trouva tout à coup dans le vestibule, en face d'une femme âgée, au type oriental, qui venait avec empressement au devant d'elle.

C'était la comtesse, qui, bouleversée par l'émotion, l'entoura de ses bras et l'embrassa à plusieurs reprises :

« Mon enfant, je vous aime, je vous connais depuis longtemps! »

La princesse Marie comprit qui elle était et sentit qu'il fallait répondre à son effusion. Ne sachant trop que dire, elle murmura quelques paroles en français et demanda :

« Et lui, comment est-il?

— Le docteur assure qu'il n'y a plus de danger, reprit la comtesse en levant les yeux au ciel, et en poussant un soupir qui contredisait ses paroles.

— Où est-il? Puis-je le voir?

— Certainement, à l'instant, mon amie... Est-ce son fils? ajouta la comtesse, en voyant entrer Nicolas avec son gouverneur. Quel charmant enfant! La maison est grande, il y aura place pour tout le monde. »

Tout en caressant le petit garçon, la comtesse les emmena dans le salon où Sonia causait avec Mlle Bourrienne. Le comte vint saluer la princesse Marie, qui le trouva très changé depuis qu'elle ne l'avait vu. Il était alors vif, gai, plein d'assurance ; aujourd'hui elle retrouvait un homme brisé, effaré, qui faisait peine à voir. En lui parlant, il jetait sur ceux qui l'entouraient des regards à la dérobée, comme pour juger de l'effet de ses paroles. Après le désastre de Moscou et sa propre ruine, jeté hors du milieu et des habitudes qui faisaient toute son existence, il se sentait désorienté et avait, pour ainsi dire, perdu sa place dans la vie.

Malgré son ardent désir de voir au plus tôt son frère, et le dépit que lui causaient, dans un tel moment, les politesses qu'on lui faisait et les compliments qu'on adressait à son neveu, elle observait ce qui se passait autour d'elle. Elle comprit qu'elle ne pouvait faire moins que de se conformer provisoirement à ce nouvel ordre de choses et d'en accepter, sans amertume, toutes les conséquences.

« C'est ma nièce, dit le comte en lui présentant Sonia. Je crois, princesse, que vous ne la connaissez pas? »

Elle se retourna et embrassa Sonia, en essayant d'étouffer le sentiment d'inimitié instinctive qu'elle avait ressenti à sa vue. En se prolongeant outre mesure, ces cérémonies banales finirent par lui faire éprouver un sentiment pénible, accru encore par le manque d'harmonie entre ses dispositions intimes et celles de cet entourage.

« Où est-il? demanda-t-elle encore une fois en s'adressant à tout le monde.

— Il est en bas; Natacha est auprès de lui, répondit Sonia en rougissant. Vous êtes sans doute fatiguée, princesse? »

Des larmes d'impatience lui montèrent aux yeux; se détournant, elle allait demander à la comtesse la permission de se rendre chez son frère, lorsque des pas légers se firent entendre. C'était Natacha qui accourait, cette Natacha qui lui avait tant déplu lors de leur première entrevue; mais il lui suffit de jeter un coup d'œil sur elle pour sentir que celle-là du moins sympathisait complètement avec elle, et qu'elle partageait sincèrement sa douleur. Elle se précipita vers elle, l'embrassa et éclata en sanglots sur son épaule. Lorsque Natacha, assise au chevet du prince André, avait été informée de l'arrivée de la princesse, elle avait doucement quitté la chambre pour courir à sa rencontre. Son visage ému n'exprimait qu'un amour sans bornes pour lui, pour elle, pour tous ceux qui tenaient de près à celui qui lui était cher, une compassion infinie pour les autres, et un désir passionné de se sacrifier tout entière pour ceux qui souffraient! La pensée égoïste d'unir à jamais son avenir à celui du prince André n'existait plus dans son cœur. L'instinct si délicat de la princesse Marie le lui fit deviner au premier regard, et cette découverte diminua l'amertume de ses larmes.

« Allons chez lui, Marie, » dit Natacha en l'entraînant dans une autre pièce. La princesse releva la tête et s'essuya les yeux, mais, au moment de lui poser une question, elle s'arrêta. Elle sentait que la parole serait impuissante à l'exprimer ou à y répondre, et qu'elle lirait sur la physionomie et dans les yeux de Natacha tout ce qu'elle désirait apprendre.

De son côté, Natacha était pleine d'anxiété et de doutes : fallait-il ou ne fallait-il pas lui dire ce qu'elle savait? Comment taire la vérité à ces yeux si lumineux qui la pénétraient jusqu'au fond du cœur, et qu'on ne pouvait tromper? Les lèvres de Natacha tremblèrent, sa bouche se contracta, et, éclatant en sanglots, elle se cacha le visage. La princesse Marie avait compris! Néanmoins, se refusant encore à perdre tout espoir, elle lui demanda en quel état se trouvait la plaie et depuis quand l'état général avait empiré.

« Vous... vous le verrez, » dit Natacha en pleurant.

Elles restèrent quelques instants dans la chambre voisine de celle du malade, afin de se remettre de leur émotion.

« Quand est-ce arrivé? » demanda la princesse Marie.

Natacha lui raconta comment, dès le début, la fièvre et les souffrances avaient fait craindre une issue malheureuse; ensuite elles s'étaient calmées, bien que le docteur redoutât toujours la gangrène, mais ce danger avait été également écarté; à leur arrivée à Yaroslaw, la suppuration s'était produite, le docteur avait encore espéré lui voir suivre un cours régulier; puis la fièvre avait repris, sans toutefois provoquer de craintes sérieuses.

« Enfin, depuis deux jours, dit Natacha en retenant ses sanglots, « cela » est survenu tout à coup... je n'en connais pas la raison et vous verrez vous-même.

— La faiblesse est-elle grande? A-t-il beaucoup maigri?

— Non, ce n'est pas tout cela, c'est pire, vous verrez... Marie, il est trop bon, il est trop bon pour ce monde, il ne peut pas vivre, et alors... »

XV

Lorsque Natacha ouvrit la porte, en laissant passer la princesse Marie devant elle, la princesse, suffoquée par les larmes malgré tous ses efforts pour les maîtriser, pressentit qu'elle n'aurait pas la force de voir son frère sans pleurer. Elle savait bien ce que signifiaient les paroles de Natacha et « ce » qui était survenu à son frère depuis deux jours. Elle avait compris que cette disposition, pleine d'humilité et de tendresse, était l'avant-coureur de la mort. Elle revit, dans son imagination, la figure de son petit André telle qu'elle l'avait connue dans son enfance, et dont l'expression douce et affectueuse la touchait si vivement, lorsque plus tard elle la retrouvait encore en lui ; elle prévoyait qu'il la recevrait avec des paroles tendres et émues comme celles que son père lui avait adressées à son lit de mort, et que malgré tous ses efforts elle fondrait en larmes ; mais enfin il fallait, tôt ou tard, en venir là, et elle entra résolument dans la chambre.

Couché sur un large sofa, soutenu par une pile de coussins, en robe de chambre fourrée de petit-gris, maigre et pâle, tenant son mouchoir dans une de ses mains d'une blancheur diaphane, tandis qu'il passait doucement l'autre sur sa fine et longue moustache, le prince André tourna ses yeux vers celles qui entraient. La princesse Marie ralentit involontairement son pas ; quand elle vit l'expression de la physionomie et du regard de son frère, ses sanglots s'arrêtèrent, ses larmes se séchèrent, et elle eut peur, comme une coupable. « Suis-je donc coupable ? » se dit-elle. « Tu l'es, parce que tu es pleine de vie et d'avenir, tandis que moi... » lui répondit l'œil froid et sévère du prince André, et dans ce regard profond, qui s'absorbait en lui-même, il y avait quelque chose d'hostile, lorsqu'il le tourna lentement de leur côté.

« Bonjour, Marie, comment es-tu arrivée jusqu'ici ? » lui demanda-t-il en l'embrassant, et d'une voix qui, comme son regard, semblait ne plus lui appartenir.

Un cri désespéré aurait moins terrifié la princesse Marie que le timbre de cette voix.

« As-tu amené le petit ? demanda-t-il avec douceur et en faisant un visible effort de mémoire.

— Comment te sens-tu à présent ? demanda la princesse Marie, surprise d'avoir trouvé quelque chose à dire.

— Demande-le au docteur, ma chère, » et, cherchant à être amical, il ajouta, en remuant machinalement les lèvres :

« Merci, chère amie, d'être venue ! »

Sa sœur lui serra la main, et cette étreinte lui fit froncer imperceptiblement le sourcil. Il garda le silence, elle ne savait plus que dire. Dans ses paroles, dans sa voix, dans ses yeux surtout, se lisait ce dégagement de la vie, si terrible à constater chez les mourants, quand on jouit soi-même de toute sa santé. Il n'y prenait plus d'intérêt, non parce qu'il ne pouvait la comprendre, mais parce qu'il s'abîmait dans un monde inconnu que les vivants ne pouvaient voir et qui le détachait d'eux.

« Quel étrange jeu de la destinée que notre réunion ! dit-il en rompant le silence et en lui montrant Natacha... Elle me soigne, comme tu vois. »

La princesse Marie l'écoutait avec stupeur. Comment son frère, si délicat dans ses sentiments, avait-il pu parler ainsi en présence de celle qu'il aimait et dont il était aimé? S'il avait cru pouvoir revenir à la vie, il n'aurait pas employé ce ton de blessante froideur. La seule explication plausible, c'est que tout lui devenait indifférent, parce que quelque chose d'autre, et de plus important, se révélait à lui.

La conversation gênée, tendue, tombait à chaque instant.

« Marie a passé par Riazan, » dit Natacha. Le prince André ne fut pas étonné de ce qu'elle appelait sa sœur par son nom; Natacha s'en aperçut elle-même pour la première fois.

« Eh bien? demanda-t-il.

— On lui a raconté que Moscou est incendié, complètement incendié, et que... » Natacha s'arrêta en voyant qu'il faisait de vains efforts pour écouter.

— Oui, on le dit, murmura-t-il, c'est bien triste !.. » et, regardant dans le vague, il tira sa moustache.

« Et toi, Marie, tu as rencontré le comte Nicolas? demanda le prince André... Il a écrit aux siens que tu lui avais beaucoup plu, poursuivit-il nettement, sans avoir la force de comprendre la portée de cette phrase pour ceux qui vivaient de la vie habituelle. Si lui, de son côté, t'avait plu, ce serait très bien, tu l'épouserais ! » La princesse Marie, en entendant ces paroles, comprit quelle distance le séparait déjà de ce monde.

— Pourquoi parler de moi ? dit-elle avec calme et en jetant un regard à Natacha, qui ne leva pas les yeux. Le silence continua.

— André, veux-tu... demanda tout à coup la princesse Marie d'une voix tremblante,... veux-tu voir l'enfant? Il n'a fait que demander après toi. »

Le prince André eut un sourire imperceptible; sa sœur, qui connaissait si bien chaque expression de son visage, comprit avec terreur qu'il ne souriait ni de joie ni de tendresse, et que c'était plutôt une ironie à son adresse, pour avoir employé un dernier moyen de réveiller le sentiment qui s'éteignait peu à peu en lui.

« Oui, je serai bien aise de le voir... Se porte-t-il bien? »

On amena l'enfant. Effrayé à la vue de son père, qui l'embrassa, il ne savait trop que lui dire, mais il ne pleura pas, parce que personne ne pleurait dans la chambre. Dès qu'il fut sorti, la princesse Marie s'approcha de son frère, et, ne pouvant se contenir plus longtemps, fondit en larmes.

Le prince André la regarda fixement.

« Tu pleures sur lui, » dit-il.

La princesse fit un signe affirmatif.

« Il ne faut pas pleurer ici, » ajouta-t-il sans s'émouvoir.

Il comprenait que sa sœur pleurait sur l'enfant qui allait devenir orphelin, et il essayait de se reprendre à la vie. « Oui, cela doit lui paraître bien triste, et c'est pourtant si simple! » se dit-il à lui-même. « Les oiseaux du ciel ne sèment pas, ne moissonnent pas, mais notre Père céleste les nourrit. » Il voulut d'abord répéter ce verset à sa sœur : « C'est inutile, pensa-t-il, elle le comprendrait autrement; les vivants ne peuvent admettre que tous ces sentiments si chers, que toutes ces pensées qui leur paraissent si importantes, n'importent guère! Oui, nous ne nous comprenons plus. » Et il se tut.

Le fils du prince André avait sept ans; il ne savait rien, pas même ses lettres, et cependant, eût-il été alors un homme fait et en pleine possession de ses facultés, il n'aurait, ni mieux, ni plus profondément compris l'importance de la scène à laquelle il venait d'assister entre son père, la princesse Marie et Natacha. Celle-ci l'emmena. Il la suivit sans dire un mot, s'approcha d'elle en levant timidement sur elle ses beaux yeux pensifs, appuya sa tête contre sa poitrine; sa petite lèvre retroussée et vermeille trembla, et il pleura doucement.

A dater de ce jour, il évita Dessalles et la vieille comtesse, qui cependant l'accablait de soins; il préférait rester seul, ou avec sa tante et Natacha, qu'il semblait avoir prise particulièrement en affection; il leur prodiguait à toutes deux des caresses silencieuses.

La princesse Marie, en sortant de chez son frère, avait perdu tout espoir; aussi ne reparla-t-elle plus à Natacha de la possibilité d'une guérison. Elles se relayaient auprès du divan du malade; la princesse ne pleurait pas, et elle adressait de ferventes prières à l'Être éternel et insondable, dont la présence se manifeste si vivement au chevet d'un mourant.

XVI

Le prince André sentait qu'il se mourait, qu'il était déjà mort à moitié, par la pleine conscience de son détachement de tout intérêt terrestre et par une étrange et radieuse sensation de bien-être dans son âme. Il attendait ce qu'il savait inévitable, sans hâte et sans inquiétude. Ce quelque chose de menaçant, d'éternel, d'inconnu et de lointain, qu'il n'avait jamais cessé de pressentir pendant toute sa vie, était maintenant là, tout près : il le devinait, il le touchait presque.

. . . .

Jadis il redoutait la mort : deux fois il avait passé par cette douloureuse et terrible agonie de l'angoisse, et maintenant il ne la craignait plus comme il l'avait crainte, alors que ses yeux, captivés par les bois, les prairies, les champs et l'azur du ciel, voyaient venir la mort dans l'obus qui s'avançait en tournoyant. Revenu à lui dans l'ambulance, cette fleur d'amour éternel s'était épanouie au fond de son âme, délivrée pour quelques secondes du joug de la vie; libre et indépendant de la terre, toute crainte de la mort avait disparu en lui. Plus il s'absorbait dans la contemplation de cet avenir mystérieux qui se dévoilait devant lui, plus il se détachait inconsciemment de tout ce qui l'entourait, plus s'abaissait cette barrière qui sépare la vie de la mort et qui n'est terrible que par l'absence de l'amour. Qu'était-ce en effet que d'aimer tout et tous, de se dévouer par amour, si ce n'est de n'aimer personne en particulier et de vivre d'une vie divine et immatérielle? Il voyait venir sa fin avec indifférence et se disait :

« Tant mieux! »

Mais, après cette nuit de délire où celle qu'il désirait retrouver lui était apparue, après qu'elle eut appliqué ses lèvres sur sa main en la couvrant de ses larmes, l'amour pour une femme pénétra de nouveau dans son cœur et le rattacha à l'existence.

Des pensées confuses et joyeuses venaient l'assaillir, et en se reportant au moment où, à l'ambulance, il avait aperçu Kouraguine à côté de lui, il se reconnaissait incapable de revenir aux sentiments qui l'avaient alors envahi. Tourmenté dans son délire par le désir de savoir s'il était encore de ce monde, il n'osait cependant le demander à ceux qui l'entouraient.

Sa maladie avait suivi son cours normal, et « ce quelque chose qui lui était survenu depuis deux jours », comme disait Natacha à la princesse Marie, n'était rien autre que la lutte suprême entre la vie et la mort... C'était la mort qui était la plus forte, et ce renouveau d'amour qu'il ressentait pour Natacha n'était que l'aveu involontaire du prix qu'il attachait à la vie et la dernière révolte de son être contre la terreur de l'inconnu!

Un soir qu'il sommeillait, agité comme il l'était toujours à cette heure par une légère fièvre qui donnait une grande lucidité à ses idées, il éprouva soudain un sentiment de bonheur ineffable.

« Ah! se dit-il, c'est elle qui est entrée! »

C'était en effet Natacha, qui venait, à pas de loup, occuper sa place habituelle à son chevet, et dont il devinait instinctivement l'approche.

Assise de trois quarts dans un grand fauteuil, sa tête interceptait la lumière de la bougie; elle tricotait assidûment un bas, depuis le jour où le prince André lui avait dit que personne ne soigne les malades comme les vieilles femmes qui tricotent. Ce mouvement monotone exerçait, disait-il, une action calmante sur les nerfs. Les doigts agiles de la jeune fille maniaient rapidement les longues aiguilles, et il contemplait avec attendrissement le profil pensif de son visage incliné. Tout à coup le peloton de laine lui échappa. Natacha tressaillit, jeta un regard à la dérobée sur le malade et, étendant la main devant la bougie pour le préserver de la lumière, elle se pencha vivement pour ramasser son peloton, et reprit sa première pose. Il la regarda sans faire un mouvement, et il vit sa poitrine se soulever et s'abaisser tour à tour, pendant qu'elle cherchait tout doucement à reprendre haleine. Les premiers jours de leur réunion, il lui avait avoué que, s'il revenait à la vie, il remercierait éternellement Dieu pour cette blessure qui les avait ainsi réconciliés; mais depuis, il n'en avait plus reparlé.

« Cela peut-il arriver maintenant? pensait-il en prêtant l'oreille au léger bruit des aiguilles... Pourquoi la destinée nous a-t-elle réunis, si c'est pour me faire mourir?... La vérité de la vie ne se serait-elle donc révélée à moi que pour me laisser dans le mensonge? Je l'aime plus que tout au monde, et puis-je m'empêcher de l'aimer? » se dit-il en poussant un profond gémissement, comme il en avait pris l'habitude pendant ses longues heures de souffrance.

A cette plainte, Natacha posa son ouvrage sur la table, se pencha vers lui, et, voyant ses yeux brillants :

« Vous ne dormez pas? lui dit-elle.

— Non, il y a longtemps que je vous regarde ; je vous ai sentie entrer. Personne comme vous ne me donne ce calme si doux... cette lumière!... J'aurais presque envie de pleurer de bonheur ! »

Natacha se rapprocha encore plus près, et son visage s'illumina de joie et de passion.

« Natacha, je vous aime trop, je vous aime plus que tout au monde.

— Et moi... »

Elle détourna la tête un instant.

« Pourquoi donc trop?

— Pourquoi trop?... Eh bien, dites-moi la vérité, dites-moi ce que vous sentez au fond du cœur... Vivrai-je? Qu'en pensez-vous?

— J'en suis sûre, j'en suis sûre! » s'écria Natacha en lui saisissant les deux mains avec une exaltation croissante.

Il se tut.

« Comme ce serait bien ! » dit-il en lui baisant la main.

Natacha était heureuse; mais, se rappelant aussitôt qu'une émotion trop vive pouvait lui être fatale :

« Vous n'avez pas dormi, dit-elle en se maîtrisant... Il faut dormir, je vous en prie. »

Il lui serra de nouveau la main, et elle reprit sa place. Deux fois elle se retourna, et, rencontrant chaque fois son regard, elle redoubla d'attention à son ouvrage, afin d'éviter de lever encore les yeux. Bientôt après il s'endormit.

Son sommeil ne fut pas de longue durée. Une sueur froide le réveilla.

Sa pensée recommençait à flotter entre la vie et la mort :

« L'amour, qu'est-ce que l'amour? se disait-il. L'amour est la négation de la mort, l'amour c'est la vie; tout ce que je comprends, je ne le comprends que par l'amour. Tout est là!... L'amour c'est Dieu, et mourir c'est le retour d'une parcelle d'amour, qui est moi, à la source générale et éternelle. »

Ces rêves lui semblaient consolants, mais ce n'étaient que des rêves qui passaient dans son cerveau sans y laisser l'ombre même de la réalité, et il se rendormit, encore en proie à mille idées confuses et agitées.

Il se vit en songe couché dans la chambre qu'il habitait. Il avait recouvré toute sa santé. Une foule de personnes inconnues défilaient devant lui. Il causait et discutait avec elles de choses et d'autres, et se disposait à les suivre il ne savait où, tout en se disant qu'il perdait son temps à des bagatelles, lorsqu'il avait à s'occuper de bien plus graves intérêts ; et cependant il continuait à leur parler et à les étonner par de brillantes citations, qui pourtant n'avaient aucun sens... Peu à peu ces figures s'évanouirent, et toute son attention se concentra sur la porte entr'ouverte de l'isba... Parviendra-t-il à la fermer assez vite ? « tout » dépend de cela. Il se lève, il s'en approche pour tirer le verrou, mais ses jambes fléchissent sous lui, et il sent qu'il n'arrivera pas à temps !... Réunissant toutes ses forces dans un effort suprême, il va se jeter en avant, lorsqu'une angoisse terrible l'étreint... Cette angoisse, c'est la terreur de la mort... C'est la mort qui est là, là, derrière la porte, et, au moment où il s'y traîne haletant, l'affreux spectre la pousse, l'enfonce et pénètre dans la chambre !... Cet être innommé, c'est la mort, la mort qui vient à lui, et il faut à tout prix qu'il lui échappe !... Il saisit la porte... la refermer n'est plus possible, mais, en rassemblant ce qui lui reste de forces, peut-être pourra-t-il du moins l'empêcher de passer ?... Hélas ! ses forces s'épuisent, il s'agite dans le vide, et la porte remue de nouveau !... Il tente une fois encore de résister à la pression du dehors... Peine inutile !... Le spectre entre, il est entré... et le prince André se sent mourir !

A ce moment il comprit qu'il dormait, et, faisant un violent effort, il se réveilla...

« Oui, c'était bien là la mort !... Mourir et se réveiller ! La mort est donc le réveil ? »

Cette pensée passa comme un éclair dans son esprit, et un coin du voile qui lui dérobait encore l'inconnu se releva dans son âme ! Il sentit son corps délivré des liens qui l'attachaient à la terre, et il éprouva un mystérieux bien-être, qui depuis lors ne le quitta plus !

Réveillé par la sueur froide qui l'inondait, il fit un mouvement. Natacha s'approcha et lui demanda ce qu'il désirait. Il ne comprit pas sa question et fixa sur elle un regard étrange.

C'était « cela » dont elle avait parlé à la princesse Marie !... A dater de cette heure, la fièvre prit un caractère pernicieux, et, quoi qu'en pussent dire les médecins, elle ne pouvait plus se méprendre sur les symptômes moraux qui se développaient chez le malade avec une effroyable intensité.

Ses derniers jours et ses dernières heures s'écoulèrent paisibles et sans qu'il se produisît dans son état aucun nouvel incident.

La princesse Marie et Natacha ne le quittaient pas d'une minute, mais elles sentaient que leurs soins s'adressaient uniquement à ce qui ne serait bientôt plus pour elles qu'un cher et lointain souvenir, à son enveloppe matérielle, et que son esprit n'était déjà plus de ce monde. La violence de leurs sensations était telle, que le spectacle terrible de la mort n'avait pas de prise sur leurs âmes. Jugeant inutile d'aviver leur douleur, elles ne pleuraient, ni quand elles étaient à ses côtés, ni hors de sa présence, et, se trouvant impuissantes à exprimer par des paroles ce qu'elles éprouvaient, elles ne s'entretenaient plus de lui. Elles le voyaient s'abîmer lentement, avec calme, dans l'inconnu, et toutes deux savaient que c'était bien et que ce devait être ainsi.

Il se confessa, il communia, et prit congé des siens. Lorsqu'on lui amena son fils, il effleura sa joue de ses lèvres et se détourna, non pas par regret de la vie, mais parce qu'il supposait que c'était tout ce qu'on attendait de lui. On le pria cependant de bénir l'enfant : il le fit et jeta ensuite sur ceux qui l'entouraient un coup d'œil interrogateur. Il semblait leur demander s'il n'y avait pas encore quelque chose à faire ; il rendit enfin le dernier soupir entre les bras de la princesse Marie et de Natacha.

« C'est fini ! » dit sa sœur quelques secondes après.

Natacha se pencha sur lui, regarda ses yeux sans vie et les referma.

« Où est-il à présent ? » se demanda-t-elle.

Lorsqu'il fut couché dans le cercueil, tous s'en approchèrent pour lui dire un dernier adieu. Le cœur de l'enfant était déchiré par une poignante surprise. Tous pleuraient ; la comtesse et Sonia sur Natacha et sur celui qui n'était plus, et le vieux comte sur lui-même ; il prévoyait qu'il aurait bientôt le même pas à franchir.

Natacha et la princesse Marie pleuraient également, non sur leur propre douleur, mais sous l'influence de l'émotion dont leur cœur débordait à la vue du mystère si solennel et si simple de la mort !

CHAPITRE IV

I

La corrélation des causes est incompréhensible pour l'esprit humain, mais le besoin de s'en rendre compte est inné dans le cœur de l'homme. Celui qui n'approfondit pas la raison d'être des événements s'empare de la première coïncidence qui le frappe pour s'écrier : « Voilà la cause ! »

Mais lorsqu'on pénètre au fond du moindre fait historique, c'est-à-dire au fond des masses où il s'est produit, on constate que la volonté d'un individu, non seulement ne guide pas ces masses, mais qu'elle-même est constamment dirigée par une force supérieure. Si les événements historiques n'ont en réalité d'autre cause que le principe même de toute cause, ils sont néanmoins dirigés par des lois qui nous sont inconnues, ou que nous entrevoyons à peine et que nous ne saurions découvrir, sinon à la condition de renoncer à en voir le mobile dans la volonté d'un seul homme. C'est ainsi que la connaissance de la loi du mouvement des planètes n'est devenue possible que lorsque l'homme eut répudié l'idée de l'immobilité de la terre.

Après la bataille de Borodino, après que Moscou eût été occupé par l'ennemi et incendié, l'épisode le plus important de la guerre de 1812 serait, au dire des historiens, la marche de l'armée russe quittant la route de Riazan pour prendre celle de Kalouga et aller occuper le camp de Taroutino. Ils attribuent la gloire de cet exploit héroïque à différentes personnes, et les

Français eux-mêmes, quand ils parlent de ce mouvement de flanc, vantent le génie dont les généraux russes ont fait preuve en cette occasion. Il est cependant impossible de voir là, avec les historiens, une profonde combinaison trouvée par un seul individu pour sauver la Russie et perdre Napoléon, et de découvrir dans ce fait la moindre trace de génie militaire. Une grande intelligence n'est pas nécessaire en effet pour concevoir que la meilleure position d'une armée non attaquée est de s'établir là où elle est sûre de trouver des approvisionnements. L'enfant le moins intelligent aurait deviné, en 1812, que la route de Kalouga offrait, après la retraite de l'armée, les plus grands avantages. Par quelle filière de déductions Messieurs les historiens arrivent-ils donc à découvrir dans cette manœuvre une combinaison des plus habiles? Où donc voient-ils que le salut de la Russie et la perte de l'ennemi en ont été les résultats? Cette marche de flanc pouvait au contraire, par suite des circonstances qui l'ont précédée, qui l'ont accompagnée et qui en ont été la conséquence, devenir la perte des Russes et le salut des Français; il n'en résulte donc pas que ce mouvement ait eu une influence favorable sur la situation de l'armée. Si cette marche n'avait pas coïncidé avec d'autres circonstances, elle n'aurait produit rien de bon. Que serait-il arrivé si Moscou n'avait pas brûlé, si Murat n'avait pas perdu de vue les Russes, si Napoléon n'était pas resté inactif, si l'armée russe avait livré bataille en quittant Moscou, selon le conseil de Bennigsen et de Barclay, si Napoléon avait, en s'approchant de Taroutino, attaqué les Russes avec le dixième de l'énergie qu'il avait dépensée à Smolensk, si les Français avaient marché sur Pétersbourg?... etc..., etc. Dans ces conditions, le salut se serait tourné en désastre. Comment donc se fait-il que ceux qui ont étudié l'histoire ferment les yeux à l'évidence, en attribuant cette marche à la volonté d'un seul homme? car personne n'avait mûri et préparé cette manœuvre à l'avance; et, à l'heure où elle s'est accomplie, elle était tout bonnement le résultat forcé de l'ensemble des circonstances, et l'on ne s'est rendu compte de toutes ses conséquences que lorsqu'elle fut tombée dans le domaine du passé.

Lors du conseil qui se tint à Fili, l'opinion des chefs militaires russes fut en général pour la retraite en ligne droite sur le chemin de Nijni-Novgorod. On trouve des preuves surabondantes de ce fait dans le nombre des voix qui appuyèrent cet avis, et surtout dans la conversation qui eut lieu, après le conseil, entre le commandant en chef et Lanskoï, chef de l'intendance. Lanskoï annonça, dans son rapport, que les vivres pour l'armée étaient réunis principalement le long de l'Oka, dans les gouvernements de Toula et de Kazan; donc, en cas de retraite sur Nijni, le transport des approvisionnements pour l'armée serait intercepté par la rivière qu'on ne pouvait leur faire traverser à l'entrée de l'hiver. Ce fut la première considération qui fit abandonner le plan primitif, en somme le plus naturel. L'armée se tint donc à portée des vivres. Puis l'inaction des Français, qui avaient perdu la trace des Russes, la nécessité de couvrir et de défendre les manufactures d'armes, et surtout l'avantage d'être à portée des vivres, forcèrent l'armée à incliner davantage vers le sud. Après avoir passé sur la route de Toula par un mouvement désespéré, les chefs de l'armée pensaient s'arrêter à Podolsk, mais l'apparition des troupes françaises, d'autres circonstances, et entre autres l'abondance des subsistances à Kalouga, engagèrent l'armée à continuer sa marche vers le sud, et à passer de la route de Toula sur celle de Kalouga, en se dirigeant vers Taroutino. De même qu'il est difficile, sinon impossible, de préciser l'instant où l'abandon de Moscou avait été résolu, de même on ne peut exactement dire avec précision quel est celui qui a décidé la marche sur Taroutino, et pourtant chacun crut s'y être établi en vertu de la volonté et de la décision des chefs.

II

La route suivie était si bien celle que l'armée devait infailliblement prendre, que les maraudeurs mêmes se répandirent dans cette direction, et Koutouzow s'attira le blâme de l'Empereur pour avoir d'abord conduit l'armée par la route de Riazan, au lieu de se diriger sur Taroutino. L'Empereur lui-même lui avait indiqué ce mouvement dans une lettre que le commandant en chef reçut seulement après y être arrivé.

Le service rendu par Koutouzow ne consistait pas dans une manœuvre de génie, mais bien dans l'intelligence du fait accompli. Lui seul attribuait à l'inaction des Français son importance réelle; lui seul soutenait que la bataille de Borodino avait été une victoire ; lui seul, qui, par sa position de commandant en chef, semblait être appelé à prendre l'offensive, faisait tout, au contraire, pour empêcher l'armée russe de dépenser inutilement ses forces dans des combats stériles.

La bête fauve, blessée à mort à Borodino, se trouvait encore là où le chasseur l'avait laissée. Etait-elle épuisée? Etait-elle encore vivante? Le chasseur l'ignorait. Mais tout à coup elle poussa un gémissement qui trahit sa situation sans issue, et ce cri de désespoir fut l'envoi de Lauriston au camp de Koutouzow. Napoléon, convaincu comme toujours qu'il était impeccable, écrivit à Koutouzow, sous l'impulsion du moment :

« Monsieur le prince Koutouzow, j'envoie près de vous un de mes aides de camp généraux pour vous entretenir de plusieurs objets intéressants. Je désire que votre Altesse ajoute foi à ce qu'il lui dira, surtout lorsqu'il exprimera les sentiments d'estime et de particulière considération que j'ai depuis longtemps pour sa personne. Cette lettre n'étant à autre fin, je prie Dieu, Monsieur le prince Koutouzow, qu'il vous ait en Sa sainte et digne garde.

« Moscou, ce 30 octobre.
    « Signé : NAPOLÉON. »

« Je serais maudit par la postérité si l'on me regardait comme le premier moteur d'un accommodement quelconque. Tel est l'esprit actuel de ma nation [1], » répondit Koutouzow, et il continua à faire tout ce qui dépendait de lui pour diriger la retraite de ses troupes.

A la suite d'un mois de pillage par l'armée française et d'un temps équivalent de repos pour les troupes russes, un grand changement était survenu dans les forces des deux belligérants et dans l'esprit qui les animait : la balance penchait en faveur des Russes, et le besoin de prendre l'offensive se manifesta chez eux sur toute la ligne. Cette longue inaction avait éveillé l'impatience et la curiosité de savoir ce qu'étaient devenus les Français, qu'on avait perdus de vue depuis tant de semaines. La hardiesse avec laquelle nos avant-postes s'en approchaient chaque jour, la nouvelle de légères victoires de partisans et de paysans sur l'ennemi, faisaient renaître l'envie et les senti-

---

1. En français dans le texte. (*Note du trad.*)

ments de vengeance refoulés dans le cœur de chacun pendant le séjour de l'étranger à Moscou ; le soldat sentait d'instinct que le rapport de leurs forces respectives n'était plus le même et que la supériorité nous était acquise. De même que le carillon d'une horloge se met en branle et joue son air lorsque l'aiguille achève le tour du cadran, de même, dans les hautes sphères, le contre-coup de cette impression générale se traduisit immédiatement par un redoublement d'activité.

III

L'armée russe était dirigée sur place par Koutouzow et son état-major, et de Pétersbourg par l'Empereur lui-même. Avant qu'on eût reçu la nouvelle de l'abandon de Moscou, on avait envoyé à Koutouzow, pour lui faciliter sa besogne, un plan détaillé de toute la campagne ; l'état-major l'accepta malgré le changement produit par les circonstances. Quant à Koutouzow, il répondit que les dispositions prises à distance étaient difficiles à exécuter. Aussi continuait-on à lui expédier messagers sur messagers avec de nouvelles instructions, pour trancher les difficultés au fur et à mesure qu'elles se produisaient, et faire ensuite leur rapport sur ses faits et gestes.

Des changements importants avaient lieu dans les commandements de l'armée. Il fallait remplacer Bagration, qui avait été tué, et Barclay, qui s'était éloigné, offensé d'être mis dans une position subalterne. On discutait très sérieusement si valait mieux mettre A. à la place de D. ou bien D. à la place d'A., et ainsi de suite, comme s'il ne s'agissait, dans le choix à faire, que d'une question de personnes.

Par suite de l'inimitié qui existait entre Koutouzow et Benigsen, de la présence des personnes de confiance envoyées par l'Empereur, des permutations indispensables à opérer, une partie bien plus compliquée se jouait à l'état-major de l'armée. On se contre-carrait à qui mieux mieux, et l'objet de toutes ces intrigues était l'entreprise militaire que les uns et les autres s'imaginaient diriger à leur guise, tandis qu'elle poursuivait son chemin en dehors de leur influence et de leur action, et n'était, en réalité, que la conséquence des rapports des masses entre elles. Du reste, cet enchevêtrement de conbinaisons de toutes sortes dans les hautes régions du pouvoir faisait exactement pressentir ce qui allait arriver.

Le 2 octobre, dans une lettre qui ne fut reçue par Koutouzow qu'après la bataille de Taroutino, l'Empereur lui écrivait :

« Prince Michel Ilarionovitch !

« Moscou est au pouvoir de l'ennemi depuis le 2 septembre. Vos derniers rapports datent du 20, et depuis lors, non seulement vous n'avez rien entrepris contre l'ennemi pour la délivrance de notre première capitale, mais vous vous êtes même replié. Serpoukhow est occupé par un détachement ennemi, et Toula, avec son importante manufacture d'armes, si nécessaire à l'armée, est menacée. J'ai vu, par les rapports de Wintzingerode, que l'ennemi fait marcher un corps de 10 000 hommes vers la route de Pétersbourg ; un autre de plusieurs milliers a pris la direction de Dmitrow ; un troisième s'est avancé sur la route de Vladimir ; enfin un quatrième s'est concentré entre Rouza et Mojaïsk. Napoléon lui-même était encore à Moscou le 25 avec sa garde. Du moment que ses troupes sont ainsi divisées en détachements considérables, est-il possible que vous ayez en face de vous des forces ennemies assez nombreuses pour vous empêcher de prendre l'offensive? Il est au contraire à présumer que vous êtes poursuivi par des fractions, ou, tout au moins, par des corps inférieurs en importance à l'armée confiée à votre commandement. Il semblerait que, profitant de ces conjonctures, vous auriez pu attaquer un ennemi plus faible que vous, le détruire, ou au moins le forcer à la retraite, nous conserver la majeure partie des gouvernements occupés aujourd'hui par lui, et préserver ainsi de tout danger la ville de Toula et les autres villes de l'intérieur de l'Empire. Si l'ennemi est en état de diriger un corps d'armée considérable vers Pétersbourg, en partie dégarni de troupes, vous en porterez la responsabilité, car, en agissant avec énergie et décision, vous deviez, avec les moyens dont vous disposez, nous préserver de ce nouveau malheur. N'oubliez point que vous devez rendre compte à la patrie indignée de la perte de Moscou. Vous savez, par expérience, que j'ai toujours été prêt à vous récompenser. Je le suis encore, mais Moi et la Russie nous sommes en droit d'attendre de votre côté un entier dévouement, une fermeté à toute épreuve et des succès que votre intelligence, vos talents militaires et la valeur des troupes que vous commandez nous autorisent à espérer. »

Lorsque cette lettre arriva à Koutouzow, celui-ci avait livré bataille, ne pouvant plus empêcher son armée de prendre l'offensive. Le 2 octobre, le cosaque Schapovalow, battant la plaine, tua un lièvre et en blessa un autre ; en poursuivant ce dernier, il se laissa entraîner au loin dans la forêt, et tomba inopinément sur le flanc gauche de l'armée de Murat, qui ne se gardait pas. Il raconta la chose en riant à ses camarades, et le porte-drapeau qui l'entendit en fit part à son commandant. Le cosaque fut appelé, questionné, et ses chefs eurent l'idée de profiter de cette bonne aubaine pour enlever des chevaux, et l'un d'eux, connu des hauts fonctionnaires de l'armée, communiqua le fait à un général de l'état-major. La situation y était des plus tendues dans ces derniers temps. Yermolow était venu trouver Bennigsen quelques jours auparavant pour le supplier d'user de son influence sur le commandant en chef afin qu'il se décidât à l'attaque.

« Si je ne vous connaissais pas, répondit Bennigsen, j'aurais cru que vous désiriez le contraire de ce que vous me demandez, car il suffit que je conseille une chose, pour que Son Altesse fasse tout l'opposé. »

Le récit des cosaques, confirmé par d'autres éclaireurs, démontra que tout était prêt pour l'explosion. Les ressorts se détendirent, les rouages grincèrent et, le carillon joua. En dépit de son pouvoir présumé, de son intelligence, de son expérience, de sa connaissance des hommes, Koutouzow, prenant en considération le rapport envoyé par Bennigsen à l'Empereur, le désir exprimé par tous les généraux, celui qu'on imputait à Sa Majesté, la nouvelle apportée par les cosaques, n'eut pas la force de comprimer ce mouvement : il ordonna donc ce qu'il considérait comme inutile et même nuisible, et donna son assentiment au fait accompli.

IV

L'attaque fut ordonnée pour le 5 octobre.

La veille, Koutouzow signa la dislocation des troupes. Toll en fit lecture à Yermolow, en lui proposant de s'occuper des dispositions à prendre.

« Bien, bien, dit Yermolow, mais je n'en ai pas le temps dans ce moment. »

Le plan de bataille combiné par Toll était excellent, aussi bien rédigé que celui d'Austerlitz, quoiqu'il n'y fût pas formulé en allemand : « la première colonne marche de ce côté, la seconde de tel autre »... etc... Ces colonnes, indiquées sur le papier, devaient, à un instant donné, se réunir pour tomber sur l'ennemi et l'écraser. Tout y était admirablement prévu, comme c'est toujours le cas dans les dislocations écrites, mais, comme il arrive toujours aussi, aucune de ces colonnes ne se trouva à son poste en temps et lieu.

Lorsque les différents exemplaires du plan furent prêts, on les remit à un officier, qui était ordonnance de Koutouzow, pour les porter à Yermolow. Ce jeune chevalier garde, tout fier de son importante mission, se rendit au logement occupé par Yermolow ; il était vide.

« Le général est parti, » lui dit le domestique.

L'envoyé se rendit chez un des généraux que Yermolow voyait souvent.

« Personne à la maison, » lui répondit-on.

Il alla chez un autre. Même réponse.

« Pourvu qu'on ne me rende pas responsable de ce retard, se dit-il, voilà du guignon ! »

Il fit le tour du camp. Les uns disaient que Yermolow venait de passer avec quelques généraux, les autres qu'il était déjà revenu. Le malheureux officier continua ses recherches jusqu'à six heures du soir, sans prendre même le temps de dîner. Yermolow resta introuvable, et personne ne savait où le prendre. Le messager s'étant quelque peu restauré chez un camarade, poussa jusqu'à l'avant-garde, chez Miloradovitch. On lui dit que celui-ci était sans doute au bal du général Kikine, et que Yermolow devait y être aussi.

« Mais où est-ce donc?

— Là-bas à Jechkine, dit un officier cosaque en lui indiquant au loin le toit d'une maison seigneuriale.

— Comment?... Mais c'est en dehors de la ligne des avant-postes?

— On a envoyé deux de nos régiments sur la ligne même ; ils y font bombance aujourd'hui... Deux musiques de régiment et trois chœurs de chanteurs!... »

L'officier franchit la ligne. En approchant de la maison, il entendit les chants joyeux du chœur des soldats, qui étaient couverts par les voix animées des assistants. Cette gaieté gagna le jeune officier, qui craignait néanmoins de s'être rendu coupable en tardant à remettre à son adresse l'ordre important dont il était chargé. Il était déjà neuf heures du soir; il descendit de cheval et gravit les marches du perron d'une grande et belle maison située entre les Russes et les Français et dont la conservation était parfaite : dans l'antichambre et dans l'office il aperçut des laquais occupés à porter des vins et des plats. Les chanteurs étaient placés à l'extérieur, devant les fenêtres. En entrant dans le premier salon, il y aperçut soudain tous les principaux généraux de l'armée, entre autres la grande et imposante figure de Yermolow. Tous, l'uniforme déboutonné, la figure enluminée, placés en demi-cercle, remplissaient la chambre de leurs rires bruyants, car, au milieu de la salle, un d'eux, très bel homme, d'une taille moyenne, dansait avec légèreté le trépak [1].

« Ah! ah! bravo, Nicolas Ivanovitch! Ah! ah! ah! »

Le messager comprit qu'il avait doublement tort d'être entré dans un pareil moment, avec une mission importante; il voulut attendre, mais on le remarqua aussitôt, et l'un des généraux le désigna à Yermolow. Ce dernier, fronçant le sourcil, s'approcha de lui, écouta son rapport et prit son papier sans souffler mot.

« Tu crois que c'est sans intention qu'il est ici, dit au survenant un de ses camarades de l'état-major en parlant de Yermolow! Pas du tout, mon cher, c'est une farce qu'il joue à Konovnitzine. Tu verras demain quelle belle confusion il y aura! »

V

Le vieux Koutouzow, s'étant fait réveiller de bonne heure le lendemain matin, fit sa prière et sa toilette, puis monta en calèche, sous la désagréable impression qu'il allait diriger une bataille livrée contre son gré, et prit la route de Létachevka, situé à cinq verstes derrière Taroutino; c'était l'endroit désigné pour la concentration de toutes les colonnes. Chemin faisant, il sommeillait, s'éveillait et prêtait l'oreille pour entendre si la fusillade avait commencé. L'aube d'un jour d'au-

---

1. Danse populaire. (*Note du trad.*)

tomne, humide et gris, blanchissait à peine l'horizon. En s'approchant de Taroutino, il rencontra des soldats de cavalerie qui menaient boire leurs chevaux; il fit arrêter sa voiture et leur demanda à quel régiment ils appartenaient. Ils faisaient partie d'une colonne qui depuis longtemps déjà aurait dû être en embuscade. « C'est peut-être une erreur, » se dit-il, mais quelques pas plus loin il vit des fantassins, les fusils en faisceaux, mangeant leur soupe. Il appela l'officier, qui lui affirma qu'aucun ordre d'attaque n'était parvenu jusqu'à eux.

« Comment? » dit Koutouzow, mais, s'interrompant aussitôt, il fit appeler le commandant.

Pendant ce temps, il descendit de calèche, la tête inclinée, la respiration oppressée, et se mit à marcher de long en large. Lorsque arriva l'officier d'état-major Eichen, Koutouzow devint pourpre de colère, non pas qu'il eût devant lui le coupable, mais c'était quelqu'un sur qui il pouvait enfin épancher sa fureur. Haletant, tremblant de colère, arrivé au paroxysme de la rage, il se jeta sur Eichen en le menaçant du poing et en l'accablant des plus grossières injures. Un capitaine, Brozine, survenu par hasard et qui était complètement innocent, en reçut aussi sa part.

« Qu'est-ce que cette canaille-là encore? Qu'on fusille ce misérable! » criait Koutouzow d'une voix rauque et en gesticulant comme un forcené... Comment! comment! lui, le commandant en chef, auquel chacun assurait que personne jusque-là n'avait disposé d'un pouvoir pareil au sien, il allait devenir la risée de l'armée? C'est donc en vain qu'il avait tant prié ce jour-là, tant réfléchi, tant combiné pendant sa longue veille. « Lorsque je n'étais qu'un petit officier, personne n'aurait osé se moquer ainsi de moi, pensait-il, et maintenant... » Il éprouvait la souffrance physique qu'inflige une punition corporelle, et il ne pouvait l'exprimer que par des cris de rage et de douleur. Ses forces le trahirent bientôt, il se calma, comprit qu'il avait eu tort de s'emporter ainsi, remonta dans sa calèche et s'éloigna en silence.

Cet accès de colère ne se renouvela plus, et il écouta passivement les justifications et les instances de Bennigsen, de Konovnitzine et Toll, qui cherchaient à lui démontrer la nécessité de recommencer le lendemain le même mouvement dont l'exécution venait d'être manquée. Le général en chef fut forcé d'y consentir. Quant à Yermolow, il ne reparut devant Koutouzow que le surlendemain.

VI

Le lendemain, les troupes furent réunies dès le soir sur les différents points et se mirent en marche pendant la nuit. Les ténèbres étaient profondes, et de sombres nuages, d'un noir violacé, couvraient le ciel, mais il ne pleuvait pas. La terre était humide, et les soldats avançaient sans proférer une parole ; l'artillerie seule laissait deviner sa présence par le bruit métallique de ses fourgons. Il était défendu de parler, de fumer, de faire du feu ; les chevaux eux-mêmes semblaient se retenir de hennir. Le mystère de l'entreprise en augmentait l'attrait, et les hommes marchaient gaiement. Quelques colonnes s'arrêtèrent, placèrent leurs fusils en faisceaux et s'étendirent sur la terre froide, croyant bien être arrivées à leur destination. D'autres, et c'était la majorité, marchèrent toute la nuit, et arrivèrent naturellement là où elles ne devaient pas se trouver.

Le comte Orlow-Denissow, avec son faible détachement de cosaques, fut le seul à gagner son poste à temps. Il s'établit dans un taillis sur la lisière d'une forêt, cotoyée par un sentier, qui menait du village de Stromilow à celui de Dmitrovsk.

Le comte, qui s'était endormi un peu avant le jour, fut réveillé pour questionner un déserteur du camp français. C'était un sous-officier polonais du corps de Poniatowsky ; il déclara avoir déserté parce qu'il était victime d'un passe-droit, qu'il aurait dû être nommé officier depuis longtemps, qu'il était le plus brave d'eux tous, et qu'il comptait bien s'en venger. Il assurait que Murat avait passé la nuit à une verste des Russes, et que, si on consentait à lui donner une escorte de cent hommes, il s'engageait à le faire prisonnier. Le comte Orlow tint conseil avec ses camarades, et, la proposition leur paraissant trop séduisante pour la refuser, ils se montrèrent disposés à tenter l'entreprise. Enfin, après beaucoup de discussions et de combinaisons, le général-major Grékow se décida à suivre, avec deux régiments de cosaques, le sous-officier polonais.

« Mais rappelle-toi bien, dit le comte à ce dernier, que si tu as menti, je te ferai pendre comme un chien !... Si tu as dit la vérité, tu auras cent pièces d'or. »

Le sous-officier ne répondit rien, se mit lestement en selle et suivit le général Grékow d'un air résolu. Ils disparurent dans le bois. Le comte, frissonnant sous l'impression du froid, avant-coureur du jour naissant, et inquiet de la responsabilité qu'il venait d'assumer, fit quelques pas hors de la forêt pour examiner le camp ennemi, que l'on entrevoyait à peine, à la distance d'une verste, dans la vague et confuse lumière de l'aube et des feux de bivouac qui s'éteignaient. Nos colonnes devaient déboucher sur le versant incliné, à la droite du comte Orlow-Denissow. Il avait beau étudier tout le terrain, il ne voyait rien paraître : il lui sembla seulement remarquer dans le camp français l'agitation du réveil : « Oh! il est trop tard, » se dit-il; il était désabusé, comme cela arrive parfois lorsque nous ne subissons plus l'influence de l'homme auquel nous nous sommes confiés; évidemment ce sous-officier était un traître qui l'avait trompé, l'attaque projetée avorterait, malgré les deux régiments que Grékow allait entraîner Dieu sait où : « Est-il possible de penser qu'on va surprendre le général en chef au milieu de forces aussi considérables? Le coquin aura menti! »

— On peut faire revenir Grékow, dit un officier de sa suite, qui, comme lui, commençait à douter du succès de l'entreprise.

— Vraiment, qu'en pensez-vous? faut-il en rester là, oui ou non?

— Faites-le revenir.

— C'est ça! dit le comte, qu'on le rappelle!... Mais il sera tard, il va faire jour. »

Un aide de camp s'enfonça dans le bois à la recherche de Grékow. Lorsque ce dernier revint, le comte, involontairement agité par ce changement de résolution, et par l'infructueuse attente des colonnes d'infanterie, ainsi que par le voisinage de l'ennemi, se décida à l'attaque. « A cheval! » dit-il tout bas.

Chacun se mit à son poste, se signa, et l'on partit. Un hourra retentit dans la forêt, et les sotnias de cosaques, s'éparpillant comme les grains qui s'échappent d'un sac de blé, s'élancèrent crânement, la lance en avant, franchirent le ruisseau et se dirigèrent vers le camp ennemi.

Le cri d'alerte poussé par le premier Français qui aperçut les cosaques mit le camp en émoi. Tous se jetèrent, à moitié endormis et à peine vêtus, sur les canons, sur les fusils, sur les chevaux, et coururent de tous côtés, en perdant la tête. Si nos cosaques les avaient poursuivis sans se préoccuper de ce qui se passait autour d'eux, ils auraient infailliblement fait Murat prisonnier, comme les chefs le désiraient, mais il fut impossible de les empêcher de piller et de faire des prisonniers. Personne n'écoutait le commandement. 1500 prisonniers, 38 bouches à feu, des drapeaux, des chevaux, des harnachements de toutes sortes, furent pris à l'ennemi ; et la mise en sûreté des prisonniers et des canons, et le partage du butin, avec l'accompagnement habituel de querelles et de cris, firent perdre un temps précieux. Les Français, revenus de leur première panique et voyant qu'on ne les poursuivait pas, se formèrent et attaquèrent à leur tour Orlow-Denissow ; comme il attendait des renforts qui ne lui arrivaient pas, il ne put leur répondre vigoureusement.

Cependant les colonnes d'infanterie étaient en retard ; commandées par Bennigsen et dirigées par Toll, elles s'étaient mises en marche à l'heure précise, et avaient atteint un point qui n'était pas celui qui leur avait été désigné. Les hommes, gais au début, ne tardèrent pas à laisser des traînards derrière eux, et le sentiment de l'erreur commise provoqua d'autant plus de murmures, qu'on les ramena en arrière. Les aides de camp, envoyés pour réparer la bévue, étaient malmenés par les généraux, qui, de leur côté, criaient, se disputaient, et enfin, de guerre lasse, se mettaient en marche sans but arrêté. « Nous arriverons toujours quelque part! » se dirent-ils. En effet ils arrivèrent, mais pas à l'endroit où ils devaient aller. Quelques-uns sans doute se trouvèrent à leur poste, mais l'heure était déjà passée, ils ne pouvaient servir à rien, sinon à essuyer le feu de l'ennemi. Toll, qui, à cette bataille, avait joué le rôle de Weirother à Austerlitz, galopait sur toute la ligne, et constatait que tout avait été fait au rebours des ordres donnés. Ainsi il rencontra dans la forêt, lorsqu'il faisait déjà grand jour, le corps de Bagovouth, qui aurait dû depuis longtemps appuyer les cosaques d'Orlow-Denissow. Désespéré, dépité de son insuccès et l'attribuant à la faute d'un individu, Toll aborda le chef de corps en l'accablant des plus violents reproches et en le menaçant même de le faire fusiller. Bagovouth, vieux et calme militaire, d'un courage à toute épreuve, exaspéré par les ordres contradictoires qu'il recevait de tous les côtés à la fois, par les temps d'arrêt sans cause, et le désordre qui régnait autour de lui, fut pris à son tour, à l'étonnement de tous et en opposition avec son caractère habituel, d'un accès de rage et lui répondit vertement :

« Je ne reçois de leçons de personne, et je sais mourir avec mes soldats aussi bien qu'un autre ! »

Le brave Bagovouth, ne se connaissant plus de colère, sans se donner la peine de juger du plus ou moins d'opportunité de sa diversion, marcha, avec sa seule division, droit au feu. Le danger, les bombes, les balles étaient ce qui convenait le mieux pour le moment à son irritation ; aussi fut-il frappé par un des premiers projectiles, tandis que les suivants abattaient un grand nombre de ses braves soldats. C'est ainsi que sa division resta quelque temps exposée, sans utilité aucune, au feu de l'ennemi.

VII

Pendant ce temps, une autre colonne, auprès de laquelle se trouvait Koutouzow, était censée attaquer les Français. Il savait parfaitement que le résultat le plus probable de cette bataille, livrée contre sa volonté, serait une immense confusion, aussi retenait-il ses troupes autant qu'il le pouvait, et ne leur laissait-il pas quitter leur position. Monté sur un petit cheval gris, il répondait paresseusement aux propositions d'attaque.

« Vous me parlez toujours d'attaque, mais vous voyez bien que nous n'entendons rien aux manœuvres compliquées, disait-il à Miloradovicth, qui lui demandait la permission de se porter en avant... Vous n'avez pas su faire Murat prisonnier ce matin, dit-il à un autre... Vous avez été en retard, il n'y a donc plus rien à faire. »

Lorsqu'on lui annonça que deux bataillons de Polonais venaient renforcer les Français, il regarda du coin de l'œil Yermolow, auquel il n'avait pas adressé la parole depuis la veille.

« C'est cela, murmura-t-il, on demande à attaquer, on propose différents plans, mais lorsqu'il faut agir, rien ne se trouve prêt, et l'ennemi, avisé à temps, prend ses précautions ! »

Yermolow sourit imperceptiblement à ces paroles ; il comprit que l'orage était passé et que Koutouzow se bornait à une simple allusion.

« C'est à mes dépens qu'il s'amuse, » dit Yermolow, tout bas, en touchant du genou Raïevsky.

Bientôt après il s'approcha de Koutouzow, qu'il aborda avec respect :

« Rien n'est perdu, Altesse, l'ennemi est devant nous. N'ordonnerez-vous pas l'attaque?... Autrement la garde ne sentira même pas la fumée de la poudre. »

Koutouzow garda le silence. Quand on lui apprit la retraite de Murat, il ordonna un mouvement en avant, mais, tous les cent pas, il commandait qu'on s'arrêtât pendant trois quarts d'heure. La bataille se réduisit donc à la charge d'Orlow-Denissow et à la perte inutile de quelques centaines d'hommes. Le résultat fut pour Koutouzow la décoration en diamants, pour Bennigsen cent mille roubles en sus des diamants, d'agréables récompenses pour les autres officiers supérieurs, et un grand nombre de promotions et de changements dans l'état-major.

« C'est toujours ainsi, on fait tout à l'envers, » disaient, après la bataille de Taroutino, les officiers et les généraux russes, de même qu'on le dit encore aujourd'hui, et ils donnaient à entendre qu'il s'était trouvé là juste à point un imbécile pour faire des sottises qu'eux n'auraient jamais faites ; mais les hommes qui parlent ainsi, ou n'ont aucune idée de l'affaire qu'ils critiquent, ou se trompent sciemment. Toute bataille, que ce soit celle de Taroutino, de Borodino ou d'Austerlitz, ne se passe jamais selon les prévisions de ceux qui en conduisent les opérations.

Un nombre incalculable de forces indépendantes (car jamais l'homme n'est aussi indépendant que pendant ce moment où s'agite pour lui une question de vie ou de mort) influe sur la direction de la bataille, et cette direction ne peut pas être précisée à l'avance et ne coïncidera jamais avec la direction imprimée à l'action par une seule force individuelle. Lorsque les historiens, les Français surtout, affirment que leurs guerres et leurs batailles ont lieu d'après des plans, dont toutes les dispositions sont préalablement arrêtées, la seule conclusion que nous puissions en tirer, c'est que leurs descriptions sont inexactes.

Il est évident que la bataille de Taroutino n'eut pas le résultat que se proposait le comte Toll, c'est-à-dire de mener les troupes au feu dans l'ordre prescrit, ni celui qu'avait en vue le comte Orlow, qui était de faire Murat prisonnier, ni celui que visait Bennigsen, qui espérait anéantir l'ennemi, ni celui de l'officier qui rêvait de se distinguer, ni celui du cosaque avide de plus de butin qu'il n'en avait déjà fait, et ainsi de suite. Mais si le but était de réaliser le désir, général en Russie, de chasser les Français, et de porter un coup mortel à leur armée, alors il sera parfaitement évident que la bataille de Taroutino fut en tous points ce qui était le plus nécessaire et le plus opportun à cette période de la campagne, puisqu'elle a atteint ce but. Il est difficile, presque impossible, de se représenter une issue plus favorable que celle de ce combat. Malgré une confusion sans exemple, les plus grands avantages furent acquis au prix de très peu d'efforts, et de pertes minimes. La faiblesse des Français fut démontrée, et l'armée ennemie subit un échec qui, dans les conditions où elle se trouvait, devait forcément amener sa retraite.

VIII

Napoléon fait son entrée à Moscou après la brillante victoire de la Moskowa, victoire incontestable assurément, puisque le champ de bataille était resté à ses troupes. Les Russes se retirent et abandonnent Moscou rempli de vivres, d'armes, de munitions et de richesses incalculables ; un mois se passe sans qu'ils reprennent l'offensive. La position de Napoléon est, par conséquent, des plus belles et des plus glorieuses. Il semble donc qu'il n'était pas besoin d'avoir un génie exceptionnel pour se jeter avec des forces supérieures sur les derniers restes de l'armée ennemie, les écraser, obtenir une paix avantageuse, marcher sur Pétersbourg en cas de refus, retourner à Smolensk en cas d'insuccès, ou rester à Moscou, en y gardant la brillante position acquise. Rien de plus simple et de plus facile que les mesures à prendre pour en arriver là. Il fallait empêcher le pillage, préparer pour toute l'armée des vêtements d'hiver qu'on aurait facilement trouvés à Moscou, régler la distribution des subsistances, qui, d'après les historiens français eux-mêmes représentaient un approvisionnement de six mois. Cependant Napoléon, le plus grand des génies, qui, toujours selon ces mêmes historiens, pouvait diriger l'armée à son gré, ne prend aucune de ces dispositions, et choisit, au contraire, celle qui était la plus détestable et la plus absurde. Rien ne pouvait avoir en effet des conséquences plus désastreuses que de rester à Moscou jusqu'en octobre, de laisser faire les pillards, de quitter Moscou à l'aventure, de se rapprocher de Koutouzow pour ne pas lui livrer bataille, de gagner Malo-Yaroslavetz, en le laissant sur sa droite, de retourner sur Mojaïsk sans avoir tenté la fortune, de reprendre enfin la route de Smolensk et de s'engager en aveugle dans des contrées dévastées. Que l'on soumette aux stratégistes les plus habiles cette série de faits, et ils ne sauront en tirer d'autre conséquence que la destruction fatale ou voulue de sa propre armée. Mais dire que Napoléon la perdit volontairement ou par incapacité est aussi faux que d'assurer qu'il avait amené ses troupes jusqu'à Moscou par la force de sa volonté ou par les combinaisons de son génie. Dans l'un et l'autre cas, son action personnelle n'avait pas plus d'influence que l'action personnelle du dernier soldat, et elle se bornait à se conformer à des lois, dont le fait était le résultat.

Les historiens ont tort de nous représenter les forces intellectuelles de Napoléon à Moscou comme affaiblies, pour expliquer son insuccès. Son activité, à cette époque, ne fut pas moins étonnante que celle dont il avait fait preuve en Egypte, en Italie, en Autriche et en Prusse. Nous ne pouvons apprécier à sa véritable valeur le génie de Napoléon en Egypte, où « quarante siècles avaient contemplé sa grandeur », ni celui qu'il avait déployé en Autriche et en Prusse, car nous sommes obligés de nous en rapporter aux versions françaises et allemandes, et les Allemands eux-mêmes font sonner bien haut son génie, ne pouvant expliquer autrement pourquoi tant de forteresses se sont rendues sans coup férir, et pourquoi des corps entiers ont été faits prisonniers sans livrer bataille. Quant à nous, nous n'avons pas, Dieu merci, pour cacher notre honte, à nous incliner devant son génie; nous avons payé cher le droit de juger ses actes, de bonne foi et sans déguisement, et dès lors nous ne sommes obligés à aucune concession. Son activité à Moscou était sans contredit aussi merveilleuse que partout ailleurs : les ordres et les plans se succèdent sans interruption pendant tout son séjour; l'absence d'habitants et de députations, l'incendie même, ne l'arrêtent pas un moment. Il ne perd de vue ni les mouvements de l'ennemi, ni le bien-être de son armée, ni celui de la population russe qui l'entoure, ni la direction des affaires de son empire, ni les combinaisons diplomatiques, ni même les conditions à débattre pour en arriver à une paix prochaine.

IX

Dès son entrée à Moscou, Napoléon ordonne au général Sébastiani de suivre exactement le mouvement des troupes russes, et à Murat de découvrir Koutouzow ; puis il fortifie avec soin le Kremlin et élabore un admirable plan de campagne de Russie. De la question militaire passant à la diplomatie, il fait venir auprès de lui le capitaine Iakowlev, ruiné et déguenillé, lui détaille tout au long sa politique et sa conduite généreuse, puis il écrit une lettre à l'Empereur Alexandre dans laquelle il expose à « son ami et frère » son mécontentement au sujet de Rostoptchine et expédie Iakovlew à Pétersbourg. Après avoir de même déroulé ses plans et fait parade de sa grandeur d'âme devant Toutolmine, il l'envoie avec des instructions. En ce qui concerne la partie juridique, il recherche les incendiaires, les punit, et se venge de Rostoptchine en faisant brûler ses maisons. En matière d'administration, il écrit une constitution qu'il offre à Moscou comme don de joyeux avènement, y établit une municipalité et fait afficher la proclamation suivante :

« Habitants de Moscou !

« Vos malheurs sont cruels, mais Sa Majesté l'Empereur et Roi en veut arrêter le cours. De terribles exemples vous ont appris comment il sait châtier la désobéissance et le crime. Des mesures sévères sont prises pour arrêter le désordre et ramener la sécurité publique. Une administration paternelle, dont les membres seront choisis parmi vous, formera votre municipalité, c'est-à-dire l'administration de la ville, qui aura pour mission de veiller sur vous, de s'inquiéter de vos besoins et de vos intérêts. Ses membres se distingueront par un ruban rouge passé par-dessus l'épaule, et le maire de la ville se ceindra en outre d'une écharpe blanche. En dehors des heures consacrées à sa charge, il ne portera qu'un ruban rouge autour du bras gauche. La police de la ville est reconstituée sur ses anciennes bases, et, grâce à son activité, l'ordre reparaît. Le gouvernement a nommé deux commissaires généraux ou maîtres de police, et vingt commissaires de police d'arrondissement pour tous les quartiers de la ville. Vous les reconnaîtrez au ruban blanc noué sur le bras gauche. Quelques églises, de cultes différents, sont ouvertes et on y officie sans empêchement. Vos concitoyens reviennent dans leurs demeures, et l'ordre est donné pour qu'ils y retrouvent le secours et la protection dus au malheur. Ce sont là les moyens employés jusqu'ici par le gouvernement afin de rétablir l'ordre et d'alléger votre situation, mais pour y réussir il faut que vous unissiez vos efforts aux siens, que vous oubliiez, si possible, vos souffrances passées, que vous caressiez l'espoir d'un sort moins cruel, que vous soyez assurés qu'une mort inévitable et honteuse attend tous ceux qui s'attaqueront à vos personnes et à vos biens, et que ces biens vous seront conservés, car telle est la volonté du plus grand et du plus juste des monarques. Soldats et habitants, de quelque nation que vous soyez, rétablissez la confiance publique, source du bonheur des États, vivez en frères, aidez-vous et protégez-vous les uns les autres ; unissez-vous pour anéantir les desseins des malintentionnés, obéissez aux autorités militaires et civiles, et alors vos larmes cesseront bientôt de couler ! »

En ce qui concerne les subsistances, Napoléon ordonne aux troupes de venir à tour de rôle à Moscou faire la maraude afin de s'approvisionner et de s'assurer des vivres pour un certain temps. Préoccupé de la question religieuse, Napoléon ordonne de ramener les popes et de recommencer dans les églises les cérémonies du culte. La proclamation suivante, ayant trait aux affaires commerciales et à la fourniture des vivres, est également placardée sur tous les murs :

« Habitants paisibles de Moscou, artisans et ouvriers que les désastres ont éloignés de la ville, et vous, agriculteurs dispersés, qu'une terreur non fondée retient dans les campagnes, écoutez ! Le calme est rendu à la capitale, et l'ordre s'y rétablit. Vos compatriotes sortent sans crainte de leurs refuges, assurés d'être respectés. Tout acte de violence touchant leurs personnes et leurs propriétés est immédiatement puni. Sa Majesté l'Empereur et Roi vous protège et ne considère comme ennemis que ceux qui contreviennent à ses ordres. Elle désire mettre un terme à vos malheurs, vous rendre à vos foyers et à vos familles. Répondez donc à ces mesures bienfaisantes en venant à nous sans crainte de danger. Habitants ! retournez avec confiance dans vos demeures : vous trouverez bientôt le moyen de satisfaire à tous vos besoins. Artisans et travailleurs laborieux, reprenez vos différents métiers; vos maisons, vos boutiques, protégées par des patrouilles de sûreté, vous attendent, et votre labeur recevra la paye qui lui est due. Vous enfin, paysans, sortez des bois où la peur vous retient, retournez sans terreur dans vos isbas, avec la certitude d'y trouver protection. Des magasins sont établis dans la ville, où les paysans peuvent déposer le surplus de leurs provisions et les produits de la terre. Le gouvernement a pris les mesures suivantes pour en protéger la vente : 1º A dater d'aujourd'hui, les paysans et agriculteurs des environs de Moscou peuvent en toute sécurité déposer leurs provisions de toute sorte dans les deux magasins de la Mokhovaïa et de l'Okhotny-riad; 2º ces provisions seront achetées aux prix convenus entre le vendeur et l'acheteur, mais si le vendeur ne reçoit pas le prix demandé par lui, il a le droit de remporter ses marchandises à son village, et cela en toute liberté; 3º le dimanche et le mercredi de chaque semaine sont les jours fixés pour les grands marchés, aussi un nombre suffisant de troupes seront-elles échelonnées, les samedi et mardi, sur toutes les grandes routes et jusqu'à une certaine distance de la ville, afin de protéger les files de chariots; 4º des mesures semblables garantiront également le retour des paysans et de leurs voitures ; 5º on avisera sans délai à rétablir les marchés ordinaires. Habitants de la ville et de la campagne, ouvriers et artisans, quelle que soit votre nationalité, vous êtes appelés à exécuter les dispositions paternelles de Sa Majesté l'Empereur et Roi, et à contribuer au bien-être général. Déposez à ses pieds le respect et la confiance, et ne tardez point à vous réunir à nous. »

Pour relever le moral de l'armée et du peuple, il passe des revues et donne des récompenses, se montre dans les rues, console les habitants, et, malgré les soucis que lui causent les affaires de l'État, visite les théâtres organisés par son ordre. En ce qui touche à la bienfaisance, le plus beau fleuron de la couronne des princes, Napoléon fait tout ce qu'il lui est humainement possible de faire: il inscrit sur le fronton des établissements de charité publique : « Maison de ma Mère », unissant ainsi le tendre sentiment de la piété filiale à la majesté bienfaisante du monarque; il inspecte la maison des Enfants-Trouvés, donne sa blanche main à baiser à ces enfants sauvés par lui, et témoigne à Toutolmine la plus grande bienveillance. Puis, selon l'éloquente narration de M. Thiers, il paye la solde de ses troupes au moyen de faux assignats russes [1] ! Relevant l'emploi de ces moyens par un acte digne de lui et de l'armée française, il fait distribuer des secours aux incendiés. Mais, les vivres étant trop précieux pour être donnés à des étrangers, la plupart ennemis, Napoléon aime mieux leur fournir de l'argent, afin qu'ils s'approvisionnent au dehors, et il leur fait distribuer, à eux aussi, des roubles-papier. Enfin, pour maintenir la discipline de l'armée, il ne cesse d'ordonner de sévères enquêtes au sujet des infractions au service, et de rigoureuses poursuites contre les fauteurs de pillage.

X

Mais, chose étrange! toutes ces mesures, qui n'étaient en rien inférieures aux dispositions qu'il avait prises ailleurs en pareille circonstance, n'atteignaient que la superficie, comme on voit les aiguilles d'un cadran, séparé de son mécanisme, tourner au hasard sans en entraîner les rouages dans leur mouvement.

M. Thiers dit, en parlant du plan si remarquable de Napoléon, que son génie n'avait jamais rien imaginé de plus profond, de plus habile et de plus admirable, et il prouve, dans sa polémique avec M. Fain, que la rédaction doit en être portée, non au 4, mais bien au 15 octobre [2]. Ce plan « si remarquable » ne fut jamais et n'aurait jamais pu être exécuté, parce qu'il n'était pas applicable aux circonstances présentes. Les fortifications du Kremlin, pour la construction desquelles il fallait détruire la mosquée (ainsi que Napoléon appelait l'église de Saint-Basile), furent inutiles, et les mines creusées sous le Kremlin n'eurent d'autre effet que de l'aider à accomplir son désir de faire sauter cet édifice en quittant Moscou; de même que, pour consoler un enfant d'une chute, on s'en prend au plancher sur lequel il est tombé. La poursuite de l'armée russe, cause de tant de soucis pour Napoléon, présenta un phénomène extraordinaire : les généraux perdirent

---

1. Voir, pour compléter la phrase de M. Thiers, t. XIV, p. 392. (*Note du trad.*)
2. Voir la note de M. Thiers, t. XIV, p. 415. (*Note du trad.*)

de vue l'armée russe, forte de 60 000 hommes. Ce ne fut, d'après M. Thiers, que le talent et peut-être le génie de Murat qui parvinrent à découvrir cette « tête d'épingle ».

Dans son activité diplomatique, les arguments employés par Napoléon pour démontrer sa générosité et sa justice en causant avec Toutolmine et Iakovlew furent également superflus : Alexandre ne reçut pas ses ambassadeurs, et ne répondit pas à leur mission. En ce qui concerne ses mesures juridiques, malgré le supplice des faux incendiaires, la moitié de Moscou brûla. Ses mesures administratives ne furent pas plus heureuses : l'institution de la municipalité n'arrêta pas le pillage, et ne profita qu'aux individus qui en firent partie; ceux-là, sous prétexte de rétablir l'ordre, pillaient pour leur compte, ou ne s'occupaient que de préserver leur propre avoir. Dans la sphère religieuse, la visite à la mosquée, qui, en Égypte, avait si bien réussi, ne porta à Moscou aucun fruit. Deux ou trois prêtres essayèrent d'exécuter la volonté impériale, mais l'un fut soufflété par un soldat français pendant l'office, et un fonctionnaire fit le rapport suivant sur l'autre : « Le prêtre que j'avais découvert et invité à recommencer à dire la messe a nettoyé et fermé l'église. Cette nuit on est venu de nouveau enfoncer les portes, casser les cadenas, déchirer les livres et commettre d'autres désordres. » Quant au commerce, la proclamation « aux paisibles artisans et aux paysans » resta sans réponse, par la raison qu'il n'y avait pas de « paisibles artisans » et que les « paysans » faisaient la chasse aux émissaires qui s'égaraient jusque chez eux avec cette proclamation, et les tuaient sans merci. Les spectacles organisés pour l'amusement du peuple et des troupes ne réussirent pas davantage; les théâtres ouverts au Kremlin et dans la maison Pozniakow furent aussitôt fermés, car les acteurs et les actrices furent dépouillés de tout ce qu'ils avaient.

Sa bienfaisance fut également stérile : les faux et les vrais assignats, distribués si généreusement par Napoléon aux malheureux, inondaient Moscou et n'avaient aucun prix, l'argent même était échangé contre de l'or pour la moitié de sa valeur, car les Français ne recherchaient que ce dernier métal. La preuve la plus frappante du manque de vitalité de ces dispositions se trouve dans les efforts que fit Napoléon pour mettre fin au pillage et rétablir la discipline.

Voilà, en effet, ce que disaient les autorités militaires : « Le pillage continue en ville malgré la défense qui en a été faite;

l'ordre n'est pas rétabli, pas un marchand ne trafique légalement; seules les vivandières vendent, et encore ce ne sont que des objets volés.

« La partie de mon arrondissement continue à être en proie au pillage des soldats du 3ᵉ corps, qui, non contents d'arracher aux malheureux, réfugiés dans des souterrains, le peu qui leur reste, ont même la férocité de les blesser à coups de sabre, comme j'en ai vu plusieurs exemples.

« Rien de nouveau, sinon que les soldats se permettent de voler et de piller. (9 octobre.)

« Le vol et le pillage continuent. Il y a une bande de voleurs dans notre district qu'il faudra faire arrêter par de fortes gardes. (11 octobre.)

« L'Empereur est excessivement mécontent de ce que, malgré la sévérité de ses ordres, on ne voit revenir au Kremlin que des maraudeurs de la garde; il voit avec douleur que les soldats d'élite choisis pour garder sa personne, appelés à donner l'exemple de la soumission, poussent la désobéissance jusqu'à enfoncer les portes des caves, des magasins préparés pour l'armée; d'autres se sont abaissés au point de désobéir aux sentinelles et aux officiers de garde, les ont injuriés et même battus.

« Le grand maréchal du palais se plaint vivement de ce que, malgré les défenses réitérées, les soldats continuent à faire leurs besoins dans toutes les cours, et même jusque sous les fenêtres de l'Empereur. »

Cette armée, comme un troupeau débandé qui foule à ses pieds le fourrage destiné à le sauver de la famine, fondait peu à peu et périssait sous l'influence du séjour. Elle ne sortit de sa torpeur que lorsqu'elle fut saisie d'une terreur panique, causée par la prise des convois sur la route de Smolensk et par la nouvelle de la bataille de Taroutino; Napoléon la reçut au moment où il passait une revue; ainsi que le dit M. Thiers, elle éveilla en lui le désir de châtier les Russes : aussi s'empressa-t-il d'ordonner le départ, désiré par toute l'armée. En s'enfuyant de Moscou, les soldats traînèrent avec eux tout ce qu'ils purent prendre. Napoléon lui-même emportait son trésor particulier. Les énormes convois qui entravaient la marche de l'armée l'effrayaient, mais, dans sa grande expérience de la guerre, il ne fit pas brûler les fourgons, comme il l'avait exigé d'un de ses maréchaux en approchant de Moscou. Ces calèches, ces voitures, pleines de soldats et de butin, trouvèrent grâce à ses yeux, parce que, disait-il, ces équipages pouvaient être employés plus tard pour les vivres, les malades et les blessés.

La situation de l'armée n'était-elle pas comparable dans ce moment à celle de l'animal blessé qui sent que sa perte est prochaine et qui est affolé par la terreur? Les habiles manœuvres de Napoléon et ses projets grandioses, depuis le moment de son entrée à Moscou jusqu'à celui de la destruction de ses troupes, ne sont-ils pas, en effet, comme les bonds et les convulsions qui précèdent la mort de l'animal blessé? Effrayé par le bruit, il se jette en avant, reçoit le coup du chasseur, et revient sur ses pas, hâtant ainsi lui-même sa fin. Napoléon, sous la pression de son armée, fit de même. Le bruit de la bataille de Taroutino l'effraya, il se jeta en avant, atteignit le chasseur, et revint, lui aussi, sur ses pas, pour reprendre le chemin le plus désavantageux, le plus dangereux, les voies anciennes et connues.

Napoléon, qui se présente à nous comme l'instigateur du mouvement, ainsi qu'aux yeux des sauvages la figure sculptée sur la proue d'un bâtiment semble en être le guide, était, à cette époque de sa vie, semblable à un enfant qui, se cramponnant aux courroies de l'intérieur de la voiture, s'imagine que c'est lui qui la conduit.

XI

Le 6 octobre, de grand matin, Pierre sortit de la baraque, et s'arrêta sur le seuil de la porte, en caressant un petit chien à jambes courtes et torses, qui couchait d'habitude aux pieds de Karataïew, s'aventurait souvent en ville, mais revenait infailliblement chaque soir. Personne ne l'avait réclamé, et il ne portait aucun nom sur son collier. Les Français l'appelaient « Azor », et Karataïew « le Gris ». Le pauvre animal ne semblait nullement embarrassé de n'avoir ni maître ni race déterminée; il portait ferme et droite sa queue en panache, et ses jambes torses faisaient si bien leur service, qu'il lui arrivait souvent de dédaigner de se servir des quatre à la fois, et de s'en aller, une patte de derrière gracieusement relevée, en sautillant sur ses trois autres. Tout était pour lui sujet de joie;

il se roulait sur le dos, se chauffait au soleil d'un air pensif et important, ou jouait avec un morceau de bois ou un brin de paille.

L'habillement de Pierre se composait d'une chemise sale, déchirée, dernier vestige de ses anciens vêtements, d'un pantalon de soldat noué aux chevilles pour tenir plus chaud, selon le conseil de Karataïew, et d'un caftan. Son extérieur n'était plus le même : il avait perdu de sa corpulence, mais sa forte charpente faisait toujours de lui l'image de la force physique; une barbe épaisse et une longue moustache couvraient le bas de son visage; ses cheveux longs, emmêlés, remplis de vermine, sortaient de dessous son bonnet; l'expression de ses yeux était plus ferme et plus calme qu'auparavant, et son laisser-aller habituel avait fait place à une énergie toute prête à l'action. Pierre regardait tour à tour la plaine sur laquelle on voyait des charrettes et des hommes à cheval, la rivière qui scintillait au bas, le petit chien qui le mordillait en jouant, et ses pieds nus et sales, auxquels il faisait prendre des poses plus ou moins gracieuses, tout en souriant d'un air béat et satisfait, au souvenir de tout ce qu'il avait souffert et appris pendant ces derniers jours.

Le temps était devenu doux et clair. C'était l'été de la Saint-Martin, avec ses petites gelées blanches, dont la fraîcheur matinale, en se mêlant aux rayons du soleil, mettait dans l'air un stimulant réparateur. L'éclat magique et cristallin qui n'appartient qu'à ces belles journées d'automne se répandait sur tout le paysage. Au loin se dessinait la montagne des Moineaux avec son village et son église au clocher vert; les toits des maisons, le sable, les pierres, les arbres dépouillés de leur feuillage, se découpaient, en lignes fines et précises, sur l'horizon transparent. A deux pas de la baraque se trouvaient les décombres d'une maison à moitié brûlée, occupée par les Français, et dont le jardin était garni de quelques maigres buissons de lilas. Cette maison, dévastée et délabrée, qui, sous un ciel gris, aurait présenté l'image de la désolation, avait aujourd'hui, sous le bain de lumière qui l'inondait, toutes les apparences du calme et de la paix.

Un caporal français, l'uniforme déboutonné, un bonnet de police sur la tête, une mauvaise pipe entre les dents, s'approcha en faisant à Pierre un signe amical du coin de l'œil :

« Quel soleil, hein? Monsieur Kiril (c'était ainsi que les Français appelaient Pierre), on dirait le printemps!... » et il

s'appuya contre la porte, en lui réitérant son invitation habituelle et toujours refusée de fumer une pipe avec lui...
« Si encore on avait un temps comme celui-là quand on est en marche! » dit-il.

Pierre l'interrompit pour lui demander ce qu'il savait de nouveau; le vieux troupier lui raconta que les troupes quittaient la ville et qu'on attendait dans la journée l'ordre du jour concernant les prisonniers. Pierre lui rappela qu'un des soldats prisonniers, nommé Sokolow, était dangereusement malade et qu'il faudrait prendre quelques mesures à son égard.

« Soyez tranquille, monsieur Kiril, nous avons pour cela des hôpitaux volants de campagne, et c'est l'affaire des autorités de prévoir tout ce qui peut arriver... Et puis, monsieur Kiril, vous n'avez qu'à dire un mot au capitaine, vous savez? Oh! c'est un... qui n'oublie jamais rien. Parlez-en au capitaine quand il viendra, il fera tout pour vous. »

Le capitaine en question causait souvent avec Pierre et lui témoignait beaucoup de sympathie.

« Vois-tu, saint Thomas, qu'il me disait l'autre jour : Kiril, c'est un homme qui a de l'instruction, qui parle français; c'est un seigneur russe qui a eu des malheurs, mais c'est un homme... Et il s'y entend, le... S'il demande quelque chose, qu'il me dit, il n'y a pas de refus. Quand on a fait ses études, voyez-vous, on aime l'instruction et les gens comme il faut. C'est pour vous que je dis cela, monsieur Kiril. Dans l'affaire de l'autre jour, sans vous, ça aurait mal fini... » Et, ayant bavardé quelque temps, il s'en alla.

L'allusion du caporal avait trait à une querelle qui avait eu lieu dernièrement entre les prisonniers et les Français. Pierre avait eu la bonne chance d'apaiser ses compagnons. Quelques-uns d'entre eux, l'ayant vu parler avec le caporal, le prièrent de lui demander les nouvelles, et au moment où il leur en faisait part, un soldat français, maigre, jaune et tout déguenillé, s'approcha de leur baraque : portant la main à son bonnet de police en signe de salut, il demanda à Pierre si le soldat Platoche, auquel il avait donné sa chemise à coudre, était dans cette baraque.

Les Français avaient reçu la semaine précédente du cuir et de la toile, et ils les avaient donnés aux prisonniers russes pour leur en faire des bottes et des chemises.

« C'est prêt, c'est prêt! dit Karataïew, en apportant l'objet demandé, proprement plié. Vu le beau temps, ou peut-être pour travailler plus à son aise, Karataïew était en caleçon, avec une chemise noire comme la suie et toute déchirée. Ses cheveux relevés en arrière, et retenus, à la mode des ouvriers, par un étroit ruban de tille, donnaient à sa bonne et grosse figure un air encore plus avenant que d'habitude.

« Avant de s'engager, il est bon de s'entendre [1]... Je l'ai promise pour vendredi et la voilà ! »

Le Français jeta un coup d'œil inquiet autour de lui, puis, triomphant de son indécision, il ôta son uniforme, et enfila bien vite la chemise, car pour le moment il n'en avait pas d'autre qu'un long et sale gilet de soie à fleurs qui couvrait, tant bien que mal, son corps maigre et chétif. Il craignait évidemment qu'on ne se moquât de lui; mais personne ne fit la moindre remarque.

« Elle est venue à point, celle-là ! dit Platon en arrangeant la chemise, pendant que le Français passait ses bras dans les manches, tout en examinant attentivement la couture. Vois-tu, mon ami, ce n'est pas un atelier ici, nous n'avons pas ce qu'il nous faut pour coudre, et tu sais que, même pour tuer un pou, il faut un outil.

— C'est bien, c'est bien, merci... mais vous devez avoir encore de la toile? demanda le Français.

— Elle sera encore mieux lorsque tu l'auras portée, continua Platon en admirant son ouvrage.

— Merci, mon vieux, mais le reste? »

Pierre, qui voyait que Platon ne tenait pas à comprendre le Français, ne se mêlait pas de leur conversation. Karataïew remerciait pour son salaire, et le Français insistait pour avoir ce qui restait de la toile ; Pierre se décida enfin à traduire à Platon la demande du soldat :

« Qu'a-t-il besoin du restant? Il pourrait nous servir ; mais enfin puisqu'il y tient... » Et Karataïew tira à contre-cœur de dessus sa poitrine un petit paquet de chiffons proprement noué, le lui donna sans dire mot et tourna sur ses talons.

Le Français regarda les chiffons, comme s'il délibérait avec lui-même, interrogea Pierre des yeux, et tout à coup dit en rougissant :

« Platoche, dites donc, Platoche, gardez ça pour vous, » et, le lui rendant, il s'enfuit.

---

[1]. Mot à mot : « L'accord est cousin germain de l'affaire. » (*Note du trad.*)

« Et l'on dit que ce ne sont pas des chrétiens, il y a là pourtant une âme! Les vieux ont bien raison de dire que la main moite est donnante, et que la main sèche ne l'est pas... il est nu, lui, et pourtant il m'en a fait cadeau... C'est égal, mon ami, ça nous profitera... » Et il rentra en souriant dans la baraque.

XII

Quatre semaines s'étaient écoulées depuis que Pierre était prisonnier, et, bien que les Français lui eussent proposé de le faire passer de la baraque des soldats dans celle des officiers, il n'y consentit pas. Pendant tout ce temps il eut à subir les plus grandes privations, mais sa forte constitution et sa belle santé les lui rendirent presque insensibles, d'autant plus qu'elles se produisirent graduellement, et qu'il les supportait même avec une certaine joie. Il se sentit enfin pénétré de cette paix de l'âme, de ce contentement de soi-même, que jusque-là il avait en vain appelés de tous ses vœux. C'est ce qui l'avait si vivement frappé dans les soldats à Borodino, et ce qu'il avait inutilement cherché dans la philanthropie, dans la franc-maçonnerie, dans les distractions de la vie mondaine, dans le vin, dans l'héroïsme du sacrifice, dans son amour romanesque pour Natacha, et tout à coup les terreurs de la mort, les privations et la philosophie résignée de Karataïew firent naître en lui cet apaisement et ce contentement intérieur qui lui avaient toujours fait défaut. Les épouvantables angoisses qu'il avait éprouvées pendant qu'on fusillait ses compagnons d'infortune avaient chassé à tout jamais de son esprit les pensées inquiètes et les sentiments auxquels il attribuait jusque-là tant d'importance. Il ne pensait plus ni à la Russie, ni à la guerre, ni à la politique, ni à Napoléon. Il comprenait que rien de tout cela ne le touchait, qu'il n'était pas appelé à juger ce qui se faisait, et son intention de tuer Napoléon lui paraissait non seulement incompréhensible, mais ridicule, aussi bien que ses calculs cabalistiques sur le nombre de la bête de l'Apocalypse. Sa colère contre sa femme, ses appréhensions de voir déshonorer son nom, lui semblaient aussi vaines que ridicules. Il lui importait bien peu, après tout, que cette femme menât la vie qui lui plaisait, et qu'on apprit que le nom d'un des prisonniers était celui du comte Besoukhow?

Il pensait souvent au prince André, qui assurait, avec une nuance d'amertume et d'ironie, que le bonheur était absolument négatif, et insinuait que toutes nos aspirations vers le bonheur réel nous étaient données pour notre tourment, puisque nous ne pouvions jamais les réaliser... Mais aujourd'hui l'absence de souffrance, la satisfaction des besoins de la vie, et, par conséquent, la liberté dans le choix des occupations ou du genre d'existence, se présentaient à Pierre comme l'idéal du bonheur sur cette terre. Ici seulement, et pour la première fois, Pierre apprécia, parce qu'il en était privé, la jouissance de manger lorsqu'il avait faim, de boire lorsqu'il avait soif, de dormir lorsqu'il avait sommeil, de se chauffer lorsqu'il faisait froid, et de causer lorsqu'il avait envie d'échanger quelques paroles! Il oubliait seulement une chose; c'est que l'abondance des biens de ce monde diminue le plaisir qu'on éprouve à s'en servir, et qu'une trop grande liberté dans le choix des occupations, provenant de son éducation, de sa richesse et de sa position sociale, rendait ce choix compliqué, difficile et souvent même inutile. Toutes les pensées de Pierre se tournaient vers le moment où il redeviendrait libre, et pourtant, plus tard, il se reportait toujours avec joie à ce mois de captivité, et ne cessa de parler avec enthousiasme des sensations puissantes et ineffaçables, et surtout du calme moral qu'il avait si complètement éprouvés à cette époque de sa vie.

Lorsqu'au point du jour, le lendemain de son emprisonnement, il vit, en sortant de la baraque, les coupoles encore sombres et les croix du monastère de Novo-Diévitchi, la gelée blanche qui brillait sur l'herbe poudreuse, les montagnes des Moineaux et leurs pentes boisées se perdant au loin dans une brume grisâtre; lorsqu'il se sentit caressé par une fraîche brise, qu'il entendit le battement d'ailes des corneilles au-dessus de la plaine, qu'il vit soudain la lumière chasser les vapeurs du brouillard, le soleil s'élever majestueusement derrière les nuages et les coupoles, les croix, la rosée, le lointain, la rivière, étinceler à ses rayons resplendissants et joyeux, son cœur déborda d'émotion. Cette émotion ne le quitta plus, elle ne faisait que centupler ses forces à mesure que s'aggravaient de plus en plus les difficultés de sa situation. Cette disposition morale contribua aussi à entretenir la haute opinion qu'avaient de lui ses compagnons de captivité. Sa connaissance des langues, le respect que lui témoignaient les Français, sa simplicité, sa bonté, sa force, son humilité dans ses rapports avec ses camarades, sa faculté de s'absorber dans de profondes réflexions, tout faisait de lui à leurs yeux un être mystérieux et supérieur. Les qualités qui, dans sa sphère habituelle, étaient plutôt nuisibles et gênantes, le transformaient ici presque en héros, et il comprenait que cette opinion lui créait des devoirs.

XIII

Dans la nuit du 6 au 7 octobre commença la retraite des Français : on démolissait les baraques et les cuisines, on chargeait des charrettes, et les troupes et les fourgons s'ébranlaient de tous côtés.

A 7 heures du matin, un convoi de Français, en tenue de campagne, le shako sur la tête, le fusil sur l'épaule, la giberne et le sac au dos, s'alignaient devant le corps de garde, en échangeant entre eux, sur toute la ligne, un feu croisé de propos animés, émaillés de jurons. A l'intérieur, tous étaient prêts, chaussés, habillés, n'attendant que l'ordre de sortir. Seul le pauvre Sokolow, pâle, exténué, n'était ni chaussé, ni habillé et poussait des gémissements incessants. Ses yeux cernés, sortant de leur orbite, interrogeaient en silence ses compagnons, qui ne faisaient aucune attention à lui. Ce n'était pas tant la souffrance (il était malade de la dysenterie) que la crainte d'être abandonné qui le tourmentait. Pierre, chaussé de bottes cousues par Karataïew, ceint d'une corde, s'assit devant lui sur ses talons.

« Ecoute donc, Sokolow, ils ne s'en vont pas tout à fait! Ils ont ici un hôpital, tu seras peut-être encore mieux partagé que nous.

— Oh! Seigneur! c'est ma mort... Oh! Seigneur! s'écria tristement le soldat.

— Je vais leur en parler, veux-tu? » lui dit Pierre en se levant et en se dirigeant vers la porte.

A ce moment, la porte s'ouvrit, et il vit entrer un caporal et des soldats en tenue de campagne. Le caporal, celui-là même qui, la veille, avait offert à Pierre de fumer sa pipe, venait faire l'appel.

« Caporal, que fera-t-on du malade? » lui demanda Pierre, qui avait peine à le reconnaître, tant il ressemblait peu, avec son shako sur la tête et sa jugulaire boutonnée, au caporal qu'il voyait tous les jours.

Il fronça le sourcil à cette question, et, murmurant une grossièreté inintelligible, il poussa la porte avec violence, et la baraque se trouva plongée dans une demi-obscurité; les tambours battirent aux champs des deux côtés, et étouffèrent les plaintes du blessé. « La voilà, c'est bien elle! » se dit Pierre, et il eut involontairement froid dans le dos... Il venait de retrouver dans la figure transformée du caporal, dans le son de sa voix, dans le bruit assourdissant du tambour, cette force brutale, impassible et mystérieuse qui poussait les hommes à s'entre-tuer, cette force dont il avait déjà eu conscience pendant le supplice de ses compagnons. Essayer de s'y soustraire, adresser des supplications à ceux qui en étaient les instruments, c'était superflu, il le savait; il fallait attendre et patienter : il resta donc en silence à la porte de la baraque.

Lorsqu'elle s'ouvrit de nouveau et que les prisonniers se pressèrent à la sortie comme un troupeau de moutons, il se glissa en avant et se dirigea vers ce même capitaine qui, au dire du caporal, était si bien disposé pour lui. Le capitaine était également en tenue de campagne, et sa figure avait la même expression de dureté.

« Filez, filez ! » disait-il sévèrement aux prisonniers qui passaient.

Quoique Pierre pressentît que sa démarche n'aurait aucun résultat, il s'approcha de lui.

« Eh bien, qu'est-ce qu'il y a? dit le capitaine d'une voix rude, comme s'il ne le reconnaissait pas. Il pourra marcher, que diable! répondit-il à la demande de Pierre.

— Mais il agonise, répondit ce dernier.

— Voulez-vous bien... » s'écria le capitaine en colère.

Et les tambours battaient toujours, et Pierre sentit que toute parole serait inutile, car ces hommes ne s'appartenaient plus, ils étaient les esclaves de la force.

Les officiers prisonniers furent séparés des soldats, et on leur ordonna d'ouvrir la marche. Il y avait trente officiers, y compris Pierre, et trois cents soldats. Les officiers, sortant des baraques voisines, étaient tous des étrangers, beaucoup mieux habillés que Pierre; aussi ils le regardaient d'un air méfiant. Devant lui marchait un gros major, en robe de chambre tartare, la taille ceinte d'un essuie-mains, la figure gonflée, jaune et renfrognée. Il tenait d'une main une blague à tabac, tandis que de l'autre il s'appuyait sur sa chibouque. Essoufflé et s'éventant avec son mouchoir, il grognait constamment et se fâchait après tout le monde, parce qu'il lui semblait qu'il avait été bousculé, qu'on se pressait sans raison et qu'on s'étonnait sans cause! Un autre officier, petit et fluet, interpellait chacun à tour de rôle, s'inquiétait de savoir où on les menait et de combien serait leur étape. Un fonctionnaire en bottes de feutre, en uniforme de l'intendance, se jetait à droite et à gauche, et communiquait ses impressions à ses voisins sur chaque quartier de la ville incendiée qu'ils traversaient. Un troisième, d'origine polonaise, discutait avec lui, et lui prouvait qu'il se trompait dans la désignation des quartiers.

« Qu'avez-vous à vous quereller? demanda le major avec impatience. Que ce soit Saint-Nicolas ou Saint-Blaise, n'est-ce pas la même chose? Vous voyez bien que tout est brûlé... Voyons, pourquoi me poussez-vous, ce n'est pourtant pas la place qui manque, dit-il à un de ses compagnons qui ne l'avait même pas touché.

— Ah! Seigneur Dieu! Seigneur Dieu! Qu'en a-t-on fait! s'écriaient de tous côtés les prisonniers en regardant les restes de l'incendie.

— Oh! il y en a sûrement la moitié de brûlé...

— Je vous l'ai bien dit, ça s'étendait de l'autre côté de la rivière.

— Mais puisque c'est brûlé et que vous le savez, à quoi bon en parler? » grommela le major.

En traversant un des rares quartiers intacts, les prisonniers reculèrent tout à coup en passant devant une église, et poussèrent des exclamations d'horreur et de dégoût.

« Oh! les misérables! oh! les sauvages! c'est un mort, c'est un mort, et on lui a barbouillé la figure... »

Pierre se retourna, et aperçut confusément un corps adossé contre le mur d'enceinte de l'église. Il devina, aux paroles de ses compagnons, que c'était le cadavre d'un homme qu'on avait planté tout debout, et dont la figure avait été couverte de suie.

« Marchez, sacré nom... marchez donc... trente mille diables! » s'écrièrent les officiers de l'escorte; les soldats français poussèrent en avant, à grands coups de briquet, la foule des prisonniers qui s'était arrêtée devant le mort.

XIV

On déboucha dans le voisinage du dépôt des vivres; les prisonniers n'avaient jusque-là rencontré personne dans les ruelles qu'ils longeaient avec leur escorte et ses charrettes; là ils tombèrent au milieu d'une batterie d'artillerie qui avait d'autant plus de peine à avancer que des voitures particulières s'étaient glissées au milieu de ses fourgons... Tous s'arrêtèrent à l'entrée du pont pour donner aux premiers arrivés le temps de passer. Devant, derrière, on ne voyait que d'interminables files de voitures du train, et sur la droite, à la jonction du chemin de Kalouga, une masse énorme de troupes, avec leurs bagages, s'étendait à perte de vue : c'était le corps de Beauharnais, qui était sorti le premier de la ville; en arrière, le long des quais et sur le pont de pierre, s'avançait le corps commandé par Ney; les troupes de Davout, dont les prisonniers faisaient partie, avaient à franchir le Krimski-Brod (le gué de Crimée). Après l'avoir dépassé, ils se virent obligés de s'arrêter de nouveau; puis, après une pause de quelques instants, ils se remirent en marche, au milieu de la cohue d'hommes et de voitures qui se bousculaient de tous côtés. Il leur fallut plus d'une heure pour faire les cent pas qui séparent le pont de la rue de Kalouga. Arrivés au carrefour, les prisonniers passèrent, réunis en groupe, et restèrent là pendant quelques heures. Un bruit incessant, semblable au mugissement de la mer, causé par le frottement des roues, le martellement des pieds des chevaux, les injures et les cris qui se croisaient en tous sens, remplissait l'air. Pierre, aplati contre le mur d'une maison à moitié brûlée, prêtait l'oreille à ce vacarme, qui, dans son imagination, se rattachait au roulement du tambour. Quelques-uns de ses compagnons se hissèrent au-dessus de lui sur la muraille.

« Que de monde! que de monde!... Et jusque sur les canons encore!... Oh! les scélérats, vois-tu ce qu'ils ont pillé?... Regarde donc là-bas... Ils l'ont volé à une image... Vrai Dieu! ce sont, pour sûr, des Allemands! Ah! les misérables!... Ils sont tellement chargés, qu'ils en traînent la jambe!... Tiens, ils emmènent aussi un droschki... et celui-là qui s'est assis sur ses coffres!... Il mériterait d'en recevoir une bonne sur la ......!... Et quand on pense que cela va durer comme ça jusqu'au soir!... Vois donc, vois donc... Est-ce que ce ne sont pas les chevaux de Napoléon!... Quels chevaux! Quelles housses!... Et ces grands chiffres et ces grandes couronnes!... Ça n'en finira pas! »

La curiosité porta en avant tous les prisonniers, et, grâce à sa haute stature, Pierre put voir par-dessus la tête de ses compagnons ce qui excitait si vivement leur intérêt. Trois calèches, enchevêtrées entre les caissons, avançant à grand'peine serrées l'une contre l'autre, contenaient des femmes fardées et attifées de couleurs voyantes, qui criaient à tue-tête. A dater du moment où Pierre avait reconnu l'existence de cette force mystérieuse qui, à un moment donné, soumettait tous les hommes à sa terrible influence, rien ne fit plus impression sur lui, ni le cadavre enduit de suie pour amuser la populace, ni ces femmes allant Dieu sait où, ni l'incendie de Moscou. On aurait dit que son âme, se préparant à une lutte difficile, se refusait à toute émotion qui pouvait l'affaiblir. Les femmes passèrent, et, après elles, le défilé des soldats, des télègues, des fourgons, des voitures, des caissons, et encore des soldats, avec quelques femmes de loin en loin, reprit son cours de plus belle.

Pendant cette heure d'attente, Pierre, absorbé par le mouvement général, ne voyait aucun objet en particulier. Tous, hommes et chevaux, semblaient être poussés par une puissance invisible dans toutes les directions, et n'avoir qu'un désir, celui de se dépasser les uns les autres ; tous se bousculaient, se heurtaient, s'injuriaient, se montraient les poings et les dents, et, sur chaque visage, on lisait cette expression dure et résolue qui, le matin même, avait fait une si vive impression sur l'esprit de Pierre, quand il l'avait vue empreinte sur la figure du caporal.

Enfin, le chef de leur escorte parvint à faire une trouée, et gagna avec ses prisonniers la route de Kalouga. Ils marchèrent tout d'une traite et ne s'arrêtèrent qu'au coucher du soleil. Les voitures furent dételées, et les hommes se préparèrent à passer la nuit à la belle étoile, au milieu de jurons, de cris et de querelles interminables. Une voiture qui les avait suivis enfonça avec son timon celle d'un des officiers du convoi; plusieurs soldats se précipitèrent de ce côté, les uns pour donner des coups de fouet aux chevaux, les autres pour les saisir par la bride, et tous au besoin pour se battre entre eux, si bien qu'un Allemand fut grièvement blessé à la tête. On aurait dit qu'un seul et même sentiment de violente réaction, après l'entraînement désordonné de la journée, s'était emparé de ces hommes depuis qu'ils avaient fait halte en plein champ, dans le crépuscule humide d'une soirée d'automne. On aurait dit qu'ils venaient de comprendre que leur destination leur était encore inconnue, et que bien des misères les attendaient. Les soldats de l'escorte traitaient les prisonniers plus durement qu'avant leur sortie de la ville, et cette étape fut la première où ils furent nourris de viande de cheval. Depuis les officiers jusqu'aux derniers soldats, tous témoignaient un mauvais vouloir extrême qui contrastait avec leurs bons procédés d'autrefois. Cette disposition s'accentua encore davantage lorsqu'il fut constaté à l'appel qu'un soldat russe, prétextant une violente colique, s'était enfui, et Pierre vit un Français battre un Russe pour s'être trop éloigné de la grand'route; il entendit aussi le capitaine son ami tancer vertement le sous-officier, en le menaçant de le faire passer en jugement à cause de la fuite du prisonnier. Le sous-officier ayant répliqué que le soldat était malade et ne pouvait marcher, l'officier répondit qu'ils avaient reçu l'ordre de fusiller les traînards. Pierre sentit alors que cette force brutale qui l'avait terrassé une première fois, allait de nouveau s'imposer à lui; il en eut peur, mais plus il se sentait près d'être écrasé par elle, plus s'élevait et se développait dans son âme une puissance de vie, indépendante de toute influence extérieure.

Il soupa d'un gruau de seigle et d'un morceau de viande de cheval, et causa avec ses camarades. Ils ne parlèrent ensemble ni de ce qu'ils avaient vu à Moscou, ni de la grossièreté des Français à leur égard, ni de l'ordre de les fusiller en cas de fuite, mais de leurs souvenirs personnels et de quelques incidents comiques de leurs campagnes : il n'en fallut pas davantage pour les mettre en gaieté et leur faire momentanément oublier la gravité de leur situation.

Le soleil était couché depuis longtemps, de brillantes étoiles s'allumaient une à une dans le ciel, et le disque de la pleine lune, dont la couleur rouge sang rappelait la lueur des incendies, s'élevait majestueusement au bord de l'horizon et glissait dans les vapeurs grisâtres, en répandant dans l'espace sa pâle clarté. La soirée était finie, mais ce n'était pas encore la nuit. Pierre se leva, quitta ses nouveaux compagnons et passa, entre les feux, de l'autre côté de la route, où se trouvaient, lui avait-on dit, les soldats prisonniers. Une sentinelle l'arrêta : il fut obligé de revenir sur ses pas, mais, au lieu de retourner auprès de ses camarades, il s'assit par terre derrière une des charrettes, et, ramenant à lui ses pieds, la tête baissée, il resta à réfléchir. Plus d'une heure s'écoula ainsi sans que personne songeât à s'occuper de lui. Tout à coup il partit d'un si bruyant éclat de rire, de ce gros rire bon enfant qui le secouait de la tête aux pieds, qu'on se retourna de tous côtés à cette étrange explosion de gaieté.

« Ah! ah! faisait Pierre en se parlant à lui-même... Il ne m'a pas laissé passer, le soldat!... On m'a attrapé, on m'a enfermé, et l'on me tient prisonnier!... Qui ça, moi? mon âme immortelle?... Ah! ah! ah! »

Et il riait aux larmes. Un soldat se leva et s'approcha pour voir ce qui provoquait le rire de ce colosse. Pierre cessa de rire, se leva à son tour, et, s'éloignant de l'indiscret, regarda autour de lui.

Le calme régnait dans le bivouac, si animé quelques heures auparavant par le bruit des voix et le pétillement des feux, dont les tisons pâlissaient maintenant et s'éteignaient peu à peu. La pleine lune était arrivée au zénith ; les bois et les champs, invisibles jusque-là, se dessinaient nettement à l'entour, et au delà de ces champs et de ces bois inondés de lumière, l'œil se perdait dans les profondeurs infinies d'un horizon sans limites. Pierre plongea son regard dans ce firmament où scintillaient à cette heure des myriades d'étoiles.

« Et tout cela est à moi, pensait-il, tout cela est en moi, tout cela c'est moi!... Et c'est « cela » qu'ils ont pris, c'est « cela » qu'ils ont enfermé dans une baraque! »

Il sourit et alla se coucher auprès de ses camarades.

XV

Dans les premiers jours d'octobre, un parlementaire remit à Koutouzow une lettre de Napoléon qui contenait des propositions de paix; cette lettre était faussement datée de Moscou, car Napoléon se trouvait alors un peu en avant des troupes russes, sur la vieille route de Kalouga. Koutouzow répondit à cette lettre, comme à la première apportée par Lauriston, qu'il ne pouvait être question de paix.

Bientôt après on apprit, par un rapport de Dorokhow, qui était à la tête d'un corps de partisans, que les forces ennemies observées à Faminsk se composaient de la division Broussier, et que cette division, séparée du reste de l'armée, pouvait être facilement culbutée. Officiers et soldats demandaient à grands cris à sortir de l'inaction, et les généraux de l'état-major, excités par le souvenir de la facile victoire de Taroutino, insistaient auprès de Koutouzow pour qu'il accédât à la proposition de Dorokhow; mais, le commandant en chef continuant à refuser de prendre l'offensive, on se décida pour un terme moyen : on enverrait un petit détachement pour attaquer Broussier.

Par un étrange effet du hasard, cette mission de la plus grande importance, comme la suite le prouva, fut confiée à Dokhtourow, à qui son allure modeste avait fait, sans motifs plausibles, une réputation d'indécision et d'imprévoyance, et que personne n'a jamais songé à représenter, comme tant d'autres, composant des plans de bataille, s'élançant en avant de son régiment, et jetant à pleines mains des croix sur les batteries. C'était cependant ce même Dokhtourow que nous trouvons pendant toutes nos guerres avec les Français, depuis Austerlitz jusqu'à l'année 1815, à la tête des opérations les plus difficiles. C'était lui qui était resté le dernier à la chaussée d'Aughest, lors de la bataille d'Austerlitz, reformant les régiments, et sauvant tout ce qui pouvait être sauvé dans cette déroute, où pas un général n'était à l'arrière-garde. Malade de la fièvre, il allait ensuite avec vingt mille hommes défendre Smolensk contre toute l'armée de Napoléon. Arrivé là, à peine s'est-il endormi d'un sommeil agité, que la canonnade le réveilla, et Smolensk tint toute la journée. A la bataille de Borodino, lorsque Bagration est tué, que nos troupes du flanc gauche sont décimées dans la proportion de 9 à 1, que toute la force de l'artillerie française est dirigée de ce côté, c'est encore ce Dokhtourow « indécis et imprévoyant » que Koutouzow s'empresse d'envoyer pour réparer la faute qu'il avait commise en faisant d'abord un choix malheureux. Dokhtourow y va, et Borodino devient une de nos gloires les plus brillantes. Ce fut donc lui qu'on envoya à Fominsk, puis à Malo-Yaroslavetz, et c'est là, on peut le dire sans crainte d'être démenti, que commença la déroute des Français. On chante en vers et en prose bien des génies et bien des héros de cette période de la campagne, mais de Dokhtourow on dit à peine un mot et si l'on en parle, ce n'est que pour en faire un éloge équivoque.

Le 10 octobre, le jour même où Dokhtourow s'arrêtait à mi-chemin de Fominsk dans le village d'Aristow, et s'apprêtait à exécuter l'ordre de Koutouzow, l'armée française, atteignant dans ses mouvements désordonnés les positions de Murat, comme si elle avait l'intention de livrer bataille, tourna brusquement à gauche, sans raison apparente, sur la grand'route de Kalouga, et entra à Fominsk, occupé jusque-là par Broussier. Dokhtourow n'avait avec lui que le détachement de Dorokhow, et deux autres détachements moins importants, ceux de Figner et de Seslavine. Le 11 octobre au soir, ce dernier amena un soldat français de la garde qu'on venait de faire prisonnier; le soldat assura que les troupes établies à Fominsk composaient l'arrière-garde de l'armée, qu'elle avait quitté Moscou cinq jours auparavant, et que Napoléon était avec elle. Les cosaques du détachement, qui avaient aperçu les régiments français de la garde sur la route de Horovsk, confirmèrent cette déposition. Il devenait dès lors évident qu'au lieu d'une division, on avait devant soi toute l'armée ennemie sortie de Moscou et marchant dans une direction imprévue. Dokhtourow, qui avait reçu ordre d'attaquer Fominsk, hésitait à entreprendre quoi que ce soit, ne se faisant plus une idée bien nette de ce qu'il avait à faire, en face de cette nouvelle complication. Bien que Yermolow l'engageât à prendre une décision, il insista sur la nécessité de recevoir de nouveaux ordres du commandant en chef. A cet effet on envoya un rapport à l'état-major, et ce rapport fut confié à Bolhovitinow, officier intelligent, qui devait y ajouter des explications verbales, et qui, après avoir reçu le paquet et les instructions, partit pour le quartier général, accompagné d'un cosaque et de deux chevaux de rechange.

XVI

Cette nuit d'automne était sombre et chaude. Après avoir fait trente verstes, en une heure et demie, sur une route boueuse et défoncée par la pluie des quatre derniers jours, Bolhovitinow arriva à Létachevka, à deux heures de la nuit, descendit de cheval devant une isba entourée d'une haie sèche de branches tressées, sur laquelle était une pancarte portant les mots de « Quartier général ». Jetant à son cosaque la bride de son cheval, il entra dans l'antichambre, où régnait la plus profonde obscurité.

« Le général de service ?... Très important ! dit-il en s'adressant à une ombre qui se leva en sursaut à ces mots.

— Il est très malade depuis hier ; voilà trois nuits qu'il ne dort pas, répondit la voix endormie d'un domestique militaire.

— Eh bien, allez alors réveiller le capitaine... Je vous dis que c'est très urgent, c'est de la part du général Dokhtourow, reprit l'envoyé en suivant à tâtons, par la porte entr'ouverte, le domestique qui allait, de son côté, éveiller le capitaine.

— Votre Noblesse, Votre Noblesse, un « coulier » !

— Quoi ? Qu'est-ce ? De qui ? s'écria le capitaine.

— De la part de Dokhtourow. Napoléon est à Fominsk ! dit Bolhovitinow en devinant à la voix que ce n'était pas Konovnitzine.

Le capitaine bâillait et s'étirait.

« Je n'ai pas bien envie, je vous avoue, de le réveiller dit-il : il est assez malade, et ce ne sont peut-être que des bruits.

— Voilà le rapport, reprit le premier : j'ai ordre de le remettre à l'instant même au général de service.

— Attendez un peu que j'aie de la lumière. Où diable te fourres-tu donc toujours ? » ajouta-t-il en s'adressant au domestique. Celui qui parlait était Scherbinine, aide de camp du général Konovnitzine. « J'ai trouvé, j'ai trouvé ! » poursuivit-il en rencontrant sous sa main le chandelier.

A la lueur de la chandelle que Scherbinine venait d'allumer, Bolhovitinow le reconnut et aperçut, dans l'angle opposé de la chambre, un autre dormeur, qui était le général.

« Qui a donné ce renseignement ? demanda le capitaine en prenant le pli.

— La nouvelle est sûre, répondit l'autre. Les prisonniers, les cosaques et les espions disent tous la même chose.

— Il faudra donc le réveiller, » se dit Scherbinine en s'approchant de l'homme endormi, qui était coiffé d'un bonnet de coton et enveloppé d'un manteau militaire.

« Piotre Pétrovitch ! dit-il tout bas, mais Konovnitzine

bougea pas... — Au quartier général ! » dit-il plus haut et en souriant, sachant que ces mots seraient d'un effet magique.

En effet, la tête coiffée du bonnet de coton se souleva aussitôt, et sur la belle et grave physionomie du général, dont les joues étaient empourprées par la fièvre, passa, comme un éclair, l'impression de son dernier rêve, bien éloigné sans doute de l'actualité ; soudain il tressaillit et reprit son air habituel.

« Qu'est-ce ? De qui ? » demanda-t-il sans se presser.

Après avoir écouté le rapport de l'officier, il décacheta le pli et le lut. Ceci fait, il posa à terre ses pieds chaussés de bas de laine, chercha ses bottes, ôta son bonnet, passa un peigne dans ses favoris, et mit sa casquette.

« Combien de temps as-tu mis à venir ? Allons chez Son Altesse. »

Konovnitzine avait tout de suite compris que la nouvelle avait une grande importance, et qu'il n'y avait pas de temps à perdre. Etait-ce un bien ? Etait-ce un mal ? Il ne se le demandait même pas. Du reste peu lui importait : il n'employait ni sa raison ni son intelligence à juger la guerre, il trouvait cela complètement inutile. Seulement il était profondément convaincu qu'elle aurait une issue favorable, et que, pour en arriver là, il n'y avait qu'à faire strictement son devoir, et il s'en acquittait sans trêve ni merci.

Konovnitzine, aussi bien que Dokhtourow, semble n'avoir été ajouté que par pure convenance à la liste des héros de 1812, Barclay, Raïevsky, Yermolow, Miloradovitch, Platow, etc. Sa réputation était celle d'un homme de fort peu de capacités et de connaissances ; à l'exemple de Dokhtourow, il n'avait jamais fait de plan de campagne ; mais, comme lui aussi, il se trouvait toujours mêlé aux situations les plus graves. Depuis qu'il remplissait les fonctions de général de service, il dormait les portes ouvertes, et se faisait réveiller à l'arrivée de chaque courrier. Le premier au feu pendant la bataille, Koutouzow lui reprochait même de s'exposer inutilement, et redoutait de l'envoyer trop en avant : bref, ainsi que Dokhtourow, il était une de ces chevilles ouvrières qui, sans bruit et sans éclat, constituent le côté essentiel du mécanisme d'une machine.

En sortant de l'isba par cette nuit sombre et humide, Konovnitzine fronça le sourcil, en partie à cause de son mal de tête qui augmentait, en partie dans la prévision de l'effet que cette nouvelle allait produire sur les gros bonnets de l'état-major, sur Bennigsen surtout, qui, depuis l'affaire de Taroutino, était à couteaux tirés avec le commandant en chef. Il sentait que c'était inévitable, et ne pouvait s'empêcher de prendre à cœur les discussions qu'elle devait forcément soulever. Toll, chez qui il entra en passant pour lui faire part de l'événement, s'empressa aussitôt d'exposer longuement ses combinaisons au général qui logeait avec lui, et Konovnitzine, silencieux et fatigué, dut lui rappeler qu'il était temps d'aller chez Son Altesse.

XVII

Koutouzow, comme tous les vieillards, dormait peu, et sommeillait souvent dans la journée. Pour la nuit, il s'étendait sur son lit sans se déshabiller, et la passait presque tout entière à réfléchir, sa grosse tête balafrée appuyée sur sa main, et son œil unique plongeant dans l'obscurité.

Depuis que Bennigsen, le personnage le plus puissant de l'état-major, en correspondance directe avec l'Empereur, évitait Koutouzow, celui-ci se sentait plus à l'aise, en ce sens que, de cette façon, il ne serait plus incessamment sollicité d'attaquer l'ennemi mal à propos. Ils doivent comprendre, se disait-il en pensant à l'enseignement qui ressortait de la bataille de Taroutino, que nous avons tout à perdre en prenant l'offensive. Le temps et la patience, voilà mes deux alliés ! Il était sûr que le fruit tomberait de lui-même lorsqu'il serait mûr ; il était sûr, en chasseur expérimenté, que l'animal était grièvement blessé par le concours de toutes les forces de la Russie, mais l'était-il mortellement ? La question n'était pas encore résolue. Les rapports qu'il recevait de tous côtés le lui donnaient à penser, mais il attendait des preuves irrécusables. « Ils me proposent des manœuvres, des attaques. Pourquoi ? Pour se distinguer !... On dirait vraiment que se battre est une chose si réjouissante !... De véritables enfants ! »

Le rapport de Dorokhow à propos de la division Broussier, les nouvelles des partisans, les misères par lesquelles passait l'armée française, les bruits qu'on faisait courir sur son départ de Moscou, tout le confirmait dans l'idée qu'elle était vaincue, et qu'elle se préparait à battre en retraite. Ce n'étaient, il est vrai, que des suppositions, fort plausibles peut-être aux yeux les jeunes gens, mais pas à ceux de Koutouzow. Avec sa vieille expérience, il savait quel cas il fallait faire des on-dit, il savait également combien les hommes sont enclins à tirer des déductions conformes à leurs désirs, et à ne tenir aucun compte de tout ce qui peut les contrecarrer. Plus Koutouzow désirait une solution, moins il se permettait de la croire prochaine. C'était sa seule préoccupation, le reste n'était que l'accessoire, comme l'accomplissement des exigences habituelles de sa vie, dans lesquelles entraient ses conversations avec son état-major, sa correspondance avec Mme de Staël et ses amis de Pétersbourg, la lecture des romans et la distribution des récompenses. Mais la défaite imminente des Français, que seul il avait prévue, était son unique et son plus ardent désir.

Il était absorbé dans ces réflexions, lorsqu'il entendit du bruit dans la chambre voisine : c'étaient Toll, Konovnitzine et Bolhovitinow qui venaient d'y entrer.

« Eh ! qui est là ? Entrez, entrez ! Quoi de nouveau ? » s'écria le maréchal.

Pendant que le domestique allumait une bougie, Toll lui fit part de la nouvelle.

« Qui l'a apportée ? demanda-t-il d'un air froidement sévère, dont ce dernier fut frappé.

— Il ne peut y avoir de doute, Altesse.

— Qu'on le fasse venir ! »

Koutouzow, un pied à terre, s'était à moitié renversé sur son lit, en s'appuyant de tout son poids sur l'autre jambe. Son œil à demi fermé, fixé sur Bolhovitinow, cherchait à découvrir sur sa physionomie ce qu'il désirait tant y lire.

« Dis, dis vite, mon ami, murmura-t-il à voix basse, en ramenant sur sa poitrine sa chemise entr'ouverte... Approche-toi. Quelles sont donc les bonnes petites nouvelles que tu m'apportes ? Napoléon aurait-il quitté Moscou ? Est-ce bien vrai ? »

L'officier commença par lui transmettre ce qui lui avait été confié verbalement.

« Dépêche-toi, ne me fais pas languir, » interrompit Koutouzow.

L'envoyé acheva son récit et se tut en attendant des ordres. Toll fit un mouvement pour parler, mais Koutouzow l'arrêta d'un geste, et essaya de dire quelques mots ; sa figure se contracta, et il se retourna du côté opposé, vers l'angle de l'isba où étaient les images.

« Seigneur Dieu, mon Créateur ! Tu as exaucé ma prière..., dit-il d'une voix tremblante en joignant les mains. La Russie est sauvée ! » et il fondit en larmes.

XVIII

A dater de ce moment et jusqu'à la fin de la campagne, Koutouzow employa tous les moyens en son pouvoir pour empêcher, soit par autorité, soit par ruse, soit même par les prières, ses troupes de prendre l'offensive et de s'épuiser en rencontres stériles avec un ennemi dont la perte était désormais assurée. En vain Dokhtourow marche sur Malo-Yaroslavetz, Koutouzow retarde autant que possible sa retraite, ordonne l'évacuation complète de la ville de Kalouga et se replie de partout, tandis que l'ennemi fuit en sens inverse.

Les historiens de Napoléon, en nous décrivant ses habiles manœuvres à Taroutino et à Malo-Yaroslavetz, font toutes sortes de suppositions sur ce qui serait arrivé s'il avait pénétré dans les riches gouvernements du Midi. Ils oublient que non seulement rien n'a empêché Napoléon de se diriger de ce côté, mais que, par cette manœuvre, il n'aurait pas davantage sauvé son armée, qui portait en elle les éléments infaillibles de sa perte. Ces germes latents de dissolution ne lui eussent pas plus permis de réparer ses forces dans le gouvernement de Kalouga, dont la population était animée des mêmes sentiments que celle de Moscou, que dans cette dernière ville, où il n'avait pu se maintenir, malgré l'abondance des vivres, que ses soldats foulaient aux pieds. Les hommes de cette armée débandée s'enfuyaient avec leurs chefs, tous poussés par le seul désir de sortir au plus vite de cette situation sans issue, dont ils se rendaient confusément compte.

Aussi, au conseil tenu pour la forme par Napoléon à Malo-Yaroslavetz, le général Mouton, en conseillant de partir en toute hâte, ne trouva-t-il pas un seul contradicteur, et personne, pas même Napoléon, ne chercha à combattre cette opinion. Cependant, s'ils comprenaient tous l'impérieuse nécessité de battre au plus tôt en retraite pour vaincre un certain sentiment de respect humain, il fallait encore qu'une certaine pression extérieure rendît ce mouvement absolument indiscutable.

Cette pression ne se fit pas longtemps attendre. Le lendemain même de la réunion, Napoléon étant allé de grand matin, avec plusieurs maréchaux et son escorte habituelle, inspecter ses troupes, fut entouré par des cosaques en maraude, et ne fut sauvé que grâce à ce même amour du butin qui avait déjà perdu les Français à Moscou. Les cosaques, entraînés par le besoin du pillage comme à Taroutino, ne firent aucune attention à Napoléon, qui eut le temps de leur échapper. Lorsque la nouvelle se répandit que « les enfants du Don » auraient pu faire prisonnier l'Empereur au milieu de son armée, il devint évident qu'il ne restait plus qu'à reprendre la route la plus voisine et la plus connue. Napoléon, qui avait perdu de sa hardiesse et de sa vigueur, comprit la portée de cet incident, se rangea à l'avis de Mouton et ordonna la retraite. Son acquiescement et la marche de ses troupes en arrière ne prouvent en aucune façon qu'il ait ordonné de lui-même ce mouvement : il subissait l'influence des forces occultes qui agissaient dans ce sens sur toute l'armée.

XIX

A l'entrée des Français en Russie, Moscou était pour eux la terre promise : à leur sortie, la terre promise, c'était la patrie ! Mais la patrie était bien éloignée, et l'homme qui a devant lui mille verstes à faire avant d'arriver à sa destination se dit le plus souvent qu'il en fera quarante dans sa journée et se reposera le soir ; le repos du soir dérobe à sa vue la distance qui le sépare encore du but où tendent toutes ses espérances et tous ses désirs. Smolensk fut le premier point qui attira les Français sur le chemin qu'ils avaient déjà suivi ; sans doute ils ne se flattaient pas d'y trouver des vivres et des troupes fraîches, mais l'espoir d'y faire halte un moment leur donnait seul la force de marcher et de supporter leurs misères. En dehors de la cause première de cette poussée générale, qui liait en un seul corps toutes ces troupes et leur imprimait une certaine énergie, il y en avait encore une autre, leur quantité. Cette masse énorme, d'après les lois mêmes de l'attraction, attirait à elles les atomes individuels. Chacun de ses soldats ne désirait qu'une chose, être fait prisonnier pour échapper aux souffrances qu'il endurait; mais, si tous profitaient de la moindre occasion pour déposer les armes, cette occasion ne se rencontrait pas fréquemment; la rapidité du mouvement et le nombre des troupes y mettaient obstacle, et le déchirement intérieur de ce corps ne pouvait accélérer que dans une certaine limite le progrès incessant de la dissolution.

Aucun des généraux russes, à l'exception de Koutouzow, ne l'avait compris, car les officiers supérieurs de l'armée brûlaient du désir de donner la chasse aux Français, de leur couper la retraite, de les écraser, tous demandaient à les attaquer. Koutouzow seul employait toutes ses forces, et les forces d'un commandant en chef sont souvent impuissantes dans un pareil moment, à contrecarrer ce désir; son entourage le calomniait et le déchirait à belles dents. A Viazma même, Yermolow, Miloradovitch, Platow et d'autres, se trouvant dans le voisinage des Français, ne purent se retenir de culbuter deux corps ennemis. En informant Koutouzow de leurs intentions, ils lui envoyèrent, au lieu d'un rapport, une feuille blanche; et l'attaque, qui, d'après eux, devait avoir pour effet de barrer la route à Napoléon, eut lieu, malgré tous les efforts du commandant en chef pour l'empêcher. Quelques régiments d'infanterie s'élancèrent en avant, musique en tête, tuèrent et perdirent quelques milliers d'hommes, mais quant à arrêter qui que ce soit, ils n'arrêtèrent personne. L'armée française serra les rangs, et poursuivit, en fondant peu à peu, sa route fatale vers Smolensk.

CHAPITRE V

I

Peu d'événements historiques sont aussi instructifs que la bataille de Borodino, l'occupation de Moscou par les Français et leur retraite sans nouveaux combats.

Tous les historiens s'accordent à dire que l'action extérieure des peuples et des empires se traduit, dans leurs collisions mutuelles, par les guerres, et que leur force politique diminue ou augmente en raison des succès militaires plus ou moins grands qu'ils ont obtenus.

Ils sont sans doute étranges les récits officiels qui nous montrent comment un roi ou un empereur, en querelle avec un voisin, rassemble son armée, se bat avec celle de son ennemi, remporte la victoire, massacre quelques milliers d'hommes et conquiert tout un royaume de plusieurs millions d'habitants. Sans doute on a peine à comprendre que la défaite d'une armée, c'est-à-dire de la centième partie des forces de tout un peuple, entraîne sa soumission, ces faits néanmoins confirment la justesse de l'observation des historiens. Que l'armée gagne une grande bataille, et aussitôt les droits du vainqueur s'augmentent au détriment du vaincu; que l'armée au contraire soit battue, et le peuple qu'elle a derrière elle perd ses droits dans la mesure de l'échec qu'elle a subi, et, si sa déroute est complète, se soumet complètement. Cela a toujours été ainsi (du moins selon l'histoire), depuis les temps les plus reculés jusqu'à nos jours, et les guerres de Napoléon confirment cette règle. A la suite de la défaite des troupes autrichiennes, l'Autriche perd ses droits, et ceux de la France s'accroissent d'autant ; la victoire d'Iéna et d'Auerstædt met fin à l'existence indépendante de la Prusse ; mais qu'en 1812 les Français entrent en vainqueurs dans Moscou, et, au lieu de porter un coup mortel à l'existence de la Russie, la destruction des six cent mille hommes de leur armée en est la conséquence.

Quoi qu'on en puisse dire, il n'est pas possible de plier les faits aux exigences de l'histoire, et de soutenir en conséquence que le champ de bataille de Borodino est resté aux Russes, et qu'après l'évacuation de Moscou l'armée française a été détruite par les combats qui lui ont été livrés ! Toute la campagne de 1812, à partir de la bataille de Borodino jusqu'à la sortie du dernier Français, prouve d'abord qu'une bataille gagnée n'a pas forcément pour résultat une conquête, et n'en est même pas un indice certain, et, en second lieu, que la force, qui décide du sort des peuples, ne réside pas dans les conquérants, dans les armées et dans les batailles, mais qu'elle a une tout autre origine.

En parlant de la situation de la grande armée, les historiens français nous assurent que tout y était dans l'ordre le plus parfait, excepté toutefois la cavalerie, l'artillerie et les trains de bagages ; ils ajoutent même que le fourrage manquait pour les chevaux et le bétail, et qu'on ne pouvait remédier à cet inconvénient, parce que les paysans des alentours brûlaient leur foin pour ne pas le vendre.

Il s'ensuit donc qu'une bataille gagnée n'eut pas ses conséquences accoutumées, parce que ces mêmes paysans qui vinrent à Moscou après le départ des Français pour piller la ville, et ne faisaient certainement pas preuve en cela de sentiments héroïques, aimèrent mieux brûler leur foin que d'en fournir à l'envahisseur, malgré le prix élevé qu'il leur en offrait !

Représentons-nous pour un moment deux hommes qui vont se battre à l'épée selon toutes les lois de l'escrime, et supposons que l'un d'eux, se sentant atteint mortellement, jette là son arme pour prendre une massue, et s'en serve pour sa défense. Bien qu'il ait trouvé là le moyen le plus simple d'en arriver à ses fins, les sentiments chevaleresques dont il est animé l'obligent à dissimuler cette dérogation aux coutumes établies et à soutenir qu'il s'est battu et a vaincu selon toutes les règles... et l'on comprendra dès lors combien il peut se produire de confusion dans le récit d'un semblable duel. Le Français c'est le duelliste qui exige que la lutte ait lieu d'une manière courloise. L'adversaire qui jette là l'épée pour ramasser la massue, c'est le Russe, et les hommes qui se travaillent à expliquer le duel selon tous les principes, ce sont les historiens.

A dater de Smolensk commença une guerre à laquelle ne pouvait s'appliquer aucune des traditions reçues. L'incendie des villes et des villages, la retraite après les batailles, le coup de massue de Borodino, la chasse aux maraudeurs, la guerre de partisans, tout se faisait en dehors des lois habituelles. Napoléon, arrêté à Moscou dans la pose correcte d'un duelliste, le sentait mieux que personne; aussi ne cessa-t-il de s'en plaindre à Koutouzow et à l'Empereur Alexandre; mais, malgré ses réclamations, et malgré la honte qu'éprouvaient peut-être certains hauts personnages à voir le pays se battre de cette façon, la massue nationale se leva menaçante, et, sans s'inquiéter du bon goût et des règles, frappa et écrasa les Français jusqu'au moment où, de sa force brutale et grandiose, elle eut complètement anéanti l'invasion! Heureux le peuple qui, au lieu de présenter son épée par la poignée à son généreux vainqueur, prend en main la première massue venue, sans s'inquiéter de ce que feraient les autres en pareille circonstance, et ne la dépose que lorsque la colère et la vengeance ont fait place dans son cœur au mépris et à la compassion!

II

Une des exceptions les plus frappantes et les plus fécondes en résultats aux prétendues lois de la guerre est sans contredit l'action isolée des individus contre les masses compactes d'ennemis qui tiennent la campagne. Ce genre d'opérations se produit toujours dans une guerre nationale, c'est-à-dire qu'au lieu de se réunir en nombre, les hommes se divisent par petits détachements, attaquent à l'improviste et se débandent dès qu'ils sont assaillis par des forces considérables, pour reprendre ensuite l'offensive à la première occasion favorable. Ainsi ont fait les guérillas en Espagne, les montagnards au Caucase, les Russes en 1812. En lui donnant le nom de « guerre de partisans », on s'est imaginé en préciser la signification, tandis qu'en réalité ce n'est pas « une guerre » proprement dite, puisqu'elle est en opposition avec toutes les règles habituelles de la tactique militaire, qui prescrivent au contraire à l'agresseur de concentrer ses troupes, afin de se trouver, au moment de l'attaque, plus fort que son adversaire. La guerre de partisans, toujours heureuse, comme le démontre l'histoire, est en contradiction flagrante avec ce principe, et cette contradiction provient de ce que, pour les stratégistes, la force des troupes est identique à leur nombre. Plus il y a de troupes, plus il y a de forces, dit la science, donc les gros bataillons ont toujours raison. En soutenant cette proposition, la science militaire est semblable à une théorie de la mécanique, qui, en ne se fondant que sur le rapport des forces avec les masses, subordonnerait directement les premières aux secondes.

La force (la quantité de mouvement) est le produit de la masse multipliée par la vitesse.

Dans la guerre, la force des troupes est également le produit de la masse, mais multipliée par un x inconnu.

La science militaire, trouvant dans l'histoire une foule d'exemples où l'on voit que le nombre des troupes ne constitue pas toujours leur force effective, et que les petits détachements mettent parfois les grands en déroute, admet confusément l'existence d'un multiplicateur inconnu, et cherche à le découvrir tantôt dans l'habileté mathématique des dispositions prises, tantôt dans le mode d'armement du soldat, ou, le plus souvent, dans le génie des généraux. Cependant les résultats attribués à la valeur de ce multiplicateur sont loin de s'accorder avec les faits historiques, et, pour dégager cet x inconnu, il suffirait de renoncer, une fois pour toutes, à faire la cour aux héros, en exaltant outre mesure l'efficacité des dispositions prises en temps de guerre par les commandants supérieurs.

x, c'est l'esprit des troupes, c'est-à-dire le désir plus ou moins vif de se battre, de s'exposer aux dangers, sans tenir compte du génie des commandants en chef, de la formation sur deux ou sur trois lignes, et de la quantité de massues, ou de fusils tirant trente coups par minute, dont les hommes seraient armés. Ceux chez qui le désir de se battre est le plus vif seront toujours placés dans les meilleures conditions pour une lutte. L'esprit des troupes, c'est le multiplicateur de la masse, donnant comme produit la force. Le définir et en préciser la valeur, c'est le problème de la science, et il sera possible de le résoudre exactement le jour seulement où nous cesserons de substituer arbitrairement à cette « inconnue » les dispositions prises par le commandant en chef, l'armement du soldat, etc.; alors seulement, en exprimant par équations certains faits historiques, et en les comparant à la valeur relative, on peut espérer déterminer « l'inconnue » elle-même.

Dix hommes, dix bataillons ou dix divisions se battant contre quinze hommes, quinze bataillons ou quinze divisions, ont le dessus, c'est-à-dire qu'ils ont tué et fait prisonniers le reste sans exception, en perdant 4 de leur côté, donc $4x = 15y$, soit $x:y :: 15:4$. L'équation ne donne pas la valeur de l'« inconnue », mais indique le rapport entre les deux « inconnues », c'est-à-dire entre l'esprit de corps (x et y) qui animait chacun des belligérants. En appliquant ainsi le système des équations aux différents faits historiques (batailles, campagnes, durée des guerres), il en résulte une série de nombres, qui renferment assurément et peuvent fournir au besoin de nouvelles lois.

La règle de tactique qui prescrit d'agir par masses à l'attaque, et par fractions à la retraite prouve une fois de plus, sans le savoir, que la force d'une armée gît dans l'esprit qui l'anime. Pour conduire ses hommes au feu, il faut plus de discipline (et elle ne s'obtient que sur des masses mises en mouvement) que pour se défendre contre les assaillants. Aussi la loi qui ne tient pas compte de « l'esprit des troupes » n'aboutit-elle, le plus souvent, qu'à des appréciations mensongères partout où une violente exaltation ou un grand affaissement viennent à se produire dans « l'esprit des troupes », comme, par exemple, dans les guerres nationales.

Les Français, au lieu de se défendre isolément pendant leur retraite, se serrent en masses, car, l'esprit de l'armée étant à bas, la force seule de la masse pouvait contenir les unités. Les Russes au contraire, qui, selon ces lois de la tactique, auraient dû attaquer par masses, se divisent, parce que l'esprit des troupes est surexcité, et l'on voit des individus isolés battre les Français sans en attendre l'ordre, et s'exposer, sans y être contraints, aux fatigues et aux dangers les plus grands.

Cette guerre de partisans commença à l'entrée de l'ennemi à Smolensk, avant même d'avoir été officiellement acceptée par notre gouvernement; des milliers d'hommes de l'armée ennemie, des traînards, des maraudeurs, des fourrageurs, avaient été tués par nos cosaques et par nos paysans, avec aussi peu de remords que s'il se fût agi de chiens enragés. Denis Davidow fut le premier à comprendre, avec son flair patriotique, la tâche qui était réservée à cette terrible massue, qui, sans s'inquiéter des règles militaires, frappait les Français sans merci, et à lui revient tout l'honneur de ce mode de guerre. Le 24 du mois d'août, le premier détachement de partisans de Davidow fut organisé, et beaucoup d'autres suivirent son exemple. Plus la campagne se prolongeait, plus il s'en formait.

Les partisans détruisaient en détail la grande armée, et balayaient devant eux ces feuilles mortes qui se détachaient elles-mêmes de l'arbre desséché. Au mois d'octobre, lorsque les Français couraient vers Smolensk, on comptait déjà une centaine de ces détachements, de forces numériques et d'allures différentes. Les uns avaient conservé toute l'apparence des troupes régulières, avec de l'infanterie, de l'artillerie et tout le confort habituel de la vie. D'autres ne se composaient que de cosaques et de cavalerie; d'autres encore étaient un mélange de cavalerie et d'infanterie, et enfin quelques-uns étaient formés uniquement de paysans et de propriétaires, qui restèrent inconnus. On citait un sacristain qui, à la tête d'un de ces derniers, avait fait quelques centaines de prisonniers, et une certaine starostine Vassillissa qui en avait aussi beaucoup sur la conscience. Cette guerre prit tout son développement à la fin du mois d'octobre, et les partisans, étonnés de leur propre audace et s'attendant à tout instant à être entourés et pris par l'ennemi, se cachaient dans les forêts et ne desselaient jamais leurs chevaux. La guerre une fois en train, chacun savait ce qu'il pouvait entreprendre. Les petits détachements qui, les premiers, commencèrent à suivre de près les Français, trouvaient faisable ce que les chefs de corps plus nombreux n'auraient pas osé prendre sur eux de risquer. Quant aux cosaques et aux paysans qui parvenaient à se faufiler jusqu'au milieu des troupes ennemies, ils croyaient tout possible.

Le 23 octobre, Denissow, tout entier à sa passion pour la guerre de partisans, se trouvait en marche avec son détachement. Il suivait depuis la veille, sans s'éloigner de la forêt qui longeait la grand'route, un convoi considérable de bagages de cavalerie et de prisonniers russes se dirigeant sous bonne escorte vers Smolensk, comme le lui avaient rapporté les espions. En dehors de Denissow, qui avait aussi sa compagnie à peu de distance, le passage de ce convoi était également connu des chefs des grands détachements et de l'état-major. Deux d'entre eux, un Polonais et un Allemand, envoyèrent demander à Denissow, chacun de son côté, s'il ne voulait pas se réunir à eux pour tâcher de mettre la main sur ce butin que tous convoitaient : « Non, mon ami, j'ai moi-même bec et ongles, » se dit Denissow en lisant leurs lettres, et il répondit à l'Allemand que, malgré tout désir de servir sous les ordres d'un chef aussi célèbre et aussi brave, il se voyait privé de cet honneur, parce qu'il s'était déjà engagé à se réunir au général polonais ; et à ce dernier, qu'il avait promis son concours au général allemand. Denissow était donc décidé à s'emparer du convoi avec l'aide de Dologhow, sans faire son rapport aux autorités supérieures. Ce convoi se dirigeait, le 22 octobre, du village de Mikouline sur celui de Schamschew; du côté gauche, une profonde forêt s'avançait parfois jusqu'au bord de la route, ou s'en éloignait à la distance d'une gerote. C'était dans cette forêt que Denissow et les siens s'enfonçaient, pour en sortir tour à tour, sans perdre de vue le mouvement des Français. Des cosaques avaient eu la bonne chance de s'emparer dans la matinée de deux fourgons ennemis, chargés de selles et de harnais, qui s'étaient embourbés. Après cette capture, ils ne renouvelèrent plus leur attaque, car il était plus sage de laisser arriver le tout jusqu'au village de Schamschew, et là, après s'être joints à Dologhow, qui devait arriver le soir même dans un bois avoisinant pour s'entendre avec eux, de tomber au point du jour de deux côtés à la fois sur les Français, de les battre et d'enlever tout le convoi. Six cosaques furent laissés en vedette sur la grand'route, afin de donner l'alarme en cas d'apparition de nouvelles colonnes. Denissow était à la tête de 200 hommes, Dologhow pouvait en avoir autant sous ses ordres, et l'on avait lieu de croire qu'il y en avait 1500 avec le transport, mais cette supériorité de force numérique n'effrayait pas Denissow. Un seul renseignement lui était indispensable : savoir quelles étaient ces troupes? Il fallait à cet effet « prendre langue », c'est-à-dire s'emparer d'un des hommes de la colonne ennemie. Ils étaient tombés, dans la matinée, tellement à l'improviste sur les deux fourgons, que les soldats qui les conduisaient avaient été tous tués, et l'on n'avait emmené vivant qu'un petit tambour qui était resté parmi les traînards, et qui n'avait pu les renseigner sur la nature des troupes de l'escorte. Une seconde attaque aurait été imprudente, aussi Denissow préféra-t-il envoyer jusqu'à Schamschew le paysan Tikhone Stcherbatow, pour faire prisonnier, s'il était possible, un des fourriers envoyés en avant.

III

C'était un jour d'automne, doux et pluvieux ; le ciel et l'horizon se confondaient en une seule et même teinte d'un gris terne. Tantôt il bruinait, tantôt il tombait quelques grosses gouttes.

Monté sur un cheval de race, maigre et efflanqué, enveloppé d'une bourka, coiffé d'une papakha [1], ruisselant d'eau, Denissow, à l'exemple de son cheval qui baissait la tête en dressant les oreilles, inclinait la sienne pour se garantir de la pluie qui tombait obliquement, et regardait devant lui avec inquiétude. Une forte préoccupation se lisait sur sa figure amaigrie, couverte d'une barbe noire courte et épaisse. Il était suivi d'un sous-officier cosaque, également en bourka et en bonnet fourré, monté sur un bon petit cheval du Don, et d'un second cosaque, nommé Lovaïski, habillé comme les deux autres, droit comme un piquet, blond, avec de petits yeux clairs et une expression de fermeté calme empreinte sur le visage et dans tout son maintien. Bien qu'on n'eût pu dire ce qu'il y avait de particulier dans sa physionomie, on voyait tout d'abord que, tandis que Denissow était mal à l'aise sur sa selle, celui-ci, au contraire, semblait rivé sur la sienne comme s'il ne faisait qu'un avec sa monture. En avant d'eux marchait leur guide, un paysan, mouillé jusqu'à la moelle des os, vêtu d'un caftan gris, coiffé d'un bonnet pointu en laine blanche, et, un peu en arrière, sur un cheval kirghiz maigre et nerveux, à la queue et à la crinière bien fournies, à la bouche ensanglantée, un jeune officier en capote française de couleur gros-bleu ; à côté de lui, un hussard, également à cheval, avait pris en croupe le petit tambour en uniforme déchiré et en bonnet de police bleu, qui se cramponnait au soldat de ses mains rougies par le froid, et regardait autour de lui d'un air étonné, en battant de ses pieds nus les flancs du cheval. Trois ou quatre hussards suivaient, à la file l'un de l'autre, le long de l'étroit sentier de la forêt ; puis venaient les cosaques, qui en bourka, qui en capote française, qui la tête couverte d'une housse de cavalerie. Sous la pluie qui tombait à torrents, on ne distinguait plus la couleur

---

1. Bonnet fourré en peau de mouton.

les chevaux ; les bais et les bruns semblaient également noirs, leurs cous s'étaient étrangement amincis sous leurs crinières mouillées, et une épaisse buée s'échappait de leur croupe et de leur encolure. Les cavaliers, leurs selles, leurs brides, tout ruisselait d'eau, et avait pris l'apparence triste et flétrie de la terre et des feuilles mortes dont elle était couverte. Les hommes se tenaient immobiles, les bras serrés contre le corps, pour empêcher, autant que possible, un nouveau courant de s'infiltrer sous leurs vêtements ; au milieu d'eux, deux fourgons, attelés de chevaux français portant des selles cosaques, tressautaient sur les branches sèches et les racines, et clapotaient dans l'eau des ornières. Le cheval de Denissow se porta de côté pour éviter une mare, et Denissow se heurta le genou contre un arbre.

« Eh, que diable ! » s'écria Denissow en colère... et, donnant à sa monture deux ou trois coups de fouet, il s'éclaboussa, lui et ses compagnons. Mouillé, affamé, et surtout impatienté de n'avoir pas de nouvelles de Dologhow, et de ne pas voir revenir celui qu'il avait envoyé en avant : « Il ne se représentera jamais une occasion pareille, se disait-il. Attaquer seul, serait trop risquer, et si je remets la partie à un autre jour, un des gros détachements m'enlèvera le convoi sous le nez... » Et il ne cessait de regarder au loin, dans l'espoir d'apercevoir enfin le messager de Dologhow.

Débouchant tout à coup dans une clairière d'où l'on avait une large échappée de vue sur la droite, Denissow s'arrêta :

« Voici quelqu'un ! » dit-il.

L'essaoul [1] regarda dans la direction indiquée :

« Ils sont deux, dit-il, un officier et un cosaque, et il n'est pas à supposer, poursuivit l'essaoul, qui aimait à employer des mots peu usités entre eux, que ce soit le lieutenant-colonel ? »

Les cavaliers qu'ils avaient aperçus descendirent la montagne, se dérobèrent un moment derrière un repli de terrain et ne tardèrent pas à reparaître. L'officier, les cheveux au vent, les vêtements transpercés, les pantalons remontés jusqu'à mi-jambe par la course qu'il venait de faire, talonnait son cheval fatigué. Un cosaque le suivait au trot, debout sur ses étriers. Cet officier était un tout jeune garçon, aux joues colorées et aux yeux vifs et brillants ; arrivé près de Denissow, il lui remit un pli tout mouillé.

1. Capitaine de cosaques. (*Note du trad.*)

« De la part du général, dit-il, excusez l'humidité du papier. On n'a fait que nous répéter que c'était si dangereux, ajouta-t-il en se tournant vers l'essaoul, pendant que Denissow, les sourcils froncés, décachetait l'enveloppe... Aussi avons-nous pris nos précautions avec l'ami Komarow, continua-t-il en indiquant son cosaque; nous avions chacun deux pistolets... Mais qu'est-ce donc? et il désigna le petit tambour... un prisonnier? Avez-vous déjà eu une affaire? Peut-on lui parler?

— Rostow! s'écria Denissow... Comment, Pétia, ne m'as-tu pas dit tout de suite que c'était toi?... » Et il lui tendit la main en souriant.

Tout le long de la route, Pétia Rostow s'était tracé la ligne de conduite que, d'après lui, il devait suivre à l'égard de Denissow, ainsi qu'il convenait à un homme fait, à un officier, sans faire la moindre allusion à leurs relations passées; mais, à cet accueil affectueux, sa figure s'illumina, il rougit de joie et, oubliant la tenue officielle qu'il s'était promis de garder, il lui raconta comment il avait passé devant les Français, combien il était fier de la mission qu'on venait de lui confier, et comment il avait déjà vu le feu à Viazma, où un hussard s'était distingué.

« Je suis enchanté de te voir, lui dit Denissow en reprenant son air soucieux.

— Michel Théoclititch, dit-il en s'adressant à l'essaoul, c'est encore l'Allemand, auquel ce jeune homme est attaché, qui me demande de nous joindre à lui;... aussi, si nous ne parvenons pas à enlever le transport aujourd'hui, il nous le soufflera demain... »

Pendant qu'il causait avec le cosaque, Pétia, tout penaud du ton distrait de Denissow, et supposant que ses pantalons relevés pouvaient bien en être cause, fit tous ses efforts pour les redescendre sans que personne s'en aperçût et pour se donner un air guerrier.

« Votre Haute Noblesse aurait-elle des ordres à me donner? dit-il en portant la main à la visière de sa casquette et en reprenant le rôle d'aide de camp du général, auquel il s'était préparé... Ou bien dois-je rester ici auprès de Votre Haute Noblesse?

— Des ordres?... répéta Denissow d'un air pensif, voyons, peux-tu rester ici jusqu'à demain?

— Ah! je vous en prie, gardez-moi, s'écria soudain Pétia.

— Mais que t'a dit le général ? De retourner à l'instant, sans doute ? » Pétia rougit :

« Il ne m'a rien dit... alors puis-je rester ?

— C'est bien, répliqua Denissow, et, se tournant vers ses hommes, il leur ordonna de se diriger par le bois vers la maison du garde, qui était l'étape indiquée, et envoya l'officier monté sur le cheval kirghiz, qui remplissait près de lui les fonctions d'aide de camp, demander à Dologhow s'il viendrait dans la soirée : pendant ce temps, suivi de Pétia et de l'essaoul, il irait jusqu'à la lisière du bois examiner de loin la position des Français, qu'il comptait attaquer le lendemain. « Eh bien, vieux barbu, fit-il en s'adressant au guide, mène-nous vers Schamschew. »

IV

La pluie avait cessé et le brouillard tombait goutte à goutte des branches alourdies. Denissow, l'essaoul et Petia suivaient en silence le paysan au bonnet blanc, qui marchait légèrement et sans bruit, les pieds dans ses chaussures de tille, sans s'inquiéter des feuilles et des racines qui lui barraient le chemin. Arrivé au bord du talus, le guide s'arrêta, regarda autour de lui et se dirigea vers un mince rideau d'arbres ; s'y plaçant sous un grand chêne, qui n'avait pas encore perdu son feuillage, il appela à lui ses compagnons, d'un signe mystérieux. Denissow et Petia le rejoignirent et aperçurent de là les Français. A gauche, derrière le bois, s'étendait un champ ; à droite, par-dessus un ravin aux bords escarpés, on apercevait un petit village et une maison de propriétaire avec son toit défoncé ; dans ce village, dans cette maison, autour des puits, de l'étang, le long de la route qui menait au pont, on entrevoyait, à travers les vapeurs du brouillard, les masses mouvantes d'une foule d'hommes ; on entendait distinctement les cris en langue étrangère qu'ils poussaient pour activer les pas des chevaux à la montée, et les appels qu'ils se jetaient entre eux.

« Amenez le prisonnier, » dit tout bas Denissow, sans quitter des yeux l'ennemi.

Le cosaque descendit de cheval, enleva le petit tambour et le conduisit à son chef, qui lui demanda quelles étaient les troupes qu'ils avaient devant eux. Le gamin, les mains raidies par le froid et enfoncées dans ses poches, leva sur Denissow ses yeux effrayés, et s'embrouilla si bel et si bien, que, quoiqu'il fût prêt à dire ce qu'il savait, il se borna à répondre affirmativement à toutes les questions. Denissow se tourna vers le cosaque, auquel il fit part de ses suppositions.

« Que Dologhow vienne ou ne vienne pas, il faut attaquer, lui dit-il.

— L'endroit est bien choisi, répondit l'essaoul.

— Nous enverrons l'infanterie par le bas, du côté des marais; elle se glissera jusqu'aux jardins; vous arriverez de l'autre côté avec mes hussards, et alors, à un signal donné...

— On ne peut pas traverser le ravin, dit l'essaoul, il y a là une fondrière, et les chevaux s'embourberont, il faut prendre plus à gauche. »

Pendant qu'ils se concertaient ainsi à mi-voix, on entendit tout à coup éclater le coup sec d'une arme à feu, et une légère fumée blanche s'éleva dans l'air, suivie des cris d'une centaine de voix françaises. Denissow et l'essaoul firent involontairement un pas en arrière, en pensant qu'ils servaient de point de mire; mais les coups de fusil et les cris ne s'adressaient pas à eux; quelque chose de rouge traversait le marais en courant.

« N'est-ce pas notre Tikhone qu'on a signalé? dit l'essaoul.

— Eh! sans doute c'est lui... Oh! le misérable! s'écria Denissow.

— Il leur échappera, » répondit le cosaque.

L'homme qu'ils appelaient Tikhone se trouvait alors au bord de la rivière; il s'y précipita la tête en avant avec une telle violence, que l'eau en rejaillit de tous côtés, et, y disparaissant pour une seconde, il en sortit tout ruisselant sur la rive opposée, et reprit sa course; les Français qui le poursuivaient s'arrêtèrent.

« Il est adroit, il n'y a pas à dire, s'écria le cosaque.

— Oh! l'animal! reprit Denissow de mauvaise humeur. Qu'a-t-il donc fait jusqu'à présent?

— Qui est-ce? demanda Pétia.

— C'est notre plastoune [1], je l'avais envoyé prendre langue.

— Ah oui! dit Pétia avec conviction, » quoiqu'il n'eût pas compris.

1. Tireur.

Ce Tikhone Stcherbatow, l'un des hommes les plus utiles de leur détachement, était un paysan du village de Pokrovski. Lorsque Denissow y arriva au commencement de ses opérations, et qu'il eut fait venir le staroste pour le questionner, comme il en avait l'habitude, sur les mouvements des Français, celui-ci répondit, à l'exemple de ses collègues, qu'il n'en savait pas le premier mot. Denissow, lui expliquant alors que son but était d'attaquer les Français et de savoir s'il n'en avait pas vu dans son village, le staroste se décida à répondre que les « *miraudeurs* » y étaient effectivement venus, et que Tikhone Stcherbatow, qui était le seul parmi eux à s'occuper de ces choses-là, pourrait le renseigner à ce sujet. Denissow l'envoya chercher, et lui adressa devant le staroste quelques paroles flatteuses sur sa fidélité au Tsar, au pays et sur la haine de l'ennemi qui devait animer tout enfant de la patrie.

« Nous n'avons fait aucun mal aux Français, répondit Tikhone, intimidé par les paroles de Denissow, nous nous sommes seulement, comme qui dirait, amusés entre nous : nous avons bien tué une vingtaine de « *miraudeurs* », mais, à part cela, nous ne leur avons fait aucun mal. »

Le lendemain, lorsque Denissow se remit en route, on vint le prévenir que Tikhone, qu'il avait complètement oublié, demandait à se joindre à leur détachement. Il y consentit, et Tikhone, qu'on chargea d'abord de toutes les corvées, telles que d'arranger les feux du bivouac, de porter l'eau, de panser les chevaux, etc., montra bientôt de grandes dispositions pour ce genre de guerre. La nuit, il s'en allait à la maraude et ne manquait jamais d'en revenir soit avec des armes, soit avec des uniformes, soit même avec des prisonniers, si on lui en donnait l'ordre. Denissow l'exempta alors de tous les gros ouvrages, le plaça parmi ses cosaques, et le prit avec lui dans ses excursions.

Tikhone n'aimait pas le cheval : il marchait toujours à pied et ne restait jamais en arrière de la cavalerie ; armé d'un mousqueton, il le portait plutôt pour la forme, mais il maniait sa hache comme un loup se sert de ses dents et croque avec une égale adresse les puces et les os. D'un seul coup il savait fendre en ligne droite les plus grosses poutres, et taillait tout aussi facilement de petits piquets et creusait des cuillers. Tikhone avait une situation à part parmi ses camarades. S'agissait-il en effet d'une besogne difficile — donner un coup d'épaule à une charrette embourbée, tirer par la queue un cheval enfoncé dans le marais, se glisser au milieu des Français ou faire cinquante verstes dans la journée — c'était toujours à lui qu'elle était dévolue. « Que diable, ça ne lui coûte rien, c'est une chair bien portante, » disaient ses camarades en riant. Un jour qu'il faisait prisonnier un Français, celui-ci l'atteignit au bas des reins d'un coup de pistolet. Cette blessure, traitée par Tikhone, à l'extérieur et à l'intérieur, seulement avec de l'eau-de-vie, fut dans tout le détachement le sujet d'interminables plaisanteries, auxquelles il se prêtait du reste volontiers. « Eh bien, l'ami, c'est fini, tu ne recommenceras plus, te voilà devenu crochu, » lui disaient les cosaques, et Tikhone, faisant mille grimaces et mille contorsions, prétendait être fâché cette fois pour tout de bon et injuriait les Français de la façon la plus comique. Le résultat immédiat de cet incident fut qu'il ne ramena plus de prisonniers. Personne mieux que lui ne savait découvrir les occasions favorables pour une attaque, personne plus que lui n'avait assommé et dépouillé d'ennemis, et par suite il était le favori des cosaques et des hussards. Tikhone avait donc été envoyé la nuit précédente à Schamschew pour « prendre langue », comme disait Denissow. Était-ce parce que la capture d'un seul Français lui paraissait indigne de lui, ou parce qu'il avait dormi trop longtemps? le fait est que, s'étant faufilé, quand le jour était venu, dans un taillis, il y avait été découvert par l'ennemi, ainsi que son chef avait pu le constater.

V

Après avoir causé quelques instants avec l'essaoul au sujet de l'attaque projetée pour le lendemain, Denissow retourna sur ses pas.

« Maintenant, mon ami, dit-il à Pétia, allons nous sécher. »

En approchant de la maison du garde, Denissow s'arrêta, et plongea son regard dans la forêt. Il vit venir à lui entre les arbres, marchant à grandes enjambées, un homme juché sur de longues jambes, les bras ballants, en jaquette courte, en chaussure de tille, en bonnet tatare, un fusil sur l'épaule et une hache à la ceinture; à sa vue, cet homme jeta avec précipitation quelque chose dans le fourré, et, ôtant son bonnet mouillé, s'approcha de lui : c'était Tikhone. Sa figure fortement grêlée et ridée, ses yeux bridés, rayonnaient de satisfaction : relevant la tête, il semblait retenir avec peine un éclat de rire.

« Où donc t'es-tu perdu? lui demanda Denissow.

— Où je me suis perdu? J'ai été chercher le Français, répondit-il hardiment d'une voix de basse un peu rauque.

— Et pourquoi as-tu rampé de jour dans le taillis, imbécile, tu ne l'auras pas attrapé?

— Pour l'attraper, je l'ai attrapé.

— Où est-il donc?

— Je l'avais d'abord attrapé comme cela, à l'œil, poursuivit-il en écartant ses grands pieds, et je l'ai mené dans le bois... Là je vois qu'il ne peut pas convenir, alors je me dis : il faut en prendre un autre qui fera mieux l'affaire.

— C'était donc cela! Ah! le coquin! dit Denissow en s'adressant à l'essaoul... Pourquoi donc ne l'as-tu pas amené?

— Pourquoi vous l'amener? s'écria Tikhone brusquement, il ne valait rien... Ne sais-je donc pas ce qu'il vous faut?

— Ah! l'animal!... Et après?

— Après?... je suis allé en chercher un autre... j'ai rampé tout le long du bois et je me suis couché comme cela... et il se jeta subitement à terre pour montrer comment il avait fait... Voilà qu'il s'en trouve un sur mon chemin, je saute sur lui et je l'empoigne, dit-il en se levant vivement, et je lui dis : « Allons, mon colonel!... » Mais voilà-t-il pas qu'il se met à hurler et que quatre hommes se jettent sur moi avec des petites épées; alors voilà que je brandis ma hache de cette façon et je leur dis : « Qu'est-ce que vous faites, au nom du Christ? »

— Oui, oui, nous avons bien vu de la montagne comme ils t'ont donné la chasse à travers le marais. »

Pétia avait grande envie de rire, mais, voyant les autres garder leur sérieux, il fit de même, sans parvenir toutefois à comprendre ce que tout cela signifiait.

« Ne fais pas l'imbécile, dit Denissow d'un air fâché : pourquoi n'as-tu pas amené le premier? »

Tikhone se gratta le dos d'une main, de l'autre la tête, et sa bouche, se fendant en un sourire béatement idiot, laissa voir entre ses dents la brèche qui lui avait valu son nom. Denissow sourit, et Pétia put enfin s'en donner à cœur joie.

« Mais quoi? Je vous ai déjà dit qu'il ne valait rien, il était mal habillé, et grossier par-dessus le marché! Comment, qu'il me dit, je suis moi-même fils de « ganaral », et je n'irai pas!

— Brute! dit Denissow, j'avais besoin de le questionner.

— Je l'ai questionné, moi, reprit Tikhone, mais il m'a dit ne pas savoir grand'chose, et puis, qu'il dit, les nôtres sont nombreux mais mauvais... Poussez un cri et vous les aurez tous, termina Tikhone en fixant ses yeux d'un air déterminé sur Denissow.

— Je t'en ferai servir une centaine de tout chauds [1], reprit Denissow, pour t'apprendre à jouer l'imbécile.

— Pourquoi se fâcher? reprit Tikhone; on dirait que je ne connais pas vos Français... Qu'il fasse seulement un peu sombre, et je vous en amènerai jusqu'à trois si vous voulez.

— Eh bien, allons! » s'écria Denissow brusquement, et il conserva sa mauvaise humeur jusqu'à la maison du garde.

Tikhone suivit au dernier rang, et Pétia entendit les cosaques rire et se moquer de lui, à propos de certaines bottes qu'il avait jetées dans le fourré. Il comprit aussitôt que Tikhone avait tué l'homme dont il parlait et il en éprouva un sentiment pénible; involontairement il regarda le petit tambour, et quelque chose lui serra le cœur; mais cette faiblesse ne dura qu'un instant, il la maîtrisa, releva la tête et questionna l'essaoul, d'un air important, sur l'expédition du lendemain, afin de se maintenir à la hauteur de la société dont il faisait partie.

L'officier envoyé par Denissow lui apporta, chemin faisant, la nouvelle que Dologhow arrivait en personne, et que, de son côté, tout allait à souhait. Denissow, ravi, redevint gai comme devant et, appelant à lui Petia:

« Eh bien! lui dit-il, raconte-moi un peu ce que tu as fait de bon. »

VI

Pétia, en quittant Moscou et ses parents, avait rejoint son régiment, et avait été attaché peu après, comme officier d'ordonnance, au chef d'un détachement considérable. Depuis qu'il avait été promu à ce grade, et surtout depuis son entrée dans l'armée active, où il avait pris part à la bataille de Viazma, il

---

1. Cent coups de bâton.

était sous l'influence d'une joyeuse surexcitation, à la pensée d'être devenu un homme fait, et il craignait de laisser échapper la moindre occasion de se couvrir de gloire. Heureux de tout ce qu'il avait vu et éprouvé à l'armée, il lui semblait toujours que les hauts faits ne s'accomplissaient que là où il n'était pas. Aussi supplia-t-il instamment son général, qui cherchait quelqu'un à envoyer à Denissow, de lui confier son message; celui-ci y consentit, mais, se rappelant l'action insensée de Pétia à la bataille de Viazma, où, au lieu de suivre la route, il avait galopé jusqu'à la ligne des tirailleurs sous le feu des Français et tiré deux coups de pistolet, il lui défendit de prendre part aux opérations de Denissow. C'était là la raison de son embarras, quand ce dernier lui avait demandé s'il pouvait rester auprès de lui; jusqu'à la lisière du bois, Pétia s'était dit qu'il remplirait strictement son devoir et s'en retournerait aussitôt; mais, à la vue des Français et après le récit de Tikhone, il décida, avec ce brusque changement de front habituel aux très jeunes gens, que son général, qu'il avait profondément respecté jusqu'à ce moment, était un pas grand'chose d'Allemand; que Denissow était un héros, l'essaoul un autre héros, et Tikhone un troisième héros, qu'il serait honteux à lui de les abandonner dans une circonstance périlleuse, et qu'il prendrait part à l'attaque.

Le jour tombait lorsqu'ils arrivèrent tous trois à la maison du garde. Dans la demi-obscurité se dessinaient les formes vagues des chevaux sellés des cosaques, des hussards dressant les tentes sur la clairière et allumant leurs feux dans le fond d'un ravin, afin d'en dérober la fumée aux ennemis. Dans la première chambre de la petite cabane, un cosaque, les manches retroussées, hachait du mouton, tandis que dans la seconde trois officiers étaient occupés à transformer en table une porte qu'ils avaient arrachée de ses gonds. Pétia, se débarrassant de son uniforme mouillé, leur offrit aussitôt ses services pour l'arrangement du souper. Dix minutes plus tard, la table, couverte d'une nappe, fut chargée de deux flacons d'eau-de-vie et de rhum, de pain blanc, de sel, et de mouton rôti. Assis au milieu des officiers et déchirant de ses doigts la viande tendre et succulente, le long de laquelle découlait la graisse, Pétia était en proie à une exaltation enfantine qui lui inspirait une tendresse expansive pour tous les hommes, et par conséquent l'assurance d'être payé de retour.

« Vous croyez donc, Vassili Fédorovitch, dit-il à Dénissow,

que, si je reste avec vous un jour, il ne m'arrivera rien de désagréable!... Car, voyez-vous, poursuivit-il en se répondant à lui-même, on m'a dit de savoir, et alors je saurai, si vous me permettez de... d'aller là où ce sera le plus... car enfin ce n'est pas pour les récompenses, mais j'ai envie... » Et, serrant les dents et rejetant la tête en arrière, il regarda autour de lui, et fit un geste de menace.

« Là-bas où ce sera le plus... le plus quoi? répéta Denissow en souriant.

— Seulement, je vous en prie, donnez-moi un commandement, un petit commandement; qu'est-ce que cela peut vous coûter?... Ah! voici mon couteau, il est à votre service, » dit-il en le tendant à un officier qui essayait de couper un morceau de mouton. L'officier le remercia et fit l'éloge de l'instrument.

« Oh! gardez-le, je vous en prie, j'en ai plusieurs... Ah! mon Dieu, mais j'ai tout à fait oublié, s'écria-t-il tout à coup, que j'ai du raisin sec excellent, sans pépins. Nous avons un nouveau vivandier, et il a des choses merveilleuses : je lui en ai acheté dix livres... Vous savez, je suis habitué à manger des douceurs... En voulez-vous?... » Et Pétia courut dans l'autre pièce chercher son cosaque, et rapporta avec lui un gros panier de raisin sec.

« Prenez-en, messieurs, ne vous gênez pas!... N'auriez-vous pas besoin d'une cafetière? J'en ai acheté une parfaite chez le vivandier, un brave homme s'il en fut, très honnête surtout, c'est là le principal; je vous l'enverrai, bien sûr... A propos, avez-vous encore des pierres à fusil? J'en ai là une centaine que j'ai achetées à très bon marché... les voulez-vous? » Il s'arrêta effrayé et rougit à la pensée d'être allé un peu loin; il tâcha de se rappeler s'il n'avait pas fait quelque autre sottise dans la journée, et, en repassant ses souvenirs, il revit la figure du petit tambour. « Nous sommes bien ici, mais lui, où l'a-t-on emmené? Lui a-t-on seulement donné à manger? Ne le maltraite-t-on pas?... J'ai bien envie de le demander... Mais que diront-ils?... Que je suis un enfant qui en plaint un autre. Je leur montrerai demain si je suis un enfant!... Eh bien, c'est égal, je vais le leur demander! » se dit-il, et, regardant avec inquiétude la figure des officiers, dans la crainte d'y découvrir une intention moqueuse :

« Peut-on appeler ce petit prisonnier et lui donner à manger?

— Oui, ce pauvre enfant! répondit Denissow, qui ne trourait rien de répréhensible dans ce sentiment... Qu'on l'appelle! Il se nomme Vincent Bosse.

— Je vais l'appeler, dit Pétia.

— Va, va!... Ce pauvre enfant! » répéta Denissow. Pétia, qui était déjà à la porte, se retourna à ces mots, et se glissa entre les officiers jusqu'à Denissow.

« Que je vous embrasse, lui dit-il, mon bon ami!... Comme c'est bien, comme c'est bien à vous! » Et, l'ayant embrassé, il se précipita dans l'autre chambre, en criant de toutes ses forces:

« Bosse, Vincent Bosse!

— Qui cherchez-vous! » demanda la voix d'un cosaque dans l'obscurité. Pétia lui expliqua qu'il demandait le petit Français.

« Ah! « Vessennï »? » répondit le cosaque, car le nom du petit tambour avait déjà été russifié, et cette transformation (ce mot russe veut dire printanier) s'adaptait en tous points à la jeune figure de l'enfant... « Il se chauffe là-bas... Eh! Vessennï, Vessennï! s'écrièrent plusieurs voix.

— C'est un petit rusé, dit le hussard qui était à côté de Pétia; nous l'avons fait manger tantôt, il était affamé. »

On entendit les pas du gamin s'approcher, et ses pieds nus patauger dans la boue.

« Ah! c'est vous, dit Pétia. Voulez-vous manger? N'ayez pas peur, on ne vous fera pas de mal, entrez, entrez!

— Merci, monsieur, » répondit le petit tambour d'une voix d'enfant et en essuyant sur le seuil ses pieds couverts de boue.

Pétia aurait voulu lui dire bien des choses, mais il ne l'osa pas, et, se bornant à lui prendre la main, il la lui serra doucement.

« Entrez! répéta-t-il encore d'un ton affectueux... Que pourrais-je bien faire pour lui? » se dit-il en ouvrant la porte et en le poussant dans la chambre.

Cependant, malgré cette charitable réflexion, il alla s'asseoir loin de lui, par crainte sans doute que sa dignité ne souffrît d'une attention trop marquée. Il fouilla néanmoins dans sa poche, compta du bout des doigts la monnaie qu'elle contenait, et se demanda s'il ne serait pas honteux de la donner au petit tambour.

VII

Le petit tambour, après avoir reçu sa portion de mouton, fut revêtu d'un caftan russe, pour ne pas être renvoyé avec les prisonniers, et l'attention de Pétia fut détournée de lui par l'arrivée de Dologhow. Il avait beaucoup entendu parler de la bravoure et de la cruauté de ce dernier à l'égard des Français ; aussi avait-il constamment les yeux braqués sur lui, depuis qu'il était entré dans la chambre. L'extérieur de Dologhow frappa Pétia par son irréprochable correction. Tandis que Denissow portait le « tchèkmène » [1], toute sa barbe et sur la poitrine l'image de saint Nicolas le Thaumaturge, en faisant ressortir ainsi, par toute sa façon d'être, le rôle exceptionnel qu'il remplissait en ce moment, Dologhow, qui jadis se singularisait à Moscou par son costume persan, s'était donné aujourd'hui l'apparence de l'officier de la garde le mieux tenu. Le menton rasé de frais, vêtu de la capote ouatée de la garde, le Saint-George passé à la boutonnière et la casquette d'ordonnance posée droit sur la tête, il jeta dans un coin sa bourka mouillée, et, s'approchant de Denissow, sans saluer personne, aborda le sujet qui l'amenait. Ce dernier lui fit part de ses projets, de la rivalité des grands détachements, de l'envoi de Pétia, de sa réponse aux deux généraux et de tout ce qu'il savait sur le convoi français.

« C'est bien, mais il faudrait savoir quelles sont les troupes, et combien il y a d'hommes, dit Dologhow... Il faudrait y aller voir ; dans l'ignorance de leur nombre, on ne peut pas se lancer en aveugle, j'aime l'exactitude !... Quelqu'un de ces messieurs ne voudrait-il pas m'accompagner jusque dans leur camp ? Je puis même, au besoin, lui prêter un uniforme.

— Moi ! moi ! j'irai avec vous, s'écria Pétia.

— C'est complètement inutile, répliqua Denissow... Je ne le lui permettrai pas, ajouta-t-il en se tournant vers Dologhow.

— Et pourquoi cela ? s'écria Pétia... Pourquoi ne puis-je l'accompagner ?

— Pourquoi pas ? demanda distraitement Dologhow, qui regardait le petit tambour... L'as-tu depuis longtemps, ce moutard ?

— Depuis aujourd'hui, mais il ne sait rien..... aussi je le garde.

— Et les autres, qu'en fais-tu ? demanda Dologhow.

— Comment, ce que j'en fais ? Mais je les renvoie contre quittance, dit Denissow en rougissant... et je puis dire, ajouta-t-il hardiment, que je n'en ai pas un sur la conscience... On dirait vraiment que c'est difficile de renvoyer 30 ou 300

---

[1]. Vêtement tatare.

prisonniers, sous bonne escorte, dans la ville la plus prochaine?... Cela ne vaut-il pas mieux, franchement, que de souiller son honneur de soldat?

— Ces mièvreries seraient de mise dans la bouche de ce jeune comte de seize ans, dit Dologhow avec un froid sourire... Quant à toi, elles ne sont plus de ton âge.

— Mais, reprit Pétia timidement, je n'ai rien dit : je tiens seulement à aller avec vous.

— Oui, je le répète, mon cher, ces mièvreries ne sont plus notre fait, poursuivit Dologhow, qui trouvait du plaisir à provoquer l'irritation de Denissow. Voyons, pourquoi l'as-tu gardé, celui-là? Parce qu'il te fait de la peine? Nous savons bien ce que valent ces quittances. Tu envoies cent hommes, et il en arrive trente : ils meurent de faim en route, ou on les assomme; il vaut donc mieux n'en pas envoyer du tout! »

L'essaoul, clignant ses yeux clairs, approuvait de la tête.

« Comme je ne prendrai pas cela sur mon âme, je me dispenserai d'en discuter l'opportunité. Tu dis qu'ils mourront en route? Eh bien, ce ne sera pas moi du moins qui les aurai tués! » Dologhow se mit à rire.

« Tu crois donc qu'ils n'ont pas reçu vingt fois l'ordre de nous empoigner, et s'ils nous empoignent, tu crois, avec tous les beaux sentiments chevaleresques, que nous échapperons aux branches des trembles?... Mais il est temps d'agir, reprit-il après un moment de silence : qu'on dise à mon cosaque d'apporter mon bagage : j'y ai deux uniformes français... Eh bien, venez-vous avec moi? demanda-t-il à Pétia.

— Oui, oui, c'est dit! » répondit celui-ci rougissant jusqu'au blanc des yeux, et en regardant Denissow, dont la discussion avec Dologhow avait éveillé en lui toutes sortes d'idées qui ne lui permettaient pas de se rendre bien compte de ce qu'il avait entendu. « Mais, se disait-il, si les grands pensent ainsi, c'est que ce doit être bien... Il ne faut pas surtout que Denissow s'imagine que je lui obéirai et qu'il peut disposer de moi... » Aussi, malgré les supplications de ce dernier, Pétia lui répondit qu'il savait ce qu'il avait à faire et qu'il ne craignait pas le danger.

« Vous comprenez bien vous-même, lui dit-il, qu'il est impossible de ne pas être fixé sur le nombre d'hommes qui accompagnent le convoi, lorsque la vie des nôtres en dépend... et puis j'en ai très grande envie, voyez-vous... Ne me retenez pas, ce serait encore pis. »

VIII

Après avoir endossé l'uniforme français, et s'être coiffés du shako, Pétia et Dologhow se rendirent à cheval jusqu'à la clairière d'où Denissow avait examiné le camp; arrivés là, ils descendirent dans le ravin, où Dologhow ordonna aux cosaques qui les accompagnaient de les attendre sans bouger, et s'élança ensuite avec Pétia sur la route qui conduisait au pont. La nuit était des plus sombres.

« Ils ne m'attraperont pas vivant, je vous jure, et s'ils m'attrapent, j'ai un pistolet, murmura Pétia.

— Tais-toi, ne parle pas russe, » répliqua vivement Dologhow.

Au même moment, un « qui vive? » nettement accentué, suivi du bruit sec d'un fusil qu'on armait, se fit entendre à quelques pas.

« Lanciers au 6e! » s'écria Dologhow, sans rien changer à l'allure de son cheval.

La noire silhouette de la sentinelle apparaissait au milieu du pont.

« Le mot d'ordre? » Dologhow retint son cheval et avança au pas.

« Dites donc, le colonel Gérard est-il ici?

— Le mot d'ordre? répéta la sentinelle sans répondre, et en lui barrant le chemin.

— Quand un officier fait sa ronde, on ne lui demande pas le mot d'ordre... J'ai besoin de savoir si le colonel est ici... entendez-vous, imbécile! » Et, poussant de côté la sentinelle avec le poitrail de son cheval, il continua sa route.

Apercevant une ombre noire un peu en avant de lui, il alla droit à elle : c'était un soldat portant un sac sur ses épaules, et il lui répéta sa question. Le soldat s'approcha sans défiance, caressa de la main le cou du cheval, et répondit naïvement que le commandant et les officiers étaient plus haut dans une ferme, ainsi qu'il appelait la maison du propriétaire.

Le bivouac était établi des deux côtés de la route que longeait Dologhow; sans faire la moindre attention aux cris et aux rires des soldats, il arriva devant la grande porte cochère, entra dans la cour, descendit de cheval, et s'approcha d'un grand feu qui flambait au beau milieu, et autour duquel étaient assis quelques hommes causant à haute voix. Dans une petite marmite placée sur le feu mijotait un morceau de viande qu'un soldat, en bonnet de police et en capote gros-bleu, tournait avec la baguette de son fusil.

« Oh! c'est un dur à cuire, disait un des officiers assis dans l'ombre, de l'autre côté.

— Il les fera marcher, les lapins! répondit un autre en riant, mais tous deux se turent, en plongeant les yeux dans l'obscurité, au bruit des pas de Dologhow et de Pétia, qui s'approchaient de leur groupe.

— Bonjour, messieurs, » dit Dologhow à haute voix.

Des ombres s'agitèrent autour du foyer : un officier de haute taille en fit le tour et s'approcha des nouveaux venus.

« C'est vous, Clément? D'où diable...? » Mais il n'acheva pas. Reconnaissant son erreur, il fronça légèrement les sourcils, salua Dologhow comme on salue un inconnu, et lui demanda ce qui l'amenait. Celui-ci lui expliqua que son campagnon et lui rejoignaient leur régiment, et le pria de lui dire s'il ne savait pas où se trouvait le 6ᵉ lanciers. Il l'ignorait complètement, et il sembla à Pétia que les officiers les examinaient d'un air défiant. Le silence dura quelques secondes.

« Si vous comptez sur la soupe du soir, vous venez trop tard, » dit d'un ton gouailleur une voix derrière le brasier.

Dologhow répliqua qu'ils avaient mangé et qu'ils allaient continuer leur chemin. Jetant la bride de son cheval au soldat qui surveillait la marmite, il s'assit sur ses talons à côté de l'officier qui lui avait parlé. Ce dernier ne le quittait pas des yeux et lui demanda nouveau quel était son régiment. Dologhow fit semblant de ne pas l'entendre, préoccupé en apparence d'allumer sa pipe, de questionner à son tour les officiers sur le plus ou moins de sécurité des routes, et de s'informer auprès d'eux s'il ne risquait pas de rencontrer des cosaques.

« Ces brigands sont partout, » répondit l'un d'eux; à quoi Dologhow répliqua que les cosaques n'étaient à redouter que pour des traînards isolés comme lui et son compagnon, mais qu'assurément ils n'oseraient pas attaquer des détachements considérables.

Personne ne releva l'observation. « Quand donc partira-t-il? » se disait Pétia, qui était resté debout. Mais Dologhow reprit de plus belle sa conversation, et leur demanda hardiment combien ils avaient d'hommes par bataillon, combien de bataillons et combien de prisonniers.

« L'ennuyeuse affaire que de traîner ces cadavres après soi... Mieux vaudrait fusiller toute cette canaille! » ajouta-t-il en éclatant de rire, et ce rire étrange fit craindre à Pétia que les Français ne s'aperçussent de la ruse.

Le rire de Dologhow ne trouva pas d'écho, et un des officiers français, invisible dans l'ombre où il était étendu, couvert de son manteau, s'approcha et glissa quelques mots à l'oreille de son voisin. Dologhow se leva au même moment et demanda ses chevaux. « Nous les donnera-t-on, oui ou non? » pensa Pétia en se rapprochant involontairement de son compagnon. On amena les chevaux.

« Bonsoir, messieurs, » dit Dologhow. Pétia essaya d'en dire autant, mais il ne put prononcer un mot. Les officiers continuaient à chuchoter. Dologhow fut longtemps à se mettre en selle, car le cheval ne se tenait pas tranquille. Enfin il partit au pas, franchit la porte cochère, suivi de Pétia, qui aurait bien voulu se retourner pour voir si on les poursuivait, mais qui n'osait pas.

Au lieu de reprendre le même chemin, ils traversèrent le village, où ils s'arrêtèrent un instant et prêtèrent l'oreille.

« Entends-tu? » dit Dologhow, et Pétia reconnut la voix des prisonniers russes, groupés autour d'un feu.

De là ils descendirent vers le pont, croisèrent la sentinelle, qui les laissa passer sans mot dire, et s'engagèrent dans le ravin, où les attendaient les cosaques.

« Eh bien, adieu! Tu diras à Denissow que c'est pour la pointe du jour, au premier coup de fusil, » dit Dologhow en s'éloignant, mais Pétia le saisit par la main en lui disant :

« Oh! quel héros vous faites! Comme c'était beau! Comme je vous aime!

— C'est bien, c'est bien! » répliqua Dologhow; mais, Pétia continuant à ne pas le lâcher, il devina que le jeune garçon se penchait vers lui pour l'embrasser; il se laissa faire en riant, tourna bride et disparut dans la nuit.

IX

En revenant à la maison du garde, Pétia trouva Denissow qui l'attendait dans la première pièce avec une vive inquiétude, et se reprochait de l'avoir laissé aller.

« Dieu merci, s'écria-t-il, Dieu merci!... Mais que le diable t'emporte! s'écria-t-il en interrompant le récit exalté de Pétia. Grâce à toi, je n'ai pas dormi; va-t'en te coucher, nous aurons encore le temps de faire un somme.

— Je n'ai pas envie de dormir, répondit Pétia; je me connais : si je m'endors, je ne pourrai plus me réveiller, et puis, je n'ai pas l'habitude de dormir avant la bataille. »

Il resta donc quelque temps dans la cabane à repasser les détails de sa course aventureuse et à rêver au lendemain, et, quand il vit Denissow endormi, il sortit pour prendre l'air.

Il faisait nuit au dehors : quelques rares gouttes de pluie tombaient encore : on entrevoyait çà et là les silhouettes des tentes des cosaques et de leurs chevaux attachés au piquet; un peu plus loin se dessinait indistinctement le contour de deux fourgons attelés, et tout au fond du ravin un feu s'éteignait lentement. Parmi les cosaques et les hussards, plusieurs ne dormaient pas; on distinguait le murmure de leurs voix et le bruit que faisaient les chevaux en mangeant. Pétia se dirigea vers les fourgons, près desquels se trouvaient les chevaux sellés. Il reconnut le sien, un bon petit cheval de Petite-Russie.

« Eh bien, Karabach, mon ami, dit-il en lui passant la main sur les naseaux et en l'embrassant... Eh bien, nous ferons de la besogne demain.

— Eh quoi, bârine, vous ne dormez pas? dit un cosaque qui était assis près des fourgons.

— Non, Likhatchow; c'est ton nom, n'est-ce pas? Je viens de rentrer : nous sommes allés faire une visite aux Français. »

Pétia lui raconta en détail non seulement son expédition, mais encore pourquoi il y avait pris part, et comment, à son avis, il valait mieux risquer sa vie que de laisser aller les autres à l'aventure.

« Mais dormez donc un peu, lui dit le cosaque.

— Non, je n'en ai pas l'habitude... A propos, vos pierres à fusil sont-elles en bon état? J'en ai apporté avec moi, si tu en as besoin, tu peux en prendre. »

Le cosaque sortit sa tête de dessous le fourgon pour examiner Pétia de plus près.

« Je te le propose parce que je suis habitué à tout faire avec exactitude, poursuivit celui-ci. Les autres font tout à la diable, ne préparent rien et le regrettent ensuite; je n'aime pas cela, moi!

— C'est vrai, murmura le cosaque.

— Et puis, je t'en prie, mon ami, repasse-moi un peu mon sabre, il est émou... Pétia s'arrêta au moment où il allait dire un mensonge, car le sabre n'avait jamais été aiguisé. Peux-tu me le repasser?

— Pourquoi pas? On peut. »

Likhatchow se leva, fouilla dans les bâts; et Pétia grimpa sur le fourgon pour mieux suivre le travail du cosaque.

« Est-ce qu'ils dorment, les camarades? lui demanda-t-il.

— Les uns dorment, les autres non.

— Et le gamin où est-il?

— Vessennï. Il s'est jeté dans un coin à l'entrée de la cabane et s'est endormi de peur. »

Pétia garda longtemps le silence, en prêtant l'oreille à tous les bruits; des pas se firent tout à coup entendre, et une ombre se dressa devant lui.

« Qu'est-ce que tu aiguises donc là, toi? demanda le nouveau venu.

— Mais voilà, j'aiguise un sabre pour le bârine.

— Bonne idée, dit l'homme, qui était un hussard... Dis donc, n'est-il pas resté une écuelle ici chez vous?

— Elle est là près de la roue.

— Il va faire bientôt jour, » ajouta le hussard, et, prenant l'écuelle, il s'éloigna en s'étirant.

Les rêveries de Pétia l'avaient, en attendant, transporté dans un monde féerique où rien ne rappelait la réalité. Cette grande tache noire, qu'il voyait à quelques pas, était-elle véritablement la maison du garde, ou bien n'était-ce pas une caverne conduisant dans les entrailles de la terre... et cette lueur rougeâtre, l'œil unique d'un monstre géant, fixé sur lui?... Etait-ce bien aussi un fourgon sur lequel il était assis, ou plutôt une haute tour, de laquelle, s'il venait à tomber, il prendrait son vol pendant un jour, un mois peut-être, sans atteindre le sol. Il regarda le ciel : l'aspect en était aussi féerique que celui de la terre : les nuages, emportés par le vent, couraient au-dessus de la cime des arbres, et laissaient à découvert des myriades d'étoiles dans cet infini sans fond, qui tantôt semblait s'élever, à perte de vue, au-dessus de sa tête, et tantôt s'abaisser jusqu'à portée de la main. Il ferma involontairement les yeux, et, cédant au sommeil, il vacilla de droite et de gauche. La pluie tombait toujours, les ronflements des soldats endormis se mêlaient aux hennissements des chevaux et au bruit du sabre sur la pierre. Pétia entendit tout à coup un admirable orchestre qui jouait un hymne inconnu, d'une beauté et d'une douceur ineffables. Musicien à l'égal de Natacha, et bien plus que Nicolas, il n'avait cependant jamais appris une seule note et n'y avait même jamais songé. Aussi ces mystérieux motifs, en envahissant soudain son cerveau et son âme, lui parurent-ils pleins de charme et d'enivrante poésie. La musique devenait de plus en plus distincte. C'était ce que les spécialistes auraient appelé « une fugue », Pétia n'avait pas la moindre idée de ce que c'est qu'une fugue. La mélodie, reprise tantôt par un violon, tantôt par un cor aux sons plaintifs et séraphiques, se perdait, inachevée, dans le chœur, d'où elle s'élançait de nouveau pour se fondre dans un merveilleux ensemble, en un chant grave et solennel, ou triomphant et victorieux... « Mais je rêve ! se dit Pétia en perdant presque l'équilibre; ce sont sans doute mes oreilles qui tintent... ou peut-être ne suis-je pas le maître de cet orchestre invisible?... Oh! reviens, reviens, chante encore!... » Il referma les yeux, et les sons de l'hymne, qui se rapprochaient et s'éloignaient tour à tour, vibrèrent de nouveau à ses oreilles... « Dieu, que c'est beau ! » se disait Pétia en essayant de diriger le céleste orchestre... « Doucement, plus doucement à présent !... » et les sons lui obéissaient... « Et maintenant, plus vite, plus gaiement, avec ensemble !... » et les sons, grandissant en puissance, semblaient surgir des profondeurs de l'espace... « A vous, les voix! » ordonna Pétia, et des voix d'hommes et de femmes, d'abord presque insaisissables, s'élevèrent graduellement avec une imposante énergie. A cette marche triomphale s'unissaient le chant des instruments, le bruit de la goutte d'eau qui tombait, le grincement du sabre, les hennissements des chevaux, sans que ce merveilleux et gigantesque ensemble en fût un moment troublé. Pétia en écoutait, avec un ravissement mêlé de terreur, les sublimes harmonies, et il ne sut jamais combien de temps elles durèrent! Il était encore sous le charme, et regrettait de n'avoir auprès de lui personne à qui faire partager son bonheur, lorsque la voix de Likhatchow le réveilla brusquement.

« C'est prêt, Votre Noblesse; vous pourrez maintenant fendre avec, au moins deux Français ! »

Pétia secoua sa torpeur. Un jour grisâtre perçait à travers les branches dénudées, et les chevaux, invisibles jusque-là, émergeaient peu à peu de la brume. Pétia, sautant à bas du fourgon, tira de sa poche un rouble, qu'il donna au cosaque, examina son sabre et le glissa dans le fourreau. Les hommes détachèrent les chevaux et en arrangèrent les sangles.

« Voilà le commandant, » dit Likhatchow à la vue de Denissow, qui appelait Pétia du seuil de l'isba et donnait ordre de se préparer.

X

Les chevaux furent sellés en un tour de main, et chacun se mit en place. Denissow donna ses dernières instructions au détachement d'infanterie qui servait d'avant-garde, et qui disparut bientôt derrière les arbres, en pataugeant dans la boue, et en s'enfonçant dans le brouillard du matin. Pétia, tenant son cheval par la bride, attendait impatiemment l'ordre du départ; ses ablutions du matin l'avaient singulièrement rafraîchi, mais ses yeux brillaient d'un éclat inaccoutumé, pendant que le frisson de la fièvre l'agitait de plus en plus.

« Eh bien, est-ce prêt? » demanda Denissow.

On lui amena les chevaux, et, après avoir gourmandé son cosaque pour n'avoir pas assez serré les sangles, il se mit en selle. Pétia posa le pied sur l'étrier, tandis que son cheval tentait, comme toujours, de lui attraper la jambe, et, s'élançant sur sa monture, léger comme un oiseau, il se retourna pour voir s'ébranler la file des hussards.

« Vassili Fédorovitch, dit-il en se rapprochant de Denissow, vous me confierez un petit commandement, n'est-ce pas? »

Denissow, qui avait presque oublié l'existence de Pétia, le regarda avec surprise :

« Je ne te demande qu'une chose, lui dit-il sévèrement : c'est de m'obéir et de ne pas te fourrer là où tu n'as que faire!... » Et pendant toute la marche il ne lui dit plus un mot.

Lorsqu'ils arrivèrent à la lisière du bois, la plaine commençait déjà à s'éclairer, et Denissow donna alors un ordre à l'essaoul; ses cosaques défilèrent un à un devant eux, et il descendit la montagne à leur suite. Glissant et se retenant sur leurs pieds de derrière, les chevaux avec leurs cavaliers arrivèrent bientôt dans le ravin. Pétia, dont le frisson augmentait, avançait de front avec son chef. Le jour blanchissait, et les vapeurs du brouillard dérobaient seules à la vue les objets éloignés. Rejoignant ses hommes, Denissow se tourna vers son cosaque, lui fit un signe de tête et lui dit tout bas :

« Le signal ! »

Le cosaque leva la main, un coup de feu retentit, et au même instant les chevaux partirent au galop, pendant que d'autres coups de feu éclataient de tous côtés. Pétia fouetta son cheval en lui rendant la main, et s'élança en avant sans écouter Denissow qui l'appelait. Il lui avait semblé qu'au moment du signal la lumière avait paru et qu'il faisait jour comme en plein midi. Il atteignit le pont que les cosaques avaient dépassé, bouscula un traînard, et continua son galop effréné. Devant lui, des hommes, des Français sans doute, traversaient la route de droite à gauche ; l'un d'eux glissa et tomba sous les pieds de son cheval. Plus loin, un groupe de cosaques s'était arrêté devant une isba, et un cri effroyable de détresse s'en échappa. Pétia s'approcha, et ses yeux tombèrent sur la figure pâle d'un Français effaré qui serrait convulsivement le bois de la lance dirigée contre lui.

« Hourra ! mes enfants ! » s'écria Pétia, et, talonnant son cheval couvert d'écume, il enfila la rue du village.

Des coups de feu s'échangeaient à quelques pas de là. Des cosaques, des hussards, des prisonniers russes déguenillés, couraient en tous sens, en criant à tue-tête. Un jeune Français, la tête découverte, se défendait à la baïonnette contre des hussards : lorsque Pétia arriva, il était déjà à terre.

« J'ai encore été en retard, » se dit-il en se dirigeant du côté où la fusillade était plus vive ; on se battait dans la cour où Dologhow et lui étaient entrés la veille ; les Français, retranchés derrière la haie et dans le fouillis de buissons du jardin, tiraient sur les cosaques massés autour de la porte cochère. Il aperçut, à travers la fumée de la poudre, la figure pâle de Dologhow, qui criait à ses hommes :

« Prenez-les à revers et que l'infanterie ne bouge pas !

— Ne pas bouger ?... Hourra ! » s'écria Pétia, et, sans s'arrêter une seconde, il s'élança au plus épais de la mêlée.

Une décharge fendit l'air, les balles sifflèrent, les cosaques et Dologhow entrèrent à sa suite dans la cour de la maison ; au milieu des nuages de fumée, on voyait des Français jeter là leurs armes, ou se précipiter à la rencontre des cosaques, tandis que d'autres dégringolaient de la montagne vers l'étang. Pétia continuait à galoper dans la cour de la maison, mais, au lieu de tenir la bride en main, il gesticulait d'une façon étrange des deux bras à la fois, et se penchait de plus en plus d'un côté de sa selle. Son cheval, venant à se heurter contre les tisons d'un foyer à demi éteint, s'arrêta court, et Pétia tomba lourdement à terre. Ses pieds et ses mains s'agitèrent un moment, tandis que sa tête restait immobile : une balle lui avait traversé le cerveau. Un officier français sortit de la maison avec un mouchoir blanc au bout de son épée, et déclara à Dologhow qu'ils se rendaient. Celui-ci, descendant alors de cheval, s'approcha de Pétia, qui gisait sur le sol, les bras étendus.

« Fini ! » dit-il les sourcils froncés, et il alla à la rencontre de Denissow.

« Tué ! » s'écria ce dernier en devinant de loin, à cet abandonnement du corps qu'il connaissait si bien, que Pétia était mort.

« Fini ! » répéta Dologhow, comme s'il éprouvait un plaisir particulier à prononcer ce mot, et il rejoignit les prisonniers qu'entouraient les cosaques.

« Nous le laisserons là, » cria-t-il à Denissow, qui ne lui répondit rien.

De ses mains tremblantes, celui-ci avait relevé la figure, maculée de boue et de sang, du pauvre Pétia... « Je suis habitué à manger des douceurs, c'est du raisin sec excellent, prenez-le tout »... Ces paroles lui revinrent involontairement à la mémoire, et les cosaques se regardèrent stupéfaits, en entendant des sons rauques, pareils au jappement d'un chien, qui sortaient de la poitrine oppressée de Denissow. Se retournant tout à coup, il se cramponna convulsivement à la palissade.

Parmi les prisonniers russes qui venaient d'être délivrés, se trouvait Pierre Besoukhow.

XI

Les autorités françaises n'avaient pris aucune nouvelle disposition pour le transport des prisonniers dont Pierre faisait partie. Aussi, à dater du 22 octobre, ne suivaient-ils plus les mêmes troupes qu'à leur sortie de Moscou. Une partie du train de subsistances qui, pendant les premiers jours, formait l'arrière-garde de l'armée, fut enlevée par les cosaques, et le reste les devança. L'artillerie, qui les précédait dans le principe, se trouvait maintenant remplacée par les énormes fourgons de bagages du maréchal Junot, escortés par un détachement de Westphaliens. Les troupes qui, jusqu'à Viazma, marchaient en trois colonnes, avançaient maintenant pêle-mêle, et le désordre, dont Pierre avait aperçu les symptômes à la première étape, était arrivé à son comble. Les deux côtés du chemin étaient jonchés de cadavres de chevaux ; des hommes en haillons, des traînards de différentes armes, tantôt se joignaient à eux, tantôt restaient en arrière. De fausses alertes leur avaient plus d'une fois causé des paniques indescriptibles. Les soldats du convoi tiraient au hasard, se jetaient les uns sur les autres, et se bousculaient en s'injuriant, et en s'en prenant à leurs camarades de leurs folles terreurs. Les bagages de la cavalerie et ceux de Junot formaient encore, avec les prisonniers, un certain ensemble; mais cet ensemble fondait rapidement de jour en jour. Les cent vingt charrettes du convoi se réduisaient à une soixantaine; le reste avait été enlevé ou abandonné, et trois des fourgons de Junot avaient été pillés par des hommes du corps de Davout. Pierre avait entendu dire aux Allemands que ce convoi était gardé par un plus grand nombre de sentinelles que celui des prisonniers, et qu'un de leurs compatriotes avait été fusillé sur l'ordre du maréchal lui-même, parce qu'on avait trouvé sur lui une cuiller à ses armes. Le chiffre des prisonniers avait sensiblement diminué : de trois cent trente qu'ils étaient à la sortie de Moscou, on n'en comptait plus que cent, qui, à eux seuls, donnaient plus de soucis aux soldats de l'escorte que les fourgons de cavalerie et ceux de Junot. S'ils comprenaient qu'il fallait veiller sur les voitures de bagages, en revanche, affamés et transis comme ils étaient, il leur paraissait encore plus pénible, et même odieux, de garder à vue des Russes, aussi affamés et aussi transis qu'eux, qui mouraient comme des mouches, et qu'ils avaient ordre de fusiller à la première tentative d'évasion. Dans la crainte de se laisser aller à un sentiment de compassion qui aurait pu empirer leur propre situation, ils les traitaient plus durement encore que de coutume. A Dorogobouge, les soldats de l'escorte enfermèrent les prisonniers dans une écurie pour aller piller leurs propres magasins ; quelques-uns des prisonniers tentèrent de s'enfuir par un passage souterrain qu'ils avaient creusé, mais ils furent pris sur le fait et fusillés. L'ordre, établi au début, que les officiers devaient marcher séparés des soldats, n'existait plus ; tous les hommes valides formaient un même groupe, et Pierre se trouva ainsi réuni à Karataïew et à son petit chien aux jambes torses ; Karataïew fut repris de la fièvre le troisième jour de marche, et, à mesure qu'il s'affaiblissait, Pierre s'en éloignait instinctivement, ou était obligé de faire un effort pour s'en approcher, tant ses gémissements incessants, et l'odeur âcre et pénétrante qui s'exhalait de toute sa personne, lui causaient une invincible répulsion.

Pendant qu'il était enfermé dans la baraque, Pierre avait compris par tout ce qui se passait dans son âme, par le genre de vie auquel il était forcément soumis, que l'homme est créé pour le bonheur, que ce bonheur est en lui, dans la satisfaction des exigences quotidiennes de l'existence, et que le malheur est le résultat fatal, non du besoin, mais de l'abondance. Une nouvelle et consolante vérité s'était aussi révélée à lui pendant ces trois dernières semaines : c'est qu'il n'y a rien d'irrémédiable dans ce monde, et que, de même que l'homme n'est jamais complètement heureux et indépendant, de même il n'est jamais complètement malheureux et esclave. Il comprit que la souffrance a ses limites comme la liberté, et que ces limites se touchent : que l'homme couché sur un lit de feuilles de roses, dont une seule est repliée, souffre autant que celui qui, s'endormant sur la terre humide, sent le froid le gagner ; que lui-même avait tout autant souffert autrefois avec des souliers de bal trop étroits, qu'aujourd'hui avec les pieds nus et endoloris. Il comprit enfin que, lorsqu'il avait cru épouser sa femme de sa propre volonté, il était aussi peu libre qu'à cette heure, où on l'avait enfermé, pour toute la nuit, dans une écurie !

De toutes les souffrances qui l'accablaient en ce moment, et dont il conserva jusqu'à sa mort le souvenir, la plus insupportable fut celle que lui faisaient éprouver ses pieds. Dès la seconde étape, il s'était dit, en les examinant, qu'il lui serait impossible de marcher le lendemain ; mais, quand l'ordre de se mettre en route fut donné, il se traîna d'abord en boitant, puis, les blessures s'échauffant par la marche, la douleur s'apaisa peu à peu. Bien que, chaque soir, ses pieds fussent dans un état effrayant, il finit par ne plus les regarder, et n'y songea plus. Ce fut alors seulement qu'il apprécia à toute sa valeur la force de résistance vitale de l'homme, la bienfaisante influence du changement de lieu, et la distraction qu'il apporte avec lui, semblable à la soupape de sûreté d'une machine à vapeur, qui en laisse échapper le trop-plein lorsque la mesure normale est dépassée. Il n'entendait pas fusiller les prisonniers qui restaient en arrière, bien qu'une centaine au moins eussent déjà péri de cette façon. Il ne pensait plus à Karataïew, qui s'affaiblissait chaque jour davantage, et à qui le même sort était sans doute réservé : encore moins pensait-il à lui-même. Plus sa situation devenait précaire, plus l'avenir était sombre, plus ses réflexions et ses pensées étaient consolantes et douces, et plus son esprit s'isolait de tout ce qui l'entourait et se passait autour de lui!

XII

Le 22 octobre, dans la journée, Pierre gravissait une montée par une route boueuse et glissante; ses yeux, fixés sur les inégalités du terrain, se portaient de temps en temps sur ses compagnons d'infortune. Le petit chien aux jambes torses gambadait gaiement le long de la route, en sautant parfois comme d'habitude sur trois pattes, et en s'élançant ensuite, sur les quatre à la fois, à la poursuite de corbeaux installés sur une charogne. On en voyait de tous côtés, de différentes sortes et à différents degrés de décomposition, depuis le cheval jusqu'à l'homme. Les loups, empêchés d'en approcher par le passage continuel des troupes, laissaient « le Gris » se livrer en toute liberté à ses fantaisies vagabondes. La pluie ne cessait de tomber depuis le matin, et si elle s'arrêtait un instant, ce n'était que pour retomber plus dru après chaque éclaircie. La terre, complètement détrempée, ne pouvait plus l'absorber, et elle s'écoulait en mille petits ruisseaux. Pierre comptait ses pas sur ses doigts, et, s'adressant à la pluie, il lui disait mentalement : « Encore, encore, mouille-moi bien! »

Il lui semblait qu'il ne pensait à rien; mais son âme veillait et méditait, et d'un simple récit fait la veille par Karataïew elle tirait un grand enseignement. Karataïew, enveloppé de son manteau, avait en effet raconté aux soldats, de sa voix douce mais affaiblie par la maladie, une histoire que Pierre lui avait souvent entendu répéter. Il était plus de minuit, c'était l'heure où la fièvre le quittait et où il redevenait gai comme d'habitude. A la vue de cette figure pâle et amaigrie, vivement éclairée par le feu du bivouac, Pierre eut un serrement de cœur. Embarrassé de sa compassion pour cet homme, il voulut se retirer, mais, comme il n'y avait point d'autre feu allumé, force lui fut de s'asseoir à côté de lui.

« Eh bien, comment vas-tu? lui demanda-t-il sans le regarder.

— Pleurer sur sa maladie ne fera pas venir la mort, » dit Karataïew en reprenant son récit.

Pierre, comme nous l'avons déjà dit, le connaissait par cœur, le petit soldat le contait toujours avec une satisfaction particulière. Il y prêta néanmoins une attention toute nouvelle. Il s'agissait d'un vieux et honnête marchand, vivant avec sa famille dans la crainte de Dieu, qui un jour se mit en route avec un de ses amis pour aller en pèlerinage. Ils s'arrêtèrent dans une auberge pour y passer la nuit, et le lendemain matin l'ami du marchand fut trouvé assassiné et volé; un couteau ensanglanté, découvert sous l'oreiller du marchand, le fit mettre en jugement : il fut condamné à passer par les verges, à avoir les narines arrachées, et à être envoyé aux travaux forcés, « comme cela se devait, » dit Karataïew.

« Et voilà, mes amis, que, pendant une dizaine d'années et plus, le vieillard vit aux galères, ne fait rien de mal et se soumet, comme ce doit être, sans cesser pourtant de demander la mort au bon Dieu. Eh bien! un soir les forçats, réunis comme nous sommes dans ce moment, se mirent à se raconter l'un à l'autre pourquoi ils avaient été condamnés, en quoi ils avaient péché devant Dieu. L'un se confessait d'avoir tué une âme, l'autre deux, celui-ci d'avoir incendié, celui-là d'avoir déserté; on s'adressa au vieillard : « Et toi, grand-père, pourquoi souffres-tu? — Moi, mes enfants, répondit-il, c'est pour mes péchés et ceux des autres. Je n'ai ni tué, ni pris le bien d'autrui, je donnais du mien au prochain quand il était pauvre. Je suis, mes petits amis, un marchand, et j'avais de grandes richesses... » Et voilà qu'il leur raconte tout en détail comment la chose s'est passée : « Je ne me plains pas, dit-il, car c'est sans doute Dieu qui m'a envoyé ici ; mais c'est ma pauvre femme et mes enfants que je regrette... » Et voilà le vieillard qui se met à pleurer... Ne voilà-t-il pas que parmi eux se trouve l'assassin du marchand. « Où cela s'est-il passé, grand-père? Quand? Comment?... » Et voilà que l'homme questionne, et son cœur se serre : il s'approche du vieux et se jette à ses pieds : « C'est pour moi, bon vieux, que tu pâtis; c'est la vérité vraie; c'est un innocent, mes enfants, qui est dans la peine, car c'est moi qui ai fait le coup, et qui ai glissé le couteau sous ton oreiller pendant que tu dormais. Pardonne, grand-père, pardonne-moi, au nom du Christ. » Karataïew se tut, en souriant doucement, et, les yeux fixés sur la flamme, il arrangea les tisons... Et le vieillard lui répond : « Que Dieu te pardonne, nous sommes tous pécheurs devant Lui, c'est pour mes propres péchés que je souffre... » Et il versa des larmes brûlantes.

« Que diras-tu de cela, mon ami? poursuivit Karataïew, dont le sourire illuminait de plus en plus le visage, comme si tout le charme du récit était dans ce qui allait suivre.

L'assassin se dénonça lui-même à l'autorité. « J'ai, dit-il, six âmes sur la conscience (c'était un grand misérable), mais c'est le vieillard qui me fait le plus de peine : je ne veux pas qu'il continue à pleurer à cause de moi. » On écrivit donc ce qu'il disait, et l'on envoya le papier là où il devait aller; c'était loin, et puis le jugement prit du temps, et aussi les papiers à écrire, comme ça se passe toujours avec les autorités; enfin il arriva jusqu'au Tsar, et il y eut un oukase du Tsar : « Délivrer le marchand et lui donner une récompense selon le jugement, » et, l'oukase une fois venu, on chercha le vieux. « Où donc est ce vieux, demandait-on, cet innocent qui souffrait? L'oukase du Tsar est arrivé! »... Et l'on chercha encore. » Ici la voix de Karataiew trembla : « Mais Dieu lui avait déjà pardonné, reprit-il : il était mort! C'est ainsi, mon ami! » Et, retombant dans le silence, il conserva longtemps son sourire.

C'était précisément le sens mystérieux de ce récit, l'exaltation touchante qui rayonnait sur la figure du soldat, qui maintenant remplissaient l'âme de Pierre d'un bonheur confus et indéfinissable.

XIII

« A vos places, » dit tout à coup une voix. Une agitation soudaine se produisit aussitôt parmi les soldats de l'escorte et les prisonniers; on aurait dit qu'ils s'attendaient à quelque événement heureux et solennel ; des commandements se croisèrent en tous sens, et à la gauche des prisonniers passa un détachement de cavalerie bien monté et bien habillé. Une expression de contrainte, causée par l'approche des chefs supérieurs, passa sur toutes les figures. Le groupe des prisonniers fut rejeté hors de la route, et les soldats de l'escorte s'alignèrent.

L'Empereur! l'Empereur! le maréchal! le duc!... Et à la suite de la cavalerie s'avança rapidement une voiture attelée de chevaux gris. Pierre remarqua la figure belle, blanche, calme et imposante d'un personnage de l'escorte; c'était un des maréchaux, dont le regard s'arrêta un instant sur la taille colossale du prisonnier et s'en détourna aussitôt, mais Pierre crut y surprendre un sentiment de compassion qu'il cherchait à dissimuler. Le général qui conduisait le convoi, effrayé, la figure échauffée, talonnait son cheval efflanqué, et galopait derrière la voiture. Quelques officiers se réunirent, les soldats les entourèrent. « Qu'a-t-il dit? Qu'a-t-il dit? » répétait-on de tous côtés avec une inquiétude marquée.

Pierre aperçut en ce moment Karataiew, qu'il n'avait pas encore vu, adossé à un bouleau. A l'expression attendrie que sa physionomie avait la veille pendant qu'il racontait les souffrances de l'innocent, se joignait aujourd'hui celle d'une gravité douce et sereine. Ses yeux si bons, voilés par les larmes, semblaient appeler Pierre, mais ce dernier, ayant peur pour lui-même, fit mine de ne pas le remarquer et détourna la tête. En reprenant sa marche, il regarda en arrière, et le vit toujours à la même place, au bord du chemin. Deux Français parlaient entre eux à ses côtés. Pierre n'y fit aucune attention, et gravit la montée en boitant; il entendit distinctement deux coups de fusil derrière lui, mais au même moment il se souvint que le passage du maréchal l'avait empêché de finir de calculer ce qui leur restait d'étapes à faire jusqu'à Smolensk, et il se remit à compter. Deux soldats, dont les fusils fumaient encore, le dépassèrent en courant. Tous deux étaient pâles, et l'un jeta à la dérobée un regard sur Pierre, qui le regarda aussi, et se rappela que l'avant-veille ce même soldat avait brûlé sa chemise en voulant la faire sécher, ce qui avait provoqué les rires de toute l'assistance. « Le Gris » hurla à l'endroit où Karataiew était assis : « Qu'a donc cette bête, pourquoi hurle-t-elle? se dit Pierre. Les soldats qui marchaient à côté de lui ne se retournèrent plus, mais une expression sinistre se répandit sur leurs traits.

XIV

Les prisonniers, les bagages du maréchal et ceux de la cavalerie s'arrêtèrent dans le village de Schamschew. On s'établit autour du feu de la marmite, et Pierre, après avoir mangé un morceau de viande de cheval, se coucha le dos au feu et s'endormit immédiatement du même sommeil qui s'était emparé de lui à Mojaïsk, après Borodino. La réalité se confondit avec le rêve, et une voix, était-ce la sienne ou celle d'un autre? lui répéta les mêmes pensées qu'il avait alors si clairement entendues. « La vie est tout ; la vie est Dieu. Tout se meut, et ce mouvement c'est Dieu. Tant qu'il y a la vie, il y a la jouissance de reconnaître l'existence de la divinité. Aimer la vie, c'est aimer Dieu. Le plus difficile et le plus méritoire est d'aimer la vie dans ses souffrances imméritées »... « Karataiew! » se dit tout à coup Pierre en lui appliquant ces pensées. Il vit ensuite dans son rêve un petit vieillard, oublié depuis longtemps, qui lui avait donné des leçons de géographie lors de son séjour en Suisse : « Attends ! » lui disait ce dernier, et il lui présenta un globe. Ce globe, animé, frémissant, n'avait pas de contours nettement indiqués : sa surface se composait de gouttes d'eau serrées l'une contre l'autre en masse compacte, et ces gouttes glissaient en tous sens, se confondant en une seule, ou bien se divisant à l'infini ; et, tout en cherchant à occuper le plus d'espace possible, elles se refoulaient et s'absorbaient mutuellement. « C'est l'image de la vie, » lui disait le vieux professeur... « Comme c'est simple et comme c'est clair! se dit Pierre, et comment ne l'ai-je pas compris plus tôt?... Dieu est au milieu, et chacune de ces gouttes essaye de s'étendre pour mieux Le refléter... Elle grandit, elle se resserre, elle disparaît, pour revenir de nouveau à la surface... Voilà! c'est ainsi que Karataïew a disparu ! »... « Avez-vous compris, mon enfant? » répéta le professeur... « Avez-vous compris, sacré nom? » s'écria une voix tonnante... et Pierre se réveilla. Quand il se souleva sur son séant, il vit, à deux pas de lui, un soldat français qui venait de bousculer un Russe et s'occupait à faire griller un morceau de viande enfilé dans une baguette. Les mains musculeuses de ce dernier, aux doigts poilus et courts, tournaient et retournaient la viande avec adresse.. La lueur

des tisons éclairait sa figure bistrée et ses sourcils épais :
« Cela lui est bien égal, à ce brigand ! murmurait le prisonnier, assis à deux pas de là, en caressant le petit « Gris », qui remuait gaiement la queue : « Il nous a suivis, se dit Pierre, et Platon... » Il n'acheva pas, car, au même moment, son imagination lui représenta le pauvre Platon assis sous l'arbre, les deux coups de fusil qui avaient retenti au même endroit, le hurlement du chien, l'air coupable et craintif des deux soldats qui l'avaient dépassé avec leurs fusils encore fumants, l'absence de Karataïew à l'étape du soir. Il était enfin sur le point de comprendre que Karataïew avait été tué, lorsque, sans savoir pourquoi ni comment, il revit le balcon de sa maison de Kiew, où il avait passé une soirée d'été avec une belle Polonaise. Sans essayer de rattacher l'un à l'autre ces tableaux d'une nature si différente, Pierre referma les yeux, et ce souvenir, en se confondant dans son imagination avec le globe vacillant et liquide du vieux professeur, lui causa une telle impression de bien-être et de fraîcheur, qu'il crut se sentir glisser doucement dans une eau profonde, dont les flots, clairs comme le cristal, se réunissaient sans bruit au-dessus de sa tête !

Une vive fusillade et de grands cris le réveillèrent bien avant le lever du soleil.

« Les cosaques ! » s'écria un Français qui s'enfuyait, et, une minute plus tard, Pierre se trouva entouré de compatriotes.

Il fut longtemps à comprendre ce qui se passait. De toutes parts s'élevaient des exclamations de joie :

« Frères ! amis ! camarades ! » répétaient les vieux soldats en pleurant et en embrassant les cosaques et les hussards, qui, de leur côté, entouraient les prisonniers et leur offraient, qui un vêtement, qui des bottes, qui du pain !

Pierre sanglotait, et comme il ne pouvait, dans son émotion, prononcer un mot, il sauta au cou du premier soldat venu.

Dologhow, debout à l'entrée de la maison en ruines, assistait au défilé des Français désarmés, en donnant de légers coups de cravache sur la pointe de ses bottes. Sous l'impression, toute chaude encore, de leur mésaventure, ils parlaient haut entre eux, mais, en passant devant lui, et en sentant peser sur eux son regard glacial et pénétrant, qui ne leur promettait rien de bon, ils sentaient expirer la parole sur leurs lèvres. A deux pas de lui, on cosaque comptait les prisonniers, et marquait les centaines d'un trait de craie sur le battant de la porte cochère.

— Combien? demanda Dologhow.

— La seconde centaine, répondit le cosaque.

— Filez, filez! » disait Dologhow, qui avait emprunté cette expression aux Français, et un éclair de cruauté jaillissait de ses yeux lorsqu'ils se croisaient avec ceux des prisonniers.

Denissow, la tête découverte, suivait d'un air sombre et accablé les cosaques qui portaient le corps de Pétia, pour le déposer dans la fosse qu'ils avaient creusée au fond du jardin.

XV

A partir du 28 octobre, lorsque les froids commencèrent, la retraite des Français prit un caractère plus tragique. Le nombre des hommes gelés ou se chauffant à en mourir aux feux des bivouacs augmenta de jour en jour.

De Moscou à Viazma, on ne comptait plus que 36 000 hommes des 73 000, non compris la garde, qui pendant toute la guerre n'avaient fait que piller. La suite devait correspondre mathématiquement à ce commencement : l'armée française diminuait dans la même proportion de Viazma à Smolensk, de Smolensk à la Bérésina et de la Bérésina à Vilna, indépendamment de l'intensité du froid, de la poursuite des Russes, des obstacles imprévus, ou de toute autre circonstance prise isolément. A partir de Viazma, les trois colonnes se fondirent en une masse confuse qui marcha ainsi jusqu'à la fin. Berthier écrivait à son souverain ce qui suit (et l'on sait à quel point les chefs se permettent de s'écarter de la vérité lorsqu'ils décrivent la situation d'une armée) :

« Je crois devoir faire connaître à Votre Majesté l'état de ses troupes dans les différents corps d'armée que j'ai été à même d'observer depuis deux ou trois jours dans différents passages. Elles sont presque débandées. Le nombre des soldats qui suivent les drapeaux est en proportion du quart au plus dans presque tous les régiments ; les autres suivent isolément différentes directions, chacun pour son compte, dans l'espérance de trouver des subsistances et pour se débarrasser de la discipline. En général ils regardent Smolensk comme le point où ils doivent se refaire. Ces derniers jours on a remarqué que beaucoup de soldats jettent leurs cartouches et leurs armes. Dans cet état de choses, l'intérêt du service de Votre Majesté exige, quelles que soient ses vues ultérieures, qu'on rallie l'armée à Smolensk, en commençant à la débarrasser des non-combattants, tels que les hommes démontés, et des bagages inutiles et du matériel de l'artillerie, qui n'est plus en proportion avec les forces actuelles. En outre, deux jours de repos, des subsistances sont nécessaires aux soldats, qui sont exténués par la faim et la fatigue; beaucoup sont morts ces derniers jours sur la route et dans les bivouacs. Cet état de choses va toujours en s'aggravant, et donne lieu de craindre que, si l'on n'y apporte un prompt remède, on ne soit plus maître des troupes dans un combat. — Le 9 novembre, à trente verstes de Smolensk [1]. »

En entrant dans Smolensk, qui était pour eux la terre promise, les Français s'entretuent pour s'arracher les vivres, pillent leurs propres magasins, et, cette dévastation une fois accomplie, ils reprennent leur retraite sans même savoir où elle s'arrêtera, et pourquoi ils la reprennent. Napoléon, ce génie, qui ne se connaissait pas de maître, ne le savait pas davantage. Malgré tout, son entourage et lui-même continuaient à observer l'étiquette usitée en écrivant des lettres, des rapports, des ordres du jour. On s'appelait : « Sire, mon cousin, prince d'Eckmühl, ou roi de Naples »... Mais ces rapports et ces ordres du jour étaient lettres mortes. Personne ne les exécutait, parce qu'ils étaient inexécutables, et, malgré les titres pompeux dont ils faisaient parade, chacun d'eux sentait qu'il avait beaucoup à se reprocher et que le moment de l'expiation était venu. Aussi, en dépit des soins qu'ils semblaient accorder à l'armée, chacun en réalité ne pensait qu'à soi, à fuir au plus vite, et à se sauver, si c'était possible.

XVI

Les mouvements des armées russe et française, pendant cette retraite de Moscou au Niémen, rappellent le jeu de colin-maillard, lorsqu'on bande les yeux à deux des joueurs, et que l'un d'eux fait tinter sa clochette pour avertir celui qui doit

---

[1]. En français dans le texte. (*Note du trad.*)

l'attraper. Tout d'abord, il sonne sans craindre l'ennemi, mais, à mesure que la partie s'engage, il tâche de s'éloigner sans bruit, et le plus souvent, en cherchant à l'éviter, tombe entre les mains de son adversaire. C'est ainsi que pendant la première période de la retraite des troupes françaises sur la route de Kalouga, on savait encore où les trouver, mais, lorsqu'elles furent sur celle de Smolensk, elles prirent leur course en arrêtant le battant de la clochette et, sans s'en douter, allèrent se heurter plus d'une fois contre les Russes. Une armée fuyait, l'autre la poursuivait. En quittant Smolensk, les Français avaient le choix entre plusieurs routes : on aurait donc pu supposer qu'après y avoir séjourné quatre jours, ils auraient dû connaître l'approche de l'ennemi et combiner une attaque avantageuse, mais leur foule débandée s'élança en désordre, sans plan, sans direction précise, sur le plus périlleux des chemins, celui de Krasnoé à Orcha, en reprenant ainsi leur ancienne voie. Croyant avoir l'ennemi derrière et non devant eux, ils s'échelonnaient à de telles distances, que souvent ils se trouvaient à vingt-quatre heures les uns des autres. Napoléon fuyait en tête, puis les rois et les ducs. L'armée russe, pensant que Napoléon prendrait à droite au delà du Dnièpre, ce qui était, du reste, la seule manœuvre sensée à exécuter, suivit cette même direction, et déboucha sur la grand'route de Krasnoé. Alors, toujours comme au jeu du colin-maillard, les Français se trouvèrent en face de notre avant-garde. Après le premier moment de panique causée par cette apparition inattendue, ils s'arrêtèrent, puis reprirent leur course affolée en abandonnant les blessés et les traînards. C'est ainsi que, pendant trois jours, les corps du vice-roi, de Davout et de Ney défilèrent, par détachements isolés, devant les troupes russes. Personne ne s'inquiétait des autres, et chacun, se débarrassant de son artillerie, de ses bagages, de la moitié de ses hommes, ne pensait qu'à échapper aux Russes, en les tournant pendant la nuit par leur droite. Ney, qui s'était attardé à l'inutile besogne de faire sauter les murs de Smolensk, comme l'enfant qui s'en prend au plancher sur lequel il vient de faire une chute, marchait en dernier. Il rejoignit Napoléon à Orcha, avec les 1000 hommes qui lui restaient sur les 10 000 qu'il commandait dans le principe, et qu'il avait semés tout le long de la route, avec ses canons et ses bagages, obligé de se frayer pendant la nuit un chemin à travers les bois pour gagner le Dnièpre. D'Orcha à Vilna, ce fut le même jeu de fuite et de poursuite. Les bords de la Bérésina furent témoins d'une épouvantable confusion : beaucoup d'hommes s'y noyèrent, un grand nombre se rendirent et ceux qui eurent la chance de la traverser recommencèrent, à travers champs, leur course désespérée. Quant au chef suprême, il endossa une fourrure, se mit en traîneau, et partit, laissant derrière lui ses compagnons d'infortune, dont les uns suivirent son exemple, tandis que les autres se laissaient prendre, ou allaient augmenter le chiffre des morts !

XVII

Quand on voit les Français, pendant tout le cours de cette campagne, courir à leur perte inévitable, en ne subordonnant à aucune combinaison stratégique l'ensemble de leurs opérations ou les détails de leur marche, on ne peut se figurer que les historiens, à propos de cette retraite, reproduisent leur théorie de la mise en mouvement des masses par la volonté d'un seul. Cependant ils ont écrit des volumes pour énumérer les remarquables dispositions prises par Napoléon pour guider ses troupes, et vanter le talent militaire déployé à cette occasion par ses maréchaux. Ils ont recours aux arguments les plus spécieux, afin de nous expliquer les motifs qui l'engagèrent à choisir, pour battre en retraite, la route dévastée qu'il avait prise en marchant sur Moscou, au lieu de profiter de celle qui traversait des gouvernements abondamment approvisionnés. Ils exaltent son héroïsme au moment où, se préparant à livrer bataille à Krasnoé, et à commander en personne, il dit à son entourage : « J'ai assez fait l'Empereur, il est temps de faire le général ! » Et pourtant, malgré ces nobles paroles, il fuit plus loin, abandonnant toute son armée à son malheureux sort ! Ils nous dépeignent ensuite la bravoure des maréchaux, celle de Ney en particulier, qui se borne, après un détour dans la forêt, à passer de nuit le Dnièpre, et à arriver à Orcha, sans drapeaux, sans artillerie, après avoir perdu les neuf dixièmes de ses hommes ! Enfin ils nous décrivent complaisamment dans tous ses détails le départ de l'Empereur, de l'Empereur laissant là sa grande et héroïque armée !

Ce fait, qui, en langue vulgaire, serait tout simplement taxé de lâcheté, et qu'on apprend aux enfants à mépriser, est représenté par les historiens comme quelque chose de grand et de marqué au coin du génie. Et quand ils sont à bout d'arguments pour justifier une action contraire à tout ce que l'humanité reconnaît de bon et de juste, ils évoquent solennellement la notion de la grandeur, comme si elle pouvait exclure la notion du bien et du mal. S'il était possible de partager leur manière de voir, il n'y aurait donc rien de mal pour celui qui est « grand », et aucune atrocité ne pourrait lui être reprochée. « C'est grand! » disent les historiens, et cela leur suffit. Le bien et le mal n'existent pas pour eux, il n'y a que « ce qui est grand et ce qui ne l'est pas », et « le grand » est pour eux la marque essentielle de certains personnages qu'ils décorent du nom de héros! Quant à Napoléon, qui s'enveloppe de sa fourrure et s'éloigne à fond de train de tous ceux qu'il a emmenés avec lui, et dont la perte est en train de se consommer, il se dit, lui aussi, en toute tranquillité, que « c'est grand! » Et parmi tous ceux qui depuis cinquante ans l'appellent : Napoléon « le Grand », il n'y en a pas un qui comprenne qu'admettre « la grandeur » en dehors des lois éternelles du bien et du mal équivaut à reconnaître son infériorité et sa petitesse morale! A notre avis, la mesure du bien et du mal, donnée par le Christ, doit s'appliquer à toutes les actions humaines, et il ne saurait y avoir de « grandeur » là où il n'y a ni simplicité, ni bonté, ni vérité!

XVIII

Quel est celui de nous autres Russes qui, en lisant la description de la dernière partie de la campagne de 1812, n'a pas éprouvé un sentiment de pénible et vague dépit? Qui ne s'est demandé comment notre armée, après avoir accepté la bataille de Borodino, lorsqu'elle était inférieure en nombre à celle des Français, n'avait pas pu, après les avoir cernés de trois côtés à la fois, leur couper la retraite et les faire tous prisonniers; car, mourant de froid et de faim, ils se rendaient par détachements entiers? L'histoire (du moins celle qui s'accorde ce titre) nous répond qu'il faut en rendre responsables Koutouzow, Tormassow, et autres, qui n'ont pas su, en temps utile, prendre certaines dispositions; mais alors pourquoi ne pas les avoir jugés et condamnés? Même en leur imputant ce prétendu oubli de leur devoir, il est difficile en effet de comprendre, eu égard aux conditions dans lesquelles se trouvait l'armée russe à Krasnoé et à la Bérésina, comment elle ne s'est pas emparée de toute l'armée française, avec ses maréchaux, ses rois et son empereur, surtout si, comme on l'assure, c'était là le dessein arrêté en haut lieu! Expliquer cet étrange phénomène, en disant que Koutouzow a entravé la réussite, c'est complètement inadmissible, puisque nous savons tous, aujourd'hui, que, malgré sa volonté bien arrêtée de ne pas prendre l'offensive, il n'avait pas pu s'opposer au désir manifesté par ses troupes à Viazma et à Taroutino. Si, comme on le prétend, le projet des Russes était de couper la retraite à l'armée française et de la faire prisonnière en masse, et que leurs tentatives en ce sens n'aient abouti qu'à des échecs, il s'ensuit naturellement que les Français doivent considérer cette dernière période de la campagne comme une série de victoires pour leurs armes, et que les historiens militaires russes ont tort d'y voir une marche triomphale pour nos soldats. Car, s'ils veulent être logiques, malgré leur enthousiasme lyrique et patriotique, ils sont bien obligés de reconnaître que la retraite des Français, depuis Moscou, a été une suite ininterrompue de succès pour Napoléon et de défaites pour Koutouzow. Mais, en mettant de côté pour un moment tout amour-propre national, on sent qu'il y a évidemment dans cette conclusion une contradiction flagrante, puisqu'en définitive les victoires successives de l'ennemi ont abouti à son anéantissement, tandis que les défaites russes ont eu pour résultat la libération de la patrie. La cause réelle de cette contradiction gît dans le fait que les historiens, en se bornant à étudier les événements dans la correspondance des Empereurs et des généraux, dans les récits et dans les rapports officiels, ont faussement supposé que le plan était de couper la retraite à Napoléon et à ses maréchaux, et de les faire prisonniers. Ce plan n'a jamais existé et ne pouvait exister, car il n'avait aucune raison d'être. De plus, il était impossible de l'exécuter, car l'armée de Napoléon s'enfuyait avec une précipitation qui tenait du vertige, hâtant ainsi elle-même le dénoûment désiré. Il aurait donc été absurde d'entreprendre des opérations habilement combinées contre des fuyards, dont la plus grande partie mourait en route, et dont la capture, même celle de leur Empereur et de leurs généraux, n'aurait fait qu'embarrasser l'action des poursuivants. L'idée de couper la retraite à Napoléon était aussi peu sensée qu'impraticable, car l'expérience nous prouve que jamais un mouvement de colonne exécuté pendant une bataille, à cinq verstes de distance, ne concorde, à point nommé, avec le plan primitif. On a beau s'imaginer bénévolement que Tchitchagow, Koutouzow et Wittgenstein se rencontreraient à l'heure dite, à l'endroit désigné par avance, c'était en réalité aussi invraisemblable qu'impossible ; Koutouzow le sentait bien, lorsque, en recevant le plan qu'on lui envoyait de Saint-Pétersbourg, il disait que les dispositions faites à distance n'avaient jamais le résultat qu'on en attendait. Quant à l'expression militaire de « couper une retraite », c'est également un non-sens, et rien de plus : on coupe un morceau de pain, on ne coupe pas une armée. Quoi qu'on dise ou qu'on fasse, on ne peut ni couper une armée, ni lui barrer le chemin, car il y a toujours moyen de faire un détour, et messieurs les tacticiens devraient savoir, par l'exemple de Krasnoé et de la Bérésina, combien la nuit est favorable aux mouvements imprévus. Quant aux prisonniers, on ne prend que ceux qui le veulent bien, comme l'hirondelle qui ne se laisse attraper que lorsqu'elle se pose sur la main, ou comme les Allemands qui se rendent méthodiquement, selon toutes les règles de la stratégie et de la tactique. Quant aux Français, ils pensaient avec raison qu'il n'y avait pas plus d'avantage pour eux d'un côté que de l'autre, car, prisonniers ou fuyards, ils n'avaient d'autre perspective que de mourir de froid ou de faim. Dans sa marche de Taroutino à Krasnoé, l'armée russe, sans livrer un seul combat, perdit 50 000 hommes en malades et traînards. Pendant cette période de la campagne, nos troupes, manquant de vivres, de chaussures, de vêtements, bivouaquaient des mois entiers dans la neige, par quinze degrés de froid ; les jours n'avaient que sept ou huit heures de durée, les nuits étaient sans fin, il n'y avait plus, par conséquent, de discipline, puisqu'elles luttaient à tout instant contre la mort et les souffrances. Là-dessus les historiens se contentent de vous dire que Miloradovitch aurait dû exécuter une marche de flanc pendant que Tormassow en aurait fait une autre de son côté, et que Tchitchagow se serait avancé (ayant de la neige au-dessus des genoux) pour refouler et culbuter l'ennemi. Que ne nous disent-ils plutôt que ceux qui mouraient ainsi de froid et de faim ont fait tout ce qui était possible et indispensable pour l'honneur de la nation. Ce n'est pas leur faute si, pendant ce temps, d'autres Russes, confortablement assis dans des chambres bien closes, s'amusaient à combiner des plans irréalisables! Cette étrange et inconcevable contradiction du fait réel et de la description officielle provient de ce que les historiens s'attachent à nous décrire les sentiments sublimes et à nous répéter les paroles mémorables de certains généraux, au lieu de dépeindre prosaïquement les événements. Les grandes phrases de Miloradovitch, les récompenses reçues par tel ou tel militaire pour ses profondes combinaisons stratégiques, ont seules le don de les intéresser, mais les 50 000 hommes disséminés dans les hôpitaux et dans les cimetières n'attirent pas leur attention, comme s'ils étaient indignes de leurs savantes recherches... Et cependant ne suffit-il pas de laisser de côté l'étude des rapports et des plans de bataille, et de pénétrer dans le mouvement intime de ces centaines de milliers d'individus qui prennent une part immédiate aux événements, pour donner à des questions jusque-là insolubles en apparence une solution claire comme le jour?

CHAPITRE VI

I

Lorsqu'un homme voit mourir un animal quelconque, il est pris d'un sentiment involontaire de terreur, car il assiste à l'anéantissement d'une fraction de cette nature animale à laquelle il appartient; mais, lorsqu'il s'agit d'un être aimé, on ressent, en dehors de la terreur causée par le spectacle de la destruction, un déchirement intérieur, et cette blessure de l'âme tue ou se cicatrise, comme une blessure ordinaire; mais elle reste toujours sensible, et frissonne au moindre attouchement.

La princesse Marie et Natacha en firent l'une et l'autre la triste expérience après la mort du prince André. Moralement courbées et affaissées sous l'influence du nuage menaçant de la mort qu'elles avaient vue si longtemps planer sur leurs têtes, elles n'osaient plus regarder la vie en face, et elles ne retrouvaient un peu de force que pour protéger leur plaie, toujours saignante, contre les douloureuses impressions du dehors. Tout, jusqu'au roulement de la voiture dans la rue, l'annonce du dîner, la question de la femme de chambre au sujet de la robe qu'il fallait mettre, ou, ce qui était pis encore, un mot banal, un intérêt trop faiblement exprimé, irritait leur blessure, car tout cela les empêchait de plonger leurs regards dans ce lointain mystérieux qu'elles avaient entrevu pendant quelques secondes. Tout cela semblait insulter à ce calme profond qui leur était si nécessaire à toutes deux, pour se reprendre à écouter les chants de ce chœur solennel et terrible qui n'avaient pas encore cessé de vibrer dans leur imagination. Elles échangeaient peu de paroles, mais elles éprouvaient une véritable consolation à se trouver ensemble; elles évitaient même toute allusion à l'avenir, à leur tristesse, au défunt, car en parler n'était-ce pas porter atteinte à la grandeur et à la sainteté du mystère qui s'était accompli sous leurs yeux? Cette réserve qu'elles s'imposaient ne faisait qu'aiguillonner leur chagrin, mais la douleur aussi bien que la joie ne peut être éternelle et sans alliage.

La princesse Marie, la première, par sa position personnelle et indépendante, par les obligations que lui imposait la tutelle de son neveu, fut attirée hors de la sphère de deuil dans laquelle elle avait vécu pendant près de deux semaines. Une lettre reçue exigeait une réponse, la chambre du petit Nicolas était humide, il avait attrapé un rhume; Alpatitch, arrivé de Yaroslaw, lui présentait le compte rendu des affaires, etc. Il fallut discuter avec lui à propos du conseil qu'il lui donnait de retourner à Moscou et de s'établir à nouveau dans leur hôtel; car l'hôtel était resté intact, et n'exigeait que quelques réparations insignifiantes. La vie habituelle suivait donc son cours, sans qu'il fût possible de l'arrêter, et, quelque pénible qu'il fût pour la princesse Marie de sortir de sa solitude contemplative, quoiqu'elle se fît de vifs scrupules de quitter Natacha, en la laissant seule en proie à tous ses regrets, les soucis de l'existence la réclamaient. Elle y reprit, à son cœur défendant, sa part d'activité; elle revit les comptes avec Alpatitch, prit conseil de Dessalles au sujet de son neveu, et s'occupa des préparatifs de son retour à Moscou.

Natacha, livrée à un isolement plus complet, s'éloigna insensiblement de la princesse Marie, dès que son départ fut décidé. Cette dernière proposa à la comtesse de l'emmener avec elle. Son père et sa mère y consentirent avec empressement, car, s'apercevant que leur fille s'affaiblissait de plus en plus, ils espéraient que le changement d'air et les soins des médecins de Moscou contribueraient à la rétablir!

« Je n'irai nulle part, répondit Natacha, je ne demande qu'une chose : c'est qu'on me laisse en paix! » Et elle sortit précipitamment, en retenant à grand'peine des larmes de colère plutôt que de douleur.

Blessée de l'abandon de la princesse Marie, elle passait la plus grande partie de son temps seule dans sa chambre, enfoncée dans un coin du divan, agitant machinalement, sans s'en apercevoir, ce qui lui tombait sous la main, pendant que ses yeux immobiles regardaient, sans voir, dans l'espace. Cette solitude la fatiguait, l'épuisait, mais elle lui était nécessaire. Dès que quelqu'un entrait chez elle, elle se levait brusquement, changeait de position, d'expression de physionomie, saisissait un livre ou un ouvrage quelconque, et attendait avec une visible impatience qu'on la laissât à elle-même. Il lui semblait toujours qu'elle était sur le point de pénétrer et de résoudre l'effrayant problème sur lequel se concentraient toutes les forces de son âme.

Un jour, à la fin de décembre, les cheveux négligemment noués sur le sommet de la tête, habillée d'une robe de laine noire, pâle, amaigrie, elle était à moitié étendue comme d'habitude dans l'angle du divan et chiffonnait machinalement le bout de sa ceinture. Ses yeux fixés sur la porte semblaient regarder du côté par où il avait disparu; alors cette rive inconnue de la vie, où jamais jusque-là elle n'avait fixé sa pensée, cette rive qui lui avait toujours paru si lointaine et si problématique, se rapprochait d'elle; elle devenait visible et presque palpable, tandis que celle où elle était restée lui apparaissait déserte, désolée, pleine de souffrances et de larmes. Le cherchant là où elle savait qu'il devait être, elle ne pouvait néanmoins se le représenter autrement qu'elle ne l'avait vu dans ces derniers temps : elle voyait sa figure, elle entendait sa voix, elle se répétait ses paroles, y ajoutant de nouvelles paroles qu'elle s'imaginait avoir entendues... Le voilà!... Il est étendu dans son fauteuil, avec son vêtement de velours fourré, la tête appuyée sur sa main maigre et diaphane; sa poitrine est enfoncée, ses épaules relevées, ses lèvres serrées, ses yeux brillants, et des plis se creusent et se détendent sur son front pâle. Une de ses jambes tremble imperceptiblement, et Natacha devine qu'il lutte contre une poignante douleur... « Quelle est cette douleur? Que sent-il? » se demande-t-elle... Mais il a remarqué son attention; il la regarde et lui dit sans sourire : « Se lier pour la vie à un homme qui souffre est une chose horrible, c'est un tourment éternel... » Et il essaye de pénétrer sa pensée... Natacha répond alors comme elle répondait toujours : « Cela ne durera pas, vous vous remettrez!... » Mais son regard sévère et scrutateur lui adresse un reproche plein de désespoir... « Je lui avais dit, pensait Natacha, que rester ainsi malade serait en effet terrible, mais il a donné un autre sens à mes paroles : je le disais pour lui, et il a cru que je parlais de moi, car alors il tenait encore à la vie et il craignait la mort!... J'ai parlé sans réfléchir, autrement je lui aurais dit que j'aurais été heureuse de le voir toujours mourant plutôt que d'éprouver ce que j'éprouve aujourd'hui !... C'est inutile maintenant de chercher à réparer ma faute, il ne le saura jamais !... Son imagination se complaisant à recommencer la même scène, elle modifiait sa réponse et lui disait : « Oui, c'eût été affreux pour vous, mais pas pour moi, car vous savez que vous êtes tout pour moi : souffrir avec vous est encore un bonheur ! » Alors elle sentait le serrement de sa main, elle entendait sa propre voix lui répéter des paroles de tendresse et d'amour qu'elle n'avait pas dites alors, mais qu'elle disait aujourd'hui : « Je t'aime, je t'aime ! » répétait-elle en joignant convulsivement les mains, et sa douleur devenait moins amère et ses yeux se remplissaient de larmes... puis tout à coup elle se demandait avec terreur à qui elle parlait ainsi... « Qui était-il ? Où était-il à présent ?... » Tout se dérobait derrière une appréhension indicible qui arrêtait son effusion, et, se laissant de nouveau aller à ses réflexions, il lui semblait qu'elle allait enfin pénétrer le mystère. Mais, au moment où elle allait saisir l'insaisissable, Douniacha, la fille de chambre, entra vivement, le visage décomposé, et lui dit, sans s'inquiéter de l'effet produit par son apparition :

« Venez vite, mademoiselle, un malheur est arrivé !... Pierre Illitch... une lettre ! » dit-elle en sanglotant.

II

L'aversion que chacun inspirait à Natacha était plus marquée encore envers les membres de sa famille. Son père, sa mère, Sonia, lui étaient si familiers et si proches, que leurs paroles lui paraissaient toujours sonner faux dans ce monde idéal qui l'absorbait complètement. Elle leur témoignait non seulement de l'indifférence, mais même de l'inimitié. Elle écouta la nouvelle apportée par Douniacha sans la comprendre : « De quel malheur parle-t-elle ? Qu'est-ce qui peut leur être arrivé, à eux, dont les jours coulent et se succèdent avec la même tranquillité ? » Voilà ce qu'elle se demandait.

Lorsqu'elle entra dans le salon, son père sortait de la chambre de la comtesse. Sa figure contractée était couverte de larmes ; en apercevant sa fille, il fit un geste désespéré, et éclata en sanglots déchirants, qui bouleversaient sa bonne et placide figure :

« Pétia, Pétia !... Va ! Va ! Elle t'appelle ! » Pleurant à chaudes larmes comme un enfant, et traînant ses jambes affaiblies, il s'affaissa sur une chaise, en couvrant sa figure de ses mains.

On aurait dit qu'un courant électrique enveloppait dans ce moment Natacha de la tête aux pieds, et la frappait douloureusement au cœur; elle sentit quelque chose éclater en elle, elle crut mourir, mais cette horrible angoisse fut instantanément suivie d'une sensation de délivrance. La torpeur qui pesait sur elle s'était évanouie. La vue de son père, les cris de douleur sauvage de sa mère, lui firent oublier sa propre désolation ; elle courut à son père, mais celui-ci, d'un geste qui trahissait sa faiblesse, lui indiqua la porte de la chambre de la comtesse, sur le seuil de laquelle la princesse Marie venait d'apparaître, pâle et tremblante. Saisissant Natacha par la main, elle murmura quelques mots, mais celle-ci, incapable de la voir et de l'entendre, la repoussa, se précipita vers sa mère, et s'arrêta une seconde devant elle, comme si elle luttait contre elle-même. La comtesse, à moitié couchée dans un fauteuil, en proie à des mouvements nerveux qui agitaient tout son corps, se frappait la tête contre la muraille. Sonia et les femmes de chambre tenaient ses mains étroitement serrées.

« Natacha, criait la comtesse, ce n'est pas vrai, n'est-ce pas, vraiment ?... Natacha ! poursuivait-elle, en repoussant ceux qui l'entouraient, dis-moi que ce n'est pas vrai ! »

Natacha s'agenouilla sur le fauteuil, se pencha au-dessus de sa mère, releva sa tête affaissée, et colla sa figure contre la sienne.

« Maman, ma chérie !... Je suis là, maman ! murmurait-elle sans interruption, et, la prenant dans ses bras, elle luttait tendrement avec elle en la faisant entourer d'oreillers, en la forçant à boire un peu d'eau, en dégrafant sa robe.

« Je suis là, maman, je suis là ! » lui disait-elle toujours, en baisant sa tête, son visage, ses mains, et aveuglée par le torrent de larmes qui coulait le long de ses joues.

La comtesse serra la main de sa fille, ferma les yeux et se calma un moment. Tout à coup, se soulevant avec un violent effort, elle promena autour d'elle un regard terne, et, apercevant sa fille, elle lui prit la tête à deux mains et la serra de toutes ses forces, puis, fixant ses yeux sur son visage, qu'elle pressait à lui faire mal, elle la regarda longtemps d'un air égaré.

« Natacha, tu m'aimes? lui dit-elle tout bas d'une voix confiante... Tu ne me tromperas pas, tu me diras la vérité? »

Les yeux de Natacha, voilés de larmes, semblaient implorer son pardon.

« Mère chérie! » dit-elle en employant tout son amour filial à soulager sa mère d'une part de son terrible malheur, pendant que celle-ci, impuissante à conjurer l'horrible réalité, s'obstinait à repousser l'idée qu'elle pouvait encore vivre, lorsque son fils bien-aimé venait d'être tué à la fleur de l'âge, et elle retombait dans le monde du délire pour fuir la fatale vérité.

Natacha n'aurait pu dire comment se passèrent cette première nuit et la journée qui suivit. Elle ne dormit pas, et ne quitta pas sa mère d'une minute. Son affection, tenace et patiente, ne cherchait ni à consoler ni à expliquer, mais enveloppait la pauvre affligée d'effluves de tendresse qui étaient comme un appel à la vie. La troisième nuit, profitant d'un moment d'assoupissement de sa mère, elle venait de fermer les yeux en appuyant sa tête sur le bras du fauteuil, lorsque, à un craquement du lit, elle les rouvrit tout à coup, et vit la malade, assise sur son séant, parlant tout bas :

« Comme je suis heureuse de ton retour!... Tu es fatigué?... veux-tu du thé? »

Natacha s'approcha.

« Comme te voilà grand et beau! » poursuivit la comtesse en prenant la main de sa fille...

— Maman, à qui parlez-vous?

— Natacha, il est mort, mort!... Je ne le verrai plus! » Alors, se jetant au cou de sa fille, elle fondit en larmes pour la première fois.

III

Sonia et le vieux comte essayaient en vain de remplacer Natacha; elle était décidément la seule qui pût arrêter sa mère sur la pente d'un désespoir voisin de la folie. Pendant trois semaines elle resta constamment auprès d'elle, sommeillant à ses côtés dans un fauteuil : elle lui donnait à boire, à manger, et ne cessait de lui adresser de douces et tendres paroles.

La blessure de cette pauvre âme ne pouvait se cicatriser. La mort de Pétia avait emporté la meilleure part de sa vie. Un mois plus tard, cette femme, que la nouvelle de la mort de son fils avait trouvée portant légèrement et avec vigueur ses cinquante ans, sortit de sa chambre, vieille, à moitié morte, et ne prenant plus aucun intérêt à l'existence. Ce coup, qui l'avait terrassée, arracha au contraire sa fille à sa léthargie. Natacha avait cru que sa vie était finie lorsque son affection pour sa mère lui démontra que l'essence de son être, c'est-à-dire l'amour, était encore vivace en elle, et, l'amour une fois réveillé dans son âme, elle revint à la vie.

Les derniers jours du prince André avaient déjà lié Natacha et la princesse Marie; ce nouveau malheur les rapprocha davantage. Cette dernière avait remis son départ; elle soigna avec dévouement Natacha, dont les forces physiques avaient été soumises à une trop rude épreuve dans la chambre de sa mère, et qui était tombée malade à son tour. S'apercevant un jour qu'elle avait le frisson, la princesse Marie voulut qu'elle vînt chez elle, la coucha sur son lit, baissa les stores, et allait la quitter, lorsque Natacha la rappela.

« Je n'ai pas sommeil, Marie, reste avec moi.

— Mais tu es fatiguée, dors.

— Non, non, pourquoi m'as-tu emmenée?... Elle me demandera.

— Non, ma chérie, elle est au contraire beaucoup mieux aujourd'hui. »

Natacha, étendue sur le lit, examinait dans la demi-obscurité les traits de la princesse Marie : « Lui ressemble-t-elle? se demandait Natacha. Oui et non : elle a quelque chose de particulier, d'étrange, quelque chose qui m'est inconnu, mais elle m'aime, et son cœur est essentiellement bon... mais que pense-t-elle? Comment me juge-t-elle? »

« Macha, dit-elle timidement en l'attirant par la main, ne crois pas que je sois mauvaise, non, ma petite âme, je t'aime bien, je t'assure, soyons amies, complètement amies. » Et elle lui couvrit de baisers la figure et les mains.

La princesse Marie, confuse et embarrassée, répondit cependant avec joie à cet épanchement.

A dater de ce jour, elles eurent l'une pour l'autre cette amitié exaltée et passionnée qui ne se rencontre qu'entre femmes. Elles s'embrassaient à tout instant, s'adressaient de tendres paroles, et passaient ensemble la plus grande partie de leur journée. Si l'une s'en allait, l'autre s'inquiétait, et ne se rassurait que lorsqu'elle l'avait rejointe. Elles se sentaient plus en paix avec elles-mêmes, réunies que séparées ; c'était un sentiment plus fort que l'amitié, et si exclusif, que la vie ne devenait possible que si l'amie était là. Parfois, elles gardaient le silence pendant de longues heures, ou bien, couchées l'une à côté de l'autre, elles bavardaient toute la nuit jusqu'au matin. Les souvenirs les plus lointains étaient leur thème favori. La princesse Marie racontait son enfance, ses rêveries, parlait de sa mère et de son père, et Natacha, qui jusque-là s'était détournée avec une indifférence hautaine de cette vie de dévouement et de soumission, dont elle ne pouvait comprendre la poétique et chrétienne abnégation, aujourd'hui ardemment attachée à la princesse Marie, s'éprit de sympathie pour son passé, et en comprit enfin le côté intime, resté si longtemps impénétrable à ses yeux. Sans doute, elle ne songeait pas à pratiquer cette abnégation absolue, car elle était habituée à chercher d'autres joies, mais elle apprécia d'autant plus vivement cette vertu, qu'elle ne la possédait pas. Quant à la princesse Marie, elle aussi, en écoutant les récits de l'enfance et de l'adolescence de Natacha, elle entrevoyait un horizon qui lui était inconnu, la foi dans la vie et dans les jouissances qu'elle apporte avec elle. De « lui » elles ne parlaient qu'à de bien rares intervalles, pour ne pas insulter (c'était leur idée) à l'élévation de leurs sentiments, mais ce silence volontaire accomplissait peu à peu, et malgré elles, l'œuvre de l'oubli.

Natacha avait singulièrement pâli, et sa faiblesse était si grande que, lorsqu'on lui parlait de sa santé, elle en éprouvait un certain plaisir ; mais tout à coup, par une révolution subite, elle se sentait envahir, non pas par la crainte de la mort, mais par celle de la maladie et de la perte de sa beauté. Examinant alors son visage amaigri, elle s'étonnait du changement survenu dans ses traits, et les étudiait tristement dans son miroir. « C'était inévitable, » se disait-elle, et cependant elle en avait peur, et regrettait qu'il en fût ainsi ! Un jour, ayant monté trop vite l'escalier, elle s'arrêta essoufflée, et trouva aussitôt une raison pour redescendre, puis une autre pour remonter : elle cherchait ainsi à essayer et à mesurer ses forces. Une autre fois elle appela Douniacha, et la voix lui manqua. Bien qu'elle l'entendît s'approcher, elle l'appela de nouveau, à pleins poumons, comme lorsqu'elle chantait, et elle s'écouta avec attention. Elle ne s'en doutait pas et n'aurait pu le croire possible, mais, à travers la couche épaisse de limon dont elle croyait son âme recouverte, perçaient déjà les fines et tendres pointes de l'herbe nouvelle, qui devait prendre le dessus, et faire bientôt disparaître, sous la sève de sa verdure, la douleur qui l'avait écrasée. La plaie intérieure se cicatrisait.

La princesse Marie partit pour Moscou à la fin de janvier, emmenant Natacha avec elle, car le comte insistait pour qu'elle consultât les médecins.

IV

Après le choc des deux armées qui avait eu lieu à Viazma, et où il avait été impossible à Koutouzow d'arrêter l'élan de ses troupes, désireuses de culbuter l'ennemi et de lui couper la retraite, la fuite des Français et la poursuite des Russes continuèrent sans nouvelle bataille. La fuite de l'armée française était tellement rapide, que l'armée russe ne pouvait l'atteindre; les chevaux de l'artillerie tombaient, épuisés, sur la route, et nos soldats, exténués de fatigue par cette course incessante de quarante verstes par vingt-quatre heures, ne pouvaient plus en accélérer la vitesse.

Voici qui suffira à donner une idée du degré d'épuisement auquel notre armée était arrivée; depuis Taroutino elle n'avait perdu, en blessés et en morts, que 5 000 hommes, dont une centaine à peine avaient été faits prisonniers, tandis qu'en arrivant à Krasnoé elle était déjà réduite à la moitié des 100 000 hommes d'effectif qu'elle comptait à sa sortie de Taroutino. La rapidité de sa poursuite agissait par conséquent sur elle d'une façon aussi dissolvante que la fuite sur les Français, avec cette différence toutefois qu'elle marchait de plein gré, sans se sentir, comme l'ennemi, menacée d'un anéantissement complet, et que ses traînards étaient recueillis par leurs compatriotes; au contraire, les Français restés en arrière tombaient infailliblement entre les mains des Russes.

Koutouzow employa, autant qu'il le put, toute son activité à ne pas entraver la retraite des Français, à la favoriser au contraire, tout en facilitant le mouvement en avant de nos troupes. Depuis les fatigues et les pertes qu'elles avaient subies, une autre raison le forçait encore à temporiser: c'était seulement à condition de suivre les Français à distance, qu'on pouvait espérer les tourner dans leur course désordonnée. Koutouzow sentait, comme tout soldat russe, que l'ennemi était vaincu et irrémédiablement vaincu par la seule force des circonstances. Mais ses généraux, surtout les étrangers, brûlant du désir de se distinguer personnellement, de faire prisonnier un duc ou un roi, s'obstinaient à trouver le moment propice pour livrer une bataille en règle, et pourtant rien n'était plus absurde. Aussi ne cessaient-ils de lui présenter des plans, dont le seul résultat était l'augmentation des marches forcées et un surcroît de fatigue pour les hommes, tandis que le plan unique, fermement poursuivi par Koutouzow, de Moscou à Vilna, était de diminuer pour ses soldats les misères de cette campagne. Malgré tous ses efforts, il fut néanmoins impuissant à mettre un frein à toutes ces ambitions qui s'agitaient autour de lui, et qui se manifestaient surtout lorsque les troupes russes venaient à tomber inopinément sur les troupes françaises.

C'est ce qui arriva à Krasnoé; là, au lieu d'avoir affaire à une colonne française isolée, on se heurta contre Napoléon lui-même entouré de 16 000 hommes; là il fut impossible à Koutouzow d'épargner à son armée une funeste et inutile collision; le carnage des hommes débandés de l'armée française par les hommes épuisés de l'armée russe continua trois jours durant. On fit un grand nombre de prisonniers, on prit des canons et un bâton qu'on appelait « bâton de maréchal », chacun enfin tint à prouver qu'il s'était « distingué ». Après l'affaire, ce fut une altercation générale : tous se reprochaient les uns aux autres de n'avoir pris ni Napoléon ni aucun de ses maréchaux. Ces hommes, entraînés par leurs passions, n'étaient que les instruments aveugles de l'inexorable nécessité : ils se regardaient comme des héros, et demeuraient persuadés qu'ils s'étaient conduits de la manière la plus noble et la plus méritoire. Koutouzow surtout était l'objet de leur animosité : ils l'accusaient de les avoir empêchés, dès le début de la campagne, de battre Napoléon, de ne penser qu'à ses intérêts, et de n'avoir arrêté la marche de l'armée à Krasnoé que parce qu'il avait perdu la tête en apprenant sa présence, d'être en relations avec lui, même de lui être vendu, etc.

Non seulement, sous l'influence de ces sentiments passionnés, les contemporains ont ainsi jugé Koutouzow; mais, tandis que la postérité et l'histoire décernent à Napoléon le nom de « Grand », les étrangers le dépeignent, lui, comme un vieillard usé, comme un courtisan corrompu et affaibli, et les Russes, comme un être indéfinissable, une sorte de mannequin, utile dans le moment, grâce à son nom essentiellement russe !

V

Dans les années 1812 et 1813, on l'accusait tout haut. L'Empereur en était mécontent, et dans un livre d'histoire, récemment écrit par ordre supérieur, Koutouzow est représenté comme un courtisan intrigant et fourbe, tremblant même au seul nom de Napoléon, et capable d'avoir empêché, par ses fautes, les troupes russes de remporter à Krasnoé et à la Bérésina une éclatante victoire. Tel est le sort de ceux qui ne sont pas proclamés de « grands hommes », tel est le sort de ces individualités isolées qui, devinant les desseins de la Providence, y soumettent leur volonté : la foule les punit d'avoir compris les lois supérieures qui régissent les affaires de ce monde en déversant sur elles le mépris et l'envie.

Chose étrange et terrible à dire! Napoléon, cet infime instrument de l'histoire, est pour les Russes eux-mêmes un sujet inépuisable d'exaltation et d'enthousiasme : il est « grand » à leurs yeux. Mettez en parallèle Koutouzow, qui, du commencement à la fin de 1812, de Borodino à Vilna, ne s'est pas une fois démenti, ni par une action, ni par une parole, qui est un exemple sans précédent de l'abnégation la plus absolue, qui pressent, avec une si rare clairvoyance, dans les événements qui se passent autour de lui, l'importance qu'ils doivent avoir pour l'avenir. Koutouzow est représenté par eux comme un être incolore, digne tout au plus de commisération, et ils ne parlent le plus souvent de lui qu'avec un sentiment de honte mal déguisée !... Et cependant, où trouver un personnage historique qui ait tendu vers un seul et même but avec plus de persévérance, et qui l'ait atteint d'une manière plus complète et plus conforme à la volonté de tout un peuple?

Il n'a jamais parlé des « quarante siècles qui regardaient ses soldats du haut des Pyramides », des sacrifices qu'il avait faits à la patrie, de ses intentions et de ses plans » ! Encore moins parlait-il de lui-même. Il ne jouait aucun rôle : à première vue, c'était un homme tout rond, tout simple, ne disant que des choses tout ordinaires. Il écrivait à ses filles, à Mme de Staël, lisait des romans, aimait la société des jolies femmes, plaisantait avec les généraux, les officiers, les soldats, et ne contredisait jamais une opinion contraire à la sienne. Lorsque le comte Rostoptchine lui adressa des reproches tout personnels pour avoir abandonné Moscou, en lui rappelant sa promesse de ne pas le livrer sans bataille, Koutouzow lui répondit :

« C'est ce que j'ai fait. » Et cependant Moscou était déjà abandonné! Lorsque Araktchéïew vint lui dire de la part de l'Empereur qu'il fallait nommer Yermolow commandant de l'artillerie, Koutouzow répondit :

« C'est ce que je venais de dire, » bien qu'un moment avant il eût dit tout le contraire! Que lui importait à lui, qui, seul au milieu de cette foule inepte, se rendait compte des conséquences immenses de l'événement, que ce fût à lui ou au comte Rostoptchine qu'on imputât les malheurs de la capitale? et que lui importait surtout la nomination de tel ou tel chef d'artillerie?

Dans ces circonstances, comme dans toutes les autres, ce vieillard, arrivé par l'expérience de la vie à la conviction que les paroles ne sont pas les véritables moteurs des actions humaines, en prononçait souvent qui n'avaient aucun sens, les premières qui lui venaient à l'esprit. Mais cet homme qui attachait si peu d'importance à ses paroles, n'en a jamais prononcé une seule, pendant toute sa carrière active, qui ne tendît au but qu'il voulait atteindre. Involontairement cependant, et malgré la triste certitude qu'il avait de ne pas être compris, il lui est arrivé plus d'une fois d'exprimer nettement sa pensée, et cela dans des occasions bien différentes les unes des autres. N'a-t-il pas toujours soutenu, en parlant de la bataille de Borodino, première cause des dissentiments entre lui et son entourage, que c'était une victoire? Il l'a dit, il l'a écrit dans ses rapports et répété jusqu'à sa dernière heure. N'a-t-il pas aussi déclaré que la perte de Moscou n'était pas la perte de la Russie? et, dans sa réponse à Lauriston, n'a-t-il pas affirmé que la paix n'était pas possible, du moment qu'elle était contraire à la volonté nationale? N'a-t-il pas été le seul, pendant la retraite, à envisager nos manœuvres comme inutiles, persuadé que tout se terminerait de soi-même, mieux que nous ne pouvions le désirer; qu'il fallait faire à l'ennemi « un pont d'or »; que les combats de Taroutino, de Viazma, de Krasnoé étaient inopportuns; qu'il fallait atteindre la frontière avec le plus de forces possible, et que pour dix Français il ne sacrifierait pas un Russe.? Lui, qu'on nous dépeint comme un courtisan mentant à Araktchéïew afin de plaire à l'Empereur, est le seul qui, à Vilna, ait osé dire tout haut, en s'attirant ainsi la disgrâce impériale, que la continuation de la guerre au delà des frontières était fâcheuse et sans objet. Il ne suffit pas d'ailleurs d'affirmer qu'il comprenait l'importance de la situation; ses actes sont là pour le démontrer : il commence par concentrer toutes les forces de la Russie avant d'en venir aux mains avec l'ennemi, il le bat, et le chasse enfin du pays, en allégeant, autant qu'il lui était possible, les souffrances du peuple et de l'armée. Lui, ce temporiseur dont la devise était : « temps et patience, » lui, l'adversaire déclaré des décisions énergiques, il livre la bataille de Borodino en donnant à tous les préparatifs une solennité sans exemple, et soutient ensuite, contre l'avis des généraux, malgré la retraite de l'armée victorieuse, que la bataille de Borodino est une victoire pour la Russie, et insiste sur la nécessité de ne plus en livrer d'autres, de ne pas commencer une nouvelle guerre, de ne pas franchir les frontières de l'Empire!

Comment ce vieillard a-t-il pu, en opposition avec tout le monde, deviner aussi sûrement le sens et la portée des événements, au point de vue russe ? C'est que cette merveilleuse faculté d'intuition prenait sa source dans le sentiment patriotique, qui vibrait en lui dans toute sa pureté et dans toute sa force. Le peuple l'avait compris, et c'était ce qui l'avait amené à réclamer, contre la volonté du Tsar, le choix de ce vieillard disgracié comme le représentant de la guerre nationale. Porté par cette acclamation du pays à ce poste élevé, il y employa tous ses efforts, comme commandant en chef, non pour envoyer ses hommes à la mort, mais pour les ménager et les conserver à la patrie!

Cette figure simple et modeste, et par conséquent « grande » dans la véritable acception du mot, ne pouvait être coulée dans le moule mensonger du héros européen, du soi-disant dominateur des peuples, tel que l'histoire l'a inventé !... Il ne saurait y avoir de « grands hommes » pour les laquais, parce que les laquais entendent mesurer les autres à leur taille!

VI

Le 17 novembre fut le premier jour de la bataille de Krasnoé. Un peu avant le soir, après d'interminables discussions, après toutes sortes de retards causés par les généraux qui n'étaient pas arrivés en temps utile à l'endroit désigné, après l'envoi en tous sens d'aides de camp chargés d'ordres et de contre-ordres, il devint évident que l'ennemi était en fuite et qu'aucune bataille n'était possible.

La journée était belle et froide. Koutouzow, accompagné d'une nombreuse suite, où les mécontents étaient en grande majorité, monté sur son vigoureux petit cheval blanc, se rendit à Dobroïé, où le quartier général avait été transporté d'après son ordre. Le long de la route se pressaient autour des feux les prisonniers français qu'on avait faits ce jour-là, au nombre de 7 000. Non loin de Dobroïé, une foule de soldats déguenillés causaient bruyamment autour de pièces françaises dételées. A l'approche du commandant en chef, les voix se turent, et tous les yeux se fixèrent sur lui, pendant qu'un des généraux lui expliquait où l'on s'était emparé de ces canons et de ces hommes. Sa physionomie était soucieuse, et il prêtait une oreille distraite aux rapports qu'on lui faisait, il examinait ceux dont l'aspect était le plus misérable. La plupart des soldats français n'avaient plus figure humaine : le nez et les joues gelés, les yeux rouges, gonflés et purulents, il semblait ne leur rester que quelques minutes à vivre. Deux d'entre eux, dont l'un avait le visage couvert de plaies, déchiraient de la viande crue. Il y avait quelque chose d'animal et d'effrayant dans le regard en dessous jeté par ces malheureux sur les survenants. Koutouzow, après les avoir longtemps regardés, hocha la tête d'un air triste et pensif. Un peu plus loin, il vit un soldat russe qui adressait en souriant quelques paroles affectueuses à un Français : il hocha de nouveau la tête, sans que sa physionomie changeât d'expression.

« Que dis-tu? demanda-t-il au général qui essayait d'attirer son attention sur les drapeaux français réunis en faisceaux devant le régiment de Préobrajenski... Ah! les drapeaux! reprit-il, et, s'arrachant avec peine au sujet qui le préoccupait, il jeta autour de lui un regard distrait, poussa un profond soupir et ferma les yeux.

Un des généraux fit signe au soldat qui tenait les drapeaux de s'avancer et de les placer autour du commandant en chef. Celui-ci resta un moment sans rien dire, puis, se soumettant à contre-cœur aux devoirs de sa position, releva la tête, regarda avec attention les officiers qui l'entouraient, et prononça avec lenteur, au milieu d'un profond silence, ces quelques paroles :

« Je vous remercie tous pour votre fidèle et pénible service. La victoire est à nous, et la Russie ne nous oubliera pas ! A vous la gloire dans les siècles à venir ! » Il se tut, et, avisant un soldat tenant une aigle française, qu'il avait inclinée devant le drapeau des Préobrajenski :

« Plus bas, plus bas, qu'il baisse la tête !... Comme ça, c'est bien ! Hourra ! mes enfants, ajouta-t-il en se tournant vers le soldat.

— Hourra ! » hurlèrent des milliers de voix.

Pendant qu'ils poussaient ces cris, Koutouzow, courbé sur sa selle, baissa la tête, et son regard devint doux et railleur :

« Voilà ce que c'est, mes enfants, » dit-il, lorsque le silence fut rétabli. Officiers et soldats se rapprochèrent de lui pour entendre ce qu'il allait leur dire. L'inflexion de sa voix, l'expression de son visage, étaient complètement changées : ce n'était plus le commandant en chef qui parlait, c'était simplement un vieillard qui avait à causer avec ses frères d'armes :

« Voilà ce que c'est, mes enfants. Je sais que c'est dur, mais qu'y faire ? Ayez patience : cela ne durera plus longtemps. Nous reconduirons nos hôtes jusqu'au bout, et alors nous nous reposerons. Le Tsar n'oubliera pas vos services. C'est dur, j'en conviens, mais songez que vous êtes chez vous, tandis qu'eux, et il indiqua les prisonniers.... voyez où ils en sont réduits : leur misère est pire que celle des derniers mendiants. Quand ils étaient forts, nous ne les ménagions pas, mais maintenant nous pouvons en avoir pitié... Ce sont des hommes aussi bien que nous, n'est-ce pas, mes enfants ? »

Dans les regards fixes et respectueux que les soldats attachaient sur lui, se lisait la sympathie éveillée par son discours. Sa figure s'éclaira de plus en plus d'un sourire bienveillant qui bridait les coins de ses lèvres et de ses yeux. Il baissa la tête et ajouta :

« A dire vrai, qui les a priés de venir ? Ils n'ont que ce qu'ils méritent, après tout ! »

Et, donnant à son cheval un coup de fouet accompagné d'un

formidable juron, il s'éloigna au bruit des rires et des hourras des soldats, qui rompirent aussitôt leurs rangs.

Sans doute, toutes les paroles du général en chef n'avaient pas été comprises des troupes, et personne n'aurait pu les répéter textuellement ; mais, solennelles au début, et empreintes à la fin d'une simplicité pleine de bonhomie, elles leur allaient droit au cœur, car chacun éprouvait comme lui, avec la conscience de la justice et du triomphe de son droit, le sentiment de compassion pour l'ennemi, si bien exprimé par le juron caractéristique du vieillard ; les cris joyeux des soldats y répondirent, et ne s'arrêtèrent pas de longtemps. Un des généraux s'étant approché ensuite du maréchal pour lui demander s'il ne désirait pas monter en voiture, Koutouzow ne put lui répondre que par un sanglot.

VII

Le crépuscule du 8 novembre, dernier jour de la bataille de Krasnoé, était déjà tombé lorsque les troupes arrivèrent à l'étape. Le temps était toujours calme, il gelait, et, à travers les rares flocons de neige qui voltigeaient en l'air, on apercevait le bleu sombre du ciel étoilé.

Le régiment d'infanterie de ligne qui avait quitté Taroutino au nombre de 3,000 hommes arriva un des premiers, réduit à 900, au village où il devait passer la nuit. Les fourriers déclarèrent que toutes les isbas étaient occupées par les malades et les morts, les états-majors et les soldats de cavalerie. Une seule était libre pour le commandant du régiment, qui s'y rendit aussitôt, pendant que les soldats traversaient le village et mettaient leurs fusils en faisceaux en face des dernières maisons.

Semblable à un énorme polype à mille bras, le régiment s'occupa à l'instant d'arranger sa tanière et de pourvoir à sa nourriture. Une partie des soldats se dirigea, en s'enfonçant dans la neige jusqu'aux genoux, vers un petit bois de bouleaux, à droite de la route, et l'on y entendit aussitôt retentir les chansons et le bruit des haches qui coupaient les branches. L'autre partie s'agitait autour des fourgons et en tirait les marmites, les biscuits et le fourrage pour les chevaux, déjà attachés au piquet ; d'autres enfin s'étaient dispersés dans le village pour nettoyer les logements des officiers de l'état-major, en enlever les cadavres des Français, ainsi que les planches et la paille des toits et les branches sèches des haies pour s'en faire des abris. Une quinzaine de soldats étaient précisément occupés à démolir une de ces clôtures, qui entourait une remise dont le toit avait déjà été arraché.

« Eh ! eh ! poussons tous à la fois, » criaient plusieurs d'entre eux, et la haie couverte de neige se balançait en faisant entendre dans les ténèbres de la nuit le craquement sec causé par la gelée.

Les pieux gémissaient sous leur poussée, et enfin la haie céda à moitié, en entraînant avec elle les soldats. Une formidable explosion de rires accompagna leur chute.

« À vous deux, tenez-la...

— Ici le levier !

— Où te fourres-tu donc !

— Voyons, ensemble, enfants, en mesure ! »

Tous se turent ; une voix, au timbre bas et velouté, entonna une chanson : à la fin du troisième refrain, comme la dernière note s'éteignait, tous les soldats lancèrent ensemble un cri modulé : « Ça marche ! ensemble, enfants ! » Mais, malgré tous leurs efforts, la haie résistait encore, et l'on entendit leurs respirations haletantes.

« Eh ! vous autres de la sixième compagnie, arrivez donc..... aidez-nous, nous vous le rendrons ! »

Quelques hommes de la sixième compagnie, qui retournaient au village, accoururent à l'appel, et un moment après ils emportaient tous ensemble la haute clôture, dont les branches tordues et à moitié disjointes meurtrissaient sous leur poids les épaules des soldats essoufflés.

« Eh ! va donc... Tu buttes, animal !

— Que faites-vous là ? s'écria tout à coup d'un ton impératif un sous-officier qui s'élançait vers les porteurs ; le général est dans cette isba. Je vais vous arranger, imbéciles que vous êtes ! continua-t-il en donnant une vigoureuse bourrade au premier soldat qui lui tomba sous la main.

— Silence donc !... pas tant de tapage ! »

Les soldats se turent, et celui qui avait reçu le coup de poing grommela entre ses dents, en voyant le sous-officier s'éloigner :

« Tudieu ! quelle tape !... J'en ai la figure qui me saigne !

— Cela te déplaît, dis donc? » dit une voix railleuse. Et les soldats, marchant avec précaution, poursuivirent leur chemin, mais, à la sortie du village, la gaieté leur revint de plus belle, et ils reprirent leurs joyeux propos, entremêlés de jurons inoffensifs.

Les officiers supérieurs, réunis dans l'isba, devisaient vivement, en prenant leur thé, sur la journée qui venait de s'écouler et sur les manœuvres en projet pour le lendemain : il s'agissait d'une marche de flanc sur la gauche, pour couper les communications du vice-roi et le faire prisonnier.

Pendant que les hommes traînaient la haie en trébuchant à chaque pas, le feu s'allumait sous les marmites, le bois éclatait en crépitant, la neige fondait, et les ombres noires des soldats, qui battaient le sol de leurs semelles, se mouvaient en tous sens. Sans que le moindre commandement eût été donné, briquets et haches travaillaient à l'unisson : d'un côté on empilait la provision de bois pour la nuit, et l'on dressait les tentes pour les officiers ; de l'autre on faisait cuire le souper, on nettoyait les fusils et l'on astiquait les effets d'équipement. La haie, soutenue par des pieux, fut placée en demi-cercle du côté du nord pour empêcher le feu de s'éteindre. On sonna la retraite, on fit l'appel, on mangea, et l'on s'installa autour des foyers, les uns raccommodant leur chaussure ou fumant leur pipe, les autres se mettant tout nus et grillant à plaisir leur vermine.

VIII

Les conditions exceptionnellement pénibles de la vie des soldats russes, qui souffraient du manque de chaussure et de vêtements chauds, qui couchaient à la belle étoile et marchaient dans la neige par dix-huit degrés de froid, sans même recevoir la ration réglementaire, auraient pu faire croire avec quelque raison qu'ils devaient présenter l'aspect le plus triste et le plus navrant. Jamais au contraire l'armée, même dans la situation la plus favorable, n'avait été aussi en train et aussi bien disposée. Cela provenait de ce que chaque jour elle rejetait hors de son sein tout ce qu'elle avait d'hommes affaiblis et découragés. Il n'y restait donc que la fleur des troupes, celles qui conservaient la force de l'âme et celle du corps.

De nombreux soldats de la huitième compagnie s'étaient réunis derrière l'abri de la haie. Deux sergents-majors entre autres y avaient réclamé une place autour du feu, qui y était plus vif que partout ailleurs, sous prétexte qu'ils avaient aidé à y apporter des bûches.

« Eh, dis donc, Makéew... où t'es-tu perdu? Est-ce que les loups t'auraient mangé? Apporte-nous donc du bois, fainéant, cria un soldat avec des cheveux roux et une figure rougie par le froid, dont la fumée faisait cligner les yeux, mais qui ne s'éloignait pas du brasier.

— Vas-y donc, « la corneille », répondit celui à qui il s'adressait, en se retournant vers un autre de ses camarades.

Le soldat roux n'était ni sous-officier ni caporal, mais sa vigueur physique lui donnait le droit de commander à ceux qui étaient plus faibles que lui. « La corneille », petit soldat malingre, au nez pointu, se leva avec soumission, mais au même moment la lueur du bûcher éclaira la silhouette d'un jeune troupier de bonne tournure qui s'avançait en pliant sous le faix d'une brassée de branches sèches.

« Voilà qui est bien, donne-les ici. »

Les branches furent cassées, jetées sur les charbons, et, grâce au souffle des bouches et aux pans des capotes mis en mouvement, la flamme jaillit et pétilla. Les soldats s'approchèrent, allumèrent leurs pipes, pendant que leur jeune camarade, les poings sur les hanches, piétinait sur place pour réchauffer ses pieds glacés.

« Ah, petite mère, la rosée est froide mais belle... chantonnait-il à demi-voix.

— Eh! dis donc, tes semelles s'envolent, s'écria « le roux », en voyant pendre une des semelles du jeune garçon... C'est dangereux de danser, sais-tu? »

Le danseur s'arrêta, arracha le morceau de cuir qui pendillait et le jeta au feu.

« C'est vrai, » dit-il, et, tirant de sa giberne un morceau de drap français gros-bleu, il en entoura son pied.

« On nous en donnera bientôt d'autres, dit un des soldats, et même nous en aurons une double paire!... Et Pétrow, ce fils de chienne, est donc resté parmi les traînards?

— Je l'ai cependant vu, répondit un autre.

— Eh bien! quoi, c'est un de plus de...

— A la troisième compagnie il a manqué hier neuf hommes à l'appel!

— La belle nouvelle! Que faire, que diable, quand les pieds sont gelés?

— A quoi bon y penser? murmura le sergent-major.

— Tu as donc bien envie d'en avoir de pareils? dit un vieux soldat en s'adressant d'un air de reproche à celui qui avait parlé des pieds gelés.

— Qu'est-ce que tu crois donc, toi? s'écria, de derrière le brasier, d'une voix aiguë et tremblante, celui qu'on avait appelé « la corneille ». Si le corps reste sain, on maigrit, et puis on meurt... c'est comme moi, je n'en puis plus!... » et il ajouta d'un air résolu en interpellant le sergent-major : « Qu'on m'envoie à l'hôpital! Ça me fait mal partout, la fièvre ne me lâche pas, et alors, moi aussi, je resterai en route!

— Voyons, voyons! » répondit le sergent-major avec calme.

« La corneille » se tut et la conversation recommença sur toute la ligne.

« On en a pris pas mal de Français aujourd'hui, mais quant à leur chaussure, ce n'est pas la peine d'en parler, dit un soldat en changeant de sujet.

— Ce sont les cosaques qui les ont déchaussés; on a nettoyé l'isba pour le colonel et on les a tous emportés... Eh bien, croiriez-vous, mes enfants, cela faisait de la peine de les voir ainsi bousculer. Il y en avait un qui vivait encore et qui marmottait quelque chose dans sa langue... Et comme il est propre ce peuple, mes enfants? reprit le premier... et blanc, blanc comme ce bouleau qu'est là-bas..., et il y en a de braves parmi eux, et de très nobles, que je vous dirai!

— Qu'est-ce qui t'étonne? On en recrute chez eux de toutes les classes.

— Et pourtant ils ne comprennent pas un mot de ce que nous disons, objecta avec un air de surprise le jeune soldat... Je lui demande à quelle couronne il appartient, et lui me bégaye une réponse à sa façon. C'est un peuple étonnant!

— Il y a là-dessous quelque diablerie, mes camarades, dit celui qui s'étonnait de la blancheur de peau des Français : les paysans m'ont raconté qu'à Mojaïsk, lorsqu'on a enlevé les morts un mois après la bataille, ils étaient encore aussi blancs et aussi propres que du papier, et pas la moindre odeur!

— Cela tient-il au froid? demanda l'un.

— En voilà un imbécile! Au froid, quand il faisait chaud? Si c'était le froid, les nôtres aussi n'auraient pas senti mauvais;

tandis qu'ils me disaient que les nôtres étaient pleins de vers, et qu'on était obligé de se bander la bouche avec des mouchoirs quand on les emportait ; mais eux restaient toujours blancs comme du papier.

— C'est probablement leur nourriture qui en est cause, dit le sergent-major, ils avaient un manger de maîtres.

— Et les paysans m'ont raconté, reprit le narrateur, qu'on les a envoyés de dix villages, et que pendant vingt jours ils n'ont fait qu'enlever les morts, et pas tous encore, car il y avait aussi des loups en masse...

— C'était là une vraie bataille, quoi ! dit un vieux troupier, tandis que toutes les autres, ce n'a été que pour tourmenter le soldat ! »

La conversation tomba, et chacun s'arrangea pour passer la nuit de son mieux.

« Ah ! Dieu ! quelle quantité d'étoiles ; on dirait que ce sont les femmes qui ont tendu leurs toiles là haut ! dit le jeune soldat en tombant en admiration devant la voie lactée.

— C'est bon signe, mes enfants, la récolte sera belle. »

Au milieu du silence général on entendit bientôt les ronflements de quelques dormeurs ; les autres se retournaient pour se chauffer, en échangeant entre eux quelques paroles... Tout à coup du brasier voisin, à une centaine de pas de distance, s'élevèrent de bruyants éclats de rire.

« Oh ! qu'est-ce qu'ils ont donc à la cinquième compagnie ?.. Et ce qu'il y a de monde, regarde donc ! »

Un soldat se leva pour aller voir de plus près.

« C'est qu'ils rient joliment bien là-bas, dit-il en revenant... C'est deux Français qui sont venus, un tout gelé, mais l'autre si en train qu'il chante des chansons.

— Oh ! oh ! Eh bien, allons-y, faut voir ça ! »

IX

La cinquième compagnie bivouaquait sur la lisière même de la forêt, et un énorme feu éclairait vivement, au milieu de la neige, les branches d'arbres ployant sous le givre, lorsque, au milieu de la nuit, on entendit dans le bois des pas qui faisaient craquer les branches sèches.

« Mes enfants, ce sont les sorcières! » dit un soldat.

Tous relevèrent la tête et écoutèrent. Deux figures humaines, d'une tournure étrange, furent soudain éclairées par la flamme au moment où elles sortirent du taillis : c'étaient deux Français qui se cachaient dans la forêt. Prononçant des paroles inintelligibles pour les soldats, ils se dirigèrent vers eux. L'un, coiffé d'un shako d'officier, paraissait très affaibli, et, se laissa tomber plutôt qu'il ne s'assit auprès du feu; son compagnon, plus petit, trapu, les joues bandées d'un mouchoir, était évidemment plus robuste. Il releva son compagnon, et, montrant sa bouche, dit quelques mots. Les soldats les entourèrent, on étendit une capote sous le malade, et on leur apporta à tous deux de la « cacha » et de l'eau-de-vie. L'officier était Ramballe avec son domestique Morel. Lorsque ce dernier eut avalé l'eau-de-vie et une grande écuelle de « cacha », une gaieté maladive s'empara de lui; il se mit à parler sans s'arrêter, tandis que son maître, refusant de rien prendre, gardait un morne silence, en regardant les soldats russes de ses yeux rouges et vagues. Un long et sourd gémissement s'échappait parfois de ses lèvres. Morel, désignant les épaules du malade, cherchait à faire comprendre que c'était un officier, et qu'il fallait le réchauffer. Un officier russe, s'étant approché d'eux, envoya demander au colonel s'il ne voudrait pas recueillir un officier français transi de froid. Le colonel donna l'ordre de le lui amener. Ramballe fut engagé à se lever; il essaya, mais, au premier mouvement qu'il fit, il vacilla, et serait infailliblement tombé, sans le secours d'un soldat qui le souleva et aida ses camarades à le transporter dans l'isba. Passant ses bras autour du cou de ses porteurs et inclinant la tête comme un enfant sur l'épaule de l'un d'eux, il ne cessait de répéter d'une voix plaintive :

« Oh! mes braves, mes bons, mes bons amis!... Voilà des hommes! »

Morel, resté avec les soldats, occupait la meilleure place. Ses yeux étaient rouges, enflammés et larmoyants; vêtu d'une pelisse de femme, il avait mis par-dessus son bonnet un mouchoir noué sous le menton. L'eau-de-vie l'ayant un peu grisé, il chantait d'une voix rauque et mal assurée une chanson française. Les soldats se tenaient les côtes de rire.

« Voyons, voyons, que je l'apprenne... Comment est-ce? J'attraperai l'air, bien sûr? disait le soldat chanteur que Morel serrait contre lui avec tendresse.

— Vive Henri IV, Vive ce roi vaillant ! Ce diable à quatre..., chantait Morel.

— Vive harica, vive cerouvalla ! sidiablaka... répétait à son tour le soldat qui avait saisi le refrain.

— Bravo ! bravo ! » s'écrièrent quelques voix, au milieu d'un franc éclat de rire.

Morel riait avec eux en continuant... : « eut le triple talent de boire, de battre, et d'être un vert galant !

— Cela sonne bien tout de même. Voyons, Zaletaiew, répète.

— Kiou kiou... le tripetala déboi, déba et dettra vargala, chanta-t-il, criant à pleins poumons et avançant ses lèvres avec effort.

— C'est ça, c'est ça !... c'est du français, n'est-ce pas ?... Donne-lui de la « cacha », il lui en faudra pas mal pour en manger à sa faim. » Et Morel engloutit sa troisième écuelle.

De sympathiques sourires couraient sur les visages des jeunes soldats, tandis que les vieux, trouvant au-dessous d'eux de s'occuper de ces puérilités, restaient étendus de l'autre côté du feu, en se soulevant parfois pour jeter un coup d'œil affectueux sur Morel.

« C'est aussi des hommes pourtant, dit l'un d'eux en s'enveloppant de sa capote, et l'absinthe aussi a ses racines. »

— Oh ! comme le ciel est étoilé, c'est signe de gelée, quel malheur !... »

Les étoiles, assurées de n'être plus dérangées par personne, scintillèrent plus vivement sur la sombre voûte ; tantôt s'éteignant, tantôt s'allumant et lançant dans l'espace une gerbe de lumière, elles semblaient se communiquer mystérieusement une joyeuse nouvelle.

X

L'armée française continuait à fondre dans une progression égale et mathématique, et le passage de la Bérésina, sur lequel on a tant écrit, n'a été qu'un incident de sa destruction, et nullement l'épisode décisif de la campagne. Si l'on en a fait tant de bruit du côté des Français, c'est que tous les malheurs, tous les désastres échelonnés le long de leur route, se réunirent ensemble en un sinistre pour les accabler sur ce pont écroulé, et laisser ensuite dans l'esprit de chacun un ineffaçable souvenir. Si, du côté des Russes, il a eu un égal retentissement, c'est que, loin du théâtre de la guerre, à Pétersbourg, Pfühl avait composé un plan, destiné à faire tomber Napoléon dans un piège stratégique qu'il lui tendait *ex professo* sur les bords de la Bérésina. Convaincu que tout se passerait conformément à la combinaison adoptée, on soutenait que la Bérésina avait été la perte des Français, quand au contraire les conséquences de ce passage furent moins fatales aux Français que Krasnoé, comme le prouve le chiffre des prisonniers et des canons qui leur furent enlevés dans cette rencontre.

Plus la fuite des Français s'accélérait, plus étaient misérables les derniers débris de leur armée, surtout après la Bérésina, et plus s'éveillaient d'un autre côté les passions des généraux russes, qui ne se ménageaient pas les reproches et en accablaient surtout Koutouzow. Supposant que l'insuccès du plan de Pétersbourg lui serait attribué, on ne lui épargnait ni le mécontentement, ni le dédain et les railleries, déguisées, il est vrai, sous des formes respectueuses, qui le mettaient dans l'impossibilité de relever l'accusation. Tout son entourage, incapable de le comprendre, déclarait ouvertement qu'avec ce vieillard entêté il n'y avait pas de discussion possible; que jamais il ne serait à la hauteur de leurs vues, et qu'il se bornerait toujours à leur répondre par son éternelle phrase : « Il faut faire un pont d'or aux Français. » S'il leur disait qu'il fallait attendre les vivres, que les soldats n'avaient pas de bottes, ces réponses si simples à leurs savantes combinaisons étaient pour eux une nouvelle preuve que c'était un vieil imbécile, tandis qu'eux, les généraux intelligents et habiles, n'avaient aucun pouvoir.

Ces dissentiments et ces dispositions malveillantes de l'état-major arrivèrent aux dernières limites après la jonction de l'armée de Koutouzow avec celle de Wittgenstein, le brillant amiral et le héros de Pétersbourg. Une seule fois, après la Bérésina, Koutouzow prit de l'humeur, et écrivit à Bennigsen, qui envoyait des rapports particuliers à l'Empereur, les lignes suivantes :

« Je prie Votre Haute Excellence, au reçu de cette lettre, de vous retirer à Kalouga à cause de l'état précaire de votre santé, et d'y attendre les ordres ultérieurs de Sa Majesté Impériale. »

A la suite de l'éloignement de Bennigsen, le grand-duc Constantin, qui avait fait le commencement de la campagne et qui avait été mis de côté par Koutouzow, revint à l'armée, fit part au commandant en chef du déplaisir que causaient à l'Empereur la faiblesse de nos succès et la lenteur de nos mouvements, et lui annonça la prochaine arrivée de Sa Majesté.

Koutouzow, chez qui l'expérience du courtisan était au moins égale à celle du militaire, comprit aussitôt que son rôle était fini, et que le semblant de pouvoir dont on l'avait revêtu lui était retiré. C'était facile à comprendre. D'un côté, la campagne dont on lui avait confié la direction était terminée, et par conséquent il avait rempli son mandat; et, de l'autre, il éprouvait une fatigue physique qui exigeait, pour son corps brisé par l'âge, un repos absolu.

Le 29 novembre, il entra à Vilna, « son cher Vilna », comme il l'appelait. Il y était venu déjà deux fois comme gouverneur; il trouva donc, en dehors des aises de la vie que lui offrait cette ville, heureusement préservée des horreurs de la guerre, de vieux amis et de bons souvenirs. Rejetant loin de lui tout souci gouvernemental et militaire, il se mit à vivre d'une existence régulière et tranquille, autant que le lui permettaient toutefois les intrigues qui s'ourdissaient autour de lui, comme si tout ce qui allait se passer d'événements importants lui était devenu complètement indifférent.

Tchitchagow était le plus acharné projeteur de diversions militaires; c'était lui qui avait proposé d'en faire une en Grèce et l'autre à Varsovie; il refusait toujours de se rendre où on l'envoyait. Tchitchagow regardait Koutouzow comme son obligé, parce qu'ayant reçu en 1811 la mission de conclure la paix avec la Turquie en dehors de ce dernier, et ayant appris qu'elle était déjà signée, il avait dit à l'Empereur que tout l'honneur en revenait à Koutouzow, fut le premier à venir à sa rencontre, à l'entrée du château de Vilna, en petite tenue de marin, l'épée au côté, la casquette sous le bras, et lui remit le rapport de l'état des troupes et les clefs de la ville. La déférence semi-méprisante que la jeunesse témoignait à ce vieillard, qu'elle regardait comme tombé en enfance, perçait à tout propos avec une brutale franchise, dans la conduite de Tchitchagow, qui connaissait déjà les accusations portées contre Koutouzow. Ce dernier lui ayant dit que les fourgons qui contenaient sa vaisselle de table et qui lui avaient été enlevés à Borissow lui seraient rendus intacts :

« C'est sans doute pour me dire que je n'ai pas sur quoi manger... J'ai au contraire tout ce qu'il faut pour vous, même dans le cas où vous voudriez donner des diners [1], » répliqua vivement Tchitchagow, qui tenait à faire montre, dans chaque parole, de son importance personnelle, et supposait à Koutouzow la même préoccupation.

Celui-ci, avec un sourire fin et pénétrant, lui répondit simplement :

« Ah ! ce n'est que pour vous dire ce que je vous dis, et rien de plus. »

Le commandant en chef arrêta la plus grande partie des troupes à Vilna, contre la volonté de l'Empereur. Après quelque temps de séjour, son entourage déclara qu'il avait complètement baissé. S'occupant fort peu de l'administration militaire, il laissait ses généraux agir à leur guise, et menait une vie de plaisirs, en attendant l'arrivée du Souverain.

XI

Le 11 décembre, Sa Majesté, accompagnée de sa suite, du comte Tolstoï, du prince Volkonsky et d'Araktchéïew, arriva dans son traîneau de voyage, droit au château de Vilna. Malgré un froid très vif, une centaine de généraux et d'officiers des états-majors, ainsi qu'une garde d'honneur du régiment de Séménovsky, l'attendaient au dehors.

Le courrier qui précédait le Tsar, dans une troïka menée à fond de train, s'écria :

« Le voici ! » Konovnitzine s'élança dans le vestibule pour annoncer le Tsar à Koutouzow, qui attendait dans la chambre du suisse.

Une minute plus tard, la poitrine couverte de décorations, le ventre comprimé par son écharpe, il s'avança sur le perron en se balançant de toute sa forte et grasse personne, mit son chapeau, prit ses gants à la main, et, descendant avec peine les degrés, reçut le rapport qu'il devait remettre à l'Empereur.

Une seconde troïka passa ventre à terre, et tous les yeux se fixèrent sur un traîneau qui s'avançait rapidement derrière

---

1. En français dans le texte. (*Note du trad.*)

elle, et au fond duquel on apercevait déjà l'Empereur et Volkonsky.

Accoutumé, depuis cinquante ans, à l'émotion que lui causait invariablement une arrivée impériale, le général en chef la ressentit cette fois comme toujours : il tâta, avec une hâte inquiète, ses décorations, redressa son chapeau, et, au moment où l'Empereur mit pied à terre, leva les yeux sur lui ; puis, prenant courage, il s'avança, et lui présenta le rapport, en lui parlant de sa voix insinuante et voilée. L'Empereur l'enveloppa des pieds à la tête d'un rapide coup d'œil, et fronça imperceptiblement les sourcils, mais, se dominant aussitôt, il lui ouvrit les bras et l'embrassa. De nouveau, l'impression que lui fit cette accolade familière, en se rattachant peut-être à ses pensées intimes, agit sur lui comme d'habitude et se traduisit par un sanglot.

L'Empereur salua les officiers, la garde des Séménovsky, et, serrant encore une fois la main au maréchal, entra au château.

Resté seul avec lui, il ne lui cacha pas son mécontentement des fautes qu'il avait commises à Krasnoé et à la Bérésina, ainsi que de la lenteur apportée à la poursuite de l'ennemi, et ermina en lui exposant le plan d'une campagne hors du pays. Koutouzow ne fit ni objections ni remarques. Sa figure n'exprimait qu'une soumission complète et impassible, la même qu'il avait témoignée, sept ans auparavant, en recevant les ordres de l'Empereur sur le champ d'Austerlitz. Lorsqu'il le quitta, la tête inclinée sur sa poitrine, et traversant la grande salle, de son pas lourd et chancelant, une voix l'arrêta en lui disant :

« Votre Altesse ! »

Koutouzow releva la tête, et regarda longtemps le comte Tolstoï, qui était debout devant lui et lui présentait sur un plateau d'argent un petit objet. Il semblait ne pas comprendre ce qu'on lui voulait. Tout à coup un imperceptible sourire passa sur sa large figure, et, s'inclinant respectueusement, il prit l'objet qui était sur le plateau. C'était le Saint-George de première classe.

XII

Le lendemain, Koutouzow donna un grand banquet, suivi d'un bal que l'Empereur honora de sa présence. Du moment qu'il avait reçu le Saint-George, on lui rendait les plus grands honneurs, mais le mécontentement du Souverain n'était un secret pour personne. Les convenances seules étaient observées, et l'Empereur en donnait l'exemple tout le premier; mais tout bas on disait que ce vieillard était coupable et tombé en enfance. Lorsque, à l'entrée de Sa Majesté dans la salle de bal, Koutouzow, suivant les traditions de l'époque de Catherine, fit incliner devant lui les drapeaux ennemis, Alexandre fronça le sourcil et murmura quelques mots, et entre autres ceux-ci :

« Vieux comédien ! »

Sa mauvaise humeur contre Koutouzow provenait surtout de ce que ce dernier ne voulait pas ou ne pouvait pas comprendre la nécessité de la nouvelle campagne projetée.

Le lendemain de son arrivée à Vilna, le Tsar avait dit aux officiers réunis :

« Vous n'avez pas sauvé la Russie seule, vous avez sauvé l'Europe ! »

Tous comprirent alors que la guerre n'était pas finie. Mais Koutouzow n'y voulait rien entendre, et disait tout haut qu'une autre guerre ne pourrait ni améliorer la position, ni augmenter la gloire de la Russie, que son prestige en serait au contraire diminué, et que sa situation à l'intérieur en deviendrait pire. Il essaya de prouver à l'Empereur la difficulté de faire de nouvelles levées, et lui fit même entrevoir la possibilité d'un insuccès.

Il était dès lors évident qu'avec une telle disposition d'esprit le maréchal n'était qu'un obstacle, dont il fallait se débarrasser.

Pour éviter de le froisser trop vivement, on s'arrêta à une combinaison toute naturelle : on lui ôta peu à peu le pouvoir, comme on avait fait à Austerlitz, pour le remettre insensiblement entre les mains de l'Empereur. A cet effet, l'état-major fut peu à peu transformé, et la puissance de celui de Koutouzow devint nulle. Toll, Konovnitzine et Yermolow reçurent d'autres destinations, et l'on parla ouvertement de la santé ébranlée du maréchal, car on savait que plus on le répétait, plus il devenait facile de lui donner un successeur. De même que, dans le temps, Koutouzow avait été retiré sans bruit de la Turquie pour organiser les milices à Pétersbourg, et de là envoyé à l'armée où il était indispensable, de même aujourd'hui, son rôle étant fini, un nouveau rouage fut mis en mouvement.

La guerre de 1812 ne devait plus se borner à garder son

caractère national, si cher à tout cœur russe, elle allait prendre une importance européenne.

Au mouvement des peuples de l'Occident vers l'Orient succédait un mouvement inverse. Cette nouvelle guerre exigeait un nouveau moteur, ayant d'autres mobiles que ceux de Koutouzow. Alexandre Ier était cet homme, aussi nécessaire pour rétablir les limites des territoires et des peuples, que l'autre l'avait été pour le salut et la gloire de la Russie. Koutouzow ne pouvait comprendre ce que signifiaient l'Europe, son équilibre et Napoléon. Il lui semblait à lui, représentant du peuple russe, et russe de cœur, que, du moment où l'ennemi était écrasé, la patrie délivrée et parvenue au pinacle de la gloire, l'œuvre elle-même était terminée. Il ne restait donc plus au représentant de la guerre nationale qu'à mourir, et il mourut !

XIII

Pierre, comme il arrive le plus souvent, ne sentit le poids des privations physiques et de la tension morale qu'il avait éprouvées pendant sa captivité, que lorsqu'elle arriva à son terme. A peine en liberté, il partit pour Orel, et le surlendemain, au moment de se mettre en route pour Kiew, il tomba malade d'une fièvre bilieuse, comme le déclarèrent les médecins ; cette fièvre l'y retint pendant trois mois. Malgré leurs soins, leurs saignées et leurs médicaments de toutes sortes, la santé lui revint.

Les jours qui s'écoulèrent entre sa libération et sa maladie ne lui laissèrent aucune impression. Il ne conserva que le souvenir d'un temps gris, sombre, pluvieux, d'un affaissement physique, de douleurs intolérables dans les pieds et dans le côté, d'une suite ininterrompue de malheurs et de souffrances, de la curiosité indiscrète des généraux et des officiers qui le questionnaient, des difficultés qu'il avait eues à trouver une voiture et des chevaux, et par-dessus tout de l'engourdissement moral qui l'avait accablé. Le jour où il fut mis en liberté, il vit passer le corps de Pétia, et apprit également que le prince André venait de mourir à Yaroslaw, dans la maison des Rostow. Denissow, qui lui avait annoncé cette nouvelle, fit, en causant avec lui, allusion à la mort d'Hélène, croyant qu'il la savait déjà. Pierre en fut étrangement surpris, mais rien de plus : il n'appréciait pas toute l'importance que cet événement pouvait avoir pour lui, tant il était poussé par le désir de quitter au plus vite cet enfer, où les hommes s'entretuaient, pour se retirer n'importe où, s'y reposer, coordonner ses idées, et réfléchir en paix à tout ce qu'il avait vu et appris. Revenu complètement à lui après sa maladie, il aperçut à son chevet deux de ses domestiques, venus tout exprès de Moscou pour le rejoindre, ainsi que l'aînée de ses cousines, qui habitait une de ses terres aux environs d'Orel.

Les impressions dont il avait pris l'habitude ne s'effacèrent qu'insensiblement de son esprit pendant sa longue convalescence : il eut même de la peine à se faire à la pensée que, le matin une fois venu, il ne serait pas chassé en avant avec le troupeau dont il faisait partie, que personne ne lui prendrait son lit, et qu'il aurait sûrement à dîner et à souper; mais, quand il dormait, il revoyait en rêve tout le passé et tous les détails de sa captivité.

Ce joyeux sentiment de liberté, qui est inné dans le cœur de l'homme, et qu'il avait si vivement éprouvé à la première étape, s'empara de nouveau de son âme, pendant sa convalescence. Il ne comprenait pas seulement que cette liberté morale, indépendante des circonstances extérieures, pût ainsi doubler d'intensité, et lui causer de si profondes jouissances, quand par le fait elle n'était que le résultat de sa liberté physique. Seul dans une ville étrangère, personne n'exigeait rien de lui, personne ne lui donnait d'ordres, il ne manquait de rien, et le souvenir de sa femme ne se dressait plus devant lui comme une incessante humiliation. Par suite d'une ancienne habitude, il se demandait parfois : « Que vais-je faire à présent? » et il se répondait : « Rien, je vivrai... Dieu! que c'est bon! » De but dans la vie, il n'en avait pas, et cette indifférence, qui jadis faisait son tourment, lui procurait maintenant la sensation d'une liberté sans limite. Pourquoi aurait-il eu un but, aujourd'hui qu'il avait la foi, non pas la foi en certaines règles et en certaines pensées de convention, mais la foi en un Dieu vivant et toujours présent? Jadis il l'avait cherché dans les missions qu'il s'imposait à lui-même, et tout à coup, étant prisonnier, il avait découvert, non à force de raisonnement, mais par une sorte de révélation intime, qu'il y avait un Dieu, un Dieu partout présent, et que le Dieu de Karataïew était plus grand et bien plus inaccessible à l'intelligence humaine que le « grand Architecte de l'Univers », reconnu par les francs-maçons. N'avait-il pas été semblable à celui qui cherche au loin l'objet qui est devant ses pieds ? N'avait-il pas toujours passé sa vie à regarder dans le vague, par-dessus la tête des autres, tandis qu'il n'avait qu'à regarder devant lui ? Jadis rien ne lui révélait l'Infini : il sentait seulement qu'il devait exister quelque part et marchait obstinément à sa découverte. Tout ce qui l'entourait n'était pour lui qu'un mélange confus d'intérêts bornés, mesquins, sans aucun sens, tels que la vie européenne, la politique, la franc-maçonnerie, la philosophie. Maintenant il comprenait l'Infini, il le voyait en tout, et admirait sans restriction le tableau éternellement changeant, éternellement grand, de la vie dans ses infinies variations. La terrible question qu'il se posait autrefois à chaque instant, qui faisait toujours crouler les échafaudages de sa pensée : « Pourquoi ? » n'existait plus pour lui, car son âme lui répondait simplement que Dieu existe, et que pas un cheveu ne tombe de la tête de l'homme sans sa volonté !

XIV

Pierre avait peu changé : distrait comme toujours, il semblait seulement être sous l'influence d'une préoccupation constante. Malgré la bonté peinte sur sa figure, ce qui éloignait autrefois de lui, c'était son air malheureux ; maintenant le sourire continuel que la joie de vivre mettait sur ses lèvres, la sympathie qu'exprimait son regard, rendaient sa présence agréable à tous. Jadis il discutait beaucoup, s'échauffait à tout propos et écoutait peu volontiers : maintenant, se laissant rarement entraîner par la discussion, il laissait parler les autres, et connaissait ainsi souvent leurs pensées les plus secrètes.

Sa cousine, qui ne l'avait jamais aimé, et qui l'avait même sincèrement haï, lorsque après la mort du vieux comte elle fut devenue son obligée, ne pouvait revenir de son étonnement et de son dépit, en découvrant, après un court séjour à Orel, où elle était venue avec l'intention de le soigner malgré l'ingratitude dont elle l'accusait, qu'elle éprouvait pour lui un véritable penchant. Il n'avait cependant rien fait pour s'attirer ses bonnes grâces, car il se bornait à l'étudier avec curiosité. Comme elle avait toujours cru entrevoir de l'indifférence et de la raillerie dans son regard, elle se repliait sur elle-même et ne lui présentait que ses piquants; aujourd'hui, au contraire, qu'elle avait constaté, avec défiance d'abord, avec reconnaissance ensuite, qu'il essayait de pénétrer jusqu'au fond de son cœur, elle en arriva, à son insu, à ne plus lui montrer que les bons côtés de son caractère : « Oui, c'est un bien excellent homme, lorsqu'il ne subit pas l'influence de vilaines gens, mais bien celle de personnes comme moi, » se disait la vieille cousine.

Le docteur qui le visitait tous les jours, bien qu'il se crût obligé de donner à entendre que chaque minute lui était précieuse pour le bien de l'humanité souffrante, passait également chez Pierre des heures entières à lui conter ses anecdotes favorites et ses observations sur les caractères de ses malades et surtout de sa clientèle féminine.

Plusieurs officiers de l'armée française étaient internés à Orel comme prisonniers, et le docteur lui en amena un qui était Italien. Il prit l'habitude d'aller souvent chez Pierre, et la princesse Catherine riait dans son for intérieur de l'amitié passionnée que l'officier témoignait à son cousin. Il était heureux de causer avec lui, de lui raconter son passé, de lui faire la confidence de ses amours, et d'épancher devant lui le fiel dont son cœur était rempli contre les Français, et surtout contre Napoléon.

« Si tous les Russes vous ressemblent, disait-il un jour à Pierre, c'est un vrai sacrilège que de faire la guerre à un peuple comme le vôtre. Vous, que les Français ont tant fait souffrir, vous n'avez même pas de haine contre eux. »

Pierre retrouva à Orel une de ses anciennes connaissances, le franc-maçon comte Villarsky, celui-là même que nous avons déjà rencontré en 1807. Il avait épousé une Russe fort riche, dont les terres étaient situées dans le gouvernement d'Orel, et occupait en ce moment un poste provisoire dans l'administration de l'intendance. Quoiqu'il n'eût jamais été avec Besoukhow sur le pied d'une grande intimité, il fut heureux de le revoir; s'ennuyant à mourir à Orel, il était charmé de rencontrer un homme de son monde, qu'il supposait naturellement rempli des mêmes préoccupations que lui. Mais, à sa grande surprise, il remarqua bientôt, à part lui, que

Pierre était singulièrement arriéré dans ses idées, et qu'il était tombé dans ce qu'il croyait être de l'apathie et de l'égoïsme.

« Vous vous encroûtez, mon cher, » lui disait-il souvent, et cependant il revenait chaque jour le voir, et Pierre, en l'écoutant, s'étonnait d'avoir pu penser autrefois comme lui.

Villarsky, occupé de ses affaires, de son service et de sa famille, regardait ces soucis tout personnels comme un obstacle à la véritable existence. Les intérêts militaires, administratifs et maçonniques absorbaient complètement son attention. Pierre ne l'en blâmait pas, et ne cherchait en aucune façon à le faire changer d'opinion; mais il étudiait, avec son sourire doux et railleur, cet étrange phénomène.

Un trait tout nouveau du caractère de Pierre, et qui lui attirait la sympathie générale, c'était la reconnaissance du droit que chacun avait, d'après lui, de penser et de juger à sa guise, et de l'impossibilité de convaincre qui que ce soit par des paroles. Ce droit, qui jadis l'irritait profondément, était aujourd'hui la principale cause de l'intérêt qu'il portait aux hommes. Cette nouvelle manière de voir exerçait une égale influence sur les côtés pratiques de son existence. Jadis toute demande d'argent l'embarrassait : « Celui-ci en a besoin assurément, se disait-il, mais cet autre en a peut-être encore plus besoin que lui. Et qui sait s'ils ne me trompent pas tous les deux? » Ne sachant en définitive à quoi se résoudre, il donnait de l'argent à tort et à travers, tant qu'il en avait. Mais maintenant, à son grand étonnement, il n'éprouvait plus la moindre perplexité. Un sentiment instinctif de justice, dont lui-même ne se rendait pas compte, lui indiquait nettement la meilleure décision à prendre. Ainsi, un jour, un colonel français prisonnier, après s'être longuement vanté auprès de lui de ses exploits, finit par demander presque impérativement un prêt de 4 000 francs, pour envoyer, disait-il, à sa femme et à ses enfants. Pierre le lui refusa sans la moindre hésitation, tout en s'étonnant de la facilité avec laquelle il lui avait négativement répondu, et, au lieu de donner la somme au colonel, il obligea adroitement l'Italien, qui en avait grand besoin, à l'accepter. Il en agit de même à propos des dettes de sa femme et de la restauration de ses maisons de ville et de campagne. Son intendant général, lui ayant présenté le tableau des pertes que lui avait causées l'incendie de Moscou, et qui étaient évaluées à près de deux millions, l'engagea, pour rétablir la balance, à refuser de payer les dettes de la comtesse et à ne pas reconstruire ses immeubles, dont l'entretien annuel revenait à 80 000 roubles. Dans le premier moment, Pierre lui donna raison, mais, à la fin de janvier, l'architecte lui ayant envoyé de Moscou le devis des travaux à faire au sujet des immeubles incendiés, Pierre, après avoir lu attentivement des lettres que le prince Basile et certains de ses amis lui écrivirent à la même époque, et dans lesquelles il était question du passif laissé par sa femme, n'hésita pas une minute à revenir sur son premier sentiment, et résolut de faire rebâtir ses maisons et de se rendre à Pétersbourg pour acquitter les dettes de la comtesse. Cette décision diminuait, il est vrai, ses revenus des trois quarts, mais, du moment qu'il en comprit la justice et la nécessité, il la mit immédiatement à exécution.

Villarsky étant obligé de se rendre à Moscou, il s'arrangea de manière à faire le voyage avec lui, et continua à éprouver, le long de la route, toute la joie d'un écolier en vacances. Tout ce qu'il rencontrait sur son chemin prenait à ses yeux une valeur nouvelle, et les regrets que son compagnon ne cessait d'exprimer sur l'état pauvre et arriéré de la Russie, comparativement à l'Europe occidentale, ne diminuaient en rien son enthousiasme, car, là où Villarsky ne voyait qu'un déplorable engourdissement, Pierre découvrait au contraire une source de puissance et de force et cette vivifiante énergie qui avait soutenu dans la lutte, sur les plaines couvertes de neige, ce peuple si foncièrement pur et unique dans son genre.

XV

Il serait aussi difficile de se rendre compte des motifs qui ont engagé les Russes, après le départ des Français, à se grouper de nouveau dans ce lieu qui avait nom Moscou, que de s'expliquer pourquoi et où courent avec tant de hâte les fourmis d'une fourmilière bouleversée par un accident quelconque. Les unes s'enfuient en emportant les œufs, avec de menues brindilles; d'autres reviennent vers la fourmilière; d'autres se choquent, se heurtent, et se battent; mais, de même qu'en examinant de près cette fourmilière dévastée, on devine, à l'énergie, à la ténacité des mouvements de ses nombreuses habitantes, que le principe qui faisait sa force a survécu à sa ruine complète, de même, au mois d'octobre, malgré l'absence de toute autorité, d'églises, de richesses, d'habitations, Moscou avait repris sa physionomie du mois d'août. Tout y avait été détruit, sauf son indestructible et puissante vitalité.

Les mobiles qui poussèrent ceux qui furent les premiers à l'envahir étaient d'une nature toute sauvage. Une semaine plus tard, Moscou comptait déjà 15 000 habitants, puis 25 000, et le nombre alla en croissant avec une telle rapidité, que, dès l'automne de 1813, le chiffre de sa population avait déjà dépassé celui de l'année précédente.

Les cosaques du détachement de Wintzingerode, les paysans des villages voisins et les fuyards qui se cachaient dans les environs furent les premiers à y rentrer et s'y livrèrent au pillage, en continuant ainsi l'œuvre des Français. Les paysans revenaient chez eux avec d'interminables files de charrettes pleines d'objets ramassés dans les maisons et dans les rues. Les cosaques faisaient de même, tandis que les propriétaires s'enlevaient mutuellement tout ce qu'ils pouvaient, sous prétexte de rentrer en possession de leur bien. Ces pillards furent suivis d'une foule d'autres. Plus leur nombre augmentait, plus leur besogne devenait difficile, et la rapine prenait une allure plus définie.

Bien que les Français eussent trouvé Moscou vide, il avait pourtant conservé tous les dehors d'une organisation administrative régulière; mais plus le séjour des Français se prolongea, plus cette apparence de vie s'éteignit, pour se transformer bientôt en un état de pillage sans limites. Le brigandage, qui signala tout d'abord la rentrée des Russes dans la capitale, eut le résultat contraire, car les gens de toute classe, marchands, artisans, paysans, les uns par curiosité, les autres par calcul ou par intérêt de service, y affluant comme le sang afflue au cœur, y ramenèrent la richesse et la vie habituelle. Les paysans, qui y arrivaient avec des charrettes vides dans l'espoir de les remplir de butin, furent arrêtés par les autorités et forcés d'emporter les cadavres; d'autres, avertis à temps du mécompte de leurs camarades, apportèrent du blé, du foin, de l'avoine, et, par suite de la concurrence qu'ils se faisaient entre eux, ramenèrent le prix des denrées au même taux où elles étaient avant le désastre; les charpentiers, dans l'espoir de trouver de l'ouvrage, y vinrent en foule, et les édifices incendiés furent réparés et sortirent de leurs ruines; les marchands recommencèrent leur commerce; les cabarets, les auberges utilisèrent les maisons abandonnées ; le clergé rouvrit quelques églises que le feu avait épargnées ; les fonctionnaires mirent en ordre leurs tables et leurs armoires dans de petites chambres ; les autorités supérieures et la police s'occupèrent de la distribution des bagages laissés par les Français, ce dont on profita comme d'habitude pour s'en prendre à la police et pour l'acheter ; les demandes de secours affluèrent de tous côtés, en même temps que les devis monstrueux des soumissionnaires pour la reconstruction des immeubles de la couronne, et le comte Rostoptchine répandit de nouveau ses affiches.

XVI

A la fin de janvier, Pierre arriva à Moscou et s'établit dans une aile de sa maison, qui était restée intacte. Comptant repartir le surlendemain pour Pétersbourg, il alla voir le comte Rostoptchine et quelques-unes de ses anciennes connaissances, qui toutes, dans la jubilation de la victoire définitivement remportée, le reçurent avec joie, et le questionnèrent sur ce qu'il avait vu. Bien qu'on lui témoignât beaucoup de sympathie, il se tenait sur la réserve, et se bornait à répondre vaguement aux questions qu'on lui adressait sur ses projets d'avenir. Il apprit entre autres que les Rostow étaient à Kostroma, mais le souvenir de Natacha n'était plus pour lui qu'une agréable réminiscence d'un passé déjà bien éloigné. Heureux de se sentir indépendant de toutes les obligations de la vie, il l'était aussi de se sentir dégagé de cette influence à laquelle il s'était cependant soumis de son plein gré.

Les Droubetzkoï lui ayant annoncé l'arrivée de la princesse Marie à Moscou, il s'y rendit le même soir. Chemin faisant, il ne cessa de penser au prince André, à ses souffrances, à sa mort, à leur amitié, et surtout à leur dernière rencontre, la veille de Borodino.

« Est-il mort irrité, comme je l'ai vu alors, se disait-il, ou bien l'énigme de la vie ne s'est-elle pas dévoilée à lui au moment de sa mort ? »

Il pensa à Karataïew, et établit une comparaison involontaire entre ces deux hommes si différents l'un de l'autre, et pourtant si rapprochés par l'affection qu'il avait eue pour tous les deux.

Pierre était grave et triste en entrant dans la maison Bolkonsky, laquelle, tout en conservant son caractère habituel, portait encore quelques traces de délabrement. Un vieux valet de chambre, au visage sévère, comme pour donner à comprendre que la mort du prince n'avait rien changé aux règles établies, lui dit que la princesse venait de se retirer dans son appartement, et qu'elle ne recevait que le dimanche.

« Annonce-moi, elle me recevra peut-être.

— En ce cas, veuillez entrer dans le salon des portraits. »

Quelques instants après, le valet de chambre revint, accompagné de Dessalles, chargé par la princesse de dire à Pierre qu'elle serait très heureuse de le voir et qu'elle le priait de monter chez elle.

Il la trouva, à l'étage supérieur, dans une petite chambre basse éclairée d'une seule bougie, et habillée de noir. Une autre personne, également en deuil, était auprès d'elle. Pierre supposa au premier abord que c'était une de ces demoiselles de compagnie dont il savait que la princesse aimait à s'entourer, et auxquelles il n'avait jamais fait attention.

La princesse se leva vivement, et lui tendit la main.

« Oui, lui dit-elle quand il la lui eut baisée, et en remarquant le changement de sa figure, voilà comme on se rencontre. « Il » a beaucoup parlé de vous les derniers temps, — et elle reporta ses yeux sur la dame en noir avec une hésitation qui n'échappa pas à Pierre.

— La nouvelle de votre délivrance m'a fait bien plaisir, c'est la seule joie que nous ayons eue depuis longtemps. — Et de nouveau elle jeta un regard inquiet à sa compagne.

— Figurez-vous que je n'ai rien su de lui, dit Pierre... je le croyais tué, et ce que j'ai appris m'est parvenu indirectement par des tiers. Je sais qu'il a rencontré les Rostow... Quelle étrange coïncidence! »

Pierre parlait avec vivacité. Il jeta à son tour les yeux sur l'étrangère, et, voyant son regard de curiosité affectueuse, il comprit instinctivement qu'il devait y avoir dans cette dame en grand deuil un être bon et charmant, qui ne gênerait en rien ses épanchements avec la princesse Marie. Celle-ci ne put s'empêcher de laisser percer un grand embarras lorsqu'il fit allusion aux Rostow, et son regard alla de nouveau de Pierre à la dame en noir.

« Vous ne la connaissez donc pas? » dit-elle.

Pierre examina plus attentivement le pâle et fin visage, la

bouche étrangement contractée et les grands yeux noirs de l'inconnue, où tout à coup il retrouva ce rayonnement intime, si doux à son cœur, dont il était depuis si longtemps privé. « Non, c'est impossible, se dit-il. Serait-ce elle, cette figure pâle, maigre, vieillie, avec cette expression austère... c'est sans doute une hallucination ! » A ce moment la princesse Marie prononça le nom de Natacha, et le pâle et fin visage aux yeux tristes et recueillis fit un mouvement, comme une porte rouillée qui cède à une pression du dehors. La bouche sourit, et il s'échappa de ce sourire un effluve de bonheur qui enveloppa Pierre et le pénétra tout entier. Plus de doute possible devant ce sourire : c'était Natacha, et il l'aimait plus que jamais !

La violence de son impression fut telle, qu'elle révéla à Natacha, à la princesse Marie, et surtout à lui-même, l'existence d'un amour qu'il avait encore de la peine à s'avouer. Son émotion était mêlée de joie et de douleur, et plus il cherchait à la dissimuler, plus elle s'accentuait, sans le secours de paroles précises, par une rougeur indiscrète : « C'est seulement de la surprise, » se dit Pierre ; mais, quand il voulut renouer la conversation, il regarda encore une fois Natacha, et son cœur se remplit de bonheur et de crainte. Il s'embrouilla dans sa réponse, et s'arrêta court. Ce n'était pas seulement parce qu'elle était pâlie et amaigrie, qu'il ne l'avait pas reconnue, mais parce que dans ses yeux, où brillait jadis le feu de la vie, il n'y avait plus que sympathie, bonté et inquiète tristesse.

La confusion de Pierre n'eut pas d'écho chez Natacha, et une douce satisfaction éclaira seule son visage.

XVII

« Elle est venue passer quelque temps avec moi, lui dit la princesse Marie. Le comte et la comtesse nous rejoindront ces jours-ci... La pauvre comtesse fait mal à voir... Natacha elle-même a besoin de consulter un médecin ; aussi l'ai-je enlevée de force.

— Hélas ! Qui de nous n'a pas été éprouvé, répondit Pierre... Vous savez sans doute que « c'est arrivé » le jour de notre délivrance... Je l'ai vu, quel charmant garçon c'était ! »

Natacha gardait le silence, mais ses yeux s'agrandissaient et brillaient de pleurs contenus.

« Aucune consolation n'est possible, poursuivit Pierre, aucune! Pourquoi, on se le demande, pourquoi est-il mort, ce cher enfant, plein de jeunesse et de vie?

— Oui, oui, c'est ce qui rend la foi doublement nécessaire de nos jours, dit la princesse Marie.

— C'est bien vrai, répondit Pierre.

— Pourquoi? demanda Natacha en le regardant.

— Comment, pourquoi? dit la princesse Marie... La seule pensée de ce qui attend ceux...

— Parce que, interrompit Pierre, celui qui croit en un Dieu qui nous dirige peut seul supporter une perte semblable à celles que vous avez éprouvées. »

Natacha fit un mouvement pour répondre, mais s'arrêta, pendant que Pierre s'adressait avec empressement à la princesse Marie pour avoir des détails sur les derniers jours de son ami. Son embarras avait disparu, mais avec cet embarras avait aussi disparu le sentiment de son entière liberté; il se disait que maintenant chacune de ses paroles, chacune de ses actions avait un juge dont l'opinion était pour lui ce qu'il y avait de plus précieux au monde. Tout en causant, il s'inquiétait, dans son for intérieur, de l'effet qu'il produisait sur Natacha, et se jugeait à son point de vue à elle. La princesse Marie se décida, à contre-cœur, à donner à Pierre les détails qu'il lui demandait, mais ses questions, l'intérêt dont elles étaient empreintes, sa voix tremblante d'émotion, l'obligèrent à retracer peu à peu ces tableaux qu'elle avait peur d'évoquer pour elle-même.

« Ainsi donc, il s'est calmé, adouci... Il n'avait jamais eu qu'un but, et il y tendait de toutes les forces de son âme, celui d'être parfaitement bon... Que pouvait-il alors craindre de la mort? Ses défauts, s'il en a eu, ne peuvent lui être attribués... Quel bonheur pour lui de vous avoir revue! » continua-t-il en s'adressant à Natacha, les yeux pleins de larmes.

Elle eut un tressaillement et inclina la tête, en se demandant indécise si elle parlerait ou non de lui.

« Oui, dit-elle enfin d'une voix basse et voilée, ça été un grand bonheur, pour moi du moins, et lui, — elle essaya de dominer son émotion, — lui, le désirait aussi, lorsque je suis allée vers lui! »

Sa voix se brisa, elle rougit, serra convulsivement ses mains et tout à coup, relevant la tête avec un visible effort, elle reprit d'une voix émue :

« En quittant Moscou, je ne savais rien, je n'osais pas demander après lui, lorsque Sonia m'a appris qu'il nous suivait. Je ne pouvais ni manger, ni me figurer dans quel état il était ; je ne désirais qu'une chose, le voir ! »

Tremblante et haletante, elle raconta, sans se laisser interrompre, ce qu'elle n'avait encore raconté à personne, tout ce qu'elle avait souffert pendant ces trois semaines de voyage et de séjour à Yaroslaw. Pierre, en l'écoutant, ne pensait ni au prince André ni à la mort, ni à ce qu'elle disait. Il ne ressentait qu'une vive compassion de la peine qu'elle devait éprouver à évoquer ainsi ce triste passé ; mais, en faisant ce récit douloureux, Natacha semblait obéir à une impulsion irrésistible. Elle mêlait les détails les plus puérils aux pensées les plus intimes, revenait plusieurs fois sur les mêmes scènes, et semblait ne pouvoir plus s'arrêter. A ce moment, Dessalles demanda, de l'autre chambre, si son élève pouvait entrer.

« Et c'est tout, c'est tout !... » s'écria Natacha en se levant vivement, et, en s'élançant par la porte, dont le petit Nicolas venait de soulever la lourde portière, elle se heurta la tête contre un des battants, et disparut en poussant un gémissement de douleur : était-ce un gémissement de douleur physique ou de douleur morale ?

Pierre, qui ne l'avait pas quittée des yeux, sentit, quand elle ne fut plus là, qu'il était de nouveau seul en ce monde.

La princesse Marie le tira de sa rêverie en appelant son attention sur l'enfant qui venait d'entrer. La ressemblance du petit Nicolas avec son père le troubla si vivement, dans la disposition attendrie où il se trouvait, que, l'ayant embrassé, il se leva et se détourna en passant son mouchoir sur ses yeux. Il allait prendre congé de la princesse Marie, quand elle le retint.

« Restez, je vous en prie. Natacha et moi veillons souvent jusqu'à trois heures, le souper doit être prêt, descendez : nous viendrons vous rejoindre à l'instant... C'est la première fois, savez-vous, ajouta-t-elle, qu'elle a parlé ainsi à cœur ouvert ! »

XVIII

Quelques secondes plus tard, la princesse Marie et sa compagne rejoignirent Pierre dans la grande salle à manger. Les traits de Natacha, redevenue calme, avaient une expression de gravité qu'il ne lui avait jamais connue. Tous les trois éprouvaient le malaise qui suit ordinairement un épanchement sérieux et intime. Ils s'assirent sans rien dire autour de la table ; Pierre déplia sa serviette, et, décidé à rompre un silence qui, en se prolongeant plus longtemps, pouvait devenir pénible pour tout le monde, il regarda les deux femmes, qui allaient en faire autant de leur côté. Dans leurs yeux brillaient la satisfaction de vivre et l'aveu inconscient que la douleur n'est pas éternelle et laisse encore de la place à la joie.

« Voulez-vous une goutte d'eau-de-vie, comte? dit la princesse Marie, et ces simples paroles suffirent pour dissiper les ombres du passé.

— Racontez-nous comment vous avez vécu, c'est toute une légende, à ce qu'on nous a dit?

— Oui, oui, répondit-il avec un air de douce raillerie, on a inventé sur moi des choses que je n'ai pas vues même en rêve. J'en suis encore tout ébahi. Je suis devenu un homme intéressant, et cela ne me donne aucun mal... C'est à qui m'engagera et me racontera en détail ma captivité fantastique.

— On nous a dit que l'incendie de Moscou vous avait coûté deux millions : est-ce vrai?

— Peut-être, mais je suis devenu trois fois plus riche qu'auparavant, répondit Pierre, qui ne cessait de le répéter à qui voulait l'entendre, malgré la diminution que devait apporter à ses revenus sa résolution de payer les dettes de sa femme et de reconstruire ses hôtels. Ce que j'ai infailliblement recouvré, c'est ma liberté, — mais il s'arrêta, ne voulant pas s'appesantir sur un ordre d'idées qui lui était tout personnel.

— Est-il vrai que vous comptiez rebâtir?

— Oui, c'est le désir de Savélitch.

— Où avez-vous appris la mort de la comtesse? Étiez-vous encore à Moscou? »

La princesse Marie rougit aussitôt, craignant que Pierre ne

donnât une fausse interprétation à ces paroles qui soulignaient ce qu'il avait dit de sa liberté recouvrée.

« Non, j'en ai reçu la nouvelle à Orel ; vous pouvez vous figurer combien j'en ai été surpris. Nous n'étions pas des époux modèles, dit-il en regardant Natacha et en devinant qu'elle était curieuse d'entendre de quelle façon il s'exprimerait à ce sujet ; mais sa mort m'a frappé de stupeur. Lorsque deux personnes vivent mal ensemble, toutes les deux ont tort généralement, et l'on se sent doublement coupable envers celle qui n'est plus... Puis, elle est morte sans amis, sans consolations. Aussi ai-je ressenti une grande pitié pour elle, — et il cessa de parler, heureux de sentir qu'il avait l'approbation de Natacha.

— Vous voilà donc redevenu un célibataire et un parti ? » dit la princesse Marie.

Pierre devint écarlate et baissa les yeux. Les relevant, après un long silence, sur Natacha, il lui sembla que l'expression de son visage était froide, réservée, presque dédaigneuse.

« Avez-vous réellement vu Napoléon, comme on le raconte ? lui demanda la princesse Marie.

— Jamais, dit Pierre en éclatant de rire... Il leur semble en vérité à tous que prisonnier et hôte de Napoléon sont synonymes. Je n'en ai même pas entendu parler ; le milieu dans lequel je vivais était trop obscur pour cela.

— Avouez maintenant, lui dit Natacha, que vous étiez resté à Moscou pour le tuer ? Je l'avais bien deviné lorsque nous vous avons rencontré. »

Pierre répondit que c'était en effet son intention, et, se laissant entraîner par leurs nombreuses questions, il leur fit un récit détaillé de toutes ses aventures. Il en parla tout d'abord avec cette indulgente ironie qu'il apportait dans ses jugements sur autrui et sur lui-même, mais peu à peu le souvenir, si vivant encore, des souffrances qu'il avait endurées et des horreurs auxquelles il avait assisté, donna à ses paroles cette émotion vraie et contenue de l'homme qui repasse dans sa mémoire les scènes poignantes auxquelles il a été mêlé.

La princesse Marie examinait tour à tour Natacha et Pierre, dont cette narration faisait surtout ressortir l'inaltérable bonté. Natacha, accoudée et le menton sur sa main, en suivait, avec sa physionomie mobile, tous les incidents. Son regard, ses exclamations, ses questions brèves, prouvaient qu'elle saisissait le sens réel de ce qu'il voulait leur faire comprendre, et, mieux que cela, le sens intime de ce qu'il ne pouvait exprimer en paroies. L'épisode de l'enfant et de la femme dont il avait pris la défense et qui avaient été la cause son arrestation, fut raconté par lui en ces termes :

« Le spectacle était horrible, des enfants abandonnés, d'autres oubliés dans les flammes... On en retira un devant mes yeux... puis des femmes, dont on arrachait les vêtements et les boucles d'oreilles... » Pierre rougit et s'arrêta en hésitant.

« Une patrouille survint à ce moment et arrêta les paysans et tous ceux qui ne pillaient pas, moi avec.

— Vous ne racontez pas tout, dit Natacha en l'interrompant, vous aurez sûrement fait... une bonne action? »

Pierre continua; arrivé à la scène de l'exécution de ses compagnons, il voulut lui épargner ces effroyables détails, mais elle exigea qu'il ne passât rien. Puis vint l'épisode de Karataïew. Ils se levèrent de table et il se mit à marcher de long en large, pendant que Natacha le suivait des yeux.

« Vous ne pourrez jamais comprendre ce que m'a appris cet homme, cet innocent, qui ne savait ni lire ni écrire...

— Qu'est-il devenu? demanda Natacha.

— On l'a tué presque sous mes yeux! » Et sa voix tremblait d'émotion pendant qu'il leur racontait la maladie de ce pauvre malheureux et sa mort.

Jamais il ne s'était représenté ses aventures comme elles lui apparaissaient aujourd'hui. Il y découvrait une nouvelle signification, et éprouvait, en les racontant à Natacha, la rare jouissance que vous procure, non pas la femme d'esprit dont le seul but est de s'assimiler ce qu'elle entend, pour enrichir son répertoire et faire parade à l'occasion des trésors de sa petite cervelle, mais la vraie femme, celle qui a la faculté de faire jaillir et d'absorber ce que l'homme a de meilleur. Natacha, sans s'en rendre compte, était tout attention. Pas un mot, pas une intonation, un regard, un tressaillement, un geste, ne lui échappaient; elle attrapait au vol la parole à peine prononcée, la recueillait dans son cœur, et devinait le mystérieux travail qui s'était accompli dans l'âme de Pierre.

La princesse Marie s'intéressait à tout ce qu'il racontait, mais elle était absorbée par une autre pensée : elle venait de comprendre que Natacha et lui pouvaient s'aimer et être heureux, et elle en ressentit une profonde joie.

Il était trois heures du matin : les domestiques, la figure allongée, entrèrent pour remplacer les bougies, mais personne n'y fit attention. Pierre termina son récit. Sa sincère émotion, empreinte d'un certain embarras, répondait au regard de Natacha, qui semblait vouloir pénétrer même son silence, et, sans songer que l'heure était aussi avancée, il cherchait un autre thème de conversation.

« On parle de souffrances et de malheurs, dit-il, et cependant si l'on venait me demander : « Veux-tu revenir à ce que tu étais « avant ta captivité, ou repasser par tout ce que tu as souffert ? » je répondrais : « Plutôt cent fois la captivité et la viande de « cheval ? » On s'imagine presque toujours que tout est perdu lorsqu'on est jeté hors du chemin battu ; c'est seulement alors qu'apparaissent le Vrai et le Bon. Tant que dure la vie, le bonheur existe. Nous pouvons encore en espérer beaucoup, et c'est surtout pour vous que je le dis, ajouta-t-il en s'adressant à Natacha.

— C'est vrai ! dit-elle en répondant à une autre pensée qui venait de lui traverser l'esprit : moi aussi, je n'aurais pas demandé mieux que de recommencer ma vie ! »

Pierre la regarda avec attention.

« Oui, je n'aurais rien désiré de plus !

— Est-ce bien possible ? s'écria Pierre. Suis-je donc coupable de vivre et de vouloir vivre, et vous aussi ? »

Natacha inclina sa tête dans ses mains et fondit en larmes.

« Qu'as-tu, Natacha ?

— Rien, rien ! murmura-t-elle, et elle sourit à Pierre à travers ses pleurs.

— Adieu ! Il est temps de dormir... »

Pierre se leva et prit congé d'elles.

La princesse Marie et Natacha causèrent encore dans leur chambre, mais ni l'une ni l'autre ne prononça le nom de Pierre.

« Sais-tu, Marie, que j'ai souvent peur qu'en ne parlant pas de « lui », dans la crainte de profaner nos sentiments, nous ne finissions par l'oublier ? »

Un soupir de la princesse Marie confirma la justesse de cette observation qu'elle n'aurait jamais osé faire de vive voix.

« Crois-tu qu'on puisse oublier ? dit-elle. Quel bien cela m'a fait de tout raconter aujourd'hui, et pourtant comme c'était à la fois doux et pénible ! Je sentais qu'il l'avait aimé sincèrement, c'est pourquoi... Ai-je eu tort ? dit elle en rougissant.

— De parler de « lui » à Pierre ? Oh non ! Il est si bon !

— As-tu remarqué, Marie, dit tout à coup Natacha avec un sourire espiègle qu'elle n'avait pas eu depuis longtemps, as-tu remarqué comme il est bien tenu maintenant, comme il est frais et rose? On dirait qu'il sort d'un bain moral, je veux dire... tu me comprends, n'est-ce pas?

— Oui, il a beaucoup changé à son avantage. C'est pour cela que « lui » l'a tant aimé, répondit la princesse Marie.

— Oui, et cependant ils ne se ressemblaient guère. On assure du reste que les amitiés des hommes naissent des contrastes; ce doit être sans doute ainsi...! Adieu! Adieu! » dit Natacha, et le sourire espiègle qui avait accompagné ses premières paroles sembla s'effacer à regret de son visage redevenu joyeux.

XIX

Pierre fut longtemps avant de s'endormir. Marchant à grands pas dans sa chambre d'un air soucieux, tantôt il haussait les épaules, tantôt il tressaillait, et ses lèvres s'entr'ouvraient comme pour murmurer un aveu. Lorsque six heures du matin sonnèrent, il pensait toujours au prince André, à Natacha, à leur amour, qui le rendait jaloux encore aujourd'hui. Il se coucha heureux et ému, et décidé à faire tout ce qui lui serait humainement possible pour l'épouser.

Il avait fixé son départ pour Pétersbourg au vendredi suivant, et le lendemain Savélitch vint lui demander ses ordres au sujet du voyage.

« Comment? Je vais à Pétersbourg? Pourquoi à Pétersbourg? se demanda-t-il tout surpris. Ah oui! c'est vrai, je l'avais décidé il y a longtemps déjà, avant que « cela » fût arrivé; au fait, j'irai peut-être... Quelle bonne figure que celle du vieux Savélitch! se dit-il en le regardant... Eh bien, Savélitch, tu ne veux donc pas de ta liberté?

— Qu'en ferais-je, Excellence? Nous avons vécu du temps du vieux comte, le bon Dieu ait son âme!... et maintenant nous vivons auprès de vous, sans avoir à nous plaindre.

— Et tes enfants?

— Et mes enfants feront comme moi, Excellence; avec des maîtres comme vous, on n'a rien à craindre.

— Eh bien, et mes héritiers? demanda Pierre. Si je me

mariais, par exemple ? Cela peut arriver, n'est-ce pas ? ajouta-t-il avec un sourire involontaire.

— Ce serait très bien, si j'ose le dire à Votre Excellence.

— Comme il traite cela légèrement, se dit Pierre. Il ne sait pas combien c'est grave et effrayant... C'est ou trop tôt ou trop tard !

— Quels sont vos ordres, Excellence ? partirez-vous demain ?

— Non, dans quelques jours, je t'en préviendrai. Pardonne-moi tout l'embarras que je te donne... C'est étrange, se dit-il, qu'il n'ait pas deviné que je n'ai rien à faire à Pétersbourg, et qu'avant tout il faut que « cela » se décide. Je suis sûr, du reste, qu'il le sait et qu'il fait semblant de l'ignorer... Lui en parlerai-je ? Non, ce sera pour une autre fois. »

A déjeuner, Pierre raconta à sa cousine qu'il avait été la veille chez la princesse Marie, et qu'à sa grande surprise il y avait vu Natacha Rostow. La princesse Catherine parut trouver la chose toute simple.

« La connaissez-vous ? lui demanda Pierre.

— Je l'ai vue une fois, et l'on parlait de son mariage avec le jeune Rostow ; c'eût été très bien pour eux, puisqu'ils sont ruinés.

— Ce n'est pas de la princesse Marie que je vous parle, mais de Natacha.

— Ah oui ! je connais son histoire, c'est fort triste.

— Décidément, se dit Pierre, elle ne me comprend pas, ou elle ne veut pas me comprendre... il vaut mieux ne lui rien dire. »

Il alla dîner chez la princesse Marie. En parcourant les rues, où se voyaient encore les restes des maisons incendiées, il ne put s'empêcher de les admirer. Les hautes cheminées qui s'élançaient du milieu des décombres lui rappelaient les ruines poétiques des bords du Rhin et du Colysée. Les isvostchiks et les cavaliers, les charpentiers qui équarrissaient leurs poutres, les marchands, les boutiquiers, tous ceux qui le rencontraient, semblaient le regarder avec des visages rayonnants et se dire :

« Ah ! le voilà revenu, voyons un peu ce qu'il va en advenir ! »

En arrivant chez la princesse Marie, il lui sembla qu'il avait été le jouet d'un songe, qu'il avait vu Natacha en rêve ; mais, à peine fut-il entré, qu'il sentit, à la vibration de tout son être, l'influence de sa présence. Vêtue de noir, comme la veille, et coiffée de même, sa physionomie était pourtant tout autre, et il l'aurait infailliblement reconnue la première fois si alors il l'avait vue ainsi : elle avait sa figure d'enfant, sa figure de fiancée. Ses yeux brillaient d'un éclat interrogateur, et une expression mutine et singulièrement affectueuse se jouait sur ses lèvres.

Pierre dîna chez la princesse et y aurait passé toute la soirée, si ces dames n'étaient allées aux vêpres, où il les accompagna.

Le lendemain, il revint de nouveau, et resta si tard, que, malgré le plaisir qu'elles éprouvaient à le voir et malgré l'intérêt absorbant qui l'attachait à leurs côtés, la conversation s'épuisa et finit par tomber sur les sujets les plus insignifiants. Pierre n'avait cependant pas le courage de s'en aller, bien qu'il sentît qu'elles attendaient son départ avec impatience. La princesse Marie, ne prévoyant pas de terme à cette situation, se leva la première, et lui fit ses adieux, sous prétexte d'une migraine.

« Ainsi donc, vous partez demain pour Pétersbourg ?

— Non, je ne pars pas, répondit Pierre vivement... Du reste oui, peut-être... En tout cas, je passerai demain vous demander vos commissions. » Et il se tenait debout, très embarrassé.

Natacha lui tendit la main et sortit. Alors la princesse Marie, au lieu de la suivre, se laissa tomber dans un fauteuil, et, fixant sur lui son regard lumineux, l'observa avec une profonde attention. La fatigue dont elle s'était plainte s'était subitement évanouie, et l'on voyait qu'elle se préparait à avoir avec lui un long tête-à-tête.

L'embarras et le malaise de Pierre disparurent comme par enchantement à la sortie de Natacha. Avançant brusquement un fauteuil, il s'assit à côté de la princesse Marie.

« J'ai à vous faire une confidence, dit-il avec une émotion contenue, venez à mon aide, princesse, que dois-je faire, que puis-je espérer ? Je sais, je sais parfaitement que je ne la vaux pas, et que l'heure est mal choisie pour lui parler. Mais ne pourrais-je être son frère ?... Non, non, ajouta-t-il vivement, je ne le veux, ni ne le puis... J'ignore, reprit-il après un moment de silence et en s'efforçant de parler avec suite, j'ignore depuis quand je l'aime, mais je n'ai jamais aimé qu'elle, et je ne puis me représenter l'existence sans elle. Sans doute, il est difficile de lui demander à présent sa main, mais la pensée qu'elle pourrait me l'accorder et que j'en laisserais échapper l'occasion est horrible pour moi. Dites, chère princesse, puis-je espérer ?

— Vous avez raison, répondit la princesse Marie, de penser que l'heure serait mal choisie de lui parler de votre... » Elle s'arrêta en réfléchissant que la métamorphose qui s'était opérée chez Natacha rendait son objection invraisemblable, et elle comprit qu'elle ne serait pas offensée de recevoir l'aveu de cet amour, et qu'au fond de son cœur elle le désirait; mais, n'obéissant pas à ce premier mouvement, elle répéta :

« Lui parler à présent est impossible. Fiez-vous à moi, je sais...

— Quoi? dit Pierre d'une voix haletante en l'interrogeant des yeux.

— Je sais qu'elle vous aime..., qu'elle vous aimera! » Elle avait à peine prononcé ces paroles, que Pierre se leva, lui saisit la main et la serra avec force.

« Vous le croyez, dites, vous le croyez?

— Oui, je le crois. Ecrivez à ses parents. Quant à moi, je lui en parlerai lorsqu'il en sera temps. Je le désire, et mon cœur me dit que cela sera.

— Ce serait trop de bonheur, trop de bonheur! répondit Pierre en baisant les mains de la princesse Marie.

— Faites votre voyage à Pétersbourg, cela vaudra mieux, et je vous promets de vous écrire.

— Aller à Pétersbourg maintenant? Soit, je vous obéirai. Mais demain, puis-je encore venir vous voir? »

Et Pierre revint le lendemain pour prendre congé.

Natacha était moins animée que les jours précédents, mais lui, en la regardant, ne sentait qu'une impression : celle du bonheur dont il était pénétré et qui augmentait d'intensité à chacune de ses paroles, au moindre mouvement qu'elle faisait. Lorsque la main fine et maigre de Natacha se posa dans la sienne au moment des adieux, il la garda involontairement quelques secondes. « Cette main, ce visage, ce trésor de séductions, sera-t-il véritablement à moi, toujours à moi? »

« Au revoir, comte, lui dit-elle tout haut... Je vous attendrai avec impatience, » ajouta-t-elle tout bas.

Ces simples paroles, l'expression de physionomie qui les avait accompagnées, furent pour Pierre, pendant les deux mois de son absence, une source inépuisable de souvenirs et d'ineffables rêveries. « Elle m'a dit qu'elle m'attendrait avec impatience. » Et il se répétait à toute heure du jour : « Quel bonheur! quel bonheur! »

XX

Rien de semblable à ce qu'il éprouvait lorsqu'il était fiancé avec Hélène ne se passait aujourd'hui en lui. Il se reprochait alors avec honte les : « Je vous aime » qu'il lui adressait; maintenant, au contraire, c'était avec une jouissance infinie et sans mélange qu'il se retraçait les moindres détails de leur entrevue et qu'il s'en répétait les dernières paroles. Il ne se demandait plus s'il faisait bien ou mal, car l'ombre même d'un doute n'était plus possible. Il ne redoutait qu'une chose : d'avoir été le jouet d'une illusion... Et puis, n'était-il pas trop présomptueux, n'était-il pas trop sûr de son fait? La princesse Marie ne s'était-elle pas trompée? Natacha ne lui répondrait-elle pas en souriant : « C'est bien étrange... Comment ne comprend-il pas qu'il n'est qu'un homme comme tous les autres, tandis que moi je suis si au-dessus de lui? »

La folie du bonheur, qu'il se croyait incapable de ressentir désormais, s'empara de lui complètement. Sa vie, le monde entier, se résumaient pour lui dans son amour pour elle et dans l'espoir de s'en faire aimer. Il croyait deviner sur tous les visages une sympathie, que d'autres intérêts empêchaient seuls de se manifester. Il étonnait souvent ceux qui le rencontraient par son regard et son sourire rayonnants de bonheur. Il plaignait ceux qui ne pouvaient le comprendre et éprouvait parfois le besoin de leur expliquer qu'ils perdaient leur temps à de banales futilités. Lorsqu'on lui offrait de prendre du service, lorsqu'on discutait devant lui les questions politiques du moment, en leur attribuant une influence possible sur le bonheur du genre humain, il écoutait avec compassion, et étonnait ses auditeurs par l'étrangeté de ses remarques. Malgré tout, le rayonnement de son âme, en projetant sa clarté sur tous ceux qu'il trouvait sur son chemin, lui faisait instantanément découvrir ce qu'il y avait de bon et de bien dans chacun d'eux. En examinant les papiers laissés par sa femme, aucun autre sentiment que celui d'une profonde pitié ne s'éleva dans son cœur, de même que le prince Basile, très fier d'une nouvelle nomination et d'une nouvelle croix, n'était plus, à ses yeux, qu'un pauvre vieillard qu'il plaignait sincèrement.

Néanmoins, les jugements qu'il porta sur les hommes et sur

les événements, pendant cette période de sa vie, restèrent toujours pour lui incontestablement vrais, et ils l'aidèrent souvent dans la suite à résoudre ses incertitudes : « J'étais peut-être ridicule et étrange à cette époque, se disait-il alors, mais pas aussi fou que j'en avais l'air. Mon intelligence était plus ouverte et plus pénétrante ; je comprenais alors ce qui valait la peine d'être compris dans la vie, parce que.... parce que j'étais heureux ! »

XXI

A dater de la première soirée passée avec Pierre, un grand changement s'était opéré en Natacha. Presque à son insu, la sève de la vie s'était réveillée dans son cœur, et s'était répandue sans lutte dans tout son être. Sa démarche, son visage, son regard, sa voix, tout s'était métamorphosé. Les aspirations au bonheur étaient montées à la surface et demandaient à être satisfaites. A dater de ce jour, Natacha parut avoir oublié tous les événements antérieurs. Aucune plainte ne s'échappa plus de ses lèvres, aucune parole n'effleura plus les ombres évanouies du passé, et parfois même elle souriait à des projets d'avenir. Quoiqu'elle ne prononçât jamais le nom de Pierre, une flamme éteinte depuis longtemps s'allumait dans ses yeux lorsqu'elle entendait parler de lui par la princesse Marie, et ses lèvres réprimaient avec peine un frémissement involontaire.

La princesse Marie, frappée de ce changement dont elle devina facilement la cause, en éprouvait du chagrin. « Aimait-elle donc assez peu mon frère pour l'avoir si vite oublié ? » Mais, lorsqu'elle la voyait, elle ne pouvait ni lui en vouloir, ni le lui reprocher. Ce réveil de la vie était si soudain, si irrésistible, si imprévu pour elle-même, que la princesse Marie ne se reconnaissait plus le droit de l'accuser même au fond de son cœur, et Natacha s'abandonnait si complètement, si sincèrement à ce nouveau sentiment, qu'elle ne cherchait même pas à cacher que la douleur s'était effacée pour faire place à la joie.

Lorsque la princesse Marie retourna dans sa chambre après son explication avec Pierre, Natacha l'attendait sur le seuil.

« Il a parlé, n'est-ce pas, il a parlé? répétait-elle avec une expression attendrie et joyeuse qui implorait son pardon. J'ai eu envie d'écouter à la porte, mais je savais bien que tu me dirais tout. »

Quelque sincère, quelque touchant que fût son regard, ces paroles ne laissèrent pas de blesser la princesse Marie; elle pensa à son frère. « Qu'y faire? se dit-elle : cela ne peut être autrement.... » Et, d'un ton doux et sévère à la fois, elle lui fit part de son entretien avec Pierre. A la nouvelle de son départ pour Pétersbourg, Natacha poussa une exclamation de surprise, mais, devinant aussitôt l'impression pénible qu'elle venait de produire chez son amie :

« Marie, lui dit-elle, enseigne-moi ce que je dois faire, j'ai si grand'peur d'être mauvaise : j'agirai comme tu me le conseilleras.

— Tu l'aimes?

— Oui, murmura-t-elle.

— Pourquoi pleures-tu, alors? J'en suis heureuse, répondit la princesse Marie, sans pouvoir retenir ses larmes.

— Ce ne sera pas de sitôt, Marie.... Pense donc quel bonheur, je deviendrai sa femme, et toi tu épouseras Nicolas.

— Natacha, je t'avais priée de ne jamais m'en parler. Ne parlons que de toi! »

Elles se turent.

« Mais pourquoi va-t-il à Pétersbourg? » demanda tout à coup Natacha, et, répondant aussitôt elle-même à sa question, elle ajouta : « Cela doit être ainsi, c'est sans doute mieux... n'est-ce pas, Marie? »

ÉPILOGUE [1]

I

Le mariage de Natacha, devenue la femme de Besoukhow en 1813, fut le dernier heureux événement pour nos vieux amis les Rostow. Le comte Illia Andréïévitch mourut la même année, et, comme il arrive toujours, avec lui s'effondra sa famille, telle que nous l'avons connue. L'incendie de Moscou, la mort du prince André, la douleur de Natacha, la fin prématurée de Pétia, le désespoir de la comtesse, tous ces coups successifs finirent par accabler le pauvre comte.

Il semblait ne pas avoir la force de comprendre l'étendue de tous ses malheurs, et, inclinant sa vieille tête sous la main de la Providence, il eut l'air d'attendre et d'appeler son dernier moment. Tantôt effaré, éperdu, tantôt en proie à une excitation fébrile, il passait sans transition d'un extrême à l'autre.

Quand vint la noce de sa fille, il ne s'occupa que du côté matériel des arrangements : il commandait les dîners, les soupers, et faisait son possible pour paraître gai : mais sa gaieté n'était plus communicative comme auparavant. Elle faisait naître au contraire un sentiment de compassion chez ceux qui le connaissaient et l'aimaient. Les nouveaux mariés une fois partis, il s'affaissa, se plaignit d'un invincible ennui, tomba malade, et se coucha pour ne plus se relever; malgré les assurances trompeuses des médecins, il avait compris que son

---

[1]. Malgré le talent hors ligne déployé par l'auteur dans l'exposé philosophique de la première partie de cet épilogue, nous avons cru pouvoir l'omettre dans notre traduction, sans inconvénient pour la marche et la clarté du récit. (*Note du trad.*)

heure était arrivée. La comtesse passa quinze jours au chevet du malade sans se déshabiller : chaque fois qu'elle lui présentait une potion, il sanglotait doucement et lui baisait la main en silence.

Le jour même de sa mort, il leur demanda pardon, à elle de vive voix et mentalement à son fils, d'avoir si mal géré leur fortune. Sa fin fut tranquille, et le lendemain ses amis vinrent en foule rendre leurs derniers devoirs au défunt. Mainte et mainte fois ils avaient dansé et dîné chez lui en se moquant de ses manies, et maintenant tous répétaient à l'envi, comme pour leur justification, avec un sincère sentiment de remords et d'attendrissement : « C'était tout de même un bien excellent homme... On n'en trouve plus de pareils... et d'ailleurs qui n'a pas ses faiblesses ? » Lorsque le vieux comte mourut, ses affaires étaient tellement embrouillées, qu'il n'y avait plus aucun moyen de les remettre à flot. Nicolas reçut cette nouvelle à Paris, où il se trouvait avec les armées russes. Demandant aussitôt sa mise à la retraite, il partit en congé, sans même attendre que sa demande lui fût accordée. Leur situation financière fut mise au net un mois après la mort du comte, et chacun fut étonné de l'énormité du chiffre des dettes de toutes sortes, dont on ignorait même l'existence : le passif dévorait l'actif. Amis et parents conseillèrent à Nicolas de refuser la succession, mais, voyant dans cette façon d'agir un blâme pour la mémoire sacrée de son père, il ne voulut pas en entendre parler, et accepta purement et simplement la succession avec la charge de payer les dettes. Les créanciers, que la large et expansive bonté du vieux comte avait tenus longtemps silencieux, commencèrent à faire valoir leurs droits. Mitenka et plusieurs autres, qui avaient reçu des billets à ordre, se montrèrent les plus exigeants, et ne donnaient à Nicolas ni repos ni trêve. Ceux qui avaient patienté du vivant du comte étaient maintenant sans pitié pour le jeune héritier qui avait accepté de plein gré ces onéreux engagements. Aucune des combinaisons projetées par Nicolas ne lui réussit : les terres furent vendues à l'encan à vil prix, et il resta encore à payer la moitié des dettes. Nicolas emprunta à son beau-frère trente mille roubles pour acquitter celles qu'il regardait comme dettes d'honneur, et se vit obligé, pour éviter la prison dont le menaçaient les autres créanciers, de chercher un emploi. Retourner à l'armée, où, à la première vacance, il serait nommé, à coup sûr, chef de régiment, était impossible, car sa mère se cramponnait à lui comme au dernier sourire de la vie. Aussi, malgré le peu de plaisir qu'il éprouvait à rester à Moscou dans le même milieu, malgré l'antipathie que lui inspiraient les fonctions civiles, il finit par y obtenir une place dans l'administration, dit adieu à l'uniforme qu'il aimait tant, et s'établit, avec sa mère et Sonia, dans un modeste logement. Natacha et Pierre, qui habitaient Pétersbourg, ne se doutaient pas des difficultés de sa situation, qu'il leur cachait du reste avec le plus grand soin, et ignoraient que ses 1200 roubles d'appointements devaient suffire à leur entretien de façon que sa mère ne pût deviner leur pauvreté. La comtesse ne pouvait admettre l'existence en dehors des conditions de luxe auxquelles elle était habituée depuis son enfance, et exigeait à tout instant qu'on satisfît ses moindres désirs, sans soupçonner la gêne qu'ils causaient à son fils. C'était tantôt une voiture dont elle avait besoin pour envoyer chercher une amie, tantôt un mets recherché pour elle, du vin fin pour son fils, ou de l'argent pour des cadeaux à Natacha, à Sonia et à Nicolas lui-même. Sonia menait le ménage, soignait sa tante, lui faisait la lecture, supportait ses caprices, sa secrète inimitié, et aidait Nicolas à lui dissimuler leurs embarras financiers. Il sentait que sa reconnaissance pour elle était une dette dont il ne pourrait jamais s'acquitter; mais, tout en admirant sa patience et son dévouement sans bornes, il évitait toute intimité. Il lui en voulait de n'avoir rien à lui reprocher, et de ce que, réunissant toutes les perfections, il lui manquait ce je ne sais quoi qui l'aurait infailliblement forcé à lui donner son cœur; et plus il l'appréciait, moins il se sentait capable de l'aimer. Il avait accepté avec empressement la parole qu'elle lui avait rendue, et se tenait maintenant à distance, comme pour bien lui faire sentir que le passé ne pouvait plus revenir. Ses embarras d'argent augmentèrent. Non seulement il lui était impossible de rien mettre de côté sur ses appointements, mais, pour obéir aux exigences de sa mère, il se vit bientôt contraint de contracter de petites dettes. Comment sortirait-il de cette impasse? Il l'ignorait, car la pensée d'épouser une riche héritière, comme le lui proposaient de vieilles amies de la famille, lui inspirait une répulsion invincible. Dans le fond de son âme, il éprouvait une satisfaction sombre et amère à supporter sans murmurer ce poids accablant. Il évitait toute distraction au dehors, et ne pouvait s'astreindre, dans son intérieur, à d'autre occupation qu'à celle d'aider sa mère à étaler des « patiences » sur la table et à se promener dans sa chambre, en fumant sa pipe en silence. En agissant ainsi, il semblait vouloir préserver de toute atteinte extérieure cette sombre disposition d'esprit, qui seule le rendait capable d'endurer une pareille vie de privations.

II

Au commencement de l'hiver, la princesse Marie arriva à Moscou : les bruits de ville la mirent au courant de la triste position des Rostow. Le fils, disait-on, se sacrifiait à sa mère. « Je m'y attendais ! » se dit la princesse Marie, en voyant dans le dévouement de Nicolas une nouvelle et douce sanction de son amour. Ses rapports intimes, presque de parenté, avec la famille Rostow, lui imposaient le devoir d'aller rendre visite à la comtesse, mais le souvenir du séjour de Nicolas à Voronège lui rendait cette visite pénible. Elle laissa passer quelques semaines avant de la faire. Nicolas fut le premier à la recevoir, car on ne pouvait entrer chez sa mère qu'en traversant sa chambre. A sa vue, le visage de ce dernier exprima, au lieu de la joie qu'elle s'attendait à y lire, une froideur sèche et hautaine. Il s'informa de sa santé, la conduisit près de la comtesse, et les quitta au bout de quelques secondes. La visite terminée, il la reconduisit avec une réserve marquée jusqu'à l'antichambre, et répondit à peine à ses questions sur la santé de sa mère. « Que vous importe? semblait dire son regard, laissez-moi en paix. »

« Je ne puis souffrir ces dames et leurs amabilités, dit-il à Sonia, lorsque la voiture de la princesse se fut éloignée. Qu'ont-elles besoin de venir?

— C'est mal à vous de parler ainsi, Nicolas, répondit Sonia en cachant avec peine sa joie. Elle est si bonne, et maman l'aime tant ! » Nicolas garda le silence et aurait voulu oublier cette visite, mais la comtesse y revenait à tout propos ; ne tarissant pas en éloges sur le compte de la princesse Marie, elle insistait pour que son fils lui rendît sa politesse, et exprimait le désir de la voir plus souvent. On sentait que le silence de Nicolas à ce sujet l'irritait.

— Il faut que tu y ailles, c'est une charmante fille... Tu y verras au moins quelqu'un, car tu dois mourir d'ennui avec nous autres.

— Je n'y tiens pas, maman.

— Je ne te comprends pas, mon ami : tantôt tu veux voir du monde, tantôt tu t'y refuses.

— Mais je n'ai jamais dit que je m'ennuyais, repartit Nicolas.

— Comment! N'as-tu pas dit tout à l'heure que tu ne voulais pas la voir? C'est une fille de beaucoup de mérite, tu as toujours eu de la sympathie pour elle, et aujourd'hui, par je ne sais quelle raison... on me cache toujours tout.

— Mais pas le moins du monde, maman.

— Je t'aurais compris si je te demandais de faire une démarche désagréable, mais je ne te demande que de rendre une visite que la politesse exige... Je ne m'en mêlerai plus, puisque tu as des secrets pour moi.

— J'irai si vous le voulez.

— Cela m'est parfaitement égal, c'est pour toi seul que je le désire. »

Nicolas soupirait, mordait sa moustache, étalait les cartes et s'efforçait de distraire l'attention de sa mère, mais, le lendemain et les jours suivants, elle revenait sur le même sujet. La froide réception de Nicolas avait froissé la princesse Marie dans son amour-propre, et elle se disait : « J'avais raison de ne pas vouloir faire cette visite... Au fond, je n'en attendais pas autre chose... Après tout, je suis allée voir la pauvre vieille, qui avait toujours été excellente pour moi. » Mais ces réflexions ne parvenaient pas à calmer le regret qu'elle éprouvait en songeant à l'accueil que lui avait fait Nicolas. Malgré sa ferme résolution de ne plus retourner chez les Rostow, et d'oublier ce qui s'était passé, elle se sentait involontairement dans une fausse position, et lorsqu'elle cherchait à s'en rendre compte, elle était forcée de s'avouer à elle-même que ses rapports avec Nicolas y étaient pour beaucoup. Son ton sec et poli n'était pas la véritable expression de ses sentiments : il devait cacher un sous-entendu qu'elle aurait voulu à tout prix éclaircir pour retrouver sa tranquillité. On était en plein hiver, lorsqu'un jour qu'elle assistait à une leçon de son neveu, on vint lui annoncer Rostow. Bien décidée à ne pas trahir son secret et à ne pas laisser apercevoir son embarras, elle pria Mlle Bourrienne de l'accompagner au salon. Au premier regard qu'elle jeta sur Nicolas, elle comprit qu'il était simplement venu remplir un devoir de politesse, et elle se promit de ne pas sortir de la réserve la plus absolue. Aussi, au bout des dix minutes exigées par les convenances, et consacrées aux questions banales sur la santé de la comtesse et sur les dernières nouvelles du jour, Nicolas se leva, et s'apprêta à prendre congé. Grâce à Mlle Bourrienne, la princesse Marie avait jusque-là très bien soutenu la conversation, mais, à ce moment, fatiguée de parler de ce qui l'intéressait si peu, et revenant par un rapide enchaînement d'idées à son isolement et au peu de joies qu'elle avait en ce monde, elle se laissa involontairement aller à une silencieuse rêverie, les yeux fixés devant elle, sans remarquer le mouvement que venait de faire Nicolas. Celui-ci eut tout d'abord l'air de ne pas s'en apercevoir et échangea quelques mots avec Mlle Bourrienne, mais, la princesse continuant à rester immobile et rêveuse, il fut forcé de la regarder et ne put se méprendre sur la douleur qu'exprimaient ses traits délicats.

Il lui sembla entrevoir confusément qu'il en était la cause, et ne sut comment s'y prendre pour lui témoigner un peu d'intérêt.

« Adieu, princesse, » lui dit-il.

Elle sembla se réveiller et soupira en rougissant.

« Pardon, murmura-t-elle, vous partez déjà? Eh bien, adieu!

— Et le coussin que vous avez fait pour la comtesse? Je vais vous l'apporter, » dit Mlle Bourrienne en sortant de la chambre.

Un silence embarrassant s'établit entre eux deux.

« Oui, dit enfin Nicolas avec un sourire de tristesse, ne croirait-on pas, princesse, que notre première rencontre à Bogoutcharovo a eu lieu hier, et cependant que d'événements se sont passés depuis!... Nous nous imaginions être bien malheureux alors; eh bien! je donnerais beaucoup pour en revenir là, mais ce qui est passé ne revient plus. »

La princesse Marie avait fixé sur lui son doux et profond regard en cherchant à pénétrer le sens caché de ces paroles.

« C'est vrai, dit-elle, vous n'avez pourtant rien à regretter dans le passé, et si je comprends votre vie actuelle, elle vous laissera aussi un bon souvenir de dévouement et d'abnégation...

— Je ne saurais accepter vos louanges, dit-il vivement, car je m'adresse constamment des reproches, et... Pardon, ce sujet ne peut vous intéresser, » continua-t-il en redevenant, à ces mots, froid et calme comme à son entrée.

Mais la princesse Marie ne voyait plus en lui que l'homme qu'elle avait connu et aimé, et c'est avec cet homme qu'elle renoua la conversation.

« J'avais pensé que vous me permettriez de vous exprimer..., dit-elle avec hésitation : mes relations avec vous et les vôtres étaient devenues telles, qu'il me semblait qu'un témoignage de sympathie de ma part ne pouvait vous offenser : il paraît que je me suis trompée, ajouta-t-elle d'une voix tremblante... Je ne sais pourquoi vous étiez tout autre auparavant, et je...

— Ah ! il y a mille raisons à cela, répondit Nicolas en appuyant sur ce dernier mot. Merci, princesse, ajouta-t-il tout bas, croyez-moi, c'est parfois bien lourd à porter !

— C'est donc cela, c'est donc cela, se dit en tressaillant de joie la princesse Marie. Ce n'est donc pas seulement cet honnête et loyal regard, cet extérieur charmant que j'ai aimé en lui, j'avais deviné toute la noblesse de son âme... C'est donc parce qu'il est pauvre et que je suis riche... C'est donc cela... car autrement... »

Alors, se souvenant de la tendre sympathie qu'elle lui avait laissé entrevoir, et examinant sa bonne et mélancolique figure, elle comprit à n'en plus douter la raison de son apparente froideur.

« Pourquoi donc, comte, pourquoi? s'écria-t-elle tout à coup en se rapprochant de lui involontairement; pourquoi? vous devez me le dire. »

Il garda le silence.

« Je ne sais pas, comte, je ne connais pas vos raisons, mais je sais que, moi aussi, je souffre et je vous l'avoue... pourquoi me priver alors de votre bonne amitié ? »

Et des pleurs brillèrent dans ses yeux.

« J'ai si peu de bonheur dans la vie que toute perte m'est sensible... Pardonnez-moi, adieu ! »

Elle fondit en larmes et fit quelques pas pour sortir.

« Princesse ! Au nom du ciel, un instant ! » Il l'arrêta. Elle se retourna, leurs regards se rencontrèrent en silence, la glace était rompue, et ce qui leur semblait tout à l'heure encore impossible devint pour eux une réalité prochaine et inévitable.

III

Nicolas épousa la princesse Marie dans le courant de l'automne de 1813, et alla s'établir avec elle, sa mère et Sonia, à Lissy-Gory. Pendant les quatre années qui suivirent leur mariage, sans vendre la moindre parcelle des biens de sa femme, il paya toutes ses dettes, y compris celle qu'il avait contractée envers Pierre, et en 1820 il avait si bien arrangé ses affaires, qu'il avait ajouté à Lissy-Gory une petite terre, et qu'il était en négociations pour racheter Otradnoë : c'était son rêve favori. Nicolas, forcé de devenir gentilhomme fermier, se passionna pour l'agriculture, et en fit sa principale occupation. Il n'aimait pas les innovations, surtout les innovations anglaises, qui commençaient alors à être de mode. Il se moquait des ouvrages de pure théorie, ne songeait ni à construire des fabriques, ni à ensemencer des blés chers et d'une espèce étrangère au pays. Ne donnant jamais exclusivement ses soins à une branche de son administration au détriment des autres, il avait toujours devant les yeux sa propriété tout entière, et non pas seulement une de ses parties. Pour lui, l'important était, non pas l'oxygène et l'azote contenus dans le sol et dans l'air, non pas la charrue et l'engrais, mais le travailleur qui mettait en œuvre toutes ces forces. Le paysan attira tout d'abord son attention : c'était mieux qu'un instrument pour lui, c'était un juge. Il l'étudia avec soin, chercha à comprendre ses besoins, à se rendre compte de ce qu'il tenait pour bon ou pour mauvais, et les ordres qu'il donnait devenaient pour lui une source de renseignements précieux. Ce ne fut que lorsqu'il eut saisi leurs goûts, leurs désirs, et qu'il eut appris à parler leur langue, qu'il lut dans leur pensée, qu'il se sentit rapproché d'eux, et qu'il put les gouverner d'une main sûre et ferme, c'est-à-dire leur rendre les services qu'ils étaient en droit d'attendre de lui. Son administration ne tarda pas à avoir les résultats les plus brillants. Nicolas, avec une clairvoyance remarquable, nommait dès le début de sa gestion, aux fonctions de bourgmestre, de staroste et de délégué, ceux mêmes que les paysans auraient choisis, s'ils en avaient eu le droit. Au lieu d'analyser la constitution chimique des engrais, au lieu de se lancer dans le « doit et avoir », comme il le disait en plaisantant, il se renseignait sur la quantité de bétail que possédaient les paysans, et s'efforçait, par tous les moyens, de l'augmenter. Il ne permettait pas aux familles de se séparer et tenait à les conserver groupées ensemble. Il était sans pitié pour les paresseux et les dépravés, et les chassait au besoin de la communauté. Pendant les travaux des champs, pendant les semailles, la fenaison et la moisson, il surveillait avec le même soin ses champs et ceux des paysans, et peu de propriétaires pouvaient se vanter d'en avoir en aussi bon état et d'un aussi bon rendement que les siens. Il n'aimait pas à avoir affaire avec les dvorovy [1], qu'il regardait comme des parasites. On l'accusait cependant de ne pas les tenir assez sévèrement ; lorsqu'il devait punir l'un d'eux, son indécision était si grande, qu'il consultait toute la maison avant d'en venir là, et il était enchanté de trouver l'occasion de le faire partir comme recrue, à la place d'un paysan. Quant à ces derniers, il était d'avance tellement sûr d'avoir la majorité pour lui, qu'il n'hésitait jamais dans les mesures à prendre en ce qui les concernait. Il ne se permettait pas de les accabler de travail, ou de les châtier, ou de les récompenser pour sa satisfaction personnelle. Peut-être n'aurait-il pas su dire en vertu de quelle règle il agissait ainsi, mais il la sentait dans son âme, ferme et inflexible.

Parfois pourtant il lui arrivait de s'écrier avec dépit, à propos d'un désordre ou d'un insuccès : « Que peut-on faire avec notre peuple russe ? » et il s'imaginait détester le paysan, mais il aimait de tout son cœur « notre peuple russe » et son génie ; c'est pour cela qu'il l'avait si bien compris, et s'était engagé dans la seule voie au bout de laquelle il était sûr de trouver de bons résultats. Ces occupations si absorbantes inspiraient à sa femme une sorte de jalousie : elle regrettait de ne pouvoir y prendre part et de ne pas comprendre les joies et les soucis de ce monde si étranger pour elle : pourquoi cet air de gaieté et de bonheur lorsque, s'étant levé à l'aube, et ayant passé toute la matinée dans les champs ou sur l'aire, il ne rentrait qu'à l'heure du thé? Pourquoi cet enthousiasme lorsqu'il parlait de l'activité d'un riche paysan qui avait passé toute la nuit, avec sa famille, à transporter ses gerbes et à faire ses meules? Pourquoi ce sourire satisfait lorsqu'il voyait tomber une pluie fine et serrée sur les pousses altérées de

---

1. Domestiques serfs attachés à la maison d'un seigneur. (*Note du trad.*)

l'avoine, ou emporter par le vent un nuage menaçant au moment de la fenaison ou de la moisson, et que, hâlé, les cheveux parfumés de menthe et d'absinthe sauvages, il s'écriait en se frottant joyeusement les mains : « Encore un jour comme celui-ci, et notre récolte et celle des paysans seront rentrées »? Elle s'étonnait aussi de ce qu'avec son bon cœur, son empressement à prévenir tous ses désirs, il se désespérait de recevoir, par son entremise, des pétitions de paysans qui demandaient à être affranchis de certains travaux. Il les refusait constamment, et se fâchait tout rouge, en l'engageant à ne pas se mêler dorénavant de ses affaires.

Lorsque, pour essayer de pénétrer sa pensée, elle lui parlait du bien qu'il faisait à ses serfs, il s'emportait. « C'est bien le dernier de mes soucis, répondait-il, et ce n'est pas à leur bonheur que je travaille; le bonheur du prochain n'est que poésie, et conte de femmelette. Je tiens à ce que nos enfants ne soient pas des mendiants, et à ce que notre fortune s'arrondisse de mon vivant; je n'ai pas d'autre but, et pour l'atteindre il faut l'ordre, la sévérité et la justice, ajoutait-il, car si le paysan est nu et affamé, s'il n'a qu'un cheval, il ne travaillera ni pour lui, ni pour moi. »

Etait-ce vraiment d'une manière aussi inconsciente que Nicolas faisait du bien aux autres et que tout fructifiait ainsi entre ses mains? Le fait est que sa fortune augmentait à vue d'œil; les paysans du voisinage venaient à tout moment lui demander de les acheter, et longtemps après sa mort la population conserva le souvenir de sa gestion : « Il s'y entendait, disait-elle : il pensait d'abord à l'avoir du paysan et puis au sien : il ne nous gâtait pas, en un mot c'était un bon administrateur! »

IV

Ce qui parfois ne laissait pas de causer du souci à Nicolas, c'était son emportement et son habitude de hussard d'avoir la main leste. Dans les premiers temps de son mariage, il n'y avait rien vu de répréhensible, mais, la seconde année, un certain incident le fit subitement changer de manière de voir à ce sujet. Il avait fait venir un jour le successeur du défunt

Drône, le staroste de Bogoutcharovo, qui était accusé de malversations. Nicolas le reçut sur le perron, et, aux premiers mots du prévenu, lui répondit par une grêle d'injures et de coups. Rentrant un moment après pour déjeuner, il s'approcha de sa femme, qui travaillait, la tête inclinée sur son métier, et lui racomta, comme de coutume, tout ce qu'il avait fait dans la matinée, et entre autres l'affaire du staroste.

La comtesse Marie, rougissant et pâlissant tour à tour, ne releva pas la tête et garda le silence.

« Quel impudent coquin ! s'écria-t-il en s'échauffant à ce souvenir, s'il avait au moins avoué qu'il était ivre, mais... Qu'as-tu donc, Marie ? »

Celle-ci leva les yeux sur lui, essaya en vain de dire un mot et baissa de nouveau la tête... « Qu'as-tu, mon amie ? » Les pleurs embellissaient toujours la comtesse Marie, car, ne pleurant jamais que de chagrin ou de pitié, et non de colère ou de souffrance physique, ses yeux lumineux et profonds avaient alors un charme irrésistible. A cette question de son mari, elle fondit en larmes.

« Nicolas, j'ai tout vu... Il est coupable, je le sais... Mais pourquoi l'as-tu...? » Et elle se voila la figure de ses mains.

Nicolas ne répondit rien, rougit fortement, et s'éloigna d'elle en faisant quelques pas dans la chambre. Il devinait la cause de ses larmes, mais, ne trouvant rien de blâmable dans une habitude qui remontait pour lui à tant d'années, il lui donna tort, et se dit : « Ce sont des petites faiblesses de femme... ou plutôt n'aurait-elle pas vraiment raison? » Dans son irrésolution, il jeta un regard sur ce visage aimé qui souffrait pour lui, et comprit qu'elle avait dit juste, et qu'il était coupable envers lui-même.

« Marie, lui dit-il tout doucement, cela n'arrivera plus, je te le jure... Jamais! » reprit-il d'une voix émue, comme un enfant qui demande pardon.

Les larmes jaillirent plus abondantes des yeux de la comtesse. Elle saisit la main de son mari et la porta à ses lèvres.

« Quand as-tu brisé ton camée? lui dit-elle pour changer de sujet de conversation, en examinant une bague qu'il portait toujours au doigt et qui représentait la tête de Laocoon.

— Ce matin, Marie, et que cette bague brisée me rappelle à l'avenir la parole que je viens de te donner ! »

Depuis lors, quand il sentait la colère le gagner et ses poings se fermer, il tournait rapidement sa bague et baissait les yeux devant celui à qui il avait affaire. Cependant il lui arrivait, de temps à autre, de s'oublier, et alors, en s'en confessant à sa femme, il lui renouvelait sa promesse.

« Tu dois sûrement me mépriser, Marie ? disait-il.

— Mais pourquoi ne t'en vas-tu pas, lui répondait-elle pour le consoler, lorsque tu ne te sens plus la force de te maîtriser ? »

Dans la noblesse du gouvernement, Nicolas était estimé, mais pas aimé ; les intérêts de la noblesse l'occupaient peu : aussi passait-il pour fier aux yeux des uns, ou pour peu intelligent aux yeux des autres. Tant que durait l'été, il consacrait tout son temps à l'administration de ses biens. Quand venait l'automne, il chassait du matin au soir, et passait régulièrement l'hiver à inspecter les villages éloignés et surtout à lire des livres d'histoire, dont il achetait chaque année une certaine quantité. Il se composait de la sorte une bibliothèque sérieuse, et se posait comme règle de lire d'un bout à l'autre tout ce qu'il achetait. Ce fut d'abord une tâche ennuyeuse à remplir, mais qui devint peu à peu pour lui une occupation habituelle, à laquelle il finit par prendre un vif intérêt. Comme il restait l'hiver presque toujours à la maison, il entrait dans les moindres détails de la vie de famille, et, son union avec sa femme devenant de plus en plus intime, il découvrait tous les jours en elle de nouveaux trésors de tendresse et d'intelligence. Avant leur mariage, Nicolas, s'accusant lui-même et rendant justice à la conduite de Sonia, avait tout raconté à la princesse Marie, en la priant d'être bonne et affectueuse pour sa cousine. La femme comprit la faute de son mari, s'imagina que sa fortune avait influencé son choix, se sentit mal à l'aise devant Sonia et, ne pouvant rien lui reprocher, fit tout son possible pour l'aimer ; mais elle ne put y parvenir, et parfois elle se sentait animée de mauvais sentiments à son égard. Elle en fit un jour la confession à Natacha, en se reprochant son injustice.

« Te souviens-tu, lui dit celle-ci, d'un certain passage de l'Evangile qui se rapporte si complètement à la position de Sonia ?

— Lequel ? demanda la comtesse Marie, étonnée.

— Celui-ci : « On donnera à celui qui est riche, mais pour celui qui est pauvre, on lui ôtera même ce qu'il a. » Elle est celle qui est pauvre, et à laquelle on a tout ôté. Pourquoi ? Je n'en sais rien : peut-être parce qu'elle n'a pas l'ombre d'égoïsme... Mais le fait est qu'on lui a tout pris... Elle me fait, te l'avouerai-je, une peine terrible. J'ai vivement désiré jadis lui voir épouser Nicolas, et cependant je pressentais que cela n'aurait jamais lieu. Elle est la « fleur stérile » de l'Ecriture, mais parfois il me semble qu'elle ne sent pas comme nous deux nous aurions senti. »

Bien que la comtesse Marie objectât à Natacha que ces paroles de l'Evangile avaient une autre signification, elle ne pouvait s'empêcher, en regardant Sonia, de donner raison à sa belle-sœur. Sonia semblait effectivement se résigner à son sort de « fleur stérile », et ne pas se rendre compte de tout ce qu'il y avait de pénible dans sa situation. On aurait dit qu'elle s'était attachée au groupe de la famille plus qu'aux individus, et qu'elle tenait au foyer comme le chat du logis.

Elle soignait la comtesse, caressait les enfants, et se montrait toujours prête à rendre tous les services imaginables, ce qu'on acceptait, il faut bien le dire, comme une chose toute naturelle, et sans grande reconnaissance. La propriété de Lissy-Gory avait été réparée, mais n'était plus tenue sur le même pied que du vivant du vieux prince. Les nouvelles constructions, faites du temps où l'argent manquait encore, étaient des plus simples : bâtie en bois sur les anciens fondements de pierre, la maison d'habitation était d'ailleurs vaste et spacieuse ; ses planchers peints, et son modeste mobilier, avec ses divans mal rembourrés, ses fauteuils, ses chaises, et ses tables en bois de bouleau, étaient l'ouvrage des menuisiers indigènes. Les chambres d'amis n'y manquaient pas : aussi toute la parenté des Rostow et des Bolkonsky s'y réunissait-elle souvent. Ils y passaient des mois entiers avec leur famille et leurs nombreux domestiques, et, les jours de naissance et de nom des propriétaires, une centaine d'invités y faisaient leur apparition pour un ou deux jours. Le reste de l'année, la vie calme et régulière de tous les jours s'écoulait doucement au milieu des occupations habituelles, entrecoupées de déjeuners, de dîners et de soupers, dont les produits de Lissy-Gory faisaient tous les frais.

V

Natacha s'était mariée au printemps de l'année 1813 ; en 1820, elle avait trois filles, et nourrissait en ce moment un fils, son dernier-né. Elle avait pris de l'embonpoint, et l'on aurait eu de la peine à reconnaître dans cette jeune matrone la Natacha d'autrefois, si souple et si alerte. Ses traits s'étaient formés, avaient pris des contours moelleux et arrondis, mais cette exubérance de vie, dont elle débordait autrefois et qui faisait son plus grand charme, ne reparaissait chez elle qu'à de rares intervalles, sous l'influence de certaines impressions, au retour de son mari par exemple, à la convalescence d'un enfant, ou en causant du prince André avec sa belle-sœur. Ce sujet, elle ne l'abordait jamais avec Pierre, dans la crainte de réveiller une jalousie rétrospective. Elle s'animait encore lorsque, par quelque circonstance devenue bien rare aujourd'hui, elle se laissait aller à chanter. L'ancienne flamme se ravivait alors, et ramenait sur son charmant visage la séduction du passé, en y ajoutant un charme nouveau. Pendant les premiers temps de son mariage elle avait habité successivement Moscou, Pétersbourg et la campagne. La société la voyait peu et ne la goûtait guère ; elle n'était ni aimable ni prévenante. Natacha ne savait pas, à vrai dire, si elle aimait la solitude ; il lui semblait même qu'elle ne l'aimait pas, mais, absorbée par ses grossesses, ses devoirs de maternité et sa participation aux moindres détails de l'existence de son mari, elle ne pouvait suffire à toutes ces obligations qu'en s'éloignant du monde. Ceux qui l'avaient connue jeune fille s'étonnèrent de ce changement comme d'une chose extraordinaire. Seule la vieille comtesse, dans son instinct maternel, avait compris que cette fougue de Natacha se calmerait dès qu'elle aurait un mari et des enfants à aimer, comme elle l'avait laissé entrevoir, sans en avoir conscience, à Otradnoé. N'avait-elle pas toujours dit que Natacha serait une femme et une mère exemplaires ? « Seulement, ajoutait la comtesse, elle pousse son amour jusqu'à l'absurde. » Natacha ne suivait pas cette règle d'or que les gens à vues supérieures, les Français surtout, recommandent aux jeunes filles, et qui consiste à ne pas se négliger lorsqu'elles se marient, à cultiver leurs talents, à soigner leur personne, afin de charmer le mari après le mariage comme avant. Elle avait au contraire complètement renoncé à toutes ses séductions, à son chant, qui était la plus grande. Songer à sa toilette, à ses manières, à parler avec élégance, à prendre devant Pierre des poses qui auraient fait ressortir ses avantages physiques, l'ennuyer en un mot par ses prétentions et ses exigences, lui aurait paru tout aussi ridicule qu'à lui, à qui elle s'était livrée tout entière, sans rien lui cacher de ses pensées les plus intimes. Elle sentait que leur union ne tenait pas à ce charme poétique qui l'avait attiré à elle, mais à quelque chose d'indéfinissable et de ferme, comme le lien qui unissait son âme à son corps. Peut-être aurait-elle eu du plaisir à plaire aux autres, mais elle ne pouvait en faire l'expérience, car c'était tout simplement parce qu'elle n'en avait pas le temps, qu'elle ne s'occupait plus de son chant, de ses phrases et de sa toilette. Les soins à donner à sa famille, son mari qu'il fallait entourer d'une sollicitude constante pour qu'il lui appartînt exclusivement, les enfants qu'il fallait mettre au monde, nourrir et élever, l'absorbaient complètement. Plus elle s'adonnait à ce genre de vie, plus elle y trouvait d'intérêt, et plus elle y appliquait toutes ses forces et toute son énergie. Quoiqu'elle n'aimât pas la société, elle tenait à celle des siens, de sa mère, de son frère et de Sonia, de ceux en un mot chez lesquels elle pouvait courir le matin en robe de chambre, les cheveux ébouriffés, pour leur montrer, toute joyeuse, les langes des enfants, et s'entendre dire que son dernier bébé allait beaucoup mieux. Natacha se négligeait à tel point, que sa façon de s'habiller, de se coiffer, sa jalousie surtout, car elle était jalouse de Sonia, de la gouvernante, de toute femme jolie ou laide, étaient devenues un sujet continuel de plaisanteries pour tous les siens ; ils disaient bien haut que Pierre était sous la pantoufle de sa femme. C'était vrai. Dès les premiers jours de son mariage, Natacha lui avait déclaré comment elle comprenait ses droits : chaque minute de son existence devait lui appartenir à elle et à sa famille. Pierre, très surpris à cette déclaration inattendue, en fut néanmoins si flatté qu'il s'y soumit sans la moindre observation. Il lui fut en conséquence interdit, non seulement d'avoir plus ou moins d'attentions pour une autre femme, mais même de causer trop vivement avec elle, d'aller au cercle pour y tuer le temps et y dîner, de dépenser de l'argent pour ses fantaisies, de s'absenter longtemps, sauf toutefois pour ses affaires et ses travaux scientifiques, auxquels elle attribuait une grande importance, sans cependant y rien comprendre. Comme compensation, Pierre avait également le droit de disposer chez lui non seulement de sa personne, mais encore de toute sa famille. Natacha était l'esclave de son mari, et lorsque Pierre écrivait ou lisait, chacun était tenu dans la maison de marcher sur la pointe du pied. Natacha, la première, épiait ses prédilections pour les satisfaire, et allait au-devant de tous ses désirs.

Leur genre de vie, leurs relations de société, leurs occupations journalières, l'éducation des enfants, tout se faisait d'après la volonté de Pierre, qu'elle tâchait de découvrir dans ses moindres paroles. Dès qu'elle l'avait devinée, elle s'y conformait sans broncher, et luttait même avec lui, en se servant de ses propres armes, s'il lui prenait fantaisie de revenir sur une première résolution.

C'est ce qui eut lieu après la naissance de son premier enfant, faible et maladif, et pour lequel on fut obligé de changer trois fois de nourrice. Natacha en fut si désolée, qu'elle tomba malade. Pierre lui ayant exposé à cette occasion le système de Rousseau, et lui ayant démontré, avec le philosophe de Genève, dont il approuvait d'ailleurs la doctrine, que l'allaitement par une nourrice étrangère était contre nature et nuisible, il en résulta qu'à la naissance du second, malgré l'opposition de sa mère, des médecins, de son mari lui-même, elle voulut absolument le nourrir, ainsi que tous les suivants. Il arrivait parfois que le mari et la femme n'étaient pas de la même opinion et se querellaient vivement, mais, à la grande surprise de Pierre, longtemps après la querelle il remarquait que sa femme mettait en pratique l'avis qu'elle avait primitivement combattu, tout en le dégageant de l'alliage qu'il y avait apporté dans l'entraînement de la discussion. Après sept ans de mariage, il constatait avec joie que du mélange de bien et de mal qu'il sentait en lui, le bien seul se reflétait purifié dans sa femme, et cette réflexion n'était pas le résultat d'une déduction logique de sa pensée, mais d'un sentiment immédiat et mystérieux.

VI

Pierre était l'hôte des Rostow depuis deux mois, lorsqu'il reçut une lettre d'un de ses amis de Pétersbourg qui l'engageait, comme membre d'une société dont il avait été le fondateur, à y venir au plus tôt discuter de graves questions. Sa femme, ayant lu cette lettre (elle les lisait toutes), fut la première à l'engager à faire ce voyage, malgré le chagrin qu'elle en ressentait, car elle craignait toujours de gêner son mari dans ses occupations abstraites. A son regard timidement interrogateur, elle répondit par un acquiescement sans réserve, en le priant seulement de lui fixer la durée de son absence, et lui accorda un congé de quatre semaines. Il y avait déjà un mois et demi que Pierre était parti, et Natacha passait de l'irritation à la mélancolie et même à l'inquiétude, en ne voyant pas revenir son mari. Denissow, général en retraite, mécontent de la marche générale des affaires, arrivé à Lissy-Gory depuis quelques jours, l'examinait avec surprise et tristesse, comme on contemple un portrait dont la vague ressemblance rappelle imparfaitement l'être qu'on a aimé. Un regard abattu, ennuyé, des paroles insignifiantes, des conversations continuelles sur ses enfants, voilà tout ce qui restait de la magicienne d'autrefois.

C'était la veille de la Saint-Nicolas, le 5 décembre 1820, et l'on attendait Pierre à tout instant. Nicolas savait que la solennité du lendemain, en amenant chez eux un grand nombre de voisins, l'obligerait à quitter son commode costume oriental pour endosser un habit, à mettre des bottes étroites, à se rendre à l'église nouvellement bâtie, à recevoir les félicitations, à offrir ensuite la « zakouska » aux invités, à causer des élections, de la noblesse et de la récolte, etc. Aussi jouissait-il doublement, la veille de ce grand jour, du calme de la vie habituelle. Il s'occupa à reviser les comptes de son bourgmestre, qui venait d'arriver de la terre de Riazan, propriété de son neveu, écrivit deux lettres d'affaires, alla inspecter la grange, les étables, les écuries, et fit toutes les dispositions nécessaires en prévision de l'ivresse générale, que devait infailliblement amener la fête du lendemain. Tout cela le mit en retard, et l'empêcha de voir sa femme en particulier avant de s'asseoir à la grande table de vingt couverts qui réunissait la famille. Elle se composait de sa mère, qui avait auprès d'elle la vieille Bélow, de la comtesse Marie, avec ses trois enfants, leur gouverneur et leur gouvernante, de son neveu avec M. Dessailles, de Sonia, de Denissow, de Natacha et de ses trois filles avec leur gouvernante, et du vieil architecte Michel Ivanovitch, qui finissait tranquillement ses jours à Lissy-Gory. La comtesse Marie était assise en face de son mari. En le voyant déplier brusquement sa serviette et reculer vivement les verres placés devant son assiette, elle comprit qu'il était de mauvaise humeur, comme cela lui arrivait de temps à autre lorsqu'il venait tout droit pour dîner. Elle connaissait cette disposition d'esprit, et, le plus souvent, elle attendait tranquillement qu'il eût mangé son potage pour lui adresser une question, et l'amener peu à peu à reconnaître que sa maussaderie était sans cause;

mais cette fois elle oublia sa diplomatie habituelle, et, toute préoccupée de le voir fâché contre elle, elle lui demanda où il avait été et s'il avait trouvé tout en ordre. Il fit une grimace involontaire et lui répondit sèchement en deux mots : « Je ne me suis donc pas trompée... mais en quoi donc puis-je l'avoir contrarié? » se dit la princesse Marie; elle avait tout de suite compris qu'il désirait laisser tomber la conversation, mais la conversation, grâce à Denissow, reprit bientôt de plus belle.

Lorsqu'ils sortirent de table et qu'ils eurent remercié la vieille comtesse, sa belle-fille s'approcha de Nicolas et lui demanda, en l'embrassant, pourquoi il lui en voulait.

« Tu as toujours d'étranges idées, je n'y ai pas même songé... »

Mais le mot « toujours » contredisait ses dernières paroles et disait clairement à la comtesse Marie : « Oui, je suis fâché, mais je ne veux pas en dire la raison. » Les rapports entre les deux époux étaient si bons, que la vieille comtesse, et même Sonia, qui, chacune à son point de vue, auraient eu peut-être le désir jaloux de voir s'élever entre eux quelques nuages, ne trouvaient pas de motif plausible pour se mêler de leurs affaires. Le ménage avait pourtant ses périodes de brouille : elles survenaient presque invariablement après les jours où ils avaient été le plus heureux et pendant les grossesses de la comtesse Marie, ce qui dans ce moment était justement le cas.

« Eh bien, messieurs et mesdames, s'écria tout à coup Nicolas (et il sembla à sa femme qu'il y avait dans son intonation joyeuse une intention blessante à son égard), je suis sur pied depuis six heures du matin, demain il faudra être en l'air toute la journée : aujourd'hui je vais me reposer. »

Puis, sans ajouter un mot de plus, il se retira dans le petit salon, où il s'étendit sur un canapé. « C'est toujours ainsi, se dit sa femme : il parle à tous, excepté à moi : je lui déplais, c'est certain, surtout quand je suis dans cet état. » Et elle jeta un coup d'œil mélancolique sur la glace, qui lui renvoya l'image de sa taille déformée et de sa figure maigre et pâle, sur laquelle ses yeux se détachaient plus grands que jamais. Les cris des enfants, le rire de Denissow, la causerie de Natacha, et surtout le regard que Sonia lui avait jeté à la dérobée, tout l'agaçait. Cette dernière se trouvait toujours à point nommé pour recevoir son premier coup de boutoir. Au bout de quelques instants, elle alla retrouver ses enfants dans leur chambre :

ils étaient assis sur des chaises : ils jouaient au « voyage à Moscou », et l'engagèrent à être de la partie. Elle leur fit ce plaisir ; mais, la pensée de la mauvaise humeur de son mari ne cessant de la tourmenter, elle se leva, et, marchant lourdement sur la pointe des pieds, se dirigea du côté du petit salon : « Il ne dort peut-être pas et je pourrai m'expliquer avec lui, » pensa-t-elle. André, l'aîné des petits garçons, l'avait suivie, sans qu'elle s'en fût aperçue.

« Chère Marie, il dort, je crois, il est si fatigué ! lui dit tout à coup Sonia, qu'il lui semblait devoir rencontrer à chaque pas, et André pourrait le réveiller. »

La comtesse Marie se retourna, aperçut son fils, et, sentant que Sonia avait raison, retint avec peine la réponse sèche et brève qui était déjà sur ses lèvres. Sans paraître l'avoir entendue, elle fit signe à l'enfant de ne pas faire de bruit et s'approcha du petit salon, pendant que Sonia sortait par une porte opposée. S'arrêtant sur le seuil et écoutant la respiration égale du dormeur, dont les moindres variations lui étaient si familières, son imagination lui représenta ce front uni, cette fine moustache, ce cher et charmant visage, tous les détails enfin qu'elle avait si souvent contemplés pendant le calme de la nuit. Nicolas fit un mouvement, et le petit André, qui s'était glissé dans la chambre, lui cria :

« Papa, maman est derrière la porte. »

La comtesse Marie blêmit de terreur, fit geste sur geste à son fils, qui se tut, et tout rentra pendant quelques instants dans un silence gros d'orage. Elle savait qu'il n'aimait pas à être réveillé, et l'accent grondeur de sa voix ne tarda pas à lui en donner une nouvelle preuve.

« Ne me laissera-t-on jamais une minute en repos ?... Marie, est-ce toi ? Pourquoi l'as-tu laissé entrer ?

— Je ne suis venue que pour voir si... Je ne savais pas qu'il était là, pardonne-moi... »

Nicolas grommela quelques mots et la comtesse Marie emmena le petit garçon. Cinq minutes à peine s'étaient passées depuis cet incident, la petite Natacha, qui venait d'avoir trois ans et qui était la favorite de son père, ayant su par André qu'il dormait, s'enfuit à l'insu de la comtesse, poussa hardiment la porte, qui cria sur ses gonds, s'approcha à petits pas résolus du canapé où Nicolas était couché en lui tournant le dos, et, se hissant sur la pointe des pieds, baisa sa main passée sous sa tête. Son père se retourna et lui adressa un doux sourire.

« Natacha, Natacha, lui dit tout bas sa mère en l'appelant par la porte entr'ouverte, viens, viens, laisse dormir papa !

— Mais non, maman, papa n'a pas envie de dormir, il rit, » reprit avec conviction la fillette.

Nicolas posa ses pieds à terre et souleva l'enfant dans ses bras.

« Approche donc, Marie, » dit-il à sa femme.

Elle entra et s'assit à côté de lui.

« Je ne l'avais pas vue, » dit-elle timidement.

Nicolas, tenant d'une main sa fille, tourna les yeux vers sa femme, et, remarquant son air suppliant, lui passa l'autre bras autour de la taille, et lui baisa les cheveux.

« Est-ce permis d'embrasser maman ? demanda-t-il à la petite, qui sourit d'un air espiègle, en indiquant d'un geste de commandement qu'il fallait recommencer.

— Pourquoi supposes-tu que je suis de mauvaise humeur ? lui dit Nicolas, qui devinait la secrète pensée de sa femme.

— Tu ne peux t'imaginer combien je me sens isolée lorsque je te vois ainsi : il me semble toujours...

— Voyons, Marie, quelle folie ! Comment n'as-tu pas honte...?

— Il me semble alors que tu ne peux m'aimer, tant je suis laide, surtout dans ce moment.

— Tais-toi, tu ne sais ce que tu dis : il n'y a pas de laides amours : c'est Malvina et compagnie qu'on peut aimer parce qu'elles sont jolies... Est-ce qu'on aime sa femme ? Je ne t'aime pas... Et cependant comment te dire ?... Qu'un chat noir passe entre nous... ou que je me trouve seul sans toi, je me sens perdu, je ne suis plus bon à rien... Est-ce que j'aime mon doigt ?... Allons donc ! je ne l'aime pas, mais qu'on essaye de me le couper...

— Je ne suis pas comme cela, moi, mais je te comprends tout de même... Tu ne m'en veux pas, n'est-ce pas ?

— Bien au contraire, » répondit-il en souriant, et, la paix étant faite, il se mit à marcher de long en large, et à penser tout haut devant sa femme comme il en avait l'habitude.

Il ne lui venait même pas à l'esprit de lui demander si elle était disposée à l'entendre, car, selon lui, ils devaient avoir spontanément la même pensée. Il lui fit donc part de son intention d'engager Pierre et sa famille à rester chez eux jusqu'au printemps. La comtesse Marie l'écouta, fit ses observations et lui parla à son tour de ses enfants.

« Comme la femme perce déjà en elle ! dit-elle en français

en lui désignant Natacha, qui les regardait tous deux de ses grands yeux noirs. Vous nous accusez, nous autres femmes, de manquer de logique... Eh bien, voilà notre logique ; je lui dis : « Papa a envie de dormir... — Pas du tout, me répond-elle, il rit »... et elle a raison ! ajouta la comtesse Marie, souriant de bonheur. Mais, tu sais, Nicolas, tu es injuste, tu l'aimes un peu trop, murmura-t-elle tout bas en français.

— Que veux-tu ? Je fais tout mon possible pour le cacher. »

A ce moment, on entendit un bruit de pas et de voix, et de portes qui s'ouvraient et se fermaient.

« Voici quelqu'un qui arrive ! s'écria Nicolas.

— C'est Pierre, j'en suis sûre. Je vais voir, » dit la comtesse Marie en quittant la chambre.

Pendant qu'elle n'était pas là, Nicolas se donna le plaisir de faire faire à sa fille un tour de galop sur son dos. Fatigué et essoufflé, il enleva vivement la petite rieuse par-dessus sa tête et la serra contre sa poitrine. Cette gymnastique inaccoutumée lui avait rappelé ses danses dans la maison paternelle, et, en regardant avec amour cette figure enfantine, rayonnante de joie, il se vit la menant dans le monde et faisant avec elle un tour de mazurka, comme lorsque son père exécutait jadis avec sa fille les pas du fameux « Daniel Cowper ».

« C'est bien Pierre, dit la comtesse Marie en rentrant. Il faut voir comme notre Natacha est tout autre maintenant... Mais il a reçu tout de même son avalanche, et Dieu sait comme elle lui a reproché son retard !... Va donc vite le voir ! »

Nicolas sortit de la chambre en emmenant sa petite fille. La comtesse Marie, restée seule, se dit à demi-voix : « Oh ! jamais, jamais, je n'aurais cru qu'on pût être aussi heureuse ! » Un bonheur ineffable se lisait sur son visage, mais en même temps elle soupira, et son regard devint profondément mélancolique. On aurait dit que la pensée d'un autre bonheur, d'un bonheur qu'on ne saurait avoir dans cette vie, jetait un voile sur celui qu'elle éprouvait en ce moment.

Autour de chaque foyer domestique, il se forme presque toujours un certain nombre de groupes qui, tout en différant essentiellement les uns des autres, gravitent côte à côte vers le centre commun, se font des concessions mutuelles, parviennent à se fondre en un harmonieux ensemble, sans perdre leur caractère individuel. Le moindre incident est triste, joyeux ou grave également pour tous, mais les motifs qui les poussent à se réjouir ou à s'attrister sont particuliers à chacun d'eux. Le retour de Pierre à Lissy-Gory fut un de ces événements heureux et importants, et réagit immédiatement sur toute la maison.

Les serviteurs se réjouirent, parce qu'ils pressentaient que leur maître s'occuperait moins d'eux dorénavant, qu'il serait moins strict dans ses inspections journalières, plus indulgent et plus gai, et qu'ils recevraient de riches cadeaux aux fêtes de Noël.

Les enfants et les gouvernantes se réjouirent, parce que personne mieux que Pierre ne savait mettre tout en train. Lui seul jouait « l'écossaise », et sur cet unique morceau de son répertoire ils dansaient toutes les danses imaginables, tout en comptant, eux aussi, qu'ils ne seraient pas oubliés à la fin de l'année.

Le petit Nicolas Bolkonsky, âgé de quinze ans, intelligent et vif, quoique d'une constitution maladive et délicate, avait toujours ses grands et beaux yeux, sa chevelure bouclée d'un blond doré, et, comme les autres, ne se possédait pas de joie, car l'oncle Pierre, comme il l'appelait, était l'objet de son adoration enthousiaste. La comtesse Marie, qui veillait à son éducation, n'avait pas réussi à lui inspirer le même attachement pour son mari : il semblait même que l'enfant laissait percer à son égard une indifférence légèrement dédaigneuse. Ni l'uniforme de hussard, ni la croix de Saint-George de son oncle Rostow, n'excitaient son envie. Pierre était son Dieu, et il ne souhaitait rien de plus que d'être aussi bon et aussi instruit que lui. Quand il le voyait, sa figure s'illuminait, et s'il lui adressait la parole, son cœur battait, et il rougissait de plaisir. Il retenait tout ce qu'il lui entendait dire, se le redisait ensuite à lui-même ou le discutait avec Dessalles.

Le passé de Pierre, ses malheurs avant la guerre, sa captivité, le poétique roman qu'il avait bâti là-dessus sur des mots saisis au vol, son amour pour Natacha, qu'il aimait avec une exaltation enfantine, et, par-dessus tout, l'amitié de Pierre pour son père, en faisaient à ses yeux un héros et un être sacré. La tendresse émue avec laquelle Pierre et Natacha parlaient du défunt, avait fait deviner à l'enfant, chez qui l'amour commençait à s'éveiller vaguement, que son père avait aimé Natacha, et qu'il l'avait léguée en mourant à son ami, et il avait un véritable culte pour ce père dont il ne pouvait parvenir à se rappeler les traits, mais auquel il rêvait constamment avec des larmes de tendresse.

Le soir, lorsque l'heure fut venue pour les enfants d'embrasser leurs parents, et pour les gouverneurs et gouvernantes de se retirer avec eux, le petit Nicolas murmura à l'oreille de Dessalles qu'il avait grande envie de demander à sa tante la permission de rester.

« Ma tante, voulez-vous me garder encore un peu avec vous? — lui dit-il. La comtesse Marie tourna les yeux vers ce visage ému, où la supplication était empreinte.

— Lorsque vous êtes là, il ne peut pas se détacher de vous. »
Pierre, auquel elle s'adressait, sourit.

« Je vous le ramènerai tout à l'heure, monsieur Dessalles, laissez-le moi, je l'ai à peine entrevu... Bonsoir, ajouta-t-il en tendant la main au gouverneur... Il commence à ressembler à son père, n'est-ce pas, Marie?

— Mon père! » s'écria le jeune garçon en rougissant jusqu'au blanc des yeux, et en jetant sur Pierre un regard brillant et enthousiaste.

Celui-ci baissa la tête en guise de réponse, et renoua la conversation interrompue par la sortie des enfants.

La comtesse Marie reprit sa tapisserie. Quant à Natacha, les yeux fixés sur son mari, elle écoutait attentivement les questions que Rostow et Denissow lui adressaient sur son voyage, tout en continuant à fumer leurs pipes et à savourer le thé que leur versait Sonia, mélancoliquement assise auprès du samovar. Le petit Nicolas, blotti dans un coin, le visage tourné du côté de Pierre, tressaillait de temps à autre, et se parlait à lui-même, sous l'irrésistible pression d'un sentiment nouveau.

On causait de ce qui se passait alors dans les hautes sphères administratives. Denissow, mécontent du gouvernement à cause de ses mécomptes personnels, apprenait avec satisfaction toutes les sottises que l'on commettait, selon lui, à Pétersbourg, et exprimait son opinion en termes vifs et tranchants.

« Autrefois il fallait être Allemand pour parvenir; aujourd'hui il faut être de la coterie Tatarinow et Krüdner!

— Oh! si j'avais pu lâcher contre eux notre cher Bonaparte, comme il les aurait guéris de leur folie! Cela a-t-il le sens commun, je vous le demande, de donner à ce soldat de Schwarz le régiment Séménovsky? »

Rostow, quoique sans parti pris, crut aussi de sa dignité et de son importance de prendre part à leurs critiques, de paraître s'intéresser aux nouvelles nominations, de questionner Pierre, à son tour, sur ces graves affaires, si bien que la causerie ne s'étendit pas au delà des on-dit et des commérages du jour sur les gros bonnets de l'administration.

Natacha, toujours au courant des pensées de son mari, devinant qu'il ne parvenait pas, malgré son désir, à donner un autre tour à la conversation et à aborder le sujet de sa préoccupation intime, celle précisément qui l'avait forcé à se rendre à Pétersbourg et à y réclamer le conseil de son nouvel ami, le prince Théodore, lui vint en aide en lui demandant où en était son affaire.

« Laquelle? demanda Rostow.

— Toujours la même, lui dit Pierre, car chacun sent que tout va de travers, et qu'il est du devoir des honnêtes gens de réagir.

— Les honnêtes gens! s'écria Rostow en fronçant les sourcils... Que peuvent-ils y faire?

— Ils peuvent...

— Passons dans mon cabinet, » dit brusquement Rostow.

Natacha se leva pour aller rejoindre ses enfants, et sa belle-sœur la suivit, pendant qu'ils se dirigeaient vers le cabinet, où le petit Nicolas se glissa après eux et s'assit auprès du bureau de son oncle, dans le coin le plus obscur.

« Eh bien, explique-nous ce que tu comptes faire? dit Denissow sans lâcher sa pipe.

— Des chimères, toujours des chimères! murmura Rostow.

— Voici ce qui en est, voici la situation telle qu'elle est à Pétersbourg, reprit Pierre avec vivacité et en accompagnant son entrée en matière de gestes énergiques... l'Empereur ne se mêle plus de rien : il s'est adonné au mysticisme, il cherche le repos à tout prix, et il ne saurait se procurer ce repos que par l'activité d'hommes sans foi ni loi, qui persécutent et qui oppriment à l'envi. Le vol est à l'ordre du jour dans les tribunaux, le bâton seul mène l'armée, le peuple est tyrannisé, la civilisation étouffée, la jeunesse honnête persécutée! La corde est tendue outre mesure, donc elle doit se rompre! C'est inévitable, et chacun le sent! »

Pierre parlait avec conviction, comme parlent encore de nos jours et ont toujours parlé ceux qui examinent de près les actes de n'importe quel gouvernement.

« Je leur ai dit tout cela à Pétersbourg...

— A qui?

— Mais vous le savez bien, au prince Théodore et aux autres. Que la civilisation et la charité rivalisent entre elles, rien de mieux, mais c'est insuffisant ; les circonstances actuelles exigent autre chose ! »

Une vive irritation s'empara de Rostow, et il allait répliquer, lorsque son regard tomba sur son neveu, dont il avait oublié la présence.

« Que fais-tu ici? lui demanda-t-il avec colère.

— Laisse-le, dit Pierre en prenant la main du garçon dans la sienne et en poursuivant son thème : Oui, je leur ai même dit plus... Lorsqu'on s'attend à la voir se rompre, cette corde trop tendue, lorsqu'on sent que la catastrophe est imminente, on s'unit, on se groupe, et l'on agit ensemble pour résister au bouleversement général. Tout ce qui est jeune et vigoureux est attiré là-bas sous mille prétextes et ne tarde pas à s'y dépraver : l'un se perd par les femmes, l'autre par les faveurs, le troisième par la vanité, le quatrième se laisse corrompre par l'argent, et tous passent dans « l'autre camp ». Il ne restera plus bientôt de gens indépendants comme vous et moi... Elargissez le cercle, leur ai-je dit... Que notre mot de ralliement ne soit pas seulement la vertu, mais aussi l'indépendance et l'activité !

— Et quel sera donc le but de cette activité? s'écria Rostow, qui, enfoncé dans un fauteuil, écoutait Pierre avec une mauvaise humeur croissante... Dans quelle situation vous placera-t-elle par rapport au gouvernement?

— Dans la situation de ses aides et de ses conseils, et la société qui se formerait sur ces bases n'aurait, à la rigueur, nul besoin d'être secrète. Si le gouvernement consentait à la reconnaître, les conservateurs qui en feraient partie ne seraient pas ses ennemis, mais de loyaux et vrais gentilshommes dans toute l'acception du mot. Nous serions là pour empêcher les Pougatchew de nous couper le cou, et les Araktchéïew de nous exiler aux colonies militaires ; nous nous liguerions dans l'unique intention de veiller au bien général et à la sécurité de chacun.

— A merveille, mais, du moment que la société est secrète, elle est nuisible et ne peut dès lors qu'engendrer le mal.

— Pourquoi donc? On dirait en vérité que le « Tugendbund » qui a sauvé l'Europe (on n'osait pas encore, à cette époque, en faire honneur à la Russie) a fait naître le mal? N'est-il pas au contraire l'alliance de la vertu, de l'amour, de l'assistance mutuelle, la mise en action, en un mot, des paroles de Jésus-Christ sur la croix? »

Natacha, qui était entrée dans le cabinet pendant la discussion, rayonnait de joie en contemplant le visage ému de son mari, sans écouter ses paroles qu'elle connaissait par avance, comme tout ce qui sortait de l'âme de Pierre. Et le petit Nicolas, dont le cou fluet émergeait de son col rabattu, et à qui personne ne faisait plus attention, était aussi heureux qu'elle. Chaque parole de Pierre enflammait son cœur, et, sans s'en apercevoir, il brisait et tordait les plumes et la cire à cacheter rangées sur le bureau de son oncle.

« Allons donc, mon cher, le « Tugendbund » est bon pour les mangeurs de saucisses ; quant à moi, je ne le comprends pas, s'écria Denissow d'une voix haute et ferme. Tout va à la diable, c'est vrai ! mais le « Tugendbund » n'est pas de ma compétence ! Vous êtes mécontent ? Eh bien, va alors pour une révolte [1], c'est autre chose, et là je suis votre homme !!! »

Pierre et Natacha sourirent, mais Rostow, sérieusement fâché, essaya de prouver qu'il n'y avait aucun danger à prévoir, et que l'imagination de Pierre était seule coupable. Pierre défendit sa thèse avec chaleur, et son intelligence, plus développée, et plus fertile en arguments que celle de son adversaire, accula ce dernier au pied du mur ; sa mauvaise humeur s'en accrut d'autant plus qu'il entendait dans le fond de son âme une voix secrète qui lui disait que, malgré tous les raisonnements imaginables, son opinion seule était juste et vraie.

« Voici ce que je te dirai, s'écria-t-il en se levant et en jetant avec brusquerie sa pipe dans un coin : selon toi, tout va à la diable, et tu nous prédis une catastrophe ; je ne crois ni à l'un ni à l'autre, quoique je ne puisse pas te donner des preuves, mais, lorsque tu me dis que le serment est une chose de convention, ma réponse est toute prête... Tu es mon meilleur ami, n'est-ce pas ? Eh bien, si tu formais une société secrète, si tu te mettais à agir contre le gouvernement, et qu'Araktchéïew m'ordonnât de faire marcher contre vous un escadron et de frapper, je n'hésiterais pas une seconde, je marcherais et je frapperais... Et maintenant tu peux raisonner comme il te plaira ! »

Un silence embarrassant suivit cette sortie. Natacha fut la première à le rompre, en se mettant à défendre son mari, et

---

1. En employant le mot russe : « *bount* » (révolte) en opposition au « Tugend*bund* » allemand, Denissow fait un jeu de mots complètement intraduisible. (*Note du trad.*)

en prenant son frère à partie : tout inhabile et faible que fut son intervention, elle atteignit cependant son but, en rétablissant la discussion sur un ton amical.

Au moment où l'on se leva pour aller souper, le petit Nicolas s'approcha de Pierre.

« Oncle Pierre, balbutia-t-il, pâle d'émotion et les yeux brillants, Vous... vous ne... Si papa eût été vivant, aurait-il partagé votre opinion? »

Pierre le regarda, et comprit à quel travail compliqué, pénible et étrange avait dû se livrer, pendant leur entretien, le cerveau de ce garçon, et, se souvenant de ce qui s'était dit, il regretta de l'avoir eu pour auditeur.

« Je le crois, » lui répondit-il à contre-cœur, et il sortit.

Le petit Nicolas s'approcha tout pensif du bureau et devint pourpre d'émotion : il venait d'apercevoir les dégâts dont il s'était rendu coupable.

« Mon oncle, pardonne-moi, je ne l'ai pas fait exprès, s'écria-t-il en s'adressant à Rostow et en lui indiquant les débris des plumes et des bâtons de cire à cacheter.

— C'est bon, c'est bon! dit Rostow en maîtrisant à grand'peine sa colère. Tu n'aurais pas dû rester là, ce n'était pas ta place! » Et, jetant vivement les débris sous la table, il suivit Pierre.

Pendant le souper, il ne fut plus question de politique et de sociétés secrètes ; les souvenirs de l'année 1812, ce sujet favori de Rostow, firent tous les frais de la conversation, et Denissow et Pierre y prirent une part si cordiale et si animée que, lorsqu'ils se séparèrent, ils étaient redevenus les meilleurs amis du monde.

« J'aurais voulu, dit Rostow à sa femme, lorsqu'ils se trouvèrent seuls dans leur chambre, que tu eusses assisté à notre discussion de tantôt avec Pierre; ils ont organisé quelque chose là-bas à Pétersbourg, et il tient à toute force à me persuader que le devoir de tout honnête homme consiste à agir contre le gouvernement, tandis que le serment et le devoir... Ils sont tombés sur moi, Denissow aussi bien que Natacha. Celle-là est, ma foi, très amusante, elle mène son mari tambour battant, mais, aussitôt qu'il y a discussion, elle n'a plus ni idées ni expressions à elle, et c'est toujours Pierre qui parle par sa bouche. Lorsque je lui ai dit que je plaçais le serment et le devoir au-dessus de tout, elle a essayé de me prouver que j'avais tort. Que lui aurais-tu répondu?

— Tu as complètement raison, à mon avis, et je le lui ai déjà dit. Pierre soutient que tous souffrent et se dépravent, et que notre devoir est de porter secours au prochain... C'est vrai, sans doute, mais il oublie que nous avons d'autres devoirs qui nous sont imposés par Dieu lui-même, et qui nous touchent de plus près. Nous pouvons sacrifier nos personnes, si telle est notre envie, mais certainement pas nos enfants.

— C'est précisément ce que je lui ai dit, s'écria Rostow, persuadé que cela s'était passé ainsi... Mais Pierre revenait toujours à l'amour pour le prochain et au christianisme... et le petit Nicolas l'écoutait avec transport...

— Cet enfant me cause de vives inquiétudes, dit la comtesse Marie : il n'est pas comme les autres, et je crains toujours de l'oublier en ne m'occupant que des miens; il est seul, lui, et trop seul avec ses pensées!

— Tu n'as, je crois, rien à te reprocher à ce sujet; tu es pour lui comme la plus tendre des mères, et j'en suis heureux, car c'est un charmant enfant... Quelle franchise! Jamais un mensonge! Charmant enfant! répéta Rostow, qui n'avait pas pour le petit Nicolas une affection des plus vives, mais qui, justement à cause de cela, ne manquait jamais d'en faire l'éloge toutes les fois que l'occasion s'en présentait.

— Tu as beau dire, je sens que je ne suis pas une mère pour lui, et cela me tourmente, reprit la comtesse Marie en soupirant. La solitude ne lui vaut rien, la société lui serait nécessaire.

— Eh bien, il en verra bientôt, puisque je dois le mener l'été prochain à Pétersbourg, » répondit Rostow.

En attendant, à l'étage inférieur de la maison, le jeune Nicolas dormait d'un sommeil agité. Une veilleuse, car jamais on n'était parvenu à l'habituer à l'obscurité, répandait sa faible lueur dans la chambre. Réveillé tout à coup en sursaut, mouillé d'une sueur froide, il se dressa sur son lit, et ses yeux démesurément ouverts regardèrent droit devant lui. Un cauchemar effrayant le poursuivait : il se voyait avec l'oncle Pierre, coiffés tous deux de casques semblables à ceux des grands hommes de Plutarque; une nombreuse armée les suivait, et cette armée se composait d'une multitude de fils blancs et ténus, comme ces toiles d'araignées qui voltigent et se balancent dans les airs en automne, et que Dessalles appelait les « fils de la Vierge ». La Gloire, dont le corps était également formé de ce tissu aérien, mais un peu plus serré marchait en avant. L'oncle

Pierre et lui, se laissant glisser, heureux et légers, se rapprochaient de plus en plus du but, lorsque tout à coup les fils qui les entraînaient se détendent et s'enchevêtrent... Ils se sentent horriblement oppressés... et l'oncle Nicolas Rostow apparaît à leurs yeux, menaçant et terrible... « C'est vous qui avez fait cela leur dit-il en leur montrant les débris des plumes et de la cire à cacheter. Je vous aimais, mais Araktchéïew m'a donné un ordre, et je tuerai le premier qui s'avancera ! Oui, je le ferai ! » Le petit Nicolas se tourne du côté de Pierre, mais Pierre n'y est plus... C'est son père, le prince André ! Il n'a, il est vrai, aucune forme précise, mais c'est bien lui, il le sent à la violence de son amour, qui lui enlève toute sa force... Son père le caresse et le plaint, mais l'oncle Rostow avance toujours... Une folle terreur le saisit et il se réveille glacé d'épouvante... « Mon père, » se dit-il, « mon père m'a caressé... ! C'est bien Lui qui est venu, et Il m'a approuvé, ainsi que l'oncle Pierre !... Quoi qu'ils disent, je « le » ferai. Mucius Scévola s'est bien brûlé la main ? Pourquoi ne ferais-je pas de même un jour ?... Ils tiennent à ce que je m'instruise ?... Soit. Je m'instruirai, mais un jour viendra où je cesserai d'apprendre, et c'est alors que je « le » ferai !... Je ne demande qu'une chose au bon Dieu, c'est qu'il y ait en moi ce qu'il y avait dans les grands hommes de Plutarque ! Je ferai mieux encore ; on le saura, on m'aimera, on parlera avec éloges de moi, et... » Des sanglots lui serrèrent la poitrine, et il fondit en larmes.

« Êtes-vous souffrant ? lui demanda Dessalles, que ses pleurs avaient subitement réveillé.

— Non, répondit vivement l'enfant en reposant sa tête sur l'oreiller... Comme il est bon, lui aussi, et comme je l'aime ! murmura-t-il... et l'oncle Pierre, quelle perfection !... Et mon père ! Oui, je le ferai !... Lui-même m'aurait approuvé !.. »

FIN

COULOMMIERS. — Typ. PAUL BRODARD et Cⁱᵉ.